JN433227

개정판

금융학원론

개정판

금융학원론

주상룡 · 정문경

새문사

개정판 머리말

우리나라의 금융은 과거에는 산업자본 조달 창구로서의 역할이 주된 기능이었으나 최근 고부가가치를 창출하는 독립된 산업으로 인식되면서 제조업과 마찬가지로 별도의 독립된 산업인 동시에 경영의 주요한 기능 중의 하나로 중요성이 부각되고 있다. 그러나 현행 금융 관련 과목들은 기업금융, 투자론, 파생금융 상품, 기업가치 평가론 등 세부 과목들로 구성되어 있어서 대학교 학부 저학년 학생들에게 금융에 대한 전반적인 개념을 정리해 주기에는 미흡한 측면이 많았다.

이 책은 이러한 점에 착안하여 기존 금융 과목들이 제공하지 못하는 금융의 전반적인 개념을 저자들의 오랜 강의 경험과 교재를 바탕으로 화폐와 금융에 대한 기본 개념을 소개하고, 이를 바탕으로 최근 빈번해지고 있는 금융위기를 설명하였고, 다음으로는 수익률과 위험, 포트폴리오와 파생금융상품 등 투자에 대한 기본개념을, 마지막으로 기업가치, 자본예산, 자본구조, 배당정책 등 기업재무관련 주제를 다루어 일반인 및 대학교 학부학생들이 금융 전반에 대한 이해를 증진시키는 데 주안점을 두고 있다.

2015년 초판을 발행한 후 4년 동안의 강의 평가와 금융 분야의 새로운 흐름을 반영한 이 개정판은 초판과 동일한 목차로 구성하였으나 초판의 오 · 탈자와 학생들이 어려워하는 금융의 핵심 개념 및 수학을 자세히 설명하였고 난이도가 높다고 판단된 분야들은 삭제하여 학생 및 일반인들이 금융 분야 핵심 내용을 이해하기 쉽게 하였다. 그러나 최근 주요 금융주제로 다루고 있는 비트코인을 비롯한 핀 테크 주제들은 체계적인 정리가 미비한 관계로 개정판에서 소개하지 못한 점은 독자들의 양해를 구하는 바이다.

개정판이 출간되기까지 새문사 임직원 여러분들께 감사를 드리는 바이다. 이 책의 오류와 미비한 점은 전적으로 저자들에게 있음을 밝히며 독자 여러분들의 많은 조언을 부탁드린다.

2019년 2월 저자일동 씀

머리말

우리나라의 금융은 과거에는 산업자본 조달 창구로서의 역할이 주된 기능이었으나 최근 고부가가치를 창출하는 독립된 산업으로서 인식이 되면서 제조업과 마찬가지로 별도의 독립된 산업인 동시에 경영의 주요한 기능 중의 하나로 중요성이 부각되고 있다. 그러나 현행 금융 관련 과목들은 기업금융, 투자론, 파생금융 상품, 기업가치 평가론 등 세부 과목들로 구성되어 있어서 대학교 학부 저학년 학생들에게 금융에 대한 전반적인 개념을 정리해 주기에는 미흡한 측면이 많았다.

『금융학 원론』은 이러한 점에 착안하여 기존 금융 과목들이 제공하지 못하는 금융의 전반적인 개념을 저자들의 오랜 강의 경험과 교재를 바탕으로 화폐와 금융에 대한 기본 개념을 소개하고, 이를 바탕으로 최근 빈번해지고 있는 금융위기를 설명하였고, 다음으로는 수익률과 위험, 포트폴리오와 파생금융상품 등 투자에 대한 기본개념을, 마지막으로 기업가치, 자본예산, 자본구조, 배당정책 등 기업재무관련 주제를 다루어 일반인 및 대학교 학부학생들이 금융 전반에 대한 이해를 증진시키는 데 주안점을 두고 있다.

이 책의 구성은 다음과 같다.

제1장 화폐와 금융

제2장 금융제도

제3장 금융위기

제4장 수익률과 위험

제5장 포트폴리오 이론

제6장 파생금융상품

제7장 기업가치 평가

제8장 기업재무
제9장 자본 예산
제10장 자본구조
제11장 배당정책

이 책이 출판되기까지 많은 분들의 도움이 있었다. 저자들의 금융관련 강의를 수강하였던 학생들, 홍익대 상경대 교수님들, 원고를 검토하고 좋은 의견을 준 홍익대 박사과정의 김정래군, 원고 워드작업을 도와준 허예인양, 신론사 사장님을 비롯한 임직원들께 감사를 드린다. 이 책이 격변하는 금융환경 속에서 우리나라 금융 산업이 진일보하는데 조금이나마 도움이 되기를 바라면서 이 책의 오류와 미비한 점은 전적으로 저자들에게 있음을 밝히며 독자 여러분들의 많은 조언을 부탁드린다.

2015년 2월 저자 씀

차 례

제1장 화폐와 금융

현실세계는 시간 제약으로 인해서 미래에 대한 정보가 부족하고 이로 인해서 불확실성이 존재하게 된다. 이러한 불확실성은 가계, 기업, 정부와 같은 경제주체들의 최적 의사결정을 왜곡시킨다. 예를 들어 외상거래의 경우 상대방의 신용정보 파악을 위해서 많은 시간을 투자해야 하나 시간제약과 정보 부족으로 잘못된 선택을 할 수 있다. 시간과 정보의 제약을 완화시키기 위해서 발명된 것이 본 장의 주제인 화폐와 시장이다. 화폐는 물물교환에 따른 불편함을 완화시켜 주며 거래비용을 줄여서 거래를 활성화시키고, 시장은 상품 수요와 공급의 불확실성을 완화시켜서 경제 행위에 따르는 시간과 정보의 제약을 완화시켜주는 역할을 수행한다.

본장에서는 화폐(money)와 화폐와 불가분의 관계가 있는 금융(finance)에 대해서 살펴보기로 한다.

1 화폐

1) 정의

화폐의 정의는 아래의 네 가지 기능 중 어느 기능을 중시하느냐에 따라 달라진다. 일반적으로 화폐는 "상품을 매매하고 채권과 채무 관계를 청산하는 일상거래에서 일반적으로 통용되는 지불수단", 즉 교환의 매개수단으로서 정의된다.

2) 기능

(1) 교환의 수단

물물교환은 물건을 교환하는 쌍방의 욕구가 동시에 일치해야만 하는 불편함이 존재한다. 반면에 화폐라는 매개수단을 사용하면 거래 쌍방의 욕구가 동시에 일치하지 않아도 교환이 쉽게 성립할 수 있어 물물교환에 따른 불편을 쉽게 해소할 수 있게 된다. 이러한 교환을 화폐적 교환 또는 간접교환이라고 한다.

(2) 지급의 수단

상품을 외상으로 구입하거나 차입하는 경우 지불하는 대가는 화폐단위로 표시되기 때문에 화폐는 지급수단이 된다.

(3) 가치의 척도

모든 상품들의 가치가 화폐단위로 표시되기 때문에 상품들의 가치를 쉽게 비교할 수 있다.

(4) 가치의 저장

화폐는 보유기간동안 가치의 저장 기능을 수행한다.

이러한 기능을 갖는 화폐는 아래와 같은 조건들을 만족시켜야 기능을 제대로 수행할 수 있다.

첫째, 어떤 재화와도 교환될 수 있는 시장수용성이 있어야 한다.

둘째, 무겁거나 크지 않아서 운반이 용이해야 한다.

셋째, 전문가가 아니라도 누구든지 화폐의 진위 여부를 쉽게 인식할 수 있어야 한다.

넷째, 쉽게 변질되거나 손상되지 않는 내구성을 가져야 한다.

다섯째, 동일한 양은 동일한 가치를 갖는 동질성이 있어야 한다.

여섯째, 금속과 같이 분리하기도 쉽고 분리된 후의 가치가 분리 전과 동일해야 하는 가분성이 있어야 한다.

일곱째, 화폐와 다른 재화와의 교환비율이 안정적으로 유지되는 가치의 안정성이 있어야 한다.

화폐의 기능 중 교환의 매개수단과 가치의 척도는 일반적으로 화폐만이 가능하나, 가치의 저장수단은 화폐이외에 주식, 채권, 부동산 등도 수행이 가능하다.

3) 역사

화폐는 다음과 같은 형태로 진화되어 왔다.

(1) 상품(물품)화폐(commodity money)

최초의 화폐로 쉽게 파손되지 않으면서 신성하거나 귀중하다고 여겨지고, 많은 사람에게 유용하며, 운반하기 쉽고, 내구성이 있는 물품이 상품화폐가 되었으며 소금, 조개껍질 등이 주로 사용되었다.

(2) 금속화폐(metallic money)

문명이 발달함에 따라서 상품화폐는 적은 양으로도 가치를 유지하고 보관이 편리한 금, 은, 동, 철과 같은 금속화폐로 대체되었다. 그러나 금속화폐도 무게, 순도를 정확히 측정하기가 쉽지 않아서 금속을 녹여서 일정한 형태로 만든 주조화폐가 등장하였다. 주조화폐는 초기에는 동이 주로 사용되었으나, 경제가 발전하면서 국가별로 은본위제 혹은 금본위제를 사용하였고 19세기이후 영국이 금본위제를 채택하면서 대부분 국가들도 금본위제를 채택하였다.

중국은 기원전 221년 진시황 시대부터 송나라 때까지 동을 주로 사용하였으나, 원나라 이후 은화가 주종을 이루었다.

유럽은 금화와 은화를 병행 사용하였다. 그리스시대 이후는 은화, 십자군 원정이후는 금화, 아메리카 신대륙부터 은화의 유입으로 16세기에는 은화가 대량으로 유통되었다.

주조화폐는 순도와 품질을 보증하기 쉽지 않다는 문제점을 갖고 있었으나 국가가 주조화폐에 품질을 보증한 법화가 통용됨으로써 이 문제는 해결되었다.

주조화폐가 화폐로서 통용되기 위해서는 소재의 가치가 액면가치보다 낮아야만 한다. 만약 소재가치가 액면가치보다 높으면 용해되거나 해외로 유출되어 화폐보다는 소재로서 거래가 되는 현상이 발생하게 된다. 이런 경우 소재가치가 낮을수록, 즉 주조이익이 많을수록 유통이 잘 되는 현상, 즉 악화가 양화를 구축한다는 그래샴의 법칙(Gresham's Law)이 작용되어서 시간이 흐를수록 금속화폐의 질이 저하되는 현상이 나타남에 따라 금속화폐를 지폐가 대체하게 되었다.

(3) 지폐(paper money)

• 예탁증서

경제가 발전하고 복잡해지면서 금속화폐를 주조하는 대신 금 · 은을 일정량 구입하여 보관하고 이를 근거로 금 혹은 은을 교환해주는 예탁증서를 발행하여 사용하였는데 이것이 지폐의 시작이었다. 지폐는 중국 송나라에서 처음으로 사용되었지만 활발하게 사용한 국가는 17세기 영국이었다. 영국에서는 세공업자가 금을 보관하고 발행해 주는 예탁증서가 활발하게 사용되어 화폐 역할을 하였다. 이후 예탁증서는 금과 은으로 바꿀 수 있는 은행권으로 진화되었다.

• 신용창출제도

은행에 예치된 금은 평소에는 은행에 대부분 보관되었으므로 은행들은 금 예치증서를 자체적으로 발급하기 시작하여 신용창출(credit creation)(=대출)이 시작되었다. 신용창출은 은행이 예금으로 받은 돈(혹은 예탁증서) 가운데 예탁자의 인출에 대비하여 일부만 지불준비금으로 갖고 있고 나머지는 대출을 하고 다시 예금으로 받아들이는 과정을 말하고, 이 과정에서 은행은 이자를 받는 제도를 말한다.

• 본위화폐제도

민간은행권 사용을 통한 신용창출 제도는 시간이 경과하면서 민간은행권 의 신용도 차이에 따라 문제점이 발생하였고 이를 해결하기 위해서 국가의 권위에 의해 통용되는 본위 화폐제도가 등장하였다.

본위화폐제도는 지폐의 액면 가치를 특정한 주화(본위화폐)에 사용된 소재의 가치와 등가로 결정하는 방식으로 본위화폐가 금이면 금본위, 은이면 은본위제가 된다. 그러나 제 1차 세계 대전이후 독일이 전쟁 배상금을 지급하기 위해서 금본위제를 불태환 통화시스템으로 전환하여 돈을 과잉 공급함으로써 하이퍼인플레이션이 발생하는 등 본위 화폐제도의 문제점이 나타남에 따라서 1944년 세계 44개국 정상들이 미국의 브레튼 우즈(Bretton Woods)에서 금태환 화폐를 영국 파운드에서 미국 달러로 전환하여 달러를 기축통화로 하고 고정 환율과 미국 달러 중심의 금본위제를 통해 각국의 환율 안정, 국제무역 확대, 세계 경제 성장을 통한 고용 창출을 기본이념으로 하는 브레튼우즈 시스템을 탄생시켰다. 이를 위하여 세계 각국에 달러를 공급하는 국제통화기금(IMF)과 세계경제 부흥과 개발도상국의 경제성장을 지원하는 세계부흥개발은행(IBRD)을 설립하였다.

기축통화란 금과의 교환성이 보증되며 타국통화의 평가가 이 통화로 표시되는 통화로 특정국의 통화로 브레튼우즈 체제하에서의 미국달러가 대표적 기축통화이다.

기축통화가 되기 위한 요건들은 다음과 같다.

첫째, 자본시장 개방과 변동 환율 제도 도입을 통한 공정 무역질서를 확립해야 한다.

둘째, 빈부격차 해소와 소득 수준의 증가로 경제위기에 대응 능력을 배양해야 한다.

셋째, 정치제도의 민주화로 사회적 갈등을 최소화해야 한다.

넷째, 경제 규모의 증가와 경상수지 흑자 축소로 전 세계에 해당통화를 충분히 공급해야 한다.

다섯째, 금융 인프라 구축, 금융전문 인력 양성등 금융시장의 선진화로 외국 투자유치가 가능해야 한다.

• **지폐본위제도**(신용통화시스템)

미국의 막대한 재정적자와 무역수지 적자로 인해서 1971년 8월15일 닉슨대통령은 달러와 금의 태환을 중지하여 지폐 본위제도(관리통화제도)를 채택하였다. 이에 따라 지폐는 종전의 화폐와는 달리 일정 액수를 나타내는 하나의 표시에 불과하게 되었다. 즉, 1971년 이후는 화폐를 금으로 교환을 보장하는 장치가 완전히 사라지고 화폐는 정부의 신용을 근거로 유통되게 되었다. 이를 계기로 현대적인 통화시스템이 출현하고 각국 정부는 금과 은으로 교환이 되지 않는 화폐(fiat money)를 마음대로 발행 할 수 있으나 책임을 지지 않게 되어, 돈을 많이 찍어 냄에 따라 각국에서 인플레이션이 발생하였고, 이는 기업들이 비용과 수익을 안정적으로 예측 할 수 없게 만들어서 저조한 경제 활동과 높은 인플레이션을 동시에 겪는 스태그플레이션이 발생하는 계기가 되었다.

금본위제는 유한한 금의 양을 통해서 통화의 지나친 팽창을 막는 제도인 반면에, 신용(통화)시스템은 유한한 "신용의 양"을 통해서 통화의 지나친 팽창을 막는 제도이다. 즉, 신용통화시스템은 통화를 무한히 공급 가능하게 하여 경제의 잠재력을 실현하도록 하는 반면에 신용이상으로 통화가 공급된 경제주체를 도태시켜서 경제주체들이 최선을 다하여 경제성장을 하도록 하는 제도이다.

신용통화제도의 가장 큰 특징은 중앙은행이 화폐를 직접 공급하는 것이 아니라 시중은행들의 신용창출(=대출)을 통해서 화폐가 만들어지고 이자가 부과된다는 것이다. 이와 같이 신용통화 제도 하에서 모든 돈은 이자를 지불해야 하는 빚이고, 대출해주는 은행은 원금만 만들어주고 이자는 만들어주지 않으며 다음과 같은 특징을 갖는다.

첫째, 대출을 통해서 돈이 만들어진다.

둘째, 돈에는 만기가 있다.

대출을 통해서 돈이 만들어지므로 대출을 갚아야 하는 만기가 존재한다.

셋째, 통화량은 이자율이상으로 팽창해야 붕괴를 막을 수 있다.

은행은 이자를 지불 할 돈은 만들지 않기 때문에 최소한 이자에 해당하는 통화량이 증가해야 붕괴를 막을 수 있다.

넷째, 이자를 낳는 빚은 무한정 늘어날 수 없다.

통화량이 늘어나면 빚이 증가한다는 것을 의미하고 이것은 이자를 갚아야 하는 빚의 원본을 증가시키게 되어서 언젠가는 원리금 상한액이 소득보다 크게 되어 통화량의 무한 팽창은 불가능하게 된다.

이와 같은 은행을 통한 신용창출제도의 특성은 언제나 탈락자가 발생하는 의자 앉기 놀이와 비슷한 특성을 갖는다.

표 1-1 의자 앉기 놀이와 은행시스템에서의 이자

의자 앉기 놀이	은행 시스템에서의 이자
1. 의자는 한정되어 있다. 2. 의자에 앉아야 할 사람은 의자의 숫자보다 더 많다. 3. 누군가가 '의자에 앉으라'고 말하고, 의자를 차지하지 못한 사람은 게임에서 탈락된다. 4. 따라서 명령이 떨어지면 미친듯이 의자에 앉기 위해 몸싸움을 해야 한다.	1. 돈은 한정되어 있다. 2. '이자+실제의 돈'은 '실제의 돈'보다 더 많다. 3. 누군가가 '이자를 내야 한다'고 말하고, 이자를 내지 못하면 신용불량자가 되어 파산한다. 4. 따라서 돈을 빌렸다면 이자를 내기 위해 남의 돈을 가져와야 한다.

이와 같이 신용통화제도에서는 대출금 이자에 해당하는 돈은 은행에서 만들지 않으므로 신용창출 총량은 언제나 대출금과 같게 되므로 신용창출 총량은 대출원금과 이자를 합한 금액보다 항상 작게 되어 어느 특정인이 대출금의 이자를 갚으려면 다른 사람의 대출금에서 갚아야 한다. 또한 어느 특정인이 대출금이상의 돈을 벌면 해당되는 금액만큼 대출금 원본이 줄어든 사람은 최악의 경우 부도가 나는 사람이 나타나게 된다. 이러한 부도를 막기 위하여 대출을 늘릴 수 있으나 이러한 대출은 상환해야 하는 원리금이 소득을 넘을 수 없기 때문에 무한히 지속 될 수 없다. 기업의 경우도 동일한 원리가 적용되어서 언젠가는 부도가 나는 기업이 발생하게 되고 부채가 청산되면 대출 총량이 줄고 이에 따라 통화량이 줄게 되고 부도로 손실을 입게 된 은행은 적정 자기자본비율 유지를 위해서 신규 대출을 줄이게 되어 통화량이 더욱 줄게 된다. 이 결과 화폐가치에 비해 상품가치가 하락하고 기업이익이 감소하고 담보자산가치가 하락하면 기업은 추가로 부채를 청산해야 하고 통화량은 더욱 줄어서 자산 가격과 기업이익이 더 하락하는 악순환이 지속된다. 이런 과정이 지속되면 경제는 신용수축으로 인해서 더욱 돈을 벌기가 힘들게 된다. 이와 같이 신용통화제도에서는 경제시스템은 팽창(인플레이션) 혹은 수축(디플레이션)을 하며 안정적으로 현상을 유지 할 수 없게 된다.

중앙은행의 아버지인 헨리 손턴(Henry Thornton)은 이러한 신용(통화)의 태생적 불안정성 때문에 아담스미스의 보이지 않는 손이 제대로 작동하지 못할 수도 있다고 보았고 이러한 주장은 Hyman P. Minsky등에 의해서 받아들여졌다.

(4) 예금화폐(deposit money)

지폐는 다른 화폐보다는 우월하지만 내구성에 한계가 있고 휴대의 편리성, 안정성 면에서 불완전하며 금액분할이 힘든 문제점으로 인해서 등장한 것이 금융기관 예금을 기초로 발행되는 수표인 예금화폐이다. 예금화폐는 편리성을 추구하는 상거래 관습에 의하여 출현한 관습화폐(custom money)로 정부가 법률을 통해 강제 통용력을 부여한 법화(legal tender)는 아니다.

(5) 전자화폐(electronic money)

최근에는 컴퓨터와 통신기술의 발달로 IC카드 등과 같은 전자매체에 가치를 저장하여 지불수단으로 사용하는 전자 화폐가 사용되기 시작하였다.

4) 역기능

2)에서 설명한 화폐의 기능이 효율적으로 작동하기 위해서는 화폐가치의 안정이 중요하고, 화폐가치의 안정은 재화와 서비스의 가치와 안정적인 관계를 유지할 때 가능하게 된다. 화폐가치가 불안정하게 될 경우 자원배분에 있어서 효율성이 저하되는 역기능이 발생한다. 화폐가치를 불안정하게 하는 두 요인은 다음과 같다.

(1) 인플레이션

인플레이션은 물가수준의 지속적인 상승으로 인해서 화폐가치가 지속적으로 하락하는 현상을 말하며 다음과 같은 비용을 발생시킨다.

첫째, 예상된 인플레이션 비용

예상하지 못한 인플레이션보다는 경제활동을 상대적으로 덜 왜곡시키지만 사람들은 가능한 한 현금을 보유하지 않으려고 하고, 인플레이션에 따른 세율, 가격표 변경 등과 같은 행정적, 사무적 비용이 발생한다.

둘째, 예상하지 못한 인플레이션 비용

채권자로부터 채무자로의 부의 이전, 미래에 대한 불확실성으로 인해서 경제 활동이 위축되고, 상품간의 상대가격을 왜곡시켜서 자원배분의 효율성을 저해한다.

그림 1-1 인플레이션의 비용

예상된 인플레이션	예상하지 못한 인플레이션
• 실질잔고 유지비용(shoe leather cost) • 세제, 임금 등의 조정비용 • 가격표 교체비용(menu cost)	• 채권자 · 채무자간 부의 재분배 • 경제적 불확실성 확대 및 실물자산의 가격 상승 • 상대가격 체계의 왜곡

↓

경제의 효율성 저하

(2) 디플레이션

디플레이션은 물가의 지속적인 하락을 의미하며 총공급 증가로 인한 물가하락은 경제 성장을 촉진시키나, 총수요 부진으로 인한 물가하락은 가계의 경우 가격의 추가 하락을 예상하여 소비지출을 뒤로 미루고 이로 인해서 디플레이션이 더욱 심해지고, 실질임금이 상승하며, 명목으로 표시된 채무의 실질가치를 높여서 부와 소득이 채무자에게서 채권자에게로 이전된다. 디플레이션으로 인해서 명목금리가 제로수준이 되면 중앙은행의 금리인하가 사실상 불가능해져서 전통적인 통화정책으로는 총수요 관리에 제약을 받게 된다.

5) 화폐의 수요와 공급이론

화폐도 다른 재화처럼 수요와 공급에 의해서 가격이 결정되며 이자율 형태로 가격이 결정된다. 화폐 수요와 공급에 대한 이론을 설명해 보자

(1) 화폐수요이론

화폐수요는 미시적 측면과 거시적 측면이 있다.

미시적 화폐수요에 대한 이론은 경제주체들이 여러 형태의 자산들 중 하나인 화폐를 수요하는 이유와 일정한 부(wealth) 중에서 화폐 보유 정도에 관한 이론이고, 거시적 화폐수요에 대한 이론은 통화량이 주어졌을 때 화폐수요가 이자율, 국민소득과 같은 거시경제변수들에 미치는 영향을 분석하는 이론이다.

• 미시적 화폐수요 이론

미시적 요인에 의한 화폐수요는 거래적 동기(transactions motives), 예비적 동기(precautionary motive), 투기적 동기(speculative motives)로 구분된다. 거래적 동기에 의한 화폐수요는 계획된 거래를 이행하기 위해서 발생하는 수요를, 예비적 동기에 의한 화폐수요는 예상하지 못했던 지출을 위해서 발생하는 수요를 의미하며, 거래적동기와 예비적동기에 의한 수요를 합한 것이 거래적 화폐수요가 된다. 거래적 화폐 수요에 대한 이론을 거래적 화폐수요이론이라 하며 소득수준, 이자율, 거래비용이 화폐 수요에 미치는 영향을 분석한다. 투기적 동기에 의한 화폐수요는 수익성 자산에 투자하는 과정에서 일시적으로 화폐를 보유하는 수요로 다른 동기에 의한 수요보다 불안정하다. 투기적 화폐

수요이론은 투기적 동기에 의한 화폐수요에 대한 이론으로 자산을 화폐로 보유할 것인가, 증권으로 보유할 것인가를 결정하는 이론으로 케인즈 이론과 토빈 이론이 있다.

• **거시적 화폐수요이론**

거시적 화폐수요이론은 거시적 화폐수요가 이자율, 국민소득과 같은 거시경제변수들을 안정적으로 예측 할 수 있는가 즉, 화폐수요함수의 안정성 여부에 관한 논의를 중심으로 하고 있으며 고전적 화폐수량설, 유동성 선호이론, 신화폐수량설들이 있다.

첫째, 고전적 화폐수량설(quantity theory of money)

고전적 화폐수량 설은 시장에서 거래되는 모든 재화의 총량이 일정 할 때 화폐 총량과 물가수준은 비례적 관계에 있다고 주장하며 피셔의 거래수량설, 케임브리지 현금잔고 수량 설이 있다.

〈피셔의 거래수량설〉

M: 통화량, 교환의 매개물로서의 화폐, *V*: 화폐의 거래 유통속도,

P: 거래량 한 단위당 평균가격, *T*: 실질거래량 이라 하면,

항등식인 화폐 교환방정식 MV=PT (1.1)

에서 거래수량 설은 화폐수요를 거래적 동기로 파악하고 지출습관, 관습, 경제제도, 생산량 등은 단기적으로 거의 변화지 않기 때문에, 즉 유통속도(V)와 실질거래량(T)이 단기적으로 일정하므로 물가수준(P)은 통화량(M)에 비례하게 된다고 주장한다.

피셔의 거래수량 설의 주요 주장들은 다음과 같다.

첫째, 화폐는 분업을 통하여 생산을 촉진시키는 교환의 매개물로서의 기능만 하고, 국부의 증진은 생산력 증대로만 가능하다.

둘째, 통화량의 변화는 상품의 절대가격에는 영향을 주지만 상품간의 상대가격에는 영향을 주지 못하므로 자원배분에는 영향을 주지 못한다.

셋째, 가격은 완전히 신축적이고, 생산은 완전고용 상태이며, 거래량은 생산량에 비례 한다

〈케임브리지 현금잔고 수량설〉

케임브리지 대학의 Marshall, Pigou 교수등은 화폐를 단순히 교환의 매개물이 아닌 여러 자산 중의 하나로 파악하여 개별 경제주체들이 총 보유자산중에서 어느 정도의 화폐를 보유하는지에 초점을 맞추어 아래와 같은 가정 하에서 화폐 수량설을 설명하였다.

첫째, 화폐수요는 개인의 명목부에 비례하고, 명목소득이 명목부에 비례한다. 따라서 화폐수요는 명목소득에 비례한다.

둘째, 화폐수요의 이자율 탄력성이 거의 0에 가까워 이자율변화가 화폐수요에 거의 영향을 미치지 않는다.

이러한 가정 하에서 화폐수요는 다음과 같이 표시된다.

$$Md = kPy = kY$$

Md: 화폐 수요, P: 물가수준, y: 실질소득, Y: 명목 소득,
k: 마샬 k(명목 소득중 화폐로 보유하는 비율)

위 식에서 y가 완전고용 소득 수준과 항상 일치하고 k가 상수이면 화폐수요(Md)는 물가수준(P)에 비례하게 된다.

화폐의 수요와 공급이 일치하며 $k=1/Vy$라고 가정하면, 다음과 같은 케임브리지학파의 현금잔고방정식이 도출된다.

$$MVy = Py \tag{1.2}$$

Vy: 케임브리지 학파의 유통속도(화폐의 소득유통속도)

현금잔고 수량설은 화폐공급량이 증가하면 개인들의 화폐보유액도 증가되고 증가된 화폐로 재화나 용역을 추가 구입하여 물가수준이 상승하게 된다고 주장한다. 예를 들어 연간소득이 150조이고 K=1/5 인 국가에서는 개인들은 30조원의 현금을 보유한다. 이 경우 화폐공급을 30조원에서 40조원으로 증가시키면 개인들은 30조원만 필요하므로 완전고용 상태에서는 증가된 10조원은 재화나 용역 구입으로 사용되어 물가가 상승하게 된다.

두 이론 공통점은 통화량과 물가수준은 비례하나 실질생산이나 실질소득 또는 고용을 변화시키지는 않는다.

두 이론 차이점은 첫째, 거래수량 설은 화폐를 교환매개로 보며 사람들이 왜 화폐를 지출하는가 하는 지급 측면을 강조하나, 현금잔고 수량 설은 화폐의 가치 저장수단, 즉 사람들이 왜 화폐를 보유하는가 하는 자산측면을 강조한다. 둘째, 거래수량 설은 화폐가 거래의 목적상 필요한 만큼만 수요 된다는 암묵적인 화폐 수요를 가정하나, 현금잔고 수량 설은 소득, 물가수준 이외 경제적 요인에 의해서 결정되는 마샬 k에 의해서 화폐수요가 영향을 받는 명시적인 화폐 수요를 가정한다. 셋째, 거래수량 설은 경제 전체의 통화량과 거래규모간의 관점을, 현금잔고수량 설은 개인자산 구성 관점을 분석한다.

고전적 화폐수량 설은 단순 명료함 때문에 많은 지지를 받아왔으나 19세기 초 영국의 Thornton을 비롯하여 20세기 케인즈에 이르기까지 화폐수요와 실질소득이 변하지 않는다는 고전적 화폐수량 설의 가정에 대한 비판이 제기되어 왔다.

- 화폐 유통속도의 안정성에 대한 비판

선진국의 경우 화폐소득 유통속도(Vy)가 안정적이지 못하다는 실증 분석 결과를 보이고 있다. 이러한 실증분석 결과에 대해서 화폐 소득 유통 속도는 이자율 변화에 따라 내생적으로 변화되고, 경제여건의 변화로 인해서 화폐 수요 함수의 형태가 변화하고, 신 금융수단의 도입으로 거래비용이 낮아진 결과로 설명하고 있다.

- 실물에 미치는 영향(국민소득 안정성)에 대한 비판

고전적 화폐수량 설은 완전고용수준에서 장기균형 유지를 가정했으나 1930년대 대공황에서 나타났듯이 단기적으로는 완전고용이 달성되지 않을 수 있다는 것이 증명되고 있다.

둘째, 유동성 선호 이론

화폐수량설에 대한 비판론자들은 고전적 화폐수량설은 화폐시장이 이자율을 매개로 하여 생산물 시장과 상호 의존성이 있다는 사실을 간과하였다고 주장한다. 케인즈는 화폐수요, 즉 현금 보유동기를 거래적 동기, 예비적 동기, 투기적 동기로 구분하였고 이자율은 화폐적 현상이며 유동성을 포기한 대가로 정의하였다. 케인즈에 의하면 화폐의 거래적 동기에 의한 수요는 총소득에 의해서 결정되지만, 이자율은 화폐의 투기적 동기에 의한 수요에 의해서 결정되고, 이렇게 결정된 이자율에 의해서 기업투자가 결정된다는 이자율 결정이론인 "유동성 선호이론"을 주장하였다.

- 케인즈의 유동성 함정

케인즈는 화폐수요가 이자율이 상승하면 줄고, 하락하면 상승하며 특히 이자율이 극단적으로 낮은 상황에서는 정부가 아무리 화폐 공급을 늘려도

사람들은 조만간 이자율이 상승할 것으로 기대하므로 채권을 매도하고 현금을 보유하려는 투기적 동기가 강해진다. 이럴 경우 시중에 통화를 공급해도 현금으로만 보유하려 하므로 이자율을 하락시키지 못해서 즉, 투기적 화폐수요가 이자율에 대해서 무한탄력적이 되므로 실물경제에 영향을 주지 못하게 되어 정책 의도가 효과를 거두지 못하는 현상을 "유동성 함정"이라고 하였다. 따라서 케인즈는 불황일 때는 통화정책보다는 정부가 직접 소비하는 총수요정책이 중요하다고 주장하고 있다. 정부소비가 증가함에 따라 국민소득이 증가하는 효과를 재정승수효과(budget multiplier)라고 하며 1/(1-MPC)로 정의된다.(MPC(marginal propensity to consume): 한계소비성향)

셋째, 신화폐 수량설

케인즈 이후 화폐가 교환의 매개 수단인 동시에 가치 저장 수단이 된다는 점이 인식되면서 이자율이 화폐수요에 미치는 영향을 중시하게 되었고, 1930년대의 대공황을 통해서 화폐수량설이 설득력을 잃게 되었다.

그러나 1950년대 시카고대학의 M. Friedman은 대 공황 시기에 통화량이 급격히 감소했다는 실증분석을 통해서 명목소득과 통화량산의 함수관계를 나타내는 화폐수량 설의 현실 설명력을 주장하였다. 프리드만은 이러한 주장을 신화폐수량설로 체계화하였고 이후 "화폐가 중요하다"는 믿음을 가진 학자들을 통화주의라고 부르게 되었다. 신화폐수량설은 케임브리지 학파의 현금 잔고 수량설에 케인즈의 투기적 화폐수요 개념을 도입하여 화폐수요함수에 이자율(자산수익률)도 포함시킨 이론으로 자산으로서의 화폐수요를 분석하는 이론이다. 프리드만의 화폐수요함수는 다음과 같다.

$$Md = P \cdot f(i^B, i^E, \pi, h, y^P, u) \tag{1.3}$$

실질 항상 소득(y^P)은 언제나 변함없이 들어올 것으로 예상하는 소득이다.

신화폐수량설에서는 각 개인의 최적 화폐 수요량은 주어진 총부(total wealth)하에서

화폐 대체자산(채권, 주식, 실물자산) 수익률과 화폐 보유의 한계 편익과 같아지는 점에서 결정된다. 즉, 자산(채권, 주식, 실물자산)별 수익률이 자산별 보유비율을 결정하며, 자산 보유총량은 총부(Total Wealth)로 결정되며 총부의 대용치로 실질 항상 소득을 사용하고 있다.

또한 화폐수요(*Md*)는 여러 가지 요인(채권이자율, 주식수익률, 물가상승률, 총 부에 대한 인적 부의 비중, 실질 항상 소득, 기타 요인) 중에서 실질 항상 소득(y^p)과 항상 물가(p^p)가 중요한 역할을 하고 이자율 및 다른 변수(u)들은 영향을 거의 미치지 못하며 단기적으로는 안정적이라고 주장하고 있다.

$$Md = p^p g(y^p) \tag{1.4}$$

항상 물가 수준은 물가 변동이 일시적이 아닌 영속적이라고 예측될 경우에만 변화하는 물가 수준을 의미한다.

프리드먼의 신화폐수량설은 다음 두 가지로 요약된다.

첫째, 화폐수요는 이자율에 대해 비탄력적이다.

신화폐 수량설은 케인즈의 유동성 함정을 부인하였고, 통화량 증가가 물가상승으로 이어진다는 전통적 화폐수량설과도 다른 견해를 취한다.

둘째, 화폐유통속도와 민간보유 현금비율은 단기적으로는 안정적이기 때문에 통화량이 실물경제 부문에 미치는 기간은 제한적이고 장기적으로 화폐증가는 물가상승을 유발한다.

신화폐수량설에 의하면 화폐수요가 안정적이라면 화폐공급이 외생적일 때 안정적으로 수요되는 이상으로 공급되는 화폐는 물가를 상승시킨다. 따라서 통화량을 정책변수로 하면 경제를 단기적으로는 효율적으로 관리할 수 있다고 한다. 즉, 경제가 불완전 고용상태에 있다면 통화팽창이 실물 부문에 단기적으로 영향을 미치고 고용을 증가시키는 효과가 있으므로 정부의 과다한 소비지출이 민간소비에 부정적인 영향을 미치는 구축효과가 발생하는 재정정책보다는 통화신용 확대정책이 효과적이라고 주장한다.

실질 화폐수요를 케인즈는 실질소득과 이자율의 함수, 프리드만은 실질 항상소득, 이자율, 인플레이션의 함수라고 주장하고 있다(실질항상소득이 제일 중요함). 신화폐수량설은 화폐유통속도는 상수가 아니고, 자산수익률, 물가상승률의 함수란 점에서 고전적 화폐수요함수와 차이가 있으나 단기에 안정적이라고 가정한 것은 고전적 화폐수량설과 유사하다.

신화폐수량설은 화폐공급의 외생성과 화폐수요함수의 안정성 가정 하에 통화량을 정책변수로 하면 경제를 효과적으로 관리할 수 있다는 것이다. 그러나 자본주의가 성숙할수록 금융혁신과 탈규제로 인해서 화폐를 대체할 수 있는 환매시장과 같은 신용수단을 포함하는 여러 자산들이 등장하면서 화폐수요함수는 매우 불안정해지고 있다. 이러한 화폐수요함수의 불안정성은 중앙은행이 발행한 현금이 중앙은행 창구를 통해서 공급된 본원통화와 통화량 비율인 통화승수에도 영향을 주면서 화폐공급이 내생적으로 결정되게 되어서 본원통화 조정에 의한 통화량 통제를 힘들게 하고 있다.

화폐수요이론의 한계는 다음과 같다.

- 화폐의 거래목적과 투기목적을 구분하기 힘들다.
- 1970년대 중반이후 화폐수요함수의 불안정이 나타나고 있다.

화폐수요함수가 불안정해진 원인은 다음과 같다.

첫째, 1970년대 중반 오일쇼크와 같은 공급측면에서 충격이 발생하여 화폐 수요함수의 불안정성이 심화되었다.

둘째, 제도적 변화이다.

1970년대 인플레이션 발생으로 인해서 세계 각국이 통화량목표제를 도입하였다. 그러나 통화 공급의 통제를 위해서 중간목표로 정한 통화지표를 규제하면 해당 통화지표의 움식임이 규제되기 전과 다른 움식임을 보이게 뇌는 현상이 발생하여 통화량 통제가 사실상 불가능하게 되는 결과를 보이고 있다.

셋째, 1970-1980 금융규제 완화, 자율화, 국제화 등으로 인해서 금융기술 이 발전하였고 금융기관의 업무영역이 확대되어 화폐수요함수의 예측력을 저하시키고 있다.

화폐교환방정식(MV=PT)은 재화 및 서비스의 생산량(T) 중심으로 설명이 가능하다. 예를 들어 중국은 매년 통화량을 20%씩 증가시킴에도 불구하고 소비자 물가 상승 없이 높은 경제 성장률을 보이고 있다. 이것은 재화와 서비스 생산량이 증가해서 더 많은 통화량(M)이 필요한 결과로 설명할 수 있다. 또한 화폐수량방정식은 재화 및 서비스 가격(P)을 중심으로도 해석 할 수 있다. 즉, 원자재가격(P) 상승은 본원통화량(M)이 증가하지 않으면 화폐유통속도 (V)를 증가시키게 된다. 이와 같이 화폐교환 방정식 MV=PT는 본원통화량이 아닌 생산량(T)이나 생산원가를 중심으로 즉, 통화량(MV)이 물가(P)를 결정하는 것이 아니라 재화와 서비스 생산량(T)이 통화량(MV)를 결정하게 된다는 해석이 가능하다.

1980년대 이후 통화량 목표제가 신뢰성을 상실한 원인중 하나가 돈을 갚겠다는 의무인 신용이 금융혁신으로 인해서 화폐 기준인 교환수단, 가치저장수단, 회계단위를 충족하여 화폐 역할을 하고 있는 반면, 기축통화인 달러는 이자를 지급하지 않는 신용수단이 되어서 화폐와 신용의 구분이 의미가 없어진 것에 기인한다. 이러한 점에 착안하여 신용수량설은 화폐교환방정식에서 통화를 신용으로 대체하여 화폐수량설로 설명이 되지 않는 현상을 설명하고 있다.

$$CV = PT$$

C: 총부채
V: 평균 유통속도(신용의 평균 회전율)

화폐수량설은 다른 조건이 같다면 화폐공급(M)의 증가는 물가(P) 상승 및 호황과 불황의 단기적인 순환을 초래하며 명목 GDP는 증가하나 실질 GDP는 증가하지 않는다고 주장한다. 반면 신용수량설은 현대 화폐시스템 하에서는 대출이 대규모 불이행이 될 때까지 신용증가가 중단되지 않으므로 화폐공급보다 신용 확대가 더 오래 지속되고 이에 따라 화폐수량 설의 주장보다 호황과 불황 주기가 더 길어지게 되고 실질 GDP에의 영향도 오래 지속된다. 신용으로 인한 성장은 가계 소득에 비해 자산 가격이 과도하게 형성되고 과잉 생산을 야기한 시점에 신용축소가 시작되면서 멈추고 소비와 투자가 위축되면서 호황에서 불황으로의 전환이 시작된다고 설명한다.

(2) 화폐공급

화폐 공급은 화폐를 어떻게 정의하느냐에 범위가 달라진다.

교환의 매개, 지급 수단, 가치 척도, 가치 저장수단등과 같은 화폐의 기능을 중시하는 정의, 가치의 손실이 없이 화폐로 즉시 전환 가능성을 의미하는 유동성을 중시하는 정의, 인플레이션, 실업 등 거시경제지표와의 관련성인 유용성을 중시하는 정의 등이 있으나 일반적인 정의는 유동성과 유용성을 동시에 고려하는 정의이다. 화폐공급은 중앙은행의 본원통화 공급(본원통화는 중앙은행이 정부대출, 예금은행 대출, 외환매입, 건물 · 시설구입, 국공채 매입을 통하여 공급됨), 은행의 금융중개행위, 민간의 현금/예금 간 선택 행위에 의해서 결정되며 일반적으로 통화정책을 담당하는 중앙은행에 의해서 독점적으로 관리되나 아래와 같은 이유로 인해서 통화량을 중앙은행 마음대로 조절하기는 힘들다.

첫째, 중앙은행이 발행한 현금이 중앙은행 창구를 통해 공급된 통화를 본원통화(MB: monetary base)라 하는데 본원통화는 중앙은행이 마음대로 결정할 수 없고, 시중의 자금수요의 증가, 금융위기 시 유동성 강화 등 경제 여건에 의해서 영향을 받는다.

둘째, 본원통화는 은행의 자기앞수표, 예금 등을 통하여 직간접으로 통화량에 영향을 미친다.

셋째, 경제규모가 확대되고 신금융상품들이 등장하면서 통화량의 범위가 불분명해졌고 실물경제와 관련성을 갖는 통화지표에 대한 관리가 어려워졌다.

통화지표는 가계나 기업 등이 보유한 통화성 금융자산을 모두 합한 금액으로 정의된다. 어떤 금융자산을 통화지표로 보는가는 국가마다 다를 수 있는데 각국 중앙은행은 IMF가 권고하는 금융상품의 유동성을 통화지표 기준으로 하되 자국의 실정을 잘 설명하는 통화지표를 사용하고 있다. 한국은행은 1951년부터 통화지표를 금융기관 중심으로 편제를 해 오다가 유동성 수준 파악에 한계가 발생함에 따라서 2002년부터 금융상품의 유동성을 기준으로하여 협의 통화(M1), 광의 통화 지표(M2)를 사용하였고, 2006년부터 추가적인 광의지표(Lf, L)를 사용하고 있다.

주요통화지표들은 다음과 같다.

협의통화(M1)는 화폐의 지급결제수단을 중시하는 지표로 다음과 같이 정의된다.

현금통화(민간보유현금) + 예금통화(기타예금취급기관의 결제성예금)
= 현금통화 + 요구불 예금(당좌예금과 보통 예금 등) + 수시입출금식 저축성 예금

광의의 통화(M2)는 화폐의 지급수단 및 구매력의 일시적 저장수단의 기능, 즉 금융상품의 유동성을 중시하는 지표로 M1+준 결제성 예금으로 정의된다. 준 결제성 예금은 거래보다는 이자소득으로 인한 가치 증식이나 저축을 목적으로 보유하지만 이자소득의 일부를 포기하면 현금화가 가능한 예금을 의미한다.

금융기관 유동성(Lf)은 M2+기타예금취급기관의 만기 2년 이상 정기 예적금 및 금융채+기타 금융기관의 예수금으로 정의된다.

광의의 유동성(L)은 금융기관 유동성(Lf)+정부와 기업 등이 발행한 유동성 금융상품으로 정의된다.

은행의 예금 창출(신용창출) 과정을 설명해 보자.

현금공급자인 중앙은행과 요구불 예금 공급자인 은행이 예금의 일부를 대출함으로써 통화량을 증가시키는 과정인 예금 창출(신용창출) 과정을 통해 M1의 공급과정을 아래와 같은 가정 하에서 분석해보자.

첫째, 민간은 현금을 보유하지 않고, 현금은 은행의 지급준비금으로만 존재한다.

둘째, 은행 부채는 예금 뿐이며 요구불 예금이 예금의 유일한 형태이다.

셋째, 은행은 법정지급준비금이외의 현금은 전액 대출한다.

지급준비금은 예금인출 요구에 대비하기 위해서 보유한 예금액의 일정비율로 중앙은행이 결정한다.

이러한 가정 하에서 M1 = 민간보유 현금 + 요구 불 예금은 아래와 같이 산출된다.

본원적(최초) 예금 G, 법정지급준비율 r이라고 하면, 대출금 전액이 예금되는 경우 예금 총액(D), 대출총액(L), 지급준비금 총액 M1은 다음과 같이 산출된다.

$$D = \frac{G}{(1-(1-r))} = \frac{1}{r} \cdot G \qquad (1.5)$$

$$L = \frac{(1-r) \cdot G}{(1-(1-r))} = \frac{(1-r)}{\mathrm{r}} \cdot G \qquad (1.6)$$

$\frac{1}{r}$: 신용승수

$M1$ = 요구불예금 = 대출총액 + 지급준비금 총액

표 1-2 대출금이 전액 예금되는 경우의 예금창출

	예금(D)	실제지급준비금(AR)	대출(L)
갑은행	G	rG	$(1-r)G$
을은행	$(1-r)G$	$r(1-r)G$	$r(1-r)^2G$
병은행	$(1-r)^2G$	$r(1-r)^2G$	$r(1-r)^3G$
정은행	$(1-r)^3G$	$r(1-r)^3G$	$r(1-r)^4G$
⋮	⋮	⋮	⋮
합 계	$\frac{1}{r}\cdot G$	G	$\frac{1-r}{r}G$

예 1.1 본원적 예금(G) 100만원, 법정지급준비율(r) 10%라 하면 아래와 같은 과정을 거쳐서 예금총액 $D = \frac{G}{(1-(1-r))} = \frac{1}{r}\cdot G$ = (1/0.1)*100 = 1,000만원, 대출총액 $L = \frac{(1-r)\cdot G}{(1-(1-r))} = \frac{(1-r)}{r}\cdot G$ = 900만원, 지급준비금 총액 = G = 100만원이 된다.

	예금(D)	지급준비금(R)	대출(L)
	100	10	90
	90	9	81
	⋮	⋮	⋮
계	1,000만원	100만원	900만원

M1 = 대출금총액 + 지급준비금 총액 = 요구불 예금 = 1,000만원

위 가정에서 대출금 전액이 예금이 되지 않고 시중에 있는 현금유출의 경우를 분석해 보자.

본원적 예금 G, 대출된 현금 중 예금이 되지 않고 시중(민간)에 있는 비율을 h라 하면 예금 총액(D), 지급준비금 총액, 대출총액(L), 현금유출 총액, M1(민간보유현금)은 다음과 같게 된다.

$$D = \frac{1}{(1-(1-h)(1-r))}\cdot G = \frac{1}{(h+r-hr)}\cdot G \tag{1.7}$$

지급준비금 총액 = $r\cdot D$

$$L = \frac{1-r}{(1-(1-h)(1-r))}\cdot G = \frac{1-r}{(h+r-hr)}\cdot G \tag{1.8}$$

$$\text{현금유출 총액} = \frac{h(1-r)}{(h+r-hr)}\cdot G \tag{1.9}$$

M1 = 현금유출총액 + 예금

표 1-3 현금유출이 있는 경우의 예금창출

	예금(D)	지급준비금(AR)	대출(L)	유출현금(H)
갑은행	G	rG	$(1-r)G$	$h(1-r)G$
을은행	$(1-h)(1-r)G$	$r(1-h)(1-r)G$	$(1-h)(1-r)^2G$	$h(1-h)(1-r)^2G$
병은행	$(1-h)^2(1-r)^2G$	$r(1-h)^2(1-r)^2G$	$(1-h)^2(1-r)^3G$	$h(1-h)^2(1-r)^3G$
정은행	$(1-h)^3(1-r)^3G$	$r(1-h)^3(1-r)^3G$	$(1-h)^3(1-r)^4G$	$h(1-h)^3(1-r)^4G$
⋮	⋮	⋮	⋮	⋮
합 계	$\frac{1}{h+r-hr}G$	$\frac{r}{h+r-hr}G$	$\frac{1-r}{h+r-hr}G$	$\frac{h(1-r)}{h+r-hr}G$

예 1.2 (예 1.1)에서 h = 0.2라 하면 예금(D), 지급준비금 총액(R), L, 현금유출 총액은 다음과 같다.

	예금	지급준비금	대출	현금 유출
	100 72 ⋮	10 7.2 ⋮	90 64.8 ⋮	18 12.96 ⋮
계	357.14만원	35.72만원	321.43만원	64.28 만원

$$D = \frac{1}{(1-(1-h)(1-r))} \cdot G = \frac{1}{(h+r-hr)} \cdot G = 357.14 \text{ 만원}$$

지급준비금 총액 $= r \cdot D = 35.72$ 만원

$$L = \frac{(1-r)}{(1-(1-h)(1-r))} \cdot G = \frac{(1-r)}{(h+r-hr)} \cdot G = 321.\ 43 \text{ 만원}$$

$$\text{현금유출 총액} = \frac{h(1-r)}{(h+r-hr)} \cdot G = 64.28 \text{ 만원}$$

통화승수(m)는 통화량을 본원통화로 나눈 값을 말하며 통화량이 본원통화의 몇 배인지를 보여 주는 배수로 통화 공급에서 중앙은행의 역할을 보여주는 지표이다.

중앙은행이 공급하는 본원통화(현금)는 다음과 같이 표시된다.

비은행 민간보유 현금 + 은행보유 실제지급준비금
= 비은행 민간보유현금 + 은행보유 시재금 + 중앙은행 예치금
= 화폐발행액(중앙은행권) + 중앙은행 예치금

M 통화량, B 본원통화, m 통화승수, C 민간보유 현금통화, D 요구불 예금, R 은행 보유지급준비금, 현금통화비율(c)=C/D, 예금지급준비율(r_0)=R/D=법정지급준비율(r) +초과지급준비율, 현금유출비율(h)로 정의하면, 통화량(M), 본원통화(B)는 다음과 같다.

$$M = C + D \tag{1.10}$$

$$B = C + R \tag{1.11}$$

(예 1.2)의 경우 M, B는 다음과 같다.

$$M = C + D = 64.28 + 357.14 = 421.42 < 1{,}000$$

$$B = C + R = 64.28 + 35.72 = 100$$

통화승수(m)는 다음과 같이 산출된다.

$$m = \frac{M}{B} = \frac{C+D}{C+R} \tag{1.12}$$

가 되고 양변을 D로 나누면

$$m = \frac{\frac{C}{D}+1}{\frac{C}{D}+\frac{R}{D}} = \frac{c+1}{c+r_0} \tag{1.13}$$

가 된다.

이 경우 B=G, C=현금유출총액(민간보유 현금통화)이므로 식(1.7), (1.9)를 식(1.10)에 대입하면

$$M = C+D = \frac{(h(1-r_0)+1}{(h(1-r_0)+r_0} \cdot \mathrm{B} \tag{1.14}$$

가 유도되고 식(1.13), (1.14)로부터 m= $\frac{c+1}{c+r_0} = \frac{h(1-r_0)+1}{h(1-r_0)+r_0}$ 이 도출되므로 $c=h(1-r_0)$가 된다.

통화승수(m)는 현금유출(h)이 발생하거나($h>0$) 초과지급준비금이 존재하는 경우($r_0>r$) 신용승수($1/r$)보다 작게 된다.

현실적으로 본원통화의 크기는 중앙은행의 의지와는 관계없이 경기변동, 국제수지, 재정 수지 등에 의해서 영향을 받으며 실질예금지급준비율(r_0)과 민간현금통화비율(c)에 의해서 결정되는 통화승수도 단기적으로 안정적이라고 보기 힘들므로 화폐공급은 중앙은행의 본원통화로 설명되지 않는, 즉 화폐 공급의 내생성이라는 한계를 갖는다.

2 금융

1) 정의

금융은 자금 여유가 있는 경제단위(흑자지출단위)가 자금이 부족한 경제단위(적자지출단위)에게 자금을 융통해주는 것을 말하며 화폐가 수행하지 못하는 서로 다른 시점 간의 교환을 통한 자원의 효율적 배분 역할을 수행한다. 즉, 미래에 더 나은 가치를 제공받기 위한 약정(미래소득에 대한 금융자산 형태의 청구권)과 화폐의 교환매개기능(지급수단기능)을 일시적으로 교환하는 활동이다. 이 경우 약정은 사적 계약에 해당하는 금융수단이라 부르며 본질적으로 시간경과에 따른 약속 불이행이라는 불확실성이 존재한다.

2) 기능

(1) 순기능

소비측면에서는 자금 여유가 있는 사람이 자금을 필요로 하는 사람에게 자금을 공급하고 자금공급자가 그 대가를 지급받으면 두 사람 모두 효용이 증대된다. 생산측면에서는 금융기능으로 인해서 금융이 없으면 할 수 없는 새로운 투자가 가능해져서 경제가 성장하게 된다.

(2) 역기능

금융시장은 다른 시장에 비해서 더 불안전하며 외부 충격에 쉽게 노출되어 시장실패에 취약하다. 즉, 직접금융시장의 경우 주식가격이 가치와 큰 괴리를 보이거나, 간접금융시장의 경우 은행과 같은 간접 금융 중개 기관이 기업투자안 심사 시 역할을 제대로 수행을 하지 못하면 잉여자금이 부실하고 비효율적인 곳으로 배분되어 경제성장에 악영향을 미칠 수 있다. 금융시장 실패는 정보의 비대칭성, 외부효과, 자연독점 등에 의해서 주로 발생한다.

• **정보의 비대칭**

금융기관은 자금의 공급자와 수요자 사이에 존재하는 정보의 비대칭 문제를 어느 정도 해결 할 수는 있지만 완전히 해결 할 수는 없다. 예를 들어 금융기관이 기업에 대출을 하거나 금융기관에 예금을 하는 경우 정보 비대칭으로 인해서 기업과 예금자, 금융기관 간에 정보 비대칭이 존재한다. 이러한 정보비대칭으로 인해서 금융시장에 대한 신뢰가 상실되면 금융시장이 붕괴할 수 있다. 금융규제는 이러한 정보의 비대칭 문제를 완화시키기 위한 정부의 규칙이다.

• **외부효과**

외부효과란 어떤 경제활동과 관련하여 제3자에게 의도하지 않은 혜택이나 손해를 가져다주면서도 이에 대한 대가를 받지도 지불하지도 않는 상태를 말하며, 외부성(externality)이라고도 하며 양의 외부성, 음의 외부성으로 구분된다. 교육과 같이 다른 사람에게 의도하지 않은 혜택을 입히면서 이에 대한 보상을 받지 못하는 외부 경제를 양의 외부성이라고 한다. 교육은 기본적으로 교육을 받는 사람에게 이익이 돌아가지만 교육 수준이 높아질수록 사회전체의 생산성이 향상되고 기술도 발전한다. 반면에 자동차공해와 같이 다른 사람에게 의도하지 않은 손해를 입히고도 이에 대한 대가를 지불하지 않는 외부비경제를 음의 외부성이라고 한다. 정부가 외부경제에 대해서는 보조금, 외부비경제에 대해서는 세금이나 행정 규제를 통해서 시장이 달성하지 못한 최적 균형을 이루는 것을 외부효과의 내부화라 한다.

금융업 특히 은행업은 예금의 부분준비제도로 인해서 뱅크런이 발생하면 유동성 위기에 취약한 내재적 불안정성에 노출될 수밖에 없다. 이러한 불안정성은 한 은행의 위험이 이 은행 주주와 예금주, 다른 은행, 대출기업 등 금융시장과 실물부문에 악영향을 미치는 외부효과에 의해서 악화되어 금융시스템 기능이 일부 발휘되지 않거나 전부 정지되는 상태인 시스템 위기 및 시장실패가 발생한다.

- **자연독점**

자연독점은 규모의 경제가 시장수요를 충족할 만큼 크고 지속적일 경우 한 기업이 산업 전체의 생산량을 생산 할 때 이 산업은 자연독점이 된다고 한다. 금융시스템에서도 지급시스템은 자연독점 성격을 갖고 있다. 그러나 자연독점으로 인한 생산규모 경제가 가져오는 비용의 절감과 소비의 네트워크 효과가 주는 편익과 경쟁의 저하와 독점이 초래하는 비용 증대간의 균형을 유지하는 것이 중요하다. 이를 위해서 정책 당국에 의한 규제가 필요하다.

3 화폐와 금융의 차이와 특성

1) 차이

국가에 의해서 강제 통용력이 부여된 법정화폐(legal money)는 교환에 수반되는 불확실성을 없앨 수 있어서 교환기능뿐만 아니라 지급종료성 기능을 통하여 물물교환경제에 비해 교환효율을 크게 증가시키고 경제 활동 규모도 확대시키는 역할을 수행하였다. 반면에 금융은 특정 시점에 화폐를 여유롭게 보유한 자와 부족한 자가 존재하는 경우 시간적, 공간적으로 화폐 기능을 확대함으로써 개인이나 기업이 부의 축적을 이룰 수가 있게 된다.

2) 특성

(1) 화폐와 물가안정

화폐가치가 안정 즉, 물가가 안정되면 화폐의 순기능이 작용하고, 화폐가치가 불안정하거나 안정성에 대한 신뢰가 없어지면 인플레이션, 디플레이션과 같은 화폐의 역기능이 작용된다. 따라서 물가안정이 중요하나 물가안정은 비배제성, 비경합성을 갖는 공공재이므로 시장에만 맡길 경우 혜택만 받고 비용을 지불하지 않기 때문에 시장실패가 발생된다. 비배제성은 편익을 특정인이 누리지 못하도록 배제 시킬 수 없는 것을, 비경합성은 어떤 사람이 편익을 누렸다고 다른 사람이 편익을 누리지 못하게 되지 않는 것을 의미한다. 공공재의 예로는 국방, 일기예보, 공원 등이 있다.

(2) 금융과 금융안정

금융안정은 금융시스템을 구성하는 금융기관, 금융시장, 금융하부구조(금융제도, 금융감독, 공적 금융안정망, 결제시스템 등)의 안정을 통해 금융중개기능이 원활하게 작동되는 상태를 의미한다.

금융도 화폐와 마찬가지로 안정이 되면 순기능이, 불안정이 되면 역기능이 작용하고, 일정 수준을 넘어서 보편화되면 공공재가 되므로 시장실패를 방지하기 위해서 정책당국이 개입하여 적정수준의 금융안정을 유지해야한다.

(3) 화폐금융 현상의 두 가지 특성

첫째, 효율증대

화폐는 거래비용 절약을 통해서, 금융은 지급수단보다는 가치저장수단을 원하는 사람들의 만족을 통해서 효율을 증대시킨다.

둘째, 효율성증대에 따른 불안정 증대

화폐와 금융은 효율성이 증대되면 역기능과 공공재의 특성으로 인해서 불안정성도 증대되므로 일반상품보다 더 많은 신뢰가 전제되어야 한다. 특히 법화에 강제 통용력을 부여한 화폐에 비해서 금융은 더 많은 신뢰가 필요하며 신뢰가 사라지면 금융은 와해되고, 반대로 신뢰가 지나쳐도 투기 발생 등으로 인해서 금융시스템이 작용되지 않는다. 따라서 화폐와 금융시스템이 적정 신뢰 수준을 유지할 수 있도록 하는 것이 중요하고, 역기능이 발생하지 않도록 시장 작동에 의한 시장규율과 정부개입에 의한 공적규율의 적절한 조합이 필요하다. 이러한 금융의 불안정성을 줄이는 장치가 제2장에서 설명할 금융기관과 금융시장이다.

4 산업자본과 금융자본

지금까지는 화폐와 금융에 대해서 살펴보았다. 본 절에서는 금융 자본과 산업자본을 비교 설명해보자. 일반상품으로 특징지어지는 산업자본은 일반상품 생산 시 필요한 자본이며, 금융자본은 금융상품 생산 시 필요한 자본으로 다음과 같은 특징을 갖는다.

1) 수익과 파산 시 영향

산업자본은 자사가 만든 제품으로 돈을 벌고, 금융자본은 남의 돈을 다른 사람에게 돌려가며 돈을 번다. 금융자본은 호황기에는 대출을 자제해야 하고 수신을 늘리며, 불황기에는 수신을 줄이고 대출을 늘려야 한다. 만약 금융자본이 산업자본과 같은 방식으로 영업을 하면 호황기에는 많은 이익이 발생하나 불황기에는 산업자본과 금융자본이 동시에 문제가 발생하게 된다. 산업자본은 문제가 발생하면 거래업체, 주주, 채권자, 일부소비자 등에 국한되지만, 금융자본은 그 회사에 돈을 맡긴 고객들이 피해자가 되고 이것은 연쇄적으로 2차, 3차의 피해를 발생시킨다.

따라서 산업자본은 좋은 물건 판매를 통하여 수익 창출을 해야 하지만 금융자본은 시장상황에 관계없이 평균적인 이익을 지속적으로 창출해야 한다.

2) 상품특징

산업자본(상품시장)은 소비목적인 가시적 제품을, 금융자본(자산시장)은 불확실한 미래수익에 근거한 투자 혹은 투기목적인 비가시적 제품을 수익성, 위험, 유동성에 따라 차별화시켜서 판매한다. 또한 산업자본은 망해도 해당제품 보유자는 큰 피해를 보지 않는다. 예를 들어 TV 회사가 망한다고 해서 TV 소유자가 큰 영향을 받지 않는다. 그러나 은행이 망하면 고객인 예금주들은 큰 피해를 입을 수 있다.

3) 상품 가격 결정구조

산업자본의 제품가격은 수요와 공급에 따라 비교적 합리적으로 움직인다. 즉, 상품시장에서는 가격이 높아지면(낮아지면), 수요는 감소(증가)한다. 그러나 자산시장에서 거래되는 금융상품은 미래수익을 근거로 가격이 결정되는 비가시적 상품이므로 완전한 가격 예측이 불가능하다. 따라서 자산시장에서는 참여자들의 탐욕과 공포로 인해서 가격이 높아(낮아)지면, 수요는 증가(감소)하는 경우가 많다. 이와 같이 상품시장은 안정을 찾아가는 시장인 반면, 자산시장은 균형 상태에 이르지 못하고 불안정한 신용(부채)과 자산의 양성(+)피드백 싸이클이 존재하여 이로 인해서 호황과 불황을 반복하는 경향이 있다.

4) 상품 영업방식

상품시장은 신상품의 주기가 짧고 종류도 다양해서 호황기에 제품을 많이 팔아서 수익을 창출해야 한다. 반면에 자산시장에서는 획기적인 신상품 개발이 쉽지 않고 비가시적이며 수익이 미래에 발생하므로 투자자의 신뢰증진이 매우 중요하다.

제2장 금융제도

금융제도(financial system)는 금융거래에서 발생하는 비대칭정보 문제를 완화하고 거래비용을 줄임으로써 금융거래를 원활하게 하는 제도적 장치로 금융시장, 금융기관과 금융하부구조(중앙은행, 금융 감독기구, 예금보험기구등과 같은 금융시장과 금융기관을 뒷받침하거나 감시하는 법률체계와 각종 기구, 제도 등)로 구성된다. 금융제도는 운영방식에 따라 여러 형태로 구분된다. 금융기관의 업무영역을 제한하는 정도에 따라 각 금융서비스가 해당 전문 금융기관에 의해서만 제공되는 전업주의(specialized banking)와 한 금융기관이 여러 금융서비스를 함께 취급할 수 있는 겸업주의(universal banking)로 분류되며, 직접금융과 간접금융을 기준으로 하면 주식과 채권과 같은 자본증권이 거래되는 자본시장이 금융의 중요한 역할을 하는 시장중심제도(market-based financial system)와 은행이 금융의 중심역할을 하는 은행 중심제도(bank-based financial system)로 구분된다. 미국과 영국이 시장중심 금융제도, 독일과 일본이 은행중심 금융제도를 채택하고 있다. 자본증권은 주식이나 채권과 같이 자본의 일정 부분의 소유와 그에 대한 배당이나 이자 등의 청구권을 나타내는 증서를 의미한다. 주식이란 주식회사의 자본을 구성하는 단위로 주식회사의 주인인 주주가 가지는 권리와 지분을 나타낸다. 주식은 주주가 출자한 자금만큼 자기자본을 형성하게 되고 만기의 개념이 없어서 회사의 입장에서는 상환의 의무가 없게 되며 기업의 운영 결과 발생하는 이익의 범위 내에서 배당을 지급 받을 수 있다. 채권이란 주식회사뿐만 아니라 정부, 공공단체, 특수법인이 일반

투자자에게 자금을 조달하고 조달된 자금에 대하여 일정기간 동안 정기적으로 이자를 지급하고 만기 시에는 원금을 상환한다는 조건을 명시한 일종의 차용증서를 유가증권화한 것이다. 그러나 채권은 일반적인 차용증서와 달리 다수의 투자자가 동일한 조건하에서 투자 할 수 있고 채권유통시장을 통하여 매각함으로써 현금화함과 동시에 다른 투자자에게 양도도 가능하다.

표 2-1 주식과 채권의 비교

구 분	주 식	채 권
존속기간	회사가 없어지지 않는 한 영원하다.	만기일까지만 존재한다.
소유자의 지위	주주	채권자
원금상환	회사는 주주에게 원금을 돌려줄 필요가 없다. 왜냐하면 주주가 곧 회사의 주인이기 때문이다.	만기가 되면 회사가 채권자에게 빌린 돈을 갚아주어야 한다.
이익형태	회사의 이익이 많을수록 더 많은 배당을 받을 수 있다.	회사의 이익이 많든 적든 정해진 이자만 받는다.
경영참가	주주는 회사의 주인으로서 경영에 참여할 수 있다.	채권자는 회사의 주인이 아니기 때문에 경영에 참여할 수 없다.

시장중심제도와 은행 중심제도에 대해서 논해보자.

시장중심제도는 금융기관과 기업 간에 소유와 지배 구조 관계를 가지지 않고 독립적인 관계를 유지하는 형태를 의미한다. 기업은 증권시장에서 주식, 채권과 같은 자본증권을 통해서 자금 조달을 하며 기업에 대한 평가도 증권시장에서 주식, 채권 가격 변화로 이루어진다. 반면에 은행 중심 제도는 은행과 기업이 상호주식을 보유하거나 거래관계를 장기적으로 유지함으로써 서로 밀접한 관계를 형성하는 형태를 의미한다. 기업은 대출을 통해서 자금 조달을 하며 기업평가는 은행이 대출심사와 감사를 통해서 수행한다.

각 제도의 특징을 효율성과 안정성 측면에서 살펴보자.

첫째, 효율성

시장 중심제도에서는 동일한 시점에서 위험회피자와 위험 부담자(투기자)간 위험 전이(횡단면 위험분산(cross-sectional risk sharing))가 효율적으로 이루어지며, 정보공급이 원활하여 경쟁과 규율에 의한 기업의 상시 구조조정을 통해 자원배분의 효율성은 좋지만 주가변동성이 커져서 투자자의 위험이 증대 될 수 있어 시장중심제도는 기존 사업에 대한 자금조달보다는 위험이 높은 신사업에 대한 자금조달에 적합하다. 반면에 은행 중심 제도는 위험을 시간경과에 따라 분산시키는 다른 시점 간의 위험분산(inter-temporal risk sharing)에 효율적이며, 주거래은행 제도를 통해서 고객기업의 정보를 시장보다 더 많이 얻을 수 있어서 주인-대리인 문제를 사전에 줄일 수 있어 은행 중심 제도는 신사업보다는 위험이 상대적으로 작은 기존 사업에 대한 자금조달에 적합하다. 따라서 효율성을 기준으로 어느 제도가 우월하다고 볼 수는 없다.

둘째, 안정성

은행은 내재적 불안정성, 증권시장은 자산가치와 가격의 차이가 많이 나는 거품 발생 가능성으로 인해서 두 제도 모두 위기에 취약하므로 어느 제도가 안정성이 우월한지 결론을 내리기 힘들다.

효율성, 안정성 측면을 모두 고려 할 때 어느 제도가 우월한지는 결론을 내리기가 힘들고 대외개방 정도, 법체계, 정치적 요인에 따라 각국의 금융제도가 결정된다. 은행에 의한 자금 공급이 지배적인 국가에서는 기존 기업을 중심으로 경제구조가 고착화 되며, 자본시장이 발달한 국가일수록 신생기업이 중견기업 혹은 대기업으로 성장하는데 소요되는 시간이 짧고 경제력 집중도 완화된다.

우리나라의 경우 재벌 중심의 경제구조가 고착화되어 경제에 활력을 불어 넣기 위해서 모험자본을 공급하는 자본시장의 역할이 중요시 되어서 은행과 자본시장을 통한 자본조달의 균형이 이루어져야 한다. 자본시장이 발전하기 위해서는 핵심 중개기관인 투자은행, 즉 증권회사가 제 역할을 수행하여야만 한다.

금융제도의 구성요소인 금융시장, 금융기관, 금융하부구조에 대해서 설명해 보자.

1 금융시장(Financial Market)

1) 기능

금융시장이란 자금 공급자와 자금 수요자간에 금융거래가 조직적으로 이루어지는 장소를 말한다. 장소는 구체적인 공간뿐만 아니라 추상적인 공간도 포함한다. 금융시장에서 거래가 이루어지기 위한 매개 수단을 예금증서, 어음, 채권과 같은 금융자산 또는 금융상품이라고 한다. 금융거래는 자금 이동 형태에 따라서 직접금융거래와 간접금융거래로 구분된다. 직접금융거래는 자금수요자가 자기명의로 발행한 증권(주식, 채권 등)을 자금공급자에게 교부하고 자금을 직접 조달하는 거래이며, 간접금융거래는 은행과 같은 금융 중개기관(financial intermediaries)을 통하여 자금공급자에게서 자금 수요자로 자금이 이전되는 거래이다.

그림 2-1 금융시장과 자금흐름

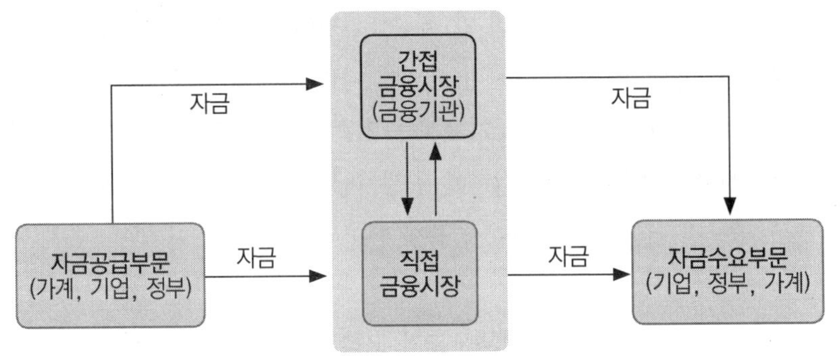

금융시장의 주요 기능은 다음과 같다.

(1) 자원배분기능

금융시장은 흑자주체인 가계부문에 여유자금을 운용할 수 있는 수단(금융자산)을 제공하고 이를 통해서 흡수한 자금을 투자 수익성이 높은 기업을 중심으로 기업부문에 이전시킴으로써 국민경제의 생산력을 증대시킨다.

(2) 소비자 효용증대 기능

금융시장은 소비주체인 가계부문에 적절한 자산운용 및 차입기회를 제공하여 가계가 자신의 소비시기를 선택할 수 있게 함으로써 소비자 효용을 증진시킨다.

(3) 위험분산기능

금융시장은 다양한 금융상품을 제공함으로써 투자자가 분산투자를 통해 투자위험을 줄일 수 있도록 한다.

(4) 유동성 제공 기능

금융시장이 발달하면 금융자산의 환금성(유동성)이 높아져서 자금 수요자의 차입비용이 감소하게 된다.

(5) 정보 수집 비용과 시간 절약 기능

금융시장이 존재하면 차입자의 신용에 관한 정보가 차입자가 발행한 주식과 채권가격에 반영되므로 투자자가 투자정보 수집에 필요한 비용과 시간이 절약된다. 차입자도 정당한 평가를 통하여 필요한 자금을 원활히 조달 할 수 있다.

(6) 시장규율(market discipline) 기능

시장규율이란 시장참가자가 차입 자가 발행한 주식 또는 채권가격 등의 시장신호를 활용하여 차입자의 건전성에 대한 감시기능을 수행하는 것을 말한다. 어떤 기업이 신규 사업을 계획하고 있는데 이로 인해서 시장에서 재무건전성이 악화될 것으로 본다면 해당기업의 주가 또는 채권가격이 하락하게 되어 신규 사업 추진에 제동이 걸리게 된다.

2) 금융시장과 통화정책

금융시장은 통화정책과 통화정책의 최종목표인 물가안정과 금융안정을 연계시키는 역할을 한다. 한국은행에서 정책금리인 기준금리(한국은행이 시장금리가 아닌 별도의 기준으로 정하는 금리로 공개시장조작 등과 같은 정책수단 활용 시 적용되는 금리)를 결정하면 공개시장조작(중앙은행이 채권시장에서 국·공채를 매입 또는 매각하는 정책), 지급준비제도, 여

수신제도(중앙은행이 금융기간을 대상으로 대출 및 예금을 통해 자금의 수급을 조절하는 정책)와 같은 통화정책에 따라 금융시장 중에서 일차적으로 콜, RP 등 자금시장에 영향을 미치고 이러한 변동은 자본시장, 예금, 대출시장, 외환 시장 등을 통하여 자산 가격, 금리, 주가, 환율 등의 가격변수들에 영향을 주고 최종적으로 투자, 소비 등을 통해서 물가 등 실물경제에 영향을 미치게 된다. 이러한 통화정책이 원활히 작동하기 위해서는 금융시장이 효율적으로 기능해야 한다.

그림 2-2 금융시장과 통화정책의 파급경로

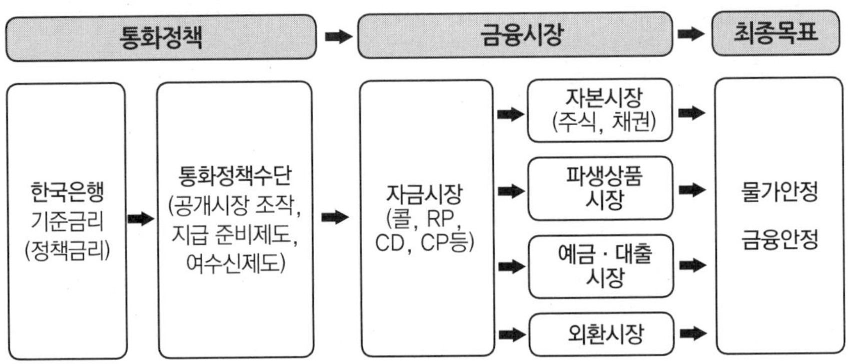

그러나 금융시장에서는 거래비용과 정보비용으로 인해서 가계, 기업과 같은 경제주체들이 합리적, 효율적 경제 행위를 하는데 한계가 존재한다.

거래비용은 금융거래를 하는데 불가피하게 요구되는 시간과 비용을, 정보비용은 정보비대칭으로부터 발생하는 역선택과 도덕적 해이로 인한 비용을 의미한다. 역선택은 실적이 저조한 투자자에게 거짓 정보를 주어서 자신의 기업에 투자하도록 하는 것처럼 금융거래가 성사되기 전에 정보 우월자가 정보 열등자에게 자신의 특성을 숨겨서 정보열등자가 열등한 선택을 하게 하는 행위를 말하며, 도덕적 해이는 보험가입자가 보험가입 후 사고 발생 빈도가 높아지는 것처럼 금융거래가 성사된 후 정보 우월자가 자신의 행동을 정보 열등자에게 숨겨서 사적 이익을 얻는 행위를 말한다.

3) 금융시장과 금융안정, 금융발전

금융시장은 금융안정과 관련하여 다음과 같은 중요한 역할을 한다.

첫째, 금융시장은 금융, 경제상황에 대한 정보를 신속히 제공하여 금융불안의 확산을 사전에 차단할 수 있다.

둘째, 금융시장은 대내외 충격이 금융시스템 및 경제 전반에 영향을 미치는 파급 경로가 된다. 동일한 충격에도 금융시장의 충격흡수 능력 또는 자생적 복원력 정도에 따라 금융시스템에 대한 영향이 달라질 수 있다.

셋째, 금융시장의 규모가 확대되고 구조가 복잡화되면서 금융활동이 실물경기의 진폭을 확대하고 실물부문이 다시 금융 부분에 영향을 주는 금융-실물 간 연계가 강화되고 있다. 예를 들어 자산 가격 급락 시 가계, 기업의 순자산가치가 하락하고 실질 금융차입비용이 증가함으로써 실물 투자 및 소비 수요가 위축되게 된다.

4) 금융시장의 양면성

금융부문은 거래비용 축소와 자원의 효율적 배분을 위해서 지속적으로 변화하는데 이 과정에서 새로운 유형의 위험 요소가 발생하기 때문에 금융시장의 발전은 금융시스템의 안정성에 양면적인 영향을 미친다. 즉, 금융혁신에 따른 신종 금융상품 개발, 장외파생상품의 성장 등은 시장 참가자들의 자금조달 및 운용의 효율성 제고에 기여하지만 동시에 금융 불안의 원인을 제공하기도 한다. 2008년 미국 발 금융위기는 자산유동화증권으로 인해서 금융시장의 자금중개기능이 크게 향상되었으나, 자산유동화증권이 부실화되면서 발생한 것이다. 이와 같이 금융시장은 사회 경제 발전, 기업의 창업과 확장을 위해서 필요한 자금을 제공하는 장점이 있지만, 시장참여자들의 탐욕과 투기로 인해서 자산 거품이 형성되는 위험이 동시에 존재한다. 이와 같은 금융시장의 장점과 단점은 동전의 양면처럼 서로 붙어 있어서 장점만 취하고 단점을 버리기가 쉽지 않다. 따라서 금융시장을 발전시키면서 금융위험을 최소화하기 위해서는 효율적인 공시체계, 적절한 금융규제와 같은 금융하부구조의 효율화가 선결되어야 한다.

5) 구조

금융시장은 직접금융시장과 간접금융시장으로 구분된다.

직접금융시장은 거래되는 금융상품의 만기가 1년 이상인 자본시장과 1년 미만인 자금시장으로 세분되나, 금융상품의 특성을 고려하여 외환시장과 파생금융상품시장을 별도로 구분하기도 한다. 자본시장은 장기금융시장이라고도 하며 주로 금융기관, 기업, 정부 등이 장기자금을 조달하는 시장으로 주식시장과 국채, 회사채, 금융채 등이 거래되는 채권시장으로 나뉜다.

증권시장은 다시 발행시장과 유통시장으로 구분할 수 있다. 발행시장은 주식과 채권 등을 매개로 자금을 필요로 하는 기업과 투자자 사이에서 거래가 이루어지는 추상적인 개념의 시장이다. 유통시장은 다수의 매매 쌍방이 일정한 시간, 장소, 매매거래 질서 하에서 유가증권을 거래하는 구체적인 시장이다. 우리나라에는 한국거래소(KRX: Korea Exchange)에서 관리 및 운영하는 유가증권시장, 코스닥시장, 파생상품시장과 금융투자협회가 개설하여 운영하는 프리보드시장(제3시장) 그리고 채권시장이 있다. 증권시장을 통하여 기업은 장기적인 거액의 산업자금을 조달할 수 있고, 가계는 여유 돈을 다양한 투자수단에 운용할 수 있으며, 정부는 도로, 항만등과 같은 사회간접자본(SOC: Social Overhead Capital)의 건설이나 그와 자원의 개발, 기간산업 육성에 필요한 재정자금을 조달할 수 있다. 또한 정부는 단기성 증권인 통화안정증권을 매각 또는 매입을 통하여 통화량을 조절할 수 있다.

자금시장은 단기금융시장이라고도 하며 시장참여자들이 일시적인 자금 수급의 불균형을 조정하기 위해서 활용하며 콜 시장, 환매조건부매매시장, 양도성예금증서시장, 기업어음시장 등이 있다.

콜 시장은 금융기관 상호간에 일시적인 자금 과부족을 조절하기 위해서 초단기로 자금을 차입하거나 대여하는 시장이다. 환매조건부매매(RP: repurchase agreement)는 일정기간 경과한 후 정해진 가격으로 환매매하는 조건으로 증권을 매매하는 것을 말한다. RP 거래는 증권매매 형태로 이루어지나 실제로는 단기 자금의 조달과 운용수단으로 이용되고 있다. 매도기관의 경우 RP거래를 이용하여 보유증권을 팔지 않고서도 일시적으로 필요한 자금을 조달할 수 있으며 보유증권을 담보로 제공하기 때문에 다른 수단에 비하여 비교적 저금리로 자금을 조달할 수 있다.

양도성예금증서(CD: negotiable certificate of deposit)는 정기예금에 양도성을 부과한 금융상품이다.

기업어음(CP: commercial paper)은 신용상태가 양호한 기업이 상거래와 관계없이 운전자금 등 단기자금을 조달하기 위해서 자기신용을 바탕으로 발행하는 융통어음으로 상거래에 수반되어 발행되는 상업어음(commercial bill, 진성어음)과 구별된다.

외환시장은 서로 다른 종류의 통화가 거래되는 시장으로 거래 당사자에 따라 외국환은행간 매매가 이루어지는 은행 간 시장(inter-bank market)과 은행과 비 은행 고객 간에 외환매매가 이루어지는 대고객시장(customer market)으로 구분된다. 일반적으로 외환시장은 은행 간 시장을 의미한다.

파생금융상품시장은 금융상품의 가격변동 위험과 신용위험 등 위험관리를 위해서 고안된 파생금융상품이 거래되는 시장이다. 우리나라의 경우 외환파생상품을 중심으로 발정되어 왔으나 1990년대 중반 이후 주가지수 선물 및 옵션, 채권선물 등이 도입되면서 거래 수단이 다양화되고 거래규모도 크게 확대되고 있다.

간접금융시장은 예금과 대출시장, 펀드시장, 신탁업시장, 보험시장으로 세분된다. 신탁업시장은 금전이나 부동산 등의 자산을 위탁받아 대신 관리해 주는 시장을 의미하며 은행신탁계정을 이용하는 금전신탁과 투자신탁회사가 관리하는 증권투자신탁이 있다.

그림 2-3 한국의 금융시장

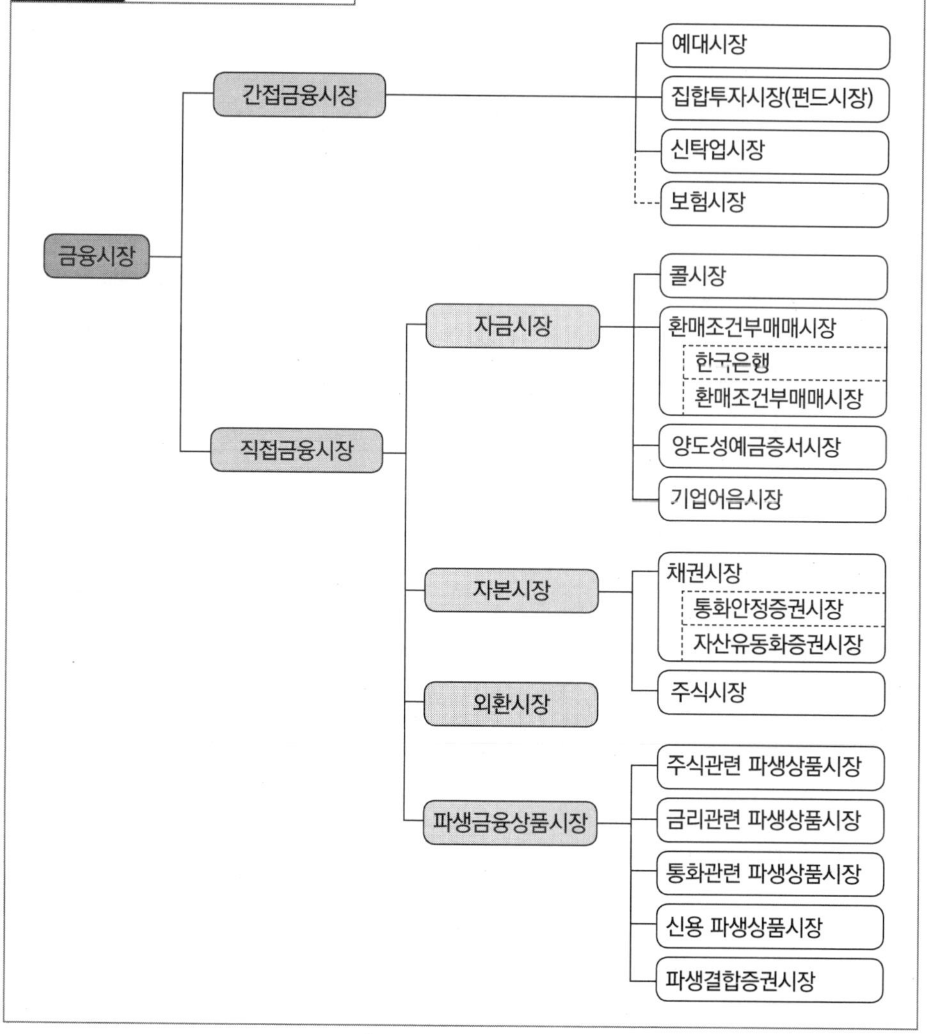

표 2-2 금융시장규모

	1990(A)	2000	2010	2012.6(B)	B/A
자금시장[1]	44.3	138.8	267.5	305.5	6.9
자본시장	114.0	640.7	2,352.7	2,402.3	21.1
채권[2]	35.0	423.6	1,112.9	1,228.0	35.1
주식[3]	79.0	217.1	1,239.9	1,174.3	14.9
전체(C)	**158.3**	**753.0**	**2,620.3**	**2,707.8**	**17.1**
C / Lf[4](%)	79.9	82.6	122.6	113.3	-
C / 대출금[5](%)	86.9	111.2	143.4	135.3	-
C / 명목 GDP(%)	82.7	124.8	223.3	212.0	-

주: 1) 콜, 환매조건부매매, 기업어음, 양도성예금증서, 표지어음 및 1년물 이하 통화안정증권, 재정증권 합계

2) 상장채권 기준(단, 1년물 이하 통화안정증권 및 재정증권은 제외)

3) 한국거래소의 유가증권시장 상장주식 및 코스닥시장 등록주식의 시가총액

4) 금융기관 유동성(=M2+예금취급기관의 만기 2년 이상 유동성상품+증권금융 예수금 등+생명보험회사 보험계약준비금 등)

5) 자금순환표상 대출금(단, 한국은행의 대출금 제외)

자료: 한국은행, ECOS, 한국거래소, 증권선물 각호

표 2-3 자금시장규모

	1990		2000		2010		2012.6	
	금액	구성비	금액	구성비	금액	구성비	금액	구성비
콜	3,397	7.7	16,058	11.6	22,501	8.4	20,006	6.5
환매조건부매매	3,377	7.6	26,115	18.8	76,871	28.7	90,270	29.5
기업어음[1]	12,740	28.7	44,677	32.2	80,916	30.2	106,175	34.8
양도성예금증서	6,804	15.3	14,218	10.2	44,472	16.6	29,653	9.7
표지어음	277	0.6	11,201	8.1	1,604	0.6	1,671	0.5
통화안정증권[2]	15,241	34.4	26,488	19.1	41,140	15.4	49,550	16.2
재정증권	2,500	5.7	0	0.0	0	0.0	8,161	2.7
계	44,335	100.0	138,757	100.0	267,504	100.0	305,486	100.0

주: 1) 자금순환표 기준

2) 1년물 이하 단기물 기준

자료: 한국은행, 통화금융 통계 및 자금순환표 각호, 한국예탁결제원

2 금융기관

금융기관은 금융시장에서 자금공급자와 자금 수요자를 연결시켜 주는 역할을 담당함으로써 거래비용과 정보비용을 최소화시켜 준다.

표 2-4 우리나라 금융기관

구 분			금융기관명
통화금융기관	중앙은행		한국은행
	예금은행	일반은행	시중은행, 지방은행, 외국은행 국내지점
		특수은행	중소기업은행, 농업협동조합, 수산산업협동조합
비통화금융기관	개발기관		한국산업은행, 한국수출입은행
	투자기관		종합금융회사, 자산운용회사, 증권금융회사
	저축기관		상호금융, 신용협동조합, 새마을금고, 체신예금
	보험기관		생명보험회사, 손해보험회사, 체신보험
기타 기관	증권관련기관		증권회사
	신용보증기관		신용보증기금, 기술신용보증기금
	여신전문기관		할부금융회사, 리스회사, 신기술사업금융회사, 신용카드회사
	기타		선물회사, 자금중개회사

(출처: 한국은행, 2007년)

예금은행은 예금통화의 창출을 주요 기능으로 하는 금융기관으로 중앙은행, 일반은행(상업은행)과 특수법에 의해서 설립된 특수은행이 있다.

특수은행은 운영자금의 대부분을 정부투자에 의존하고 있다는 것이 일반은행과 다른 점이며 수출입은행, 중소기업은행, 산업은행 등이 대표적인 특수은행이다.

여신전문금융기관은 수신기능 없이 여신업무만 취급하는 금융기관으로 신용카드회사, 리스회사, 할부금융(factoring)회사, 신기술사업금융회사로 구분된다.

중앙은행, 상업은행, 투자은행에 대해서 자세히 설명하면 아래와 같다.

1) 중앙은행

(1) 역사

이탈리아의 메디치가에 의해서 본격적으로 시작된 은행업은 17세기 네덜란드, 스웨덴, 영국을 중심으로 아래와 같은 다양한 기능들이 도입되면서 자국의 법화(fiat money)를 독점적으로 공급하는 기관인 중앙은행이 되었다. 법화란 국가가 강제 통용력을 부과한 화폐로 금 혹은 은으로 교환되지 않는 불태환화폐를 의미한다.

• **지급결제기능의 도입**

1609년 네덜란드 암스테르담에 설립된 은행이 여러 국가의 주화들을 단일 통화로 예금계좌를 개설함으로써 상인들이 계좌이체를 통해서 지급결제를 할 수 있게 되었다.

• **신용창조 기능의 도입**

1656년 스웨덴 스톡홀름에 설립된 은행에 의해서 예금의 일부만을 지급 준비금으로 갖고 있고 나머지는 대출하는 신용 창조기능이 도입되었다.

• **은행권의 표준화**

1694년 영국 런던에 정부 재정지원을 주목적으로 하는 민간은행으로 설립된 영란은행은 국가로부터 은행권의 표준화라는 특권을 부여받았고, 은행간 결제를 지원함으로써 은행의 은행 역할을 하게 되었다. 1844년에는 발권능력이 영란은행에만 부여되었다. 이로써 영란은행은 정부의 은행, 은행의 은행, 발권은행 역할을 함으로써 최초로 현대 중앙은행 형태를 갖추게 되었고 20세기에 금본위제가 관리 통화제로 변하면서 통화량 조절을 통한 물가안전이라는 통화정책기능이 추가되었다. 1946년 영란은행은 민간상업은행에서 국유화가 되었다.

(2) 중앙은행의 역할: 통화 정책의 수행

통화정책이란 독점적 발권력을 가진 중앙은행이 통화량이나 금리에 영향을 미쳐 물가안정, 금융안정 등을 달성함으로써 경제가 지속 가능한 성장을 이룰 수 있도록 하는 정책을 말한다. 중앙은행이 통화정책을 처음부터 수행한 것은 아니었다. 중앙은행의 역할은 영리목적의 상업은행이 화폐 발행 독점권을 부여받는 대가로 정부가 필요로 하는 자금을 대출해 주는 "정부의 은행" 기능을 하면서 시작되었고, 발권력을 바탕으로 다른 상업은행에 부족 자금을 대출해주는 "은행의 은행" 기능을 자연스럽게 하게 되었고, 이 과정에서 금융시장 불안 등으로 일시적인 지급불능 상태에 빠진 금융기관을 지원하는 "최종대부자(lender of last resort)"로서의 역할도 하게 되었다. 이와 같은 정부자금 관리나 은행보호제도 등의 역할을 주 업무로 하던 중앙은행이 1930년대 대공황을 계기로 많은 국가들이 금과의 연계가 단절된 화폐를 발행하고 재량적으로 화폐를 공급하기 시작하였다. 이후 통화량과 물가가 밀접한 관계에 있다는 것을 알게 되면서 물가를 안정시키는 것이 통화정책의 주된 목표로 일반화되고 보편적으로 받아들여지기 시작하였다. 특히 1970년대 두 차례의 석유파동으로 세계경제에 인플레이션의 폐해가 발생하면서 통화정책의 목표로서 물가안정의 중요성이 확고해지고 통화정책은 거시경제정책의 하나로 자리 잡게 되었다. 1980년대 이후 금융자유화와 금융혁신이 급속히 진전되고 금융시장의 통합화가 가속화되면서 금융위기가 빈번해지고 그 피해가 심각해짐에 따라 중앙은행의 금융안정 역할이 다시 주목을 받기 시작하면서 세계 각국은 거시적 기능인 물가안정과 미시적 기능인 금융안정을 통화정책의 주된 목표로 삼고 있다.

〈그림 2-4〉는 통화정책의 체계를 보여주고 있다.

그림 2-4 통화정책 체계

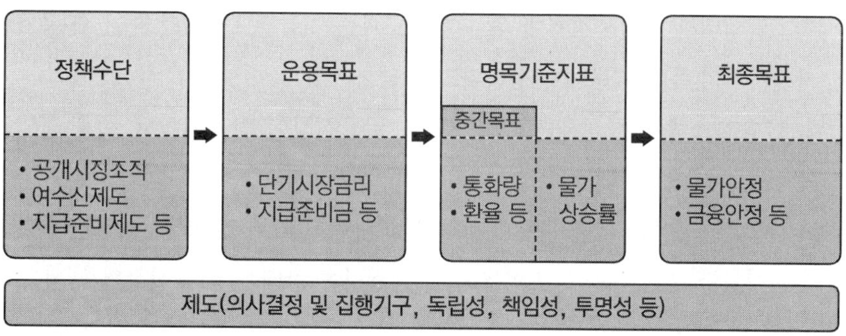

명목 기준지표는 통화정책의 최종목표와 가까운 지표로, 중앙은행이 직접 제어할 수 없으며, 통화정책의 명목 기준지표를 통화량으로 하는 경우 통화량 목표제, 환율로 하는 경우 환율 목표제, 우리나라와 같이 물가상승률로 하는 경우 물가안정 목표제라고 한다. 운용목표는 중앙은행이 정책수단을 통해 제어하고자 하는 지표로, 통화량 목표제는 지급준비금을, 물가안정 목표제는 단기시장금리를 운용목표로 활용한다.

통화정책에서 정책수단과 최종목표 등은 국가 간에 큰 차이가 없으나 명목 기준지표는 경제구조, 금융시장수준에 따라 국가 간 차이가 존재하며, 통화정책의 최종목표를 달성하기 위해서는 중앙은행의 독립성, 책임성, 투명성들을 확보하기 위한 제도적 기반 확충이 필요하다.

중앙은행의 미시적 기능인 금융안정과 거시적 기능인 물가안정에 대해서 살펴보자.

- 미시적 기능: 금융안정

금융안정은 다양한 구성부문(금융시장, 금융기관 등), 부문 간 상호 연계성, 금융현상의 복합성으로 인해서 단일화된 지표로 정의를 내리기가 쉽지 않다. 이러한 점들로 인해서 금융안정은 일반적으로 3가지 관점에서 정의되고 있다.

첫째, 금융시스템 내 제반 리스크가 적정하게 인지되고 분산되며 가격에 반영되어 관리되는 조건을 충족하여 시스템 금융위험(systemic financial risk)이 존재하지 않는 상태.

시스템 금융위험은 어떤 사건에 의해서 금융시스템의 상당 부분이 갖는 경제적 가치의 손상 또는 금융시스템의 상당 부분에 대한 신뢰의 손상, 그리고 그에 따른 불확실성의 증대가 촉발됨으로써 실물 경제에 상당한 악영향을 주기에 충분한 정도의 심각한 위험을 의미하며 실물경제에 대한 파급효과는 지급결제제도의 혼란, 신용흐름의 혼란, 자산가치의 폭락 때문에 발생한다고 설명한다.

둘째, 금융시스템을 구성하는 금융기관과 금융시장이 안정되어서 금융 불안정을 유발하는 요인이 없는 상태.

금융기관의 안정이란 금융기관이 계약상의 채무를 외부로부터의 지원없이 지속적으로 계속 이행할 수 있다는 고도의 확신이 존재하는 상태를, 금융시장의 안정은 가격이 기초여건의 작용을 반영하며 기초여건에 아무런 변화가 일어나지 않는 한 가격이 단기에 크게 변화하지 않는 가운데 시장참여자들이 그런 가격에서 확신을 가지고 거래하는 상태를 의미한다.

셋째, 금융시스템을 구성하는 핵심요소들이 원활하게 작동하는 상태.

한국은행은 금융안정을 '금융시스템이 실물경제의 활동을 원활하게 지원할 수 있고 내외생 충격에 의해 유발되는 금융 불균형을 스스로 해소할 수 있는 상태'로 정의하였고 금융안정이 금융시스템(금융기관, 금융시장, 금융하부구조)의 안정으로 구성된다고 보고 있다.

금융기관의 안정은 금융시스템 내 개별 금융기관들이 안전하고 건전한 상태를 유지함으로써 정부 또는 중앙은행과 같은 외부의 지원 없이 정상적인 영업활동을 할 수 있고 시장참가자들이 이를 신뢰하는 상태를 말하며, 금융시장의 안정은 금융시장 참가자들이 금리, 환율, 주가 등 금융가격변수에 대한 신뢰를 갖고 있어 금융거래가 원활히 이루어지고 경제적 충격을 유발할 수 있는 급격한 가격변동이 없는 상태를 말한다. 금융 하부구조의 안정은 금융기관 및 기업이 스스로 위기를 예방하는 기능을 수행하고 감독당국의 건전성 감독 및 시장규율이 원활히 작동할 뿐만 아니라 금융안정망과 지급결제시스템이 효율적으로 구축되어 운영되는 상태로 규정하고 있다.

금융 불균형 해소란 외부충격이나 불균형이 누적된 상태에서도 금융시스템이 정상적인 기능을 계속 수행하며, 시장규율을 통해 이미 초래된 불균형을 제한하고 해결할 수 있는 안정성을 보유한다는 것을 의미한다.

이와 같이 금융안정을 정확히 정의하기는 힘들지만 금융 안정에 필요한 핵심요소들은 다음과 같으며, 서로 밀접하게 연계되어 있어 한 요소라도 문제가 발생하면 금융안정은 유지가 될 수 없다.

첫째, 개별금융기관의 건전성

둘째, 금융시장 및 금융거래의 안정성

셋째, 가계, 기업, 금융기관, 해외부문을 포함하는 개별 경제주체의 행위와 이들 간의 상호작용의 결과로 나타나는 거시 건전성

거시 건전성은 거시경제 순환과정에서 경제주체의 쏠림현상(herd behavior), 경기 순응적 행태(pro-cyclicality) 등으로 인해서 신용이 과잉 공급되거나 급격히 축소되면 나타나는 시계열적 차원(time dimension)의 시스템적 리스크와 특정시점에서 금융기관 간 상호연계성 및 유사 익스포저(exposure) 보유, 특정금융기관으로의 리스크 집중으로 나타나는 횡단면적 차원(cross-sectional dimension)의 시스템적 리스크를 예방하고 완화함으로써 확보가 가능하다.

넷째, 금융기관과 금융시장을 규율하는 각종 제도의 정합성

금융안정을 유지하는 것은 아래와 같은 이유로 금융, 경제 및 중앙은행에 매우 중요하다.

첫째, 경제의 지속적이고 안정적인 성장을 위해서 필수적이다.

금융 불안정으로 발생하는 금융위기는 경제성장률 하락과 실업률 급상승으로 이어지며 국가 경제에 막대한 손실을 초래한다.

둘째, 금융부문을 통해 생산과 물가 등 실물부문에까지 영향을 미치는 통화 정책이 효과를 나타내기 위해서는 금융 안정이 필수적이다.

셋째, 금융시장에서 금융자산 가격이나 거래량은 통화정책에 유용한 정보를 제공한다. 그러나 금융시장이 불안정하면 왜곡된 정보로 인해서 통화정책이 실패할 수 있다.

이러한 중앙은행의 미시적 기능인 금융안정은 정부의 은행, 은행의 은행, 금융위기 시 최종대부자 역할을 통해서 실행된다.

• **거시적 기능: 물가안정**

경제가 지속적으로 성장하려면 반드시 물가안정이라는 조건이 갖추어져야 한다. 물가안정이란 적정인플레이션을 어느 수준으로 할 것인가를 의미하며, 적정인플레이션은 각국의 인플레이션 추이, 금융경제 발달단계 등에 따라 다양하게 해석이 가능하다. 일반적으로 적정인플레이션으로 제로 인플레이션이 아닌 양(+)의 인플레이션이 바람직하다는데 의견이 모아지고 있다. 제로인플레이션으로 적정인플레이션을 정하면 실제로는 디플레이션이 초래될 수 있으므로 물가상승을 어느 정도 용인해야 한다는 것이다.

(3) 미국 중앙은행(FRB: Federal Reserve Board)

미국은 은행인가권 형태에 따라 주정부 인가은행과 연방정부 인가은행으로 이원화 되어있다. 이에 따라 연방 정부차원에서 은행 감독권을 갖는 중앙은행에 대해서 주 인가은행 입장에서는 저항이 적지 않아서 중앙은행 역할을 했던 제1합중국은행(First Bank of the United States), 제2합중국은행(Second Bank of the United States)은 면허기간이 만료되면서 사려졌다. 이후 중앙은행이 없는 상태에서 은행들이 난립하고 통화 공급에 차질이 생기면서 공황이 주기적으로 발생하였고, 1907년 주식시장 붕괴 시 월스트리트 은행가인 John Pierpont Morgan이 중앙은행의 역할을 하면서 겨우 수습하였다. 이를 계기로 은행에 문제 발생 시 최종대부자 역할을 할 중앙은행의 필요성이 대

두되면서 1913년 미국 중앙은행인 연준(FRB)이 탄생하였다. 연준의 탄생으로 은행들은 12개 연방 준비 은행의 감독을 받아야 하고 일정규모의 지급준비금을 예치하도록 했다. 이에 따라 은행들은 연방 준비 은행으로부터 유사시 구제 금융을 받을 수 있게 되었다.

미국 연방 준비 제도의 구조는 다음과 같다.

그림 2-5 Fed 구조

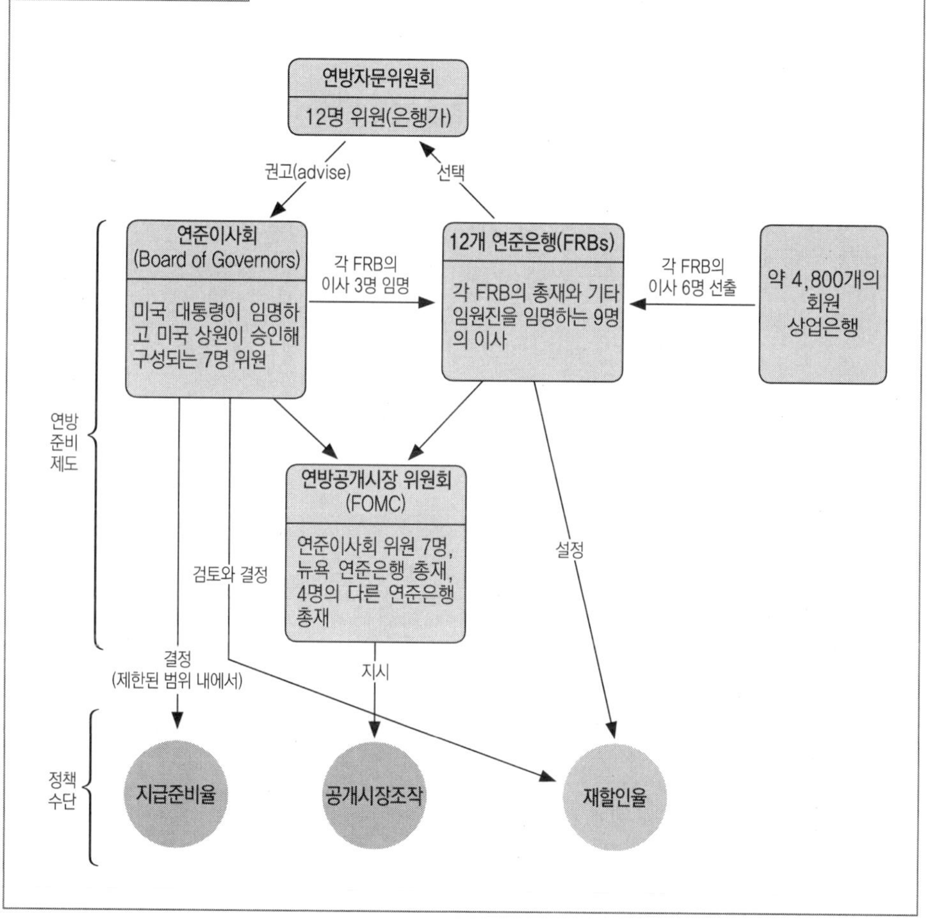

자료: 불편한 경제학, 2010, 위즈덤하우스

〈**12개의 지역 연방 준비은행**(regional Federal Reserve Banks)〉

지역 연방 준비은행이 12개가 존재하고 이들의 주식은 해당지역 회원은행들이 소유하고 있으며 뉴욕, 시카고, 샌프란시스코 연준 은행이 연방 준비제도 총자산의 50% 이상을 차지하고 있다.

〈연방 준비제도 이사회(Board of Governors of the Federal Reserve System)〉

연방 준비제도의 최고 의결기관으로 7명의 이사로 구성되고 상원의 승인을 받아 대통령이 임명하며 임기는 14년으로 연임이 불가능하다. 의장은 7명의 이사 중에서 선임되고 임기는 4년이다. 이사회는 지역연준 은행의 총재 선임을 승인하고, 예산 검토권을 가지며, 연방공개시장위원회에서 연준 이사회가 과반수의 투표권을 갖는다.

〈연방공개시장위원회(Federal Open Market Committee, FOMC)〉

기준금리를 결정하고, 본원통화의 공급을 조절하는 공개시장조작에 관한 의사결정을 한다. 총12명(이사회 이사 7명, 지역 연준 은행 총재 5명)으로 구성되고 1년에 8번의 회의를 한다.(뉴욕 연준 은행 총재는 고정멤버임)

〈뉴욕 연준 은행〉

가장 중요한 연준 은행으로 연방 준비제도 총 자산의 4분의 1을 차지하며 FOMC에서 결정된 사항을 집행하고, 해당 지역 내 존재하는 은행들에 대한 검사를 수행한다. 연준 은행 중 유일한 국제결제은행(BIS)의 회원이며 미국 금융시스템에서 중요한 금융기관들을 감독하는 기관이다,

(4) 한국 중앙은행

한국은행은 1950년 6월12일 한국은행법에 의해서 설립된 우리나라 중앙은행이다. 한은의 정책 결정기구는 금융통화위원회(금통위)로, 미국의 연준이사회와 FOMC의 역할을 통합해 통화신용 정책을 수립하고 한은의 운영에 관한 주요 사항을 결정한다. 금통위는 한은 총재와 부총재, 국민 경제 각 분야를 대표하는 5인 등 7인으로 구성되어 있다. 한은은 물가 관리를 최우선으로 정책을 수립하고 집행하는 독립성을 인정받고 있으며, 금통위는 통화량 조절 정책의 지표로 미국 연방 기금 금리의 목표치에 해당하는 한은 기준 금리를 발표하고 있다.

한국은행의 주요 기능은 다음과 같다.

첫째, 화폐의 발행 및 유통

둘째, 화폐 신용 정책의 수립 및 집행

셋째, 금융안정업무

최종대부자 역할, 지급 결제제도의 운영관리, 은행의 은행 업무, 정부은행 업무를 수행한다.

넷째, 외국환 관리 업무

다섯째, 경제조사 및 통계업무

여섯째, 국제 협력 및 교류

2) 상업 은행(commercial bank)

(1) 의의

상업은행 등장 이전의 금융기관인 환전상의 주요업무는 다양한 주화를 교환해 주는 것이었고, 부수적으로 주화를 보관하면서 예탁증서를 발행하였으며 본업인 환전이외에도 대출업을 수행하였다. 예를 들어 메디치 은행은 환전상에서 출발했으나 교황청과의 영업과 원거리 무역과 환전 업무를 환어음을 이용하여 접목하였고, 피렌체의 본사 이외에도 로마, 베네치아, 제네바, 피사, 런던 등지에 지점을 두었다. 그러나 환전상과 같은 대금업은 영세하며 채무 불이행 위험이 높은 한계를 가지고 있었고, 이러한 한계를 규모의 경제와 업무 분산을 통해 극복하기 위해서 탄생한 것이 간접금융의 중심인 상업은행이다.

오늘날의 상업은행은 국가로부터 예금을 수취할 수 있는 권리를 부여받아 예금으로 조달된 자금을 대출로 운영하여 발생하는 예금과 대출 금리차이인 예대금리차(net interest margin: NIM)가 주 수익원이 되고 있다. 은행이 지속적으로 안정된 수입을 유지하려면 예대금리차가 경상운영비를 초과해야 하며, 대출금이 부실해지지 않아야 한다. 이러기 위해서는 신용위험(credit risk) 관리가 매우 중요하게 된다.

(2) 은행업의 분류

소매금융(retail banking)은 개인이나 자영업자, 중소기업을 대상으로 하는 은행업으로 이중 개인 부유층을 대상으로 하는 소매금융을 개인금융(private banking)이라 부른다.

도매금융(wholesale banking)은 대기업이나 정부기관 및 기타 금융기관을 상대로 하는 은행업으로 이중 대기업을 대상으로 하는 도매금융은 기업금융(corporate banking)이라 부른다.

(3) 은행업의 기본 기능

• **지급결제기능**

예금계좌 간 , 타행 계좌 간 예금 이체를 통해 지급결제 서비스를 제공한다. 현재는 인터넷 뱅킹, ATM 등 온라인 지급결제가 일반화되었다.

• **여신(대출)기능**

자금을 대출해 주고 이자와 만기 시 원금을 상환 받는다. 자금흑자주체와 적자 주체 간에 정보비대칭 문제로 인하여 차입자의 신용에 대한 심사 능력이 매우 중요하게 된다.

• **만기변환기능**

예금자로부터 단기로 조달한 자금을 장기로 대출하여 자금의 만기를 변환하여 운용한다. 이러한 기본 기능이 가능한 것은 예금자들이 일시에 자금을 인출하지 않기 때문에 가능한 것이다. 만약 일시에 예금을 인출하면 뱅크런(bank run)이 발생하여 은행이 도산 할 수 있다.

(4) 은행 규제

은행 간에는 상호 거래가 많고 고객 기업들도 공유하는 경우가 많아서 한 은행에 문제가 발생하면 타 은행에도 악영향을 주며, 고객 기업들에게도 대출 회수 등을 통하여 영향을 주고 그 기업이 거래하는 타 은행에도 악영향을 준다. 이와 같이 은행 시스템에 문제가 발생하면 공적 특성을 갖는 예금통화 공급, 지급결제 기능에 문제가 발생해서 경제기능이 마비될 수 있고 경제 전체 위기로 확대된다. 따라서 은행에는 일정 수준의 규제가 필요하게 된다. 이러한 인식하에 1929년 대공황 이후 Glass-Steagall 법 등과 같은 은행규제가 도입되었다. 그러나 시간이 흐르면서 이러한 규제로 인해서 은행 재무상태표 양변에서 고객들이 이탈하기 시작하였다. 즉, 인플레이션으로 인해서 예금 상품이 경쟁력을 상실하면서 예금자가 이탈하였고(대변), 기업들이 직접금융을 통한 자금조달 방법이 다양해지면서 대출 등 자산운용에 따른 수익이 감소하였다(차변). 이에 미국정부에서는 은행업에 대한 규제를 완화한 결과 재무상태표에 나타나지 않고 수익성을 높일 수 있는 선도환 거래, 보증업무와 같은 부외거래가 증가하게 되었고, 이러한 현상은 2008년 서브프라임 위기까지 계속되었다.

이와 같이 규제가 완화되면 수익성이 높아지나, 안정성이 저해되고, 규제가 강화되면 안정성은 확보되나 수익성이 악화된다. 따라서 규제 완화를 통해서 은행이 수익성을 높이려면 예금보험제도와 같은 안전장치가 전제되어야 하나, 이럴 경우 은행은 이러한 안전장치로 인해서 위험추구 행위를 하게 되고 이에 대한 감독 기능이 미비할 경우 도덕적 해이가 발생하기 쉬우므로 금융 감독 기구는 도덕적 해이가 발생하지 않도록 효율적으로 감독해야 한다.

현재 세계 각국에서 공통적으로 적용하는 규제 특성들은 다음과 같다.

• 지급준비금 제도

예금자의 예금인출요구에 대응할 수 있도록 예금의 일정부분을 중앙은행에 예치하거나 금고에 현금으로 보유하는 제도이다.

• 예금보험 제도

예금자에게 일정 금액 한도 내에서 예금의 지급을 보장하는 제도이다.

• 자기자본 규제

은행이 보유한 자산이 부실화되어도 은행의 순자산이 0보다 작게 되지 않도록 완충장치를 마련하기 위해서 도입된 제도이다.

3) 투자은행(Investment bank)

투자은행은 예금자로부터 예금을 받는 수신기능과 차입자에게 빌려주는 대출기능을 동시에 수행하는 일을 하는 상업은행과 달리 증권발행자인 기업과 자금제공자인 투자자 간에 직접증권을 매매하는 직접금융시장에서 자금의 이동을 지원하는 역할을 한다.

(1) 역사

미국의 투자은행은 1830년대의 철도 건설 붐, 1846-1848년의 멕시코 전쟁, 1861-1865년의 남북전쟁으로 인해서 발생한 막대한 자금이 소요 됨에 따라서 발행된 국채를 유럽 자본에 연결시키면서 발전하기 시작하였다. 이후 19세기 후반 주식회사 설립이 활발해지면서 자본시장이 활성화되었고 투자은행은 기업들의 주식 발행을 주선하는 사업을 통하여 사업 영역을 확장하기 시작하였다. 1893년 공황이후 투자은행은 철강, 기계, 화학산업에 대한 구조조정을 주도하면서 기업 간 인수합병 자문 업무를 시작하였다. 이후 19세기 중후반 미국의 투자은행 업은 리먼브라더스와 골드만삭스와 같은 유대계와 JP모건과 같은 뉴잉글랜드 지방의 영국계인 앵글로 색슨계로 이원화되었고, 주로 파트너 십의 조직 형태를 유지하였다. 1929년 10월 24일 뉴욕 증시 폭락으로 대공황이 발생하였고 투자은행이 제공한 신용거래와 공매도가 위기의 원인으로 지목되면서 1933년 증권 발행자의 공시의무를 강화하는 증권 법(Securities Act), 은행의 증권자회사 설립 불허, 예금보험공사(Federal Deposit Insurance Corporation) 설립을 규정한 글래스-스티걸법(은행법)이 제정되었다. 이후 투자은행들은 침체기를 보내다가 1970년대 IT 기술의 발전으로 개인투자자들이 뮤추얼펀드에 대거 편입되면서 재 도약기를 맞게 되었다. 그러나 IT 기술은 투자비용이 막대하게 소요됨에 따라 일부 투자은행들은 주식회사로 전환하여 대형화하기 시작하였다. 또한 포트폴리오이론, 차익거래등과 같은 금융경제학의 발달로 투자은행의 대부분 업무가 전산화되었고, 트레이딩도 전산을 통하여 자동으로 처리가 되었다. 이를 계기로 투자은행들은 지속적으로 새로운 비즈니스를 발굴하여 수익원을 창출하여 왔다. 특히 투자은행의 고유계정 거래(proprietary trading)와 지배주주형 투자(principal investment)와 같은 직접투자는 막대한 자본을 필요로 하므로 투자은행들의 차입금 규모도 확대되었다.

고유계정거래(proprietary trading)는 투자은행이 자신의 명의로 고도의 트레이딩 기법을 동원해서 포트폴리오 투자를 하는 것을 의미하며 헤지펀드 운용을 자신의 명의로 운용하는 것과 같다. 지배주주형 투자(principal investment)는 저평가된 기업의 지배지분을 매입 후 구조조정 등을 통하여 기업 가치를 증가시켜서 재매각 후 수익을 창출하는 투자를 의미하며 사모 펀드의 자산운용 방식을 자기 명의로 하는 것과 같다.

미국 투자은행들은 2008년 서브프라임 위기 중에 월스트리트의 5대 독립형 투자은행중 3곳(베어스턴스, 리먼브러더스, 메릴린치)이 무너졌고 골드만삭스와 모건스탠리는 은행지주회사로 전환하였다. 그러나 기업과 투자자를 연결시켜주는 투자은행 업무는 향후에 지속될 수박에 없고 우리나라 경우 2009년부터 증권 시장 선진화를 위한 자본시장과 금융투자업에 관한 법률(자본시장통합법)이 투자은행업무에 시행되고 있다.

(2) 주요 업무

• **인수공모(Underwriting)**

증권(주식, 채권)을 발행사로부터 인수 후 투자자에게 매도하는 업무로 투자은행업의 핵심 업무이자 상업은행과 구분되는 출발점이다.

신규주식 발행방법으로 사모와 공모가 있다.

첫째, 사모(Private Placement)

사모는 발기인, 기존주주 또는 연고자 등을 대상으로 주식을 발행하는 방법이다.

둘째, 공모(Public Offering)

- 구 주주 배정 공모(Rights Offering): 기존주주에게만 신주를 판매하는 방법으로 인수되지 않고 남은 신주를 투자은행이 모두 인수하는 잔액인수(Standy-by Underwriting) 형식을 취하는 경우가 많다.
- 일반 공모(General Cash Offering): 모든 투자자들을 대상으로 판매하는 방법으로 투자은행이 신주를 전부 인수하는 총액인수(Firm Commitment Underwriting), 발행회사로부터 수수료를 받고 판매만 대행해 주는 모집주선(Best-Effort Offering) 등이 있다.

국내에서는 구주주배정공모후 인수되지 않은 신주는 일반 공모 방식을, 미국에서는 일반 공모 후 남은 신주는 구 주주 배정공모 방식을 주로 선택한다.

인수공모가 성공적으로 이루어지기 위해서는 잘 발달된 유통시장이 존재하여 투자자들이 안심하고 매매가 이루어져야한다. 이를 위해서 투자은행들은 유통시장을 형성하는 시장조성자(Market Making) 기능을 효율적으로 수행하여야 한다.

• **Trading**

주식이나 채권이 발행된 후에도 유통시장에 적극적으로 참여해 해당증권이 활발하게 거래되도록 시장조성자의 역할을 수행하는 기능으로 브로커 기능과 딜러기능이 있다. 브로커 기능은 투자자의 의뢰를 받아 증권의 매매를 중개하고 수수료를 받는 업무, 딜러기능은 투자은행이 자신의 고유계정으로 거래에 따른 위험 부담을 하면서 증권을 거래하는 업무를 말한다.

• Reasearch

기업과 산업 분야에 대한 정보를 수집 및 분석을 하여 수익창출에 간접적으로 기여하는 업무를 말한다.

이러한 3대 업무를 성공적으로 수행하려면 기업가치에 근거한 증권의 가치를 정확히 평가해야 한다. 기업가치 평가에 대해서는 제7장에서 자세히 논하기로 한다.

• **새로운 비즈니스**

증권인수, 트레이딩, 리서치와 같은 투자은행의 기본업무이외에 투자은행은 수익성을 쫓아서 우대 고객 중개 서비스, CDS와 같은 장외파생상품, 인수합병자문, 자산운용, 지배주주형 투자와 같은 새로운 비즈니스 영역을 개척하면서 지속적으로 발전해왔다.

최근 국내증권회사 업무는 다음과 같이 분류된다.

① Trading: 주식(Equity), 고정수익증권, 환율(Currency) 등을 증권회사 명의로 거래하는 것을 말하며, 저성장과 금리 변동성으로 인해서 적극적인 해외투자가 필요한 분야이다.

② IB(Investment Banking): 기업 대상 업무로 M&A, IPO, Financing(기업대출)등이 있다.

③ Brokerage: 기관, 연금, 자산 운용사를 대상으로 하는 법인(Wholesale)영업, 개인투자자를 대상으로 하는 개인(Retail) 영업이 있으며, 저 거래 수수료, 고 경쟁으로 인해서 상품 컨설팅(연금 상품과 같은 새 상품 소개)으로 업무 영역을 확대하고 있다.

향후 국내 증권회사 주요업무로는 해외시장 개척, 다양한 형태의 부동산, SOC 등에 투자하는 대체투자(Alternative Investment), 헤지펀드 등이 부각되고 있다.

4) 그림자 금융시스템(shadow banking system)

그림자 금융은 2007년 PIMCO의 Paul McCulley에 의해서 만들어진 용어로 수행하는 기능이 신용, 만기, 유동성 변환을 통해서 자금을 중개한다는 점에서 전통적인 은행과 본질적인 차이가 없지만 예금을 취급하지 않는다는 이유로 정부의 규제를 거의 받지 않고, 정부의 안전망으로부터도 보호를 받지 못하는 투자은행, 헤지펀드 및 사모펀드 등 비은행 금융기관 혹은 금융상품등에 의해서 시장중개방식(intermediated, market based)으로 이루어지는 대출을 말한다. 이들은 고위험 고수익 관련 증권화 상품 등에 활발한 투자를 통해 새로운 유동성을 창출하면서 2000년대 초반 이후 주로 미국 및 유럽을 중심으로 발달하였으며, 대출자산의 유동화를 통한 안전자산의 창출, 즉 신용변환을 통해서 대출자산의 리스크를 재포장함으로 대출자산의 금융거래를 가능하게 하는 긍정적인 역할을 한다. 반면에 그림자금융은 지나치게 발달할 경우 금융회사 간 상호연결성이 매우 높아져서 금융위기에 취약해지는 역기능을 가지고 있다.

3 금융하부구조

금융하부구조란 금융시장과 금융기관을 뒷받침하거나 감시하는 법률체계와 각종 기구, 제도를 말한다. 금융하부구조에는 물가안정, 금융안정과 지급결제 기능을 수행하는 중앙은행, 비대칭정보에 따르는 불공정, 불건전행위를 금지하고 금융기관의 과도한 위험추구행위를 제한하는 법규를 제정하여 이 법규가 제대로 시행되는지를 감독하는 금융 감독 기구, 제반 법규의 시행에 대해 최종적인 판결을 하는 법원, 금융기관이 도산할 때 일정 한도 내에서 예금자에게 원리금 지급을 보장해 주는 예금보험관련 기구 등이 포함된다.

제3장

금융위기

1 정의

금융위기를 거시적 관점에서 보면 케인즈 학파는 경기변동과 관련지어 "경기 상승기에 형성된 자산 가격 버블이 경기 수축기에 급격히 붕괴되는 과정"으로 정의하였고, 통화주의자들은 순수한 화폐 현상으로 이해하려는 시각으로 "결제수단으로서의 화폐에 대한 수요가 급증하여 은행대출이 감소하고 통화가 급격하게 수축하는 현상"으로 정의하고 있다.

금융위기를 미시적 관점에서는 "다수의 예금인출 요구가 갑자기 쇄도(Bank-Run)하여 은행의 자금 지급능력이 부족해짐에 따라 중앙은행 등이 자금을 공급 할 필요가 있는 상황"으로 정의한다. 이와 같이 금융위기에 대한 명확한 정의는 정립되어있지 않으나 금융위기에 관한 견해를 종합하면 "금융기관의 채무불이행 가능성 등에 기인한 금융 불안 지속으로 금융시장의 자금중개기능이 약화되고 금융시스템의 붕괴 가능성이 크게 높아짐에 따라 실물경제에도 커다란 부정적 효과가 파급되는 상황"으로 정의할 수 있다.

금융위기는 일반적으로 새로운 혁신이나 시장의 출현으로 인해서 호황국면이 시작되고 투자기회의 증대와 신용확대, 버블의 발생과 붕괴 과정을 거쳐서 경제 전반에 충격을 주게 되면 금융시스템 개혁과 규제 강화, 최종대부자(The lender of last resort)인 중앙은행이 개입하는 과정을 반복해왔다. 특히 대공황이후 주요 금융위기를 보면 일반적으로 금융자유화 및 금융 완화, 감독 미비에 따라서 버블이 형성되고 이후 금융긴축 등에 의한 버블붕괴, 금융시스템 불안이 실물경제 위축으로 이어지는 공통 현상이 존재하고 있다.

금융위기와 밀접한 관련이 있는 버블의 정의와 버블의 문제, 버블이 발생하는 원인에 대해서 살펴보자.

버블(Bubble)이란 “외환, 주식, 부동산 등의 자산 가격이 미래의 경기전망, 수익성, 금리수준 등과 같은 기초 경제여건보다는 주관적 심리변동, 충동 등과 같은 심리적 요인에 의하여 내재가치와 크게 괴리된 수준에서 형성되어 자산가격의 붕괴시 경제운영에 큰 혼란을 초래하는 현상”을 말한다. 자산가격의 내재가치(이론가치)는 그 자산을 보유함으로써 기대되는 장래의 금융적 수익을 장기금리와 리스크 프리미엄의 합으로 할인하여 계산한 현가를 의미한다.

버블 현상은 붕괴시의 피해가 버블 형성시의 일시적 이익에 비해 비대칭적으로 크게 발생하고 다음과 같이 경제의 침체를 초래한다.

① 투자설비의 가치 감소

버블기간동안 발생한 과잉설비의 가치가 크게 하락한다.

② 금융기관 및 기업의 재무상태표 동시 악화

자산가격 하락으로 인해서 금융기관 및 기업의 자산이 부실화되고 이는 자기자본을 감소시켜 금융기관과 기업의 재무상태가 함께 악화된다.

③ 셋째, 전반적인 수요 위축

소비, 투자 등 경제 활동이 위축되고 자산가격 하락에 따른 역자산 효과로 총 수요가 크게 감소하게 된다.

버블 발생 원인에 대해서 다음과 같은 이론들이 있다.

① **합리적 투기설**(rational speculative attacks)

투자자들이 정책당국의 정책방향을 사전에 예측하여 합리적으로 대응하기 때문에 자산시장에서의 투매 또는 매집 현상이 발생한다는 이론이다.

이 이론에 의하면 외생적으로 대사건이 발생하지 않아도 자산가격은 내생적으로 항상 상 · 하양 방향으로 변동하게 되며 특히 기관투자자들의 신금융기법을 이용한 자금운용이 자산가격의 등락 폭을 더욱 확대시키게 된다.

② **비합리적 투기설**

투자자들의 비합리적 군중심리에 의한 매집 또는 투매행위로 인해서 자산가격의 급등락이 발생한다는 이론이다.

③ **불안정 투기설**(destabilizing speculation)

일단 자산가격이 상승추세(하락추세)에 있으면 투자가들은 가격 상승(하락)이 지속될 것으로 예상하여 자산 구입(매각)을 확대하게 되는데 이러한 움직임은 군중심리효과(bandwagon effect)에 의해서 더욱 가속화되어 급격한 가격등귀(하락) 현상을 동반하게 된다는 이론이다.

④ **제동점설**(trigger points)

자산가격이 명시적 또는 암묵적인 특정수준 이하(이상)로 하락(상승)할 경우 기관투사사들을 중심으로 한 일난의 투자가들이 자동적으로 대량 매각(매입)함으로써 자산시장에서 큰 가격 변화가 초래된다는 이론이다.

⑤ **유지가능설**(sustainability)

정보의 불완전성으로 인해서 내재가치 이상의 고(저) 수준을 유지하던 특정 자산 가격이 더 이상 유지될 수 없다는 회의가 투자가들 사이에 팽배해지면서 투매(매집)현상이 나타나 자산가격의 급등락이 초래된다는 이론이다.

2 종류

1929년의 대공황을 비롯한 금융위기는 국제통화기금(IMF: International Monetary Fund)(1998)에 의하면 4종류로 구분된다.

1) 외환위기(currency crisis)

투기적 공격에 의해 한 나라의 화폐가치가 평가 절하되는 상황 또는 이 경우 자국 화폐의 대외가치를 지키기 위해서 정부당국이 국내 이자율을 대폭 상승시키거나 보유 외환을 대량 방출하고 있는 상황을 말한다.

2) 은행위기(banking crisis)

다수의 은행이 실제로 도산하거나 뱅크런에 직면해 예금인출을 중단하게 된 상황 또는 이로 인해서 예금인출 중단 사태를 막기 위해서 정부가 거액 자금의 지원을 통해 개입하게 되는 상황을 말한다.

3) 시스템위기(systemic financial crisis)

심각한 금융시장 혼란으로 시장기능이 정상적으로 작동하지 못하게 됨으로써 실물 경제에 대규모의 악영향이 미칠 수 있는 상황을 말한다.

4) 외채위기(foreign debt crisis)

한 나라의 민간 또는 정부가 외채의 원리금을 갚지 못하는 상황을 말한다.

IMF는 금융부문이 구조적으로 왜곡되어 있는 가운데 지속 불가능한 불균형이 누적되고 자산 가격이나 환율이 균형수준에서 크게 괴리되면 화폐나 은행시스템에 대한 신뢰가 무너지면서 네 가지 금융위기 유형 중에서 하나 혹은 여러 형태가 서로 영향을 미치며 금융위기가 발생하고, 이에 따라 자산 가격이 급락하고 금융기관이나 기업이 도산한다고 설명하고 있다.

최근에는 한 국가의 금융위기가 다른 국가로 확산되는 경향이 과거에 비해 빈번해지고 있다.

3 역사

금융위기는 역사적으로 반복되어 왔고 부작용도 많았지만 이로 인해서 새로운 금융상품 혹은 제도가 도입되는 계기가 되기도 하였다.

킨들버거(Kindleberger)에 의한 10대 금융 버블은 다음과 같다.

표 3-1 10대 금융 버블

네덜란드 튤립 버블	1636년
영국 남해회사(South Sea Company)	1720년
프랑스 미시시피회사(mississippi Company) 버블	1720년
대공황시 주식 버블	1927~1929년
멕시코 등 개발도상국에 대한 은행여신 급증	1970년대
일본 부동산 및 주식 버블	1985~1989년
북구 3개국의 부동산 및 주식 버블	1985~1989년
동남아 부동산 및 주식 버블	1992~1997년
멕시코에 대한 외국인투자의 급증	1990~1993년
미국 나스닥 주식 버블	1995~2000년

자료: 「Manias Panics and Crashes: A History of financial Crisis」, Charles P. Kindleberger외, 2005. 8.

10대 금융버블 가운데 17세기 네덜란드 튤립 버블이 최초 버블이었고, 19세기에는 운하나 철도 같은 사회간접자본시설에 대한 은행의 파산과 관련된 금융위기, 1920년과 1940년 사이에는 외환위기와 은행위기가, 최근 30년은 부동산과 주식시장 거품이 동시에 발생하고 있다.

주요 금융위기들을 간단히 소개해 보자.

1) 튤립 버블(1637, 네덜란드)

네덜란드에서 발생한 역사상 최초의 투기로 실물가치에 기반을 갖지 않은 화폐가치가 투기 심리에 의해서 금융공황이 발생된 최초의 사건이며 튤립 구근을 선물 거래하였으나 현물의 실제 인도, 결제 이행 보증장치인 증거금 및 일일정산제도는 없었다. (제6장 참조)

2) 남해주식회사(The South Sea Company) 버블(1720, 영국)

1711년 영국에서 전비 조달을 위하여 설립된 회사인 남해주식회사는 명목뿐인 노예와 식민지 무역독점권으로 인해서 수익성이 거의 없었고 실제로는 주식을 발행해서 조달된 자금으로 영국정부 국채를 매입하는 것이 주 업무였다. 회사 경영진의 주가 부양 선전 전략에 투자자들이 몰리면서 주가가 급등하였으나 얼마 후 대 폭락을 하게 되었다.

3) 미시시피 회사(Mississipi) 버블(1720, 프랑스)

영국의 남해주식회사와 마찬가지로 프랑스 정부의 재정적자를 해결하기 위해서 1716년 설립된 미시시피 회사는 프랑스 식민지였던 미국의 루이지애나 개발권을 가진 회사로 방크제네랄로부터 차입한 자금으로 프랑스 국채를 매입하고 국채를 매도한 사람들은 그 돈으로 미시시피 회사 가치 상승을 기대하여 이회사의 주식을 매입하는 부채주식 스왑(debt-to-equity swap) 방법을 동원하여 주가를 상승시켰다. 이에 따라 프랑스는 국가 부채를 해결하였으나 회사 실적의 부진으로 주가가 급락하였다.

4) 철도회사 버블(1840년대, 영국)

기존 철도 노선의 수익성과 성장성이 매력적으로 보이면서 계획만 존재하고 철도 공사를 시작하지도 않았음에도 철도 주가가 대폭 상승하였다가 계획의 비현실성이 부각되면서 주가가 폭락하였다.

5) 대공황(The Great Depression)(1929~1933, 미국)

대공황은 1929년 10월 뉴욕 주식시장의 주가 대폭락을 계기로 발생하였고 1933년 3월 뉴딜정책의 실시로 회복되기 시작하였으나 고용과 산출이 다시 완전고용 수준까지 회복된 것은 1941년이므로 이 기간 전체를 대공황으로 보기도 한다. 1929~1933년 동안 9,755개의 은행이 도산하였고 1933년 실질 GNP는 1929년 대비 26.5%가 감소되고, 주가는 정점대비 89.2% 하락하였고, 실업률은 1929년 8.7%에서 1933년 24.9%로 상승하였다.

6) 저축대부조합(Savings and Loans Association)위기(1984~1992, 미국)

금융자유화 등으로 금리가 상승하자 미국의 저축대부조합은 수지 악화를 벗어나기 위해서 부동산과 고위험 채권투자에 집중하였으나 부동산가격 하락 및 경쟁심화 등으로 이 기간 동안 1,137개의 금융기관의 도산하였고, 1991년에는 마이너스 성장률을 기록하는 등 경기 침체를 경험하였다.

7) 북유럽 3국 금융위기(1988~1993)

스웨덴, 핀란드, 노르웨이 등 북유럽 3 국에서 금리 자유화, 규제완화 등을 배경으로 1980년대 후반에 형성된 자산버블이 붕괴되었다.

부실채권 증가에 따른 금융기관 손실 급증으로 1991-1993년 중 대형금융기관이 도산하였으며 스웨덴과 핀란드는 이 기간 중 마이너스 성장률을 기록하였다.

8) 일본 금융위기(1991~2002)

장기 불황 또는 잃어버린 10년으로 불리는 일본 금융위기는 1985년 9월 플라자 합의 후 장기간의 금융완화 정책에 기인한 자산 가격 상승을 억제하기 위해서 급격한 긴축정책으로 선회한 결과 버블이 붕괴하면서 발생한 위기로 142개 금융기관이 도산하였고 실질 GDP 성장률은 버블 붕괴 이전 연평균 3.9%에서 버블 붕괴 이후 1.0%로 감소하였다.

9) 서브프라임 위기(2008, 미국)

IT 버블 붕괴 이후 금융완화 정책에 따라 부동산가격이 급등하자 긴축 정책으로 선회하면서 다시 경기가 침체되었다. 2008년 9월 리먼 브라더스 사의 파산으로 금융위기가 본격화되면서 신용도가 가장 낮은 서브프라임 주택담보 대출에 근거한 증권화 상품의 디레버리지(de-leverage) 현상발생으로 자산 가격하락이 가속화되면서 대공황

이래 최악의 상황으로 발전되었다. 디레버리지란 금융기관이 레버리지 비율을 줄이기 위해서 소유자산 일부를 매각하여 자산 및 부채를 축소하는 것을 말한다.

그림 3-1 디레버리지의 악순환

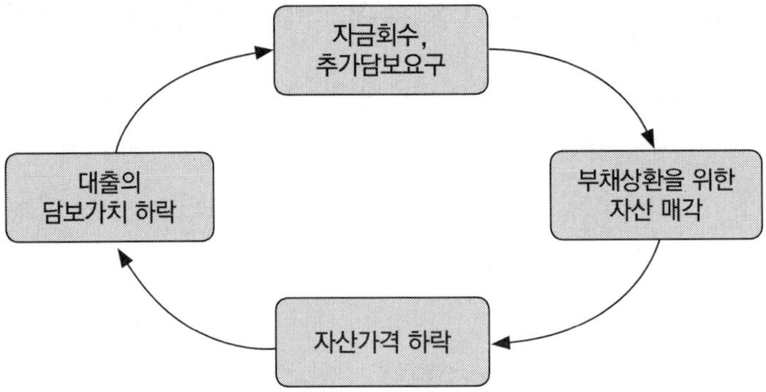

자료: Morgan Stanley

4 시사점

역사적으로 볼 때 금융당국이 금융위기를 방지하기 위하여 유동성 확대를 억제하고 감독을 강화하였음에도 불구하고 금융위기는 동일한 메커니즘을 가지고 반복적으로 발생하고 있다. 특히 최근의 금융위기들은 개인, 기업 등 경제주체들이 단기간에 적은 자본을 가지고 많은 부를 축적하려는 비합리적 탐욕(greed)으로 인해서 과잉투기가 발생하여 버블로 이어지고 있다. 이에 따라 금융위기가 발생하면 금융당국 주도로 개혁과 규제가 이루어지지만 금융시장은 금융혁신을 통하여 정책과 제도를 우회하여 팽창시키는 새로운 금융상품을 만들어내어서 버블 형성 원인을 제공하게 된다. 금융시스템의 복잡성과 단기 부채를 장기 자산에 투자함에 따른 금융기관의 취약한 재무구조, 주주 자본주의의 팽배로 인한 경영자들의 고 레버리지 경영 추구, 투기열풍에 따른 경기호조와 세수증대를 위한 정부당국의 묵인 등의 요인들에 정부 및 정책 당국이 경기활성화 등을 이유로 실시하는 장기간의 금융완화정책과 불충분한 감독으로 인해서 금융위기가 동일한 메커니즘을 가지고 반복적으로 발생하고 있다.

금융위기 시 자산 가격의 상승은 천천히, 하락은 급속하게 진행되는 비대칭성 적

특성을 가지고 있으며 정책당국의 정책은 신뢰를 잃어버리면 회복에는 장기간이 소요되므로 장기적 관점에서 금융위기에 대해서 다음과 같은 대응책이 필요하다.

첫째, 금융위기는 장기간의 금융완화로 인한 유동성 팽창이 투기로 이어져 발생한 것이므로 늘어난 유동성이 투기자금으로 흘러가지 않도록 자금흐름을 통제할 필요가 있다.

둘째, 자산 가격 상승에 대한 통화 정책적 한계를 보완하고 규제 완화 및 금융 혁신에 적절히 대응하기 위해서는 감독체계 개편이 필요하다.

특히 리스크 관리의 사각지대 방지와 복잡한 파생금융상품 내용을 파악할 수 있는 체제와 전문인 양성이 필요하다.

5 금융위기 설명 이론 – 금융 불안정성 가설

금융위기 설명 이론 중 최근 관심 대상이 되고 있는 민스키(Hyman Minsky)의 금융 불안정성 가설(Financial Instability Hypothesis)을 중심으로 설명해 보자. 케인스학파는 금융위기를 경기상승기에 형성된 자산가격 버블이 경기 수축기에 급격히 붕괴되는 과정으로 설명한다.

민스키의 금융이론인 금융 불안정성 가설은 케인즈 학파의 이러한 아이디어를 통합한 것으로 서브프라임 위기로 인해서 각광을 받고 있으며 과거 미국과 서유럽의 위기, 1980년대 후반의 일본과 1990년대 중반 태국, 말레이시아 및 동남 아시아 국가의 자산 가격 거품, 1990년대 말 나스닥 주식들의 거품에 대해서 탁월한 설명력을 가진다.

민스키 이론에 의하면 호황기에 기업들은 투기적 낙관론(speculative euphoria)으로 인해서 부채규모가 차입자의 상환 능력을 넘어서게 되어 차입에 따른 거품이 발생하고 이에 따라 은행과 같은 자금 대부업자들은 건전한 기업에 대해서도 신용한도를 엄격하게 적용하여 경제는 외적 충격이 없어도 내적 불안에 의해서 위축되고 금융위기가 발생하게 된다.

민스키는 금융위기의 핵심요인으로 부채의 과잉 누적에 의한 내적 불안을 제시하였고, 헤지 차입자(hedge financer), 투기적 차입자(speculative financer), 폰지 차입자(ponzi financer)로 경제단위를 구분하여 상환 불능의 과잉 부채 문제를 설명하고 있다.

헤지 차입자는 자신이 창출한 현금흐름으로 대출금을 제때에 갚을 수 있는 사람, 투기적 차입자는 현금흐름으로 원금은 아니지만 이자까지만 갚을 수 있는 사람, 폰지 차입자는 이자조차 갚지 못하는 사람으로 자산을 매각하거나 추가로 돈을 차입해야 하는 사람이다. 헤지 차입자가 많은 경제는 안정적이나, 투기적 차입자, 폰지 차입자(자산이 계속 오르는 것을 낙관하여 차입하는 사람)가 많은 경제는 불안정하게 된다. 호황이 지속되면 투기적 차입자와 폰지 차입자의 비중이 점점 커지게 되고 어느 순간(민스키 모멘트) 자산가격의 상승이 멈추면 투기적 차입자는 폰지 차입자가 되고, 폰지 차입자의 순자산 가치는 급락하여 헤지 차입자마저 위축시켜 금융위기가 발생하게 된다. 민스키 모멘트(Minsky Moment)는 금융 싸이클이 팽창에서 수축으로 급작스럽게 바뀌는 지점을 의미한다. 주류경제학은 외부 충격이 없으면 금융시장은 효율적이고 균형을 찾아간다고 설명하나 민스키는 금융시스템의 불안정성을 강조하였다. 즉, 금융시스템은 호황과 불황을 주기적으로 반복하며 안정된 균형점이 없고, 따라서 중앙은행은 불안정으로 인해서 발생하는 통화팽창을 관리해야 하며, 정부는 즉흥적으로 재정통화정책을 사용해서는 안 된다고 주장한다.

6 자본주의 4단계

지금까지 살펴본 금융위기는 자본주의와 어떤 관계에 있을까?

자본주의 4단계를 중심으로 금융위기를 설명해 보자.

자본주의 근간이 되는 보편적인 인간의 특성은 경쟁심(야망)과 육체적, 물질적 충족에 대한 욕구(탐욕)이다. 따라서 자본주의는 경쟁심과 탐욕에 근거한 이익과 자본 축적을 도덕적으로 타당한 동기로 보고, 자발적인 교환과 협력을 경제활동의 주요 원칙으로 삼고 있다. 이러한 개념들은 17세기 후반 칼뱅파 사상에서 유래하였고, 아담스미스의 〈국부론〉에서 구체화 되었다

이러한 특성을 갖는 자본주의는 정해진 규칙을 따르거나 민간부문과 정부사이에 영구적으로 역할 구분이 이루어진 고정된 시스템이었던 적이 한 번도 없었다. 즉, 자본주의 시스템에 어떤 금융위기가 발생해 자본주의를 위협하는 경우에는 변화하는 환

경에 더 적합한 새로운 자본주의 버전이 등장하여 이전의 형태를 대체해왔다. 주요 4단계는 다음과 같다.

1) 1단계(1815년-대공황)

1단계 자본주의는 미국, 프랑스의 정치혁명과 영국의 산업혁명으로 인해서 현대 자본주의가 시작된 시점으로 영국이 워털루에서 나폴레옹에게 승리를 거둔 1815년부터 시작되었다. 이 시기는 전통적인 자유방임 자본주의 시대로 정치와 경제는 본질적으로 전혀 별개의 영역이었으며, 미국과 영국에서 수립된 진보적인 정치, 경제 시스템이 유럽 전역에 펴졌고, 이후 제국주의 시대를 통하여 전 세계로 확산되었으나 미국의 대공황으로 막을 내렸다.

이 시기는 사유재산과 이윤추구 동기를 바탕으로 하는 자본주의 시스템이 세상의 기본 동력이라는 경제 철학이 바탕이 되었고, 정치와 경제에서 자유방임주의 철학이 지배적인 이념이었다.

2) 2단계(대공황-1970년대)

2단계 자본주의는 독일에서 발생한 하이퍼 인플레이션, 1930년대 대공황으로 인해서 19세기 정치-경제 시스템이 붕괴되기 일보 직전에 1931년 9월 21일 영국이 금본위제를 포기하면서 시작되었고, 루스벨트 대통령의 뉴딜 정책으로 탄력을 받았다. 케인스의 〈일반이론〉으로 2단계 자본주의 개념이 구체화되어 이후 40년동안 계속되었다. 2단계 자본주의는 정부가 통제하지 않으면 파멸을 가져올 정도로 금융시장이 불안정하다고 보아 정부에 대한 믿음과 금융시장에 대한 불신이 특징이다. 그러나 1960년대 후반부터 베트남 전쟁 수행과 미국의 존슨 대통령의 "위대한 사회"의 복지 지출을 위한 재정 확대로 인플레이션이 발생하면서 경제위기가 시작되었다. 특히 1971년 미국의 닉슨 대통령의 금 창구 폐쇄로 인한 금융시스템 붕괴, 1973년 석유 파동으로 원유가격이 급상승하면서 스태그플레이션이 초래되었고, 2단계 자본주의는 붕괴되기 시작하였다.

3) 3단계(1970년대- 2007년)

3단계 자본주의는 1979년 6월 마가렛 대처가 영국 수상, 1980년 로널드 레이건이 미국 대통령으로 당선되고, 1981-1982년 미국 연방준비은행 이사회 의장인 Paul Volcker가 통화주의 정책으로 인플레이션을 관리하면서 시작되어 30년 동안 이어졌다.

3단계 자본주의는 정부의 개입으로 시장이 왜곡되지 않으면 시장은 안정과 완전 고용 등 효율적이고 합리적인 결과를 가져오며 자본주의 경제의 균형을 유지 할 것이라는 밀턴 프리드먼의 통화주의의 영향을 받았다. 금융주도의 시장근본주의를 기본이념으로 하는 3단계 자본주의는 2007년 금융위기 발생으로 막을 내렸다.

4) 4단계(2007년-)

4단계 자본주의는 2007년 금융위기로 인해서 시작되었고 정부와 시장 모두 잘못될 수 있으며, 때로는 이런 오류가 치명적일 수도 있다는 인식하에 자본주의가 성공하려면 그 여건을 조성해주는 정치제도가 중요하며 민간 인센티브와 정치적 결정을 모두 반영하는 상호 견제 시스템을 도입하여 정부와 시장이 서로 협력하는 관계를 모색해야 한다고 주장하고 있다.

4단계 자본주의가 성공하기 위해서는 금융순환주기, 간헐적인 금융위기, 자기 강화적인 경제 불황이 시장시스템의 자연스럽고 반복되는 특징임을 인식하고, 정부와 중앙은행은 금융안정을 유지하고 인플레이션을 통제하며 경제성장과 고용을 관리하는데도 책임을 가져야 하며 부문별 특징에 따라 정부와 시장의 역할 비중을 차별화해야 한다.

7 금융혁신과 금융효율성, 금융안정과 금융 규제(감독)

금융혁신(Financial Innovation)이란 새로운 금융수단과 금융기술, 금융기관 및 금융시장을 창출하고 널리 보급하는 행위를 말하며 경제여건 변화에 따라 금융혁신을 통하여 다양한 형태의 새로운 금융상품의 출현을 가져온다. 금융혁신이란 용어는 1970년대와 1980년대까지는 거의 사용되지 않다가 금융 선물시장에 적용하기 시작하면서 등장하였다. 그러나 금융상품이 일반상품과 달리 실체가 없다는 점과 금융상품이 경제와 상호 작용을 하는 특성으로 인해서 금융혁신이 공학기술처럼 효율성을 곧바로 입증하기 힘들기 때문에 1982년이 되어서야 메릴린치의 금융상품인 CMA(Cash

Management Account)가 특허번호를 처음으로 부여받았다.

금융혁신을 통한 신 금융상품은 금융규제를 회피하는 과정에서 발생하며, 금융 효율화를 지향하고 있다. 그러나 금융 효율화가 순조롭게 이루어지려면 금융시스템에 대한 시장 참여자의 신뢰가 전제되어야 한다. 효율화된 시장에서 신뢰가 무너지면 정보의 신속성으로 인해서 금융 시스템 전반에 대한 불안정성이 초래된다. 예를 들어 최근의 금융혁신은 위험을 조절하고 자본을 배분하는 본래의 기능을 등한시하고 단기수익성 추구에 따른 신뢰성 상실로 인해서 금융 불안정을 야기하였다. 금융 안정과 금융 효율성은 단기적으로 보면 상충관계에 있지만, 장기적으로는 금융 안정을 지향하는 적절한 정도의 규제는 효율성을 증대시키므로 적정한 금융안정성은 금융 효율성의 필요조건이 된다. 적절한 규제로 안정을 유지해야만 효율성도 확보된다는 것을 인식해야만 한다.

금융혁신은 기본적으로 효율을, 금융규제는 기본적으로 안정을 지향하나, 금융환경 변화에 따라 서로 영향을 주고 있다. 따라서 금융혁신이 생산적이 되도록 하는 규제는 금융혁신의 긍정적인 범위를 확장하므로 규제가 반드시 금융혁신에 부정적인 영향을 미치는 것은 아니다.

세계 각국 정부는 금융규제를 통하여 금융시스템에 대한 시장참여자의 신뢰를 적정 수준으로 유지함으로써 금융안정을 이루고자 한다.

금융규제는 사전적으로 금융기관이 지켜야 할 규정을 제시하는 것이며, 금융 감독은 사후적으로 금융기관이 규제를 잘 지켰는지를 감독 및 확인하여 잘못된 점을 시정처벌하는 것을 말한다.

금융 규제와 감독은 첫째, 정보의 비대칭, 외부효과와 자연독점에 의해서 발생하는 금융시장실패의 최소화와 둘째, 우리나라에서 1960년대 이후 이루어진 정책금융과 같이 국민경제 특정 목표 달성을 위해서 필요하다.

금융규제는 규제 감독이 없는 경우 시장실패가 발생하며 규제감독의 사회적 편익이 사회적 비용보다 커야 정당화 될 수 있다. 만약 이러한 조건이 충족이 되지 않으면 금융규제는 경쟁을 저해하고 자원배분의 왜곡 및 가격 상승을 초래할 수 있다. 그리고 규제가 효과를 보려면 피규제 산업의 자발적 협조가 어느 정도 있어야 한다.

최근의 금융안정은 개별 금융 기관의 건전성뿐만 아니라 금융시장과 금융하부구조(지급결제제도 등)의 안정, 그리고 이자율, 환율, 신용, 통화량 등 거시경제변수의 안정에 의해서도 영향을 받는다. 즉, 금융기관, 금융시장, 금융하부구조와 같은 미시적 금융안정과 이자율, 자산가격, 전체 금융기관 재무상태표(신용량 과 통화량)의 규모와 구조 등의 거시적 금융안정이 상호 영향을 주면서 움직인다. 금융 감독도 미시건전성 감독과 거시건전성 감독이 모두 필요하며 구체적으로 미시건전성 감독, 거시건전성 감독, 영업행위 감독의 3가지 형태가 있다.

첫째, 미시건전성 감독

미시 건전성 감독은 경기변동을 견디어 내는 개별 금융기관의 건전성에 초점을 맞춘 감독방식이며 개별 금융기관의 행동이 금융시장에 미치는 영향에 대해서는 고려하지 않는다.

둘째, 거시건전성 감독

거시건전성감독은 금융시스템 전반에 걸친 공통의 충격을 견디어 내는 금융시스템의 건전성에 초점을 맞춘 감독방식으로 금융시스템 자체가 직면하는 불안정 위험을 주어진 외생변수가 아니라 거시경제와 금융시장의 가변적 상황에 따라 결정되는 내생변수로 파악한다. 거시건전성 감독은 거시경제, 금융시장, 지급결제제도 감독을 통해서 이루어진다.

셋째, 영업행위 감독

영업행위 감독은 금융소비자 보호를 위해서 개별 금융기관이 금융시장에서 고객에게 적시에 충분한 정보를 제공하며 투명하고 공정하게 거래를 수행하였는지를 감시 조사하는 것을 말한다.

대공황이후 미국의 금융 규제 관련 주요내용을 살펴보면 다음과 같다.

첫째, 은행법(Glass-Steagall Act)(1933)

은행법은 1929년 뉴욕증시 대폭락으로 촉발된 대공황으로 인해서 제정된 뉴딜 금융개혁법의 하나로 일반상업은행업무와 투자은행업무를 분리하는 것을 주 내용으로 하고 있다. 은행에 의한 증권자회사 설립을 불허했으며, 시스템리스크를 줄이기 위해서 예금보험공사(Federal Deposit Insurance Corporation, FDIC)를 설립할 것을 규정하고 있다.

은행법이외의 다른 뉴딜 금융개혁법들로는 발행자의 공시의무를 강화하는 증권법(The Securities Act, 1933년), 증권거래법(The Securities Exchange Act, 1934년), 은행의 지주회사를 통한 증권업 진출도 엄격히 규제하는 은행지주회사법(bankimg Holding Company Act, 1956년) 등이 있다.

표 3-2 글래스-스티걸법의 금지조항

조문	규제내용
제16조	국법은행(National Bank)의 경우 대리인으로서 증권매매를 제한하고 증권인수, 자기매매, 주식투자 등을 금지
제20조	연준리 가맹은행이 어떤 증권의 인수나 자기매매에서 관계기관을 소유 또는 공동소유하거나 피소유되는 것을 금지
제21조	투자은행의 예대업무 금지
제32조	연준리 가맹은행의 임원이 다른 증권사를 인수하거나 매매하는데 관련기관의 임원을 겸직하는 것을 금지

자료: 우태희, 『세계경제를 뒤흔든 월스트리트 사람들』

둘째, 금융서비스현대화법(Gramm-Leach-Bliley Act)(1999)

금융서비스 현대화법이란 금융기관의 경쟁력을 촉진하고 국제경쟁력을 강화시키기 위해서 1999년에 세정된 법으로 상업은행과 투자은행을 엄격히 구분하는 글래스-스티걸법 제20조와 제32조를 폐지하여 은행, 증권, 보험 금융 영역 간 장벽을 폐지하고 겸업을 허용하였다.

표 3-3 그램-리치-브라이법의 주요내용

구분	주요내용
업무장벽 철폐	금융지주히사의 자회사 설립방식으로 은행이 비은행 업무를 겸업할 수 있도록 허용. 투자은행 및 보험사의 은행취득도 허용
지배구조	산업자본의 금융기관 지배금지
주감독기관	연방준비제도이사회(FRB)
정보공유	계열금융기관, 통신판매업자(Telemarketer)간 고객정보 공유 허용하는 한편, 고객정보 보호조치 마련 • Financial Privacy Rule: 금융기관이 보유하는 고객정보 보호 • Safeguards Rule: 금융기관은 고객정보의 비밀을 보장 · 유지할 보호조치 정비 • Pretext Provision: 적절한 권한없이 고객에게 피해나 불편을 끼칠 정보 남용방지와 함께 고객의 비공개 정보를 획득하지 못하도록 규제

규제완화	자산 2억 5천만 달러 미만의 소규모은행 및 도시 이외의 지역들에 대한 지역재투자법(Community Reinvestment Act) 정기검사를 완화

자료: 우태희, 『세계경제를 뒤흔든 월스트리트 사람들』

셋째, Sarbanes-Oxley Act(2002)

인터넷 거품이 붕괴되면서 엔론 등의 대기업들의 분식회계 사건이 발생함에 따라 2002년 기업들의 회계 감사 및 내부 통제를 강화할 목적으로 미국에서 회계 법인에 대한 연방 감독기구 설치, 투자은행에 대한 벌칙 강화, 기업의 내부 통제시스템 강화를 주 내용으로 제정된 법안이다.

넷째, Dodd-Frank Act(2010)

2008년 금융위기로 인해서 제정된 금융안정 및 위기재발 방지, 금융감독기능 개편, 파생상품규제, 금융소비자 및 증권투자자 보호 강화 등 정부의 금융시장 개입을 강화하는 것을 주 내용으로 하는 법안이다.

다섯째, Volcker's Rule(2013)

미국의회는 미국연방 준비제도(Fed), 연방예금보험공사(FDIC), 통화감독청(OCC), 증권거래위원회(SEC), 상품선물거래위원회(CFIC) 등 5개 금융감독기구가 마련한 은행과 은행자회사의 자기자본투자를 금지하는 규정인 볼커룰을 2013년 12월 10일 승인하였고, 2015년 7월21일부터 시행하게 된다.

볼커룰은 은행관련기관이 위험한 투자를 해서 손실을 보고 그 결과 예금주나 투자자들에게 미치는 악영향과 은행관련기관이 부실화 될 경우 경제 전반에 위험(시스템 리스크)을 방지하는 것을 목적으로 하고 있다.

자기자본 투자란 은행이 고객을 위한 대출, 증권발행, 자산운용이 아닌 은행의 이익을 목적으로 하는 증권매매, 펀드투자를 말한다.

제4장

수익률과 위험

본장에서는 투자의 3요소인 수익성, 위험, 유동성 중 수익률과 위험에 관하여 설명하고자 한다.

1 수익률(r)

1) 종류

수익률은 실현수익률과 미래에 기대되는 기대수익률로 구분되며, 실현수익률은 단일 기간에 적용되는 수익률과 다 기간에 적용되는 수익률이 있다. 다 기간에 적용되는 수익률은 투자가 초기에 한번만 이루어지는 경우에 적용되는 수익률과 여러 기간에 걸쳐서 투자가 이루어지는 수익률로 세분된다.

(1) 실현수익률

- **단일기간 수익률**

$$r = \frac{P_1 - P_0 + I}{P_0} \tag{4.1}$$

P_0: 0 시점의 가격
P_1: 1 시점의 가격
I : 1 기간 동안 배당, 이자, 기타 수익

예 4.1 현재 주가(P_0) 20,000원, 다음기 주가(P_1) 22,000원 배당(D_1) 1,000원이면 1기간 수익률은?

풀이

$$r = \frac{P_1 - P_0 + I}{P_0} = \frac{22{,}000-20{,}000+1{,}000}{20{,}000} = \frac{3{,}000}{20{,}000} = 15\%$$

- **다 기간 수익률**

– 현재 시점에 투자가 한 번 이루어졌으나 여러 기간 보유 시(무배당주식 기준) 1기간 수익률을 구해보자.

첫째, 보유기간수익률(rH)

$$r_H = \frac{P_t - P_0}{P_0} \tag{4.2}$$

P_t : t시점의 가격

둘째, 산술평균수익률(r_A)

$$r_A = \frac{\sum_{t=1}^{n} r_i}{P_0} \qquad r_i = \frac{P_t - P_{i-1}}{P_{i-1}} \tag{4.3}$$

셋째, 기하평균수익률(rG)

$$r_G = \sqrt[n]{(1+r_1)(1+r_2)\cdots(1+r_n)} - 1 \tag{4.4}$$

예 4.2 현재주가(P_0) 100원, 다음 기 주가(P_1) 200원, 다다음기 주가(P_2) 150원일 경우 (배당은 없다고 가정) 보유기간수익률, 산술평균수익률, 기하평균수익률을 구하시오.

(풀이)

보유기간수익률(r_H) (150-100)/100 = 50%

산술평균수익률(r_A)

$r_1 = \frac{200-100}{100} = 100\% \quad r_2 = \frac{150-200}{200} = -25\%$

$r_A = \frac{100-25}{2} = 37.5\%$

기하평균수익률(r_G)

$r_G = \sqrt{(1+1)(1-0.25)} - 1 = 22.5\%$

- 투자가 여러 시점에 이루어진 경우 1기간 수익률을 구해보자.

첫째, 가치가중 수익률(r_V)

가치가중 수익률은 현금유입 현가의 합과 현금유출 현가의 합이 같게 되는 할인율로 투자금액 1단위당 1기간수익률을 의미하며 투자자가 투자금액중심으로 성과를 측정하는데 유용하다.

예 4.3 t = 0, 1, 2 동안 현금흐름이 다음과 같을 때 가치가중 수익률을 구하시오.

t = 0, 20,000원(주식 1주 매입)
t = 1, 500원(배당수입), 22,000원 지출(주식 1주 추가매입)
t = 2, 1,000원(배당수입), 48,000원 수입(주식 2주 매도)

(풀이)

$\frac{500}{1+r_V} + \frac{1,000-48,000}{(1+r_V)^2} = 20,000 + \frac{22,000}{1+r_V}$ 로부터

$r_V = 11.7\%$

둘째, 시간가중 수익률(r_T)

각 기간별 현금유입과 유출을 이용한 기간별 수익률을 산출 후 기하평균수익률 공식을 적용하여 산출한 수익률로 투자기간 동안 투자금액의 평균수익률을 의미하며 연

기금 성과평가에 사용된다.

예 4.4 두 기간 동안의 투자액과 수익률이 다음과 같을 때 시간가중 수익률을 구하시오.

기간	1	2
투자액	200	150
수익	240	100

풀이

$$r_1 = \frac{240-200}{200} = 0.20$$

$$r_2 = \frac{100-150}{150} = -0.33$$

$$r_T = \sqrt{(1+0.2)(1-0.33)} - 1 = -10.3\%$$

---

(2) 기대수익률

미래 수익률이 확정적이지 않을 경우 적용되는 수익률로 다음과 같이 정의된다.

$$E(r) = \sum r_i \cdot p_i \tag{4.5}$$

r_i: I상황이 발생시 수익률, p_i: I 상황이 발생 할 확률

예 4-5 P_1: 0.4, P_2: 0.5, P_3: 0.1, r_1: 2%, r_2: 5%, r_3: 8%일 경우 기대수익률을 구하시오.

풀이

$E(r) = 0.4*2 + 0.5*5 + 0.1*8 = 4.1\%$

기대수익률 4.1 %의 의미는 1기간 수익률이 4.1%란 의미는 아니고
위와 같은 발생확률, 수익률 하에서 장기간 투자 시 기대되는 수익률을 의미한다.

---

2 위험

1) 정의

인류의 역사는 위험과 위험관리의 역사로 볼 수 있다. 기상이변, 지진과 같은 자연으로부터의 위험, 전쟁이나 사람들 간에 발생하는 인간으로부터의 위험, 법률, 사회관습, 시장경제와 같은 제도로부터의 위험 등이 발생하고 있으며 이에 따라 인류 역사는 자신에게 유리한 결과가 발생할 확률을 높이고 불리한 결과가 발생할 확률을 낮추는 위험 관리를 하면서 진화하였다. 특히 최근의 세계 경제는 세계화와 정보화 속에서 이들로 인해서 위험이 증가되고 있어서 위험에 대한 이해와 관리가 그 어느 시점보다 중요해지고 있다. 세계화는 시장개방과 자본자유화를 통한 무한 경쟁으로 이어지며 위험이 확대되고, 정보화는 사람들이 실시간으로 많은 정보를 공유함에 따라서 사회의 후생수준을 증대시키는 긍정적인 측면이 있지만 한편으로 국제금융시장의 변동성을 증가시키고, 실물부문에서의 변동성도 증가시킨다.

불확실성(uncertainty)은 자신의 의사결정과 관련되어 있는 여건이나 상대방의 반응이 최소한 두 가지 이상으로 예상되는 것을 말하며, 이중에서 각각의 결과가 발생할 확률이 정의되어 있는 경우를 위험(risk)이라 한다. 발생 확률이 정의된 위험(risk)은 자신에게 유리한 결과가 발생할 가능성(상방위험)과 불리한 결과가 발생할 가능성(하방위험)인 Danger까지 모두 포함된 개념이다. 그러나 실제로는 위험을 인식하는데 주관적인 요소들로 인해서 객관적인 발생 확률을 부여하기가 매우 어렵기 때문에 실제 위험과 인식된 위험 간에는 차이가 발생하나 위험 분석에 있어서는 차이가 거의 없다는 가정 하에 사전적(ex ante) 확률로 분석하고 있다.

의사결정 참여자들은 위험을 부담하는 대가로 기대 혜택 혹은 기대 수익(Return)의 증가라는 보상을 받게 된다. 그러나 구성원들 간의 신뢰가 부족하거나 법률체계, 관습 등의 제도적 결함이 존재하는 경우 위험 감수에 따른 적절한 보상이 이루어 지지 않을 수 있다. 예를 들어 하방위험인 Danger만 부담할 경우 기대수익 혹은 혜택이 추가적으로 증가하지는 않는다.

위험의 종류는 분류 기준에 따라서 다음과 구분된다.

2) 종류

(1) 사회적 위험과 개인적 위험

사회적 위험(social risk)은 전쟁, 경제 불황과 같이 사회 전반에 영향을 미치는 위험을, 개인적 위험(individual risk)은 특정 개인이나 일부 사람들에게만 미치는 위험을 말한다.

(2) 기술적 위험과 시장위험

기술적 위험(technological risk)은 날씨와 같이 경제적 여건이 예측할 수 없는 변화로 인해서 발생하는 위험으로 사건위험 혹은 외생적위험이라고 하며, 시장위험(market risk)은 시장에서 각종 재화나 서비스가 거래되는 과정에서 발생하는 위험으로 내생적위험이라 한다.

(3) 내재적 위험과 외재적 위험

내재적 위험(intrinsic risk)은 생산 차질, 농산물 출하량 변동등과 같이 실물 요인에 존재하는 불확실성으로 인해서 발생하는 위험으로 실물위험(real risk)라고도 하며, 외재적 위험(extrinsic risk)은 실물 요인에는 아무런 불확실성이 없지만 가격이 불확실함에 따라 발생하는 위험으로 가격위험이라고도 한다. 가격위험이 심하게 되면 거품이 발생하게 된다.

(4) 금융위험(금융기관 위험)

금융 위험은 투자자산의 가치, 현금흐름, 손익 등의 금융기관 영업활동 결과가 예상치를 벗어날 가능성을 말하며 재무위험과 비재무위험으로 세분된다.

• **재무위험**

재무위험은 금융시장 위험, 유동성 위험, 신용위험으로 세분된다.

- 금융시장위험(market risk)은 금리변동, 환율변동, 주가변동과 같이 금융시장에서 거래되는 금융상품시장가격의 변화로 인해서 금융기관이 직면하게 되는 위험을 말하며 금리 위험(interest rate risk), 환위험(foreign exchange risk), 가격위험(price risk)이 있다.

금리위험은 금리 변화에 따라 순이자 소득 또는 순자산가치가 축소될 위험으로 부채 만기보다 만기가 긴 자산 보유 시 자금 재조달 위험 , 부채의 만기가 자산 만기보다 긴 경우 자금 재투자위험, 금리 변동에 의한 자산과 부채의 시장가치 변동에 따른 가격위험으로 세분된다. 금리위험은 일반기업의 경우 자금조달비용에 영향을 주고, 여유자금을 금융자산으로 운용하는 기업과 금융기관들에게는 중요한 위험이 된다.

환위험은 외화표시 자산과 부채를 보유하거나, 계약을 체결하고 있는 금융기관의 가치가 환율변동으로 인하여 변할 수 있는 가능성과 외화표시 비용과 수익으로 인해서 손익이 변동할 가능성을 의미한다.

가격위험은 투자된 유가증권 가격 변동으로 인하여 손익이 발생할 위험으로 일반적으로 증권가격 변동 위험을 의미하며 체계적 위험과 비체계적 위험으로 구분된다. 체계적 위험(systematic risk)은 적절한 투자조합(포트폴리오)을 이용하여도 기대수익을 낮추어야만 줄어드는 위험으로 거시적 위험(macro risk), 분산 불능 위험(non-diversifiable risk)이라고도 한다. 비체계적 위험(non systematic risk)은 시장에 존재하는 수단들을 이용한 분산투자를 통하여 기대수익률을 낮추지 않으면서도 제거 가능한 위험으로 미시적 위험(micro risk), 분산가능위험(diversifiable risk)이라고도 한다.

- 유동성 위험(Liquidity risk)은 자금운용과 조달 기간의 불일치나 예기치 못한 자금유출 등으로 자금 조달이 어렵게 되거나 단기자산 가치 부족으로 단기부채 또는 예상치 못한 현금 유출에 문제가 발생하는 위험을 말한다.
- 신용위험(Credit risk)은 채무자가 계약조건 불이행 혹은 채무불이행으로 수익 또는 자본에 부정적인 영향을 줄 수 있는 현재 또는 잠재적 위험을 말한다.

• **비재무위험**

비재무적 위험은 다음과 같이 세분된다.

- 운영위험(operational risk)은 부절적하거나 잘못된 내부 프로세스, 인력, 시스템 및 외부사건으로 인해서 발생하는 위험을 말한다.
- 평판위험(reputational risk)은 금융기관에 대한 고객, 거래상대방, 주주 및 규제당

국의 부정적 인식에 따라 금융기관의 순익 또는 자본에 부정적 영향을 줄 수 있는 현재 또는 잠재적 위험을 말한다.

- 경영관리위험(management risk)은 경영층의 부패나 창구 사고와 같은 위험을 말한다.
- 전략위험(strategic risk)은 부적절한 경영의사결정 및 실행과 경영환경 변화에 적절히 대응하지 못함에 따라 금융기관의 순익 또는 자본에 부정적 영향을 줄 수 있는 현재 또는 잠재적 위험을 말한다.
- 법률위험(legal risk)은 각종 규제 위반 혹은 규제 개정 등에 대한 인식부족 등으로 손실이 발생하거나 부적절하거나 부정확한 법률 자문 및 서류 작성 등으로 인한 위험을 말한다.
- 부외거래위험(off-balance-sheet risk)은 재무 상태표에 나타나지 않는 파생상품 거래와 같은 부외 거래 시에 발생하는 위험(부외거래는 계약 시점에는 주석사항으로 처리하고, 계약이 이행되면 재무상태표나 손익계산서에 기록된다)을 의미한다.
- 결제위험(settlement risk)은 금융자산 거래 시 결제요청에 대응하지 못할 위험을 말한다.
- 국가별 위험(country risk)(혹은 주권위험(sovereign risk))은 국가의 외환 상환능력과 관련된 위험을 의미한다.

(5) 경제주체별 위험

시장경제 주체들인 가계, 기업, 정부에 노출된 위험을 의미한다.

• 가계 위험

가계 위험 중 가격 위험은 같은 상품을 비싸게 구입할지 모르거나, 미래가격이 불확실함에 따른 위험, 품질위험은 중고차, 음식점과 같이 상품의 품질을 믿을 수 없어서 발생하는 위험, 소득위험은 자영업자의 경우에 매출액 감소, 근로소득자의 경우 해고등과 같이 소득이 불확실함에 따른 위험을 말한다.

• 기업 위험

기업은 이익을 추구하는 조직이며, 미래 이익은 불확실하므로 위험이 동반된다. 기업 위험은 업종이나 규모에 따라서 위험의 종류와 내용에 있어서 차이가 존재하며, 주주, 채권자, 전문경영인, 종업원 등 이해관계자(stakeholder)에 따라서 위험과 수익 조합들이 달라진다. 주주의 경우 다소 위험해도 이익을 많이 나는 사업에 투자하기를, 채권자는 안정된 사업에 투자하기를 바라고, 전문 경영인과 종업원간에도 이익과 위험에 대한 입장이 다를 수 있으나, 위험 대비 높은 이익을 얻고자 하는 것은 모두가 공통으로 바라는 목표이다. 일반적으로 기업에서 발생하는 위험들은 사업위험과 재무위험으로 구분되며 각 위험들은 우리나라가 IMF 구제 금융을 받았던 외환위기, 환율과 같이 경제전반에 걸쳐 발생하는 거시적 위험과 CEO 능력, 사업구조와 같은 개별기업 특성에 의한 미시적(기업고유) 위험에 의해서 복합적으로 영향을 받는다.

〈사업위험(business risk)〉

사업위험은 기업이 자신의 고유한 사업을 영위하는 과정에서 발생하는 위험으로 영업위험, 상품위험이 있다.

- 영업위험(operating risk)은 기업 경영 과정에서 경기침체, 경쟁사의 등장과 같은 예기치 못한 사고로 인해서 발생하는 위험이다.

기업에서는 사업 내용에 따라 자산구성이 달라진다. 자산구성이 달라지면 감가상각비 차이로 인해서 고정영업비 크기가 달라지고 매출액 한 단위 변화 시 고정영업비 차이로 인해서 세전영업이익의 변화 정도가 달라진다. 재무관리에서는 기업의 매출액이 변하면 고정영업비로 인해서 세전 영업 이익(EBIT: earnings before interest and tax)이 확대되는 정도를 나타내는 영업레버리지로 영업 위험을 측정한다.(영업레버리지는 제7장에서 자세히 설명한다.)

상품위험(commodity risk)은 상품가격 변화로 인한 위험, 일정 수준 이상의 시장 점유율에 따른 규모의 경제를 유지하지 못하는 시장점유율 위험(marketshare risk), 적기에 신제품을 출시하지 못하는 생산물 위험(product risk), 홍수, 노조 파업등과 같이 생산과정에서 돌발적인 상황이 발생하여 생기는 생산위험(production risk), 적정 재고 수준을 유지 못해서 발생하는 재고위험(inventory risk)으로 세분된다.

〈재무위험(financial risk)〉

재무위험은 기업의 재무활동과 관련해서 발생하는 위험으로 유동성 위험, 이자율

위험, 재투자위험, 통화위험, 신용위험, 지분위험 등이 있다.

유동성 위험(liquidity risk)은 보유자산을 적절한 가격에 현금화하는데 따른 위험으로 유동성 위험이 많을수록 현금자산을 많이 보유해야 한다.

이자율 위험(interest rate risk)은 가격위험과 재투자위험으로 세분된다.

가격위험은 이자율 변동에 따른 채권가격 변동 위험, 재투자위험은 이자율 변동에 따른 이자 재투자 수익의 변동 위험으로 정의하며, 가격위험과 재투자위험은 서로 반대로 움직인다.

재무관리에서는 채권자에게 지급하는 이자로 인해서 세전 영업이익 변동 시 주당 손익이 확대되는 정도를 나타내는 재무레버리지로 재무위험을 측정한다.(재무레버리지는 제7장에서 자세히 설명한다.)

통화 위험(currency risk)은 환율 변동에 따라 기업이 보유하고 있는 외화자산이나 부채의 가치가 변동되어서 현금흐름이 변동되는 위험으로 1971년 닉슨대통령이 달러화와 금과의 태환을 중지하고 고정환율제를 변동환율제로 변경하면서 환율의 변동성이 증가하면서 시작되었다.

신용위험(credit risk)은 기업이 대출해준 자금이나 외상매출금등을 회수하지 못하는 위험으로 은행과 같은 금융기관이 제일 중시하는 위험이다.

지분위험(equity risk)은 자사주나 타 기업 주식 보유 시 해당 주가 변동에 따른 위험이다.

• **정부 위험**

정부의 역할은 전쟁, 범죄, 질병, 가격 위험등과 같은 각종 위험으로부터 국민을 보호하는 것이다. 시장경제에서 정부는 시장변동성으로 인한 위험에 효과적으로 대처하여 시장원리가 제대로 작동하도록 법과 제도를 정비하고 정책을 실시하여야 한다. 그러나 정부의 경제 정책을 비롯한 모든 정책은 불확실성을 내포하고 있으므로 정부정책을 수행하는데 위험이 발생하며, 이 위험을 정부위험이라 한다.

3) 위험관리

위험관리는 위험을 무조건 피하는 것이 아니라 자신이 감당할 수 있는 하방위험의 크기를 설정한 후 자신의 기대효용이나 기대이윤을 극대화하는 것, 즉 위험을 적절한 수준으로 유지하는 것을 말한다.

(1) 위험관리 실패 사례

• 베어링은행(Baring Brothers&Co., Ltd) 사례

영국에서 역사가 가장 오래된 종합 금융회사인 베어링은행은 1995년 총 자산 60억 파운드, 총 예금 30억 파운드인 매우 건실한 은행이었다. 그러나 베어링은행 자회사인 베어링증권의 해외자회사인 베어링 선물(싱가폴 소재)의 직원이었던 닉 리슨(Nicholas Leeson)의 권한을 초과하는 파생금융상품의 불법거래로 인하여 8.6억 파운드의 손실을 입고 파산하였다.

닉 리슨은 금리하락시 주식과 채권가격의 동반상승을 예상하여 니케이 주가지수 선물 매입과 일본국채 선물매각, 니케이 주가지수 선물에 대해서 콜옵션과 풋옵션을 매도하는 스트래들 매도 전략을 취했다. 그러나 1995년 고베 지진으로 일본 채권가격 상승으로 인하여 1.9억 파운드, 니케이 주가지수 선물 가격 하락으로 3억 파운드, 스트래들 매도으로 1.2억파운드 등 총 8.6억 파운드의 손실이 발생하였다. 베어링은행 사례는 불법적인 거래를 사전에 방지 할 수 있는 내부통제 시스템과 감독의 미비, 파생상품에 대한 이해 부족, 금융상품가격 변동에 대한 분석 부족등과 같은 위험관리 부재의 결과였다.(자세한 투자전략은 제6장 참조)

• 다이아몬드 펀드 사례

다이아몬드 펀드는 SK 증권 200억 원, 기타 100억 원 총 300억 원으로 3,400만 달러를 조성한 후 말레이시아 라부안에 설립한 역외 펀드였다.

이 펀드는 기본적으로 투자만을 목적으로 설립된 서류회사(paper company)로서 절세를 목적으로 조세천국지역에 설립되었다. 이 펀드는 J.P. Morgan으로부터 5,300만 달러의 자금을 신주매각을 통해 제공받아 8700만 달러로 규모를 키워서 이 자금을 인도네시아 루피아 화에 대한 스트럭쳐드 연동 채권에 투자하였다. J.P. Morgan은 주식스왑구조를 통해 다이아몬드 주식가치에 관계없이 5,300만 달러×0.97, 즉 5141만 달러를 보장받게 되어 사실상 다이아몬드 펀드에 자금을 빌려준 결과가 되었다. 또한 다이아몬드 펀드는 타이바트화에 대해서 레버리지 계수가 5가 되는 선물환 거래에 투자하였다. 다이아몬드 펀드의 투자는 루피아와 바트화에 의한 환위험, 바트화 선물 환으로 인해서 지급액이 원금에 비해 5배가 되는 신용위험, 계약 만료 이전에 투자자들이 원하는 경우 청산이 힘든 유동성 위험 등에 노출되어 있었는데 이러한 위험들이 현실화되면서 다이아몬드 펀드는 많은 손실을 보게 되었다. 이는 금융상품 거래 시 구조를 정확히 이해해야만 된다는 것을 다시 한 번 확인 시켜주는 계기가 되었다.(자세한 투자 전략은 제6장 참조)

(2) 위험관리 기본원칙

위험 관리는 견제와 균형을 통해 관리를 하여야 한다. 세부 원칙으로는 즉시성, 포괄성, 단순성이 있다. 즉시성이란 위험이 발생하였거나 또는 위험이 발생할 개연성이 있을 경우 위험에 관한 모든 사항들이 가능한 빨리 노출되고 경영진에게 보고되는 체계를 갖추어야 한다는 의미이다. 포괄성이란 위험의 종류와 중요도가 상이하지만 모든 위험을 포함한 위험관리가 이루어져야 한다는 의미이다. 단순성이란 다양한 종류의 위험마다 측정방법 내지 관리방법을 다르게 하지 않고 하나의 측정 척도를 개발해야 한다는 의미이다.

그림 4-1 위험관리의 기본원칙

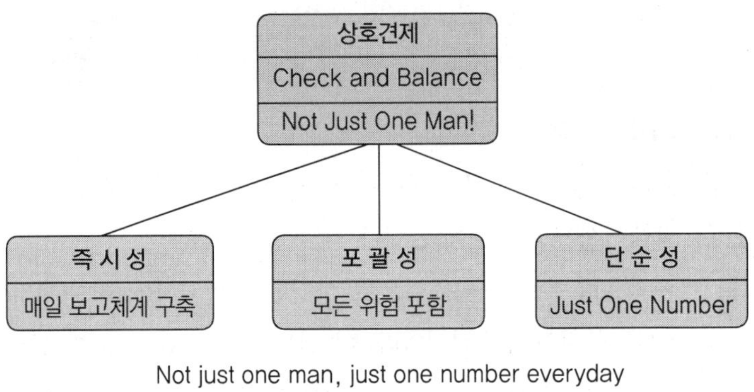

(3) 위험관리 5C

위험관리는 감당할 만한 수준의 위험인가? 위험에 상응하는 수익을 창출하고 있는가? 와 같은 위험관리 행동기준이 기업문화가 되어야 진정한 위험관리가 이루어진다.

위험관리 5C로 명명되는 구체적인 행동기준은 상호견제, 위험관리위원회의 활성화, 위험수준의 일일감시, 위험도전, 위험관리의 체질화로 구성된다.

표 4-1 위험관리의 5C

• Check and balance: 상호견제 ▶ 고여 있는 물은 반드시 썩는다.
• Committee: 위험관리 위원회의 활성화 ▶ 책임 분산용 위원회 활용을 지양
• Calculate VaR daily: 매일 위험 수준 감시 ▶ 총체적 위험관리 및 분석 기능이 구비된 System 구축
• Confront: 위험에 도전 ▶ 위험관리 시스템으로 무장하고 위험에 도전하여야 생존 가능
• Culture: 위험관리의 체질화 ▶ Risk Management is everyone's job

(4) 위험관리 3요소

위험관리 3요소는 위험관리조직, 위험관리과정, 위험관리 시스템으로 구성된다.

그림 4-2 위험관리 3요소

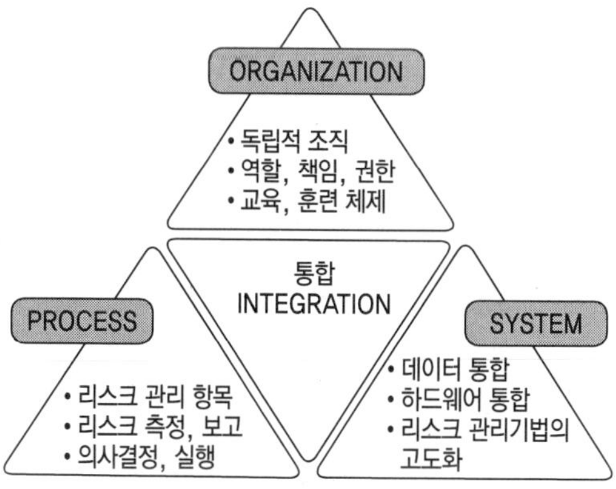

• 위험관리 조직

그림 4-3 위험관리 조직구조

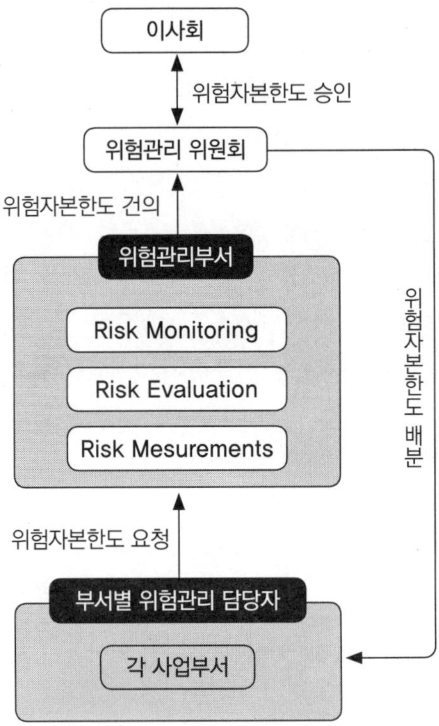

• 위험관리 과정

그림 4-4 위험관리 과정

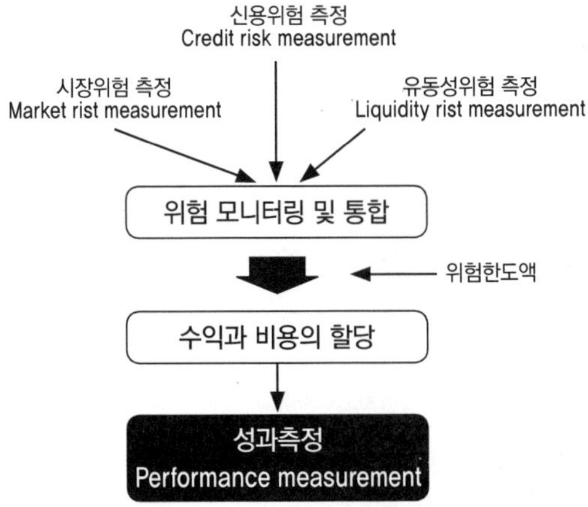

• 위험관리시스템

그림 4-5 위험관리시스템

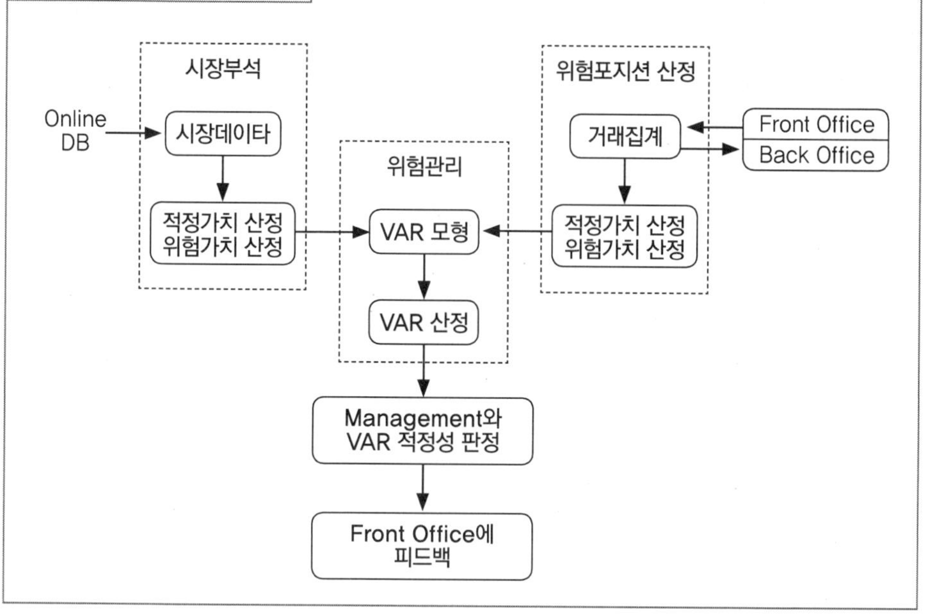

(5) 위험관리의 3단계

위험관리는 재고파악, 재고규모, 재고배분과 같은 재고관리와 비슷한 개념을 적용할 수 있다. 다만 재고처럼 가시적이 아니고 추상적이어서 구제적인 측정수단이 필요하다.

그림 4-6 위험관리 3단계

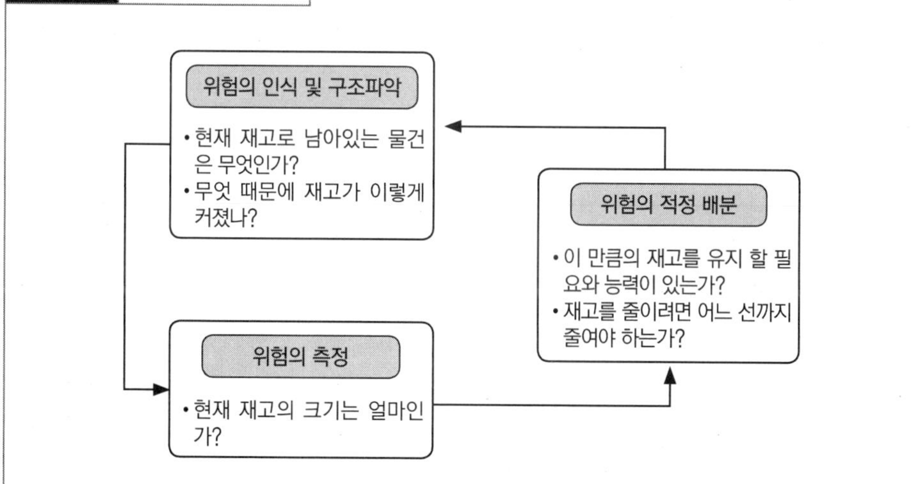

(6) 위험관리 방법

다양한 형태의 위험관리 기법들이 사용되고 있다.

• 위험 제거

잠재적인 이익이 위험을 감수하는데 따르는 불이익을 능가하는 기회가 내재되어 있는 위험(바람직한 위험)을 선택한다.

• 위험 거래

주식거래와 같이 원하지 않은 위험을 팔거나 바람직한 위험을 구입한다.

• 위험 분산

위험을 관리하는 가장 고전적인 방법으로 증권투자 시 포트폴리오 이론을 적용하는 방법이다. 이 이론에 의하면 기대수익률을 낮추지 않으면서도 비체계적 위험을 줄여서 전체 위험을 줄일 수 있다.

• 위험 집중

한 곳에 집중함으로써 바람직한 결과가 발생할 가능성을 높일 수 있는 위험 관리 기법으로 전문화된 기관투자자가 소수 기업에 집중 투자하는 것이 그 예가 된다.

• 위험 헤지

원하지 않는 위험의 일부 또는 전부를 다른 위험한 기회를 선택하거나 타인에게 전가시켜서 위험을 상쇄시키는 방법으로 선물, 옵션을 이용하는 것이 예가 된다.(자세한 내용은 제6장 참조)

• 위험을 레버리지로 활용

자금을 차입하여 위험자산에 투자하는 것과 같이 레버리지를 이용하면 수익과 손실 변동 폭이 크게 되어 위험이 증가한다. 이 기법은 주로 금융 분야에 적용되는데 기업은 투자한 자본 내에서만 책임을 지므로 레버리지를 잘 활용하면 수익은 확대되고 손실은 일정 수준이상으로 확대되지 않게 된다.

• **보험**

사고나 질병등 원하지 않는 위험은 보험을 통하여 위험을 보험회사에 전가할 수 있다. 보험의 경우 확인이 가능하고, 계량화 할 수 있으며, 관리 가능한 위험에 대해서만 보험이 제공된다.

(7) 금융 분야에서의 위험관리 기법

금융 분야는 농작물 가격 변동과 같은 다른 분야에 비해서 비교적 위험을 계량화하기 쉽기 때문에 여러 가지 위험관리 기법을 통해서 다양한 수익-위험 구조를 창출 할 수 있다.

• **합성포지션**

현물과 선물 및 옵션을 이용하여 다양한 수익-위험 구조를 합성할 수 있다.(자세한 내용은 제6장 참조)

• **VaR 기법**

VaR(Value at Risk)는 위험에 노출된 가치를 의미하며 분산과 같은 위험측정 수단은 수익이 좋아질 가능성과 나빠질 가능성 모두를 고려하고 있어 이에 따른 문제점을 보완하기 위해서 개발된 기법이다. VaR는 금리, 환율, 주가 등 기초자산의 미래 시장 가격 분포를 예측하여 목표 기간 동안 일정한 신뢰수준 하에서 포트폴리오 가치가 하락해 발생 할 수 있는 최대 손실로 표시된다.(포트폴리오 가치가 정규분포를 따른다고 가정한다.)

VaR = **신뢰구간의 Z score*포트폴리오가치*투자가치의 변동성**(표준편차)

예 4.6 A 전자주가의 일일 변동성(표준편차) 1.5% 이고, 99% 신뢰구간에서 투자금액이 100만원일 경우 Var를 구하시오.

풀이

99% 신뢰구간은 포트폴리오 가치 하락이 VaR 이상이 될 가능성이 1%인 경우를 말한다. 이 경우 하방 위험만 고려하므로 정규분포의 Z score는 2.33이 된다. 따라서 VaR = 2.33*100만원*1.5% = 34,950원이 된다.

VaR는 원래 파생금융상품의 시장위험을 측정하기 위해서 개발된 지표였으나 1993년 미국의 J.P. Morgan이 도입한 이래 많은 금융기관 혹은 연기금과 같은 기관투자자들이 포트폴리오 위험을 일정한 수준에서 관리하는 기법으로 사용하고 있다.

VaR를 적용한 최적 포트폴리오는 포트폴리오 위험(최대 손실규모)을 적정수준으로 조정하고, 조정된 위험 하에서 위험과 수익이 상충관계인 점을 고려하여 최대 기대수익률을 얻도록 하는 포트폴리오이다.

그러나 VaR은 다음과 같은 비판을 받고 있다.

첫째, 포트폴리오가치가 정규분포를 한다는 가정상의 한계이다.

그럼에도 개별 자산들의 경우 정규분포를 한다는 보장은 없으나 여러 자산으로 포트폴리오를 구성하면 포트폴리오 가치가 정규분포를 한다고 해도 큰 문제는 없다.

둘째, 포트폴리오에 옵션 비중이 높으면 옵션의 수익구조가 비대칭이므로 이 포트폴리오는 정규분포를 가정하기 힘들다.

• ALM(Asset Liability Management)

ALM은 1970 년대 에너지 파동, 금리 및 환율의 급격한 변동으로 인해서 금융기관들의 수지가 악화되어 자산이나 부채의 한쪽 면만을 중시하는 기존의 자금관리방식 대신 효율적인 자금관리를 위해서 자산과 부채를 연계시켜 종합적으로 관리할 수 있도록 개발한 기법이다. ALM의 기능은 광의로는 금융기관의 수익성 관리, 유동성 관리, 포트폴리오관리, 간접비 관리, 자본관리 및 세금관리 등이 있으나 일반적으로 수익성 관리와 유동성 관리가 주 대상이 된다. 대표적인 기법으로는 갭(GAP)분석, 자산과 부채의 만기대응, 듀레이션 갭(GAP)기법이 있다.

– 갭분석

갭은 다음과 같이 정의된다.

$$GAP = RSA - RSL$$

RSA(rate sensitive asset): 금리 민감 형 자산

RSL(rate sensitive liability): 금리 민감 형 부채

금리 민감형 자산 , 부채는 금리에 의해서 가치가 변하는 자산, 부채를 의미한다.

GAP이 클수록 금리변동위험에 많이 노출되었다고 본다.

금리 상승이 예상되면 (+)의 갭을, 금리하락이 예상되면 (−)의 갭을 취하한다. 금리가 상승할 경우 GAP만큼 상승된 이자율로 운용됨으로써 갭*운용수익률의 이익을 얻을 수 있다. 금리가 하락할 경우 (−)GAP만큼 자금조달 금리 인하효과가 발생하여 인하효과만큼 이익을 얻을 수 있다.

그러나 갭 분석은 갭 측정 기간에 따라 갭이 달라지며, 금리변동에 따른 금융상품의 민감도가 서로 다를 때 조정해야 하는 문제가 존재한다.

– 자산과 부채의 만기 대응(maturity layering)〉

자산과 부채의 만기 대응은 시장이자율의 변동에 따라 금리 또는 수익률이 변하는 자산과 부채를 만기별로 분류하여 각 만기별로 자산과 부채의 잔액이 균형이 되지 않는 부분은 화폐시장에서 조달한 채무를 통하여 균형을 이루도록 하는 방법이다. 이 방법은 만기별로 자산과 부채의 잔액을 일치시킴으로써 금리변동에 따른 어느 한쪽의 손실(이익)을 다른 쪽의 이익(손실)으로 보전하게 되어 결국 금리변동에 따른 손익을 없게 하는 방법이다.

듀레이션 갭 기법

고정금리를 지급하는 자산과 부채의 듀레이션을 이용하여 양자를 적절히 연계시킴으로써 금리변동위험으로부터 순자산가치를 면역(immunization)시키는 기법이다.

듀레이션 갭을 이용한 자산부채 관리를 위해서는 듀레이션과 자산, 부채가치의 관계를 이용하여야 한다.

듀레이션(duration)은 이자율 상대적 변동율에 따른 가격 상대적 변동율을 의미한다. 예를 들어 듀레이션이 3이고, 이자율 상대적 변동율이 10%이면 가격 상대적 변동율은 30%가 된다. 듀레이션은 다음과 같이 산출된다.

$$D = \frac{\sum_{t=1}^{n} \frac{C_t \cdot t}{(1+r)^t}}{\sum_{t=1}^{n} \frac{C_t}{(1+r)^t}}$$

- 이자율 상대적 변동율 = $\frac{\text{이자율 변동}}{\text{1+이자율}}$
- 가격 상대적 변동율 = $\frac{\text{가격 변동}}{\text{가격}}$

C_t: t시점 현금흐름 r: 할인율

D_A=자산의 듀레이션, D_L=부채의 듀레이션, A=자산의 현재가치, L=부채의 현재가치, K=자본의 현재가치($A-L$), w=부채 대 자산비율(L/A) 이라 정의하면 듀레이션 갭은 다음과 같게 된다.

첫째, 자본(K) 듀레이션 갭($D\,GAP_k$) : $D\,GAP_K = D_A - w \cdot D_L$

둘째, 자본/자산 (K/A)의 듀레이션 갭($D\,GAP_{K/A}$) : $D\,GAP_{KA} = D_A - D_L$

이자율 변동 에 따른 자산과 부채의 가치변화는 듀레이션 갭을 이용하면 다음과 같게 된다.

자산가치의 변동(ΔK) : $\Delta K = -D\,GAP_K \cdot A \cdot \Delta r$

자본/자산 가치의 변동($\Delta(K/A)$) : $\Delta(K/A) = -D\,GAP_{K/A} \cdot w \cdot \Delta r$

예 4.7 **듀레이션 갭**

K은행의 재무상태표 및 이자율은 아래와 같다. 다음 물음에 답하시오.

자산	시장가치	이자율	부채	시장가치	이자율
현금	₩ 100,000	14%	정기예금	₩ 520,000	9%
상업대출	700,000	12%	CD	400,000	10%
재정증권	200,000		자본	80,000	
합계	₩ 1,000,000			₩1,000,000	

만기: 상업대출=3년, 재정증권=9년, 정기예금=1년, CD=4년

(1) 개별 자산과 부채항목의 듀레이션을 구하시오.

(2) 자산과 부채의 듀레이션을 구하시오.

(3) 자본 듀레이션 *GAP*을 계산하시오.

(4) 자본/자산(*K/A*)의 듀레이션 *GAP*을 계산하시오.

(5) 시장이자율이 1% 상승하였을 경우에 각 자산과 부채항목의 가치변화를 듀레이션을 이용하여 계산하시오.

(풀이)

(1) ① 자산항목 :

i) 현금 = 0

ii) 상업대출 = $\dfrac{\dfrac{98,000}{1.14}+\dfrac{98,000}{(1.14)^2}\times 2+\dfrac{798,000}{(1.14)^3}\times 3}{700,000}$ = 2.65년

iii) 재정증권 = $\dfrac{1}{200,000}(\dfrac{24,000}{1.12}+\dfrac{24,000}{(1.12)^2}\times 2+\cdots+\dfrac{224,000}{(1.12)^9}\times 9)$ = 5.97년

② 부채항목

i) 정기예금 = 1년

ii) CD= $\dfrac{1}{400,000}(\dfrac{40,000}{1.1}+\dfrac{40,000}{(1.1)^2}\times 2+\dfrac{40,000}{(1.1)^3}+\dfrac{440,000}{(1.1)^4}\times 4)$=3.49년

(2) ① 자산의 듀레이션(D_A) = $\dfrac{700,000}{1,000,000}\times 2.65+\dfrac{200,000}{1,000,000}\times 5.97$ =3.05년

② 부채의 듀레이션(D_L)= $\dfrac{520,000}{920,000}\times 1+\dfrac{400,000}{920,000}\times 3.49$ = 2.08년

(3) $D\,GAP_K = D_A - w\cdot D_L = 3.05-\dfrac{920,000}{1,000,000}\times 2.08$ = 1.14년

(4) $D\,GAP_{K/A} = D_A - D_L = 0.97$년

(5) ① 현금 = 100

② 상업대출 : $\Delta V = (2.65)\times\dfrac{0.01}{1.14}\times 700,000$ = ₩-16,300

새로운 V = 700,000-16,300 =₩683,700

③ 재정증권 : $\Delta V = (5.79)\times\dfrac{0.01}{1.1}\times 200,000$ = ₩-10,566.4

새로운 V = 200,000-10,566.4 = ₩189,433.6

④ 정기예금 : $\Delta V = -(1)\times\dfrac{0.01}{1.09}\times 520,000$ = ₩-4,770.6

새로운 V = 520,000-4,770.6 = ₩515,229.4

⑤ CD :$\Delta V = -(3.49)\times\dfrac{0.01}{1.1}\times 400,000$ = ₩-12,690.9

새로운 V = ₩387,309.1

듀레이션 갭은 수동적 전략과 능동적 전략으로 구분된다.

수동적 전략은 듀레이션 갭을 0으로 유지함으로써 이자율 변동에 따른 자산, 자본의 가치 변화를 헤지하는 전략을, 능동적 전략은 이자율 상승이 예상 시 듀레이션 갭

을 (−)로 유지함으로써 가치를 증가시키고, 이자율 하락이 예상 시 듀레이션 갭을 (+)로 유지함으로써 가치를 증가시키는 전략을 의미한다.

4) 위험 분담

위험이 거래된다는 것은 경제주체들이 서로 위험을 분담하는 것을 의미한다. 위험을 거래한다는 것은 보험과 같이 위험만 분리해서 거래하는 경우도 있지만 주식, 부동산과 같이 대부분은 위험과 수익이라는 요소가 함께 거래된다. 이 경우 경제주체들은 항상 자신에게 가장 유리한 방법으로 위험을 분담하며 위험을 분담할 수 있는 기회가 시장에서 위험 거래를 통해 많이 제공될수록 시장이 위험 분배 역할을 잘 수행한다. 특히 금융시장의 경우 선물, 옵션과 같은 파생금융상품의 발달로 위험 분담 기회가 점점 넓어지고 있다. 예를 들어 헤저(hedger)는 적절한 대가를 지불하고 자신이 직면할 위험을 다른 경제 주체에게 전가시키고, 투기자(speculator)는 상대방으로부터 위험을 감수하면서 높은 기대수익을 추구하며, 차익거래자(arbitrager)는 가격들 간의 차이를 이용해서 위험을 감수하지 않는 가운데 수익을 추구한다. 이와 같이 다양한 경제주체들이 시장에 참여해 자신에게 유리한 방향으로 위험을 거래하고 그에 따른 일정한 위험을 감수하는 것이 위험분담의 본질이다.

3 수익률과 위험 관계

지금까지는 수익(률)과 위험에 대해서 논의해 보았다. 위험과 수익률은 어떤 관계에 있는 것일까? 위험과 수익률 관계에 대해서 알아보자.

수익률과 위험은 상충(trade-off)관계에 있으므로 높은(낮은) 수익률을 원하는 경우 높은(낮은) 위험을 부담해야 한다. 따라서 투자 의사결정시 수익률과 위험을 고려해서 위험대비 높은 수익률을 갖는 투자안을 최적의 대안으로 선택해야 한다. 본 절에서는 수익률을 기대수익률 혹은 기대수익, 위험을 수익률 혹은 수익의 표준편차로 표시하기로 한다.

1. 기대수익률 및 위험의 계산

주식 A와 주식B로부터 기대되는 미래수익률의 확률분포는 다음과 같다.

확률	A	B
0.1	-25%	-40%
0.2	5	0
0.4	15	16
0.2	30	40
0.1	45	66

(1) 주식 A와 주식 B의 기대수익률을 구하라.

(2) 주식 A와 주식 B의 수익률의 표준편차를 구하라. 만약 대부분의 투자가들이 A주식보다 B주식이 덜 위험하다고 간주한다면 합리적이라고 할 수 있는가? 그 이유는?

2. 듀레이션 GAP을 이용한 헷지

서울은행의 자산 및 부채와 이자율과 듀레이션이 다음과 같다.

(금액단위: 1000원)

자산	시장가치	이자율	듀레이션	부채및자본	시장가치	이자율	듀레이션
현금	100,000			정기예금	500,000	8%	1년
상업대출	600,000	15%	1.87년	CD	400,000	10%	2.74년
재정증권	400,000	11%	3.44년	자본	200,000		
	1,100,000		2.5년		1,100,000		1.77년

(참고)

자산과 부채의 만기

상업대출 : 2년　　재정증권 : 4년

정기예금 : 1년　　CD : 3년

(1) 자본의 듀레이션 GAP을 구하시오.

(2) 이자율이 2% 상승할 경우, 자산과 부채 항목의 시장가치 및 듀레이션을 구하여라.

(3) (2)의 경우 자본의 가치변동을 구하여라.

(4) 자본가치의 하락을 방지하기 위한 방법은?

(5) 듀레이션 갭을 0으로 하기 위하여 부채의 듀레이션 조정을 위한 방법으로 5년만기, 이자율 10% CD를 추가로 발행한다면, 자본가치변동을 헷지하기 위하여 발생하여야 할 금액은?(단, 정기예금을 줄여서 CD 5년짜리를 발행한다고 가정, CD는 순할인부채)

제5장 포트폴리오 이론

1 투자와 포트폴리오

1) 정의

투자는 불확실한 미래 수익을 위하여 현재의 확실한 소비를 희생하는 행위로, 투자 자산의 기대수익률과 수익률의 변동성으로 정의되는 위험의 조합으로 나타낼 수 있다. 예를 들어 삼성전사 주식 매입은 채권과 같이 미래수익이 보장되는 것이 아니므로 기대수익률과 위험으로 표시되는 투자가 되며, 은행 정기 예금은 예금이자율이라는 확실한 미래수익이 보장되어(은행 부도가 없다는 가정) 수익률 변동 위험이 없고 따라서 기대수익률과 위험의 조합으로 표시가 되지 않으므로 투자라고 하지 않는다.

포트폴리오는 주식, 채권과 같은 다수 자산들로 구성된 투자의 조합으로 분산투자를 통하여 개별 자산 투자의 경우보다 동일한 기대수익률 하에서 위험이 감소되는 효과(포트폴리오 효과)가 존재한다.

본 교재에서는 주식시장을 중심으로 포트폴리오 이론을 소개하고자 한다.

주식시장은 GDP, 금리와 같은 경제 전반의 거시 경제변수, 수익성, 재무구조와 같은 개별기업 변수, 기업 미래에 대한 기대치가 주가에 반영되는 시장으로 주가는 객관적, 주관적인 요인들에 의해서 영향을 받는다.

첫째, 객관적 요인으로는 기업의 내재가치가 있다.

기업의 내재 가치는 미래 기업 수익을 주주, 채권자와 같은 자본공여자들에게 자본 한 단위당 지급해야하는 비용인 자본비용으로 할인한 현가이며, 내재가치가 지속적으로 변하기 때문에 주가도 변동한다.

둘째, 주관적 요인으로는 수요와 공급이 있다.

수요와 공급은 시장심리에 의해서 결정되며, 특히 수요를 결정하는 주관적인 요인인 투자 심리는 주가는 투자자들이 믿는 대로 실현된다는 자기실현 기대 현상에 영향을 주며 주가 거품 형성과 붕괴의 원인이 되고, 정부가 세제혜택 등과 같은 증권관련 제도를 통해서 어느 정도 영향을 줄 수 있다. 주가에 영향을 주는 구체적인 요인들은 〈그림 5-1〉에 설명되어 있다.

그림 5-1 주가에 영향을 미치는 요소

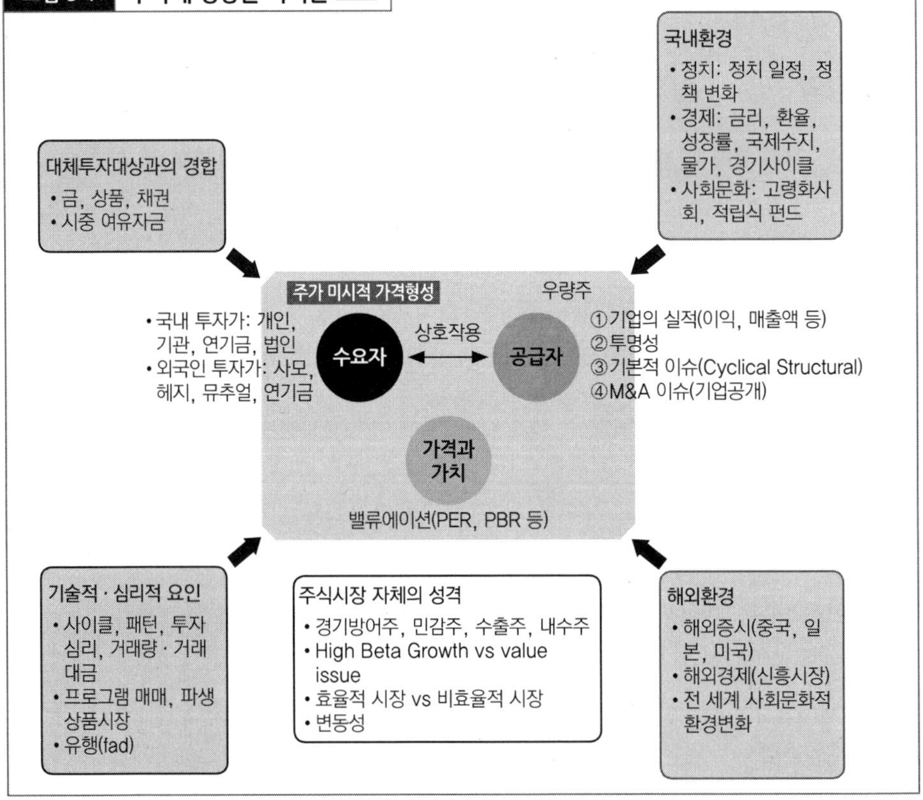

주식시장에서는 기업 가치에 대한 평가가 제대로 이루어지고 이에 근거하여 기업은 저비용으로 자본을 조달할 수 있으며 투자자들은 자신의 투자활동에 대한 적정 수익을 얻을 수 있어야 한다. 이와 같이 주식시장 기능이 원활히 작동하기 위해서는 주식시장에서 개인의 이익 추구하는 행동이 결과적으로 시장 전체의 발전에 기여하여 개인적 이익이 사회적 이익에 일치하여야 한다.

2) 포트폴리오 투자 3요소

포트폴리오 투자 시 투자자들은 투자 3요소인 수익성, 위험, 유동성을 모두 고려해야 한다. 수익성은 투자로 인해서 미래에 예상되는 수익 혹은 현금흐름을, 위험은 미래 수익 혹은 현금흐름의 변동성을, 유동성은 투자자산의 현금화 용이성을 의미한다. 본고에서는 주식으로 구성된 포트폴리오를 대상으로 하므로 투자결정시 유동성은 문제가 거의 없다고 간주하여 수익성은 기대수익률, 위험은 주가의 변동에 의한 수익률 변동위험, 즉 가격위험을 가지고 분석하고자 한다.

$$\text{기대수익률} = \sum P_i \times r_i$$

P_i : 상황 i 확률, r_i : 상황 i 수

가격위험은 환율과 같이 경제 전반에 걸쳐서 영향을 주는 요인에 의한 거시적 위험 혹은 체계적 위험과 파업, 경쟁기업의 등장 등과 같은 개별기업의 요인에 의한 미시적 위험 혹은 비체계적 위험으로 구분된다. 미시적 위험은 포트폴리오를 구성하면 제거가 가능하나, 거시적 위험은 포트폴리오를 구성하여도 제거되지 않는 위험이다. 이와 같은 특징을 갖는 가격위험이 좋은 척도가 되기 위한 조건들은 다음과 같다.

첫째, 위험 척도가 보편적이어야 한다.

위험척도가 모든 투자자산에 적용 가능해야 한다.

둘째, 보상되어야 할 위험과 보상이 필요 없는 위험이 구분이 가능해야 한다.

셋째, 위험척도는 분석과 비교가 가능하도록 표준화되어야 한다.

넷째, 위험이 클수록 기대수익률이 커져야 하므로 위험크기에 따라 기대수익률이 명확하게 결정될 수 있어야 한다.

다섯째, 논리에 맞아야 한다.

위험척도가 장기적으로, 횡단면적으로 수익률과 양의 상관관계를 갖아야 한다.

위와 같은 조건들을 만족시키는 주가 수익률 위험의 척도로 분산 혹은 표준편차가 사용되고 있다.

$$분산 = E[(r-E(r))^2] = \sum[r_i-E(r)]^2 \cdot P_i = E[r^2]-(E(r))^2 \quad (5.1)$$

$$표준편차 = \sqrt{분산} \quad (5.2)$$

예 5.1 (주)한국의 주가수익률 및 발생확률은 다음과 같다.

발생확률	주가 수익률
0.3	10%
0.5	5%
0.2	2%

(주) 한국 주가 기대수익률과 분산을 구하시오

풀이

$E(r) = 0.3\times 10+0.5\times 5+0.2\times 2 = 5.9\%$

$V(r) = (0.1-0.059)^2\times 0.3+(0.05-0.059)^2\times 0.5+(0.02-0.059)^2\times 0.2=0.0849\%$

---

3) 포트폴리오 수학

포트폴리오의 기대수익률, 분산을 산출하기 위해서 기초가 되는 포트폴리오 수학을 살펴보자.

〈기대수익률, 분산과 공분산〉

(1) 기대수익률

$E(a) = a$, $E(aX)= aE(X)$, $E(aX+bY) = aE(X) + bE(Y)$

(2) 분산

$Var(a) = 0$, $Var(aX)= a^2Var(X)$,

$Var(aX + bY) = a^2Var(X)+b^2Var(Y)+2abCov(X,Y)$

(3) 공분산

공분산은 $COV(X,Y)=E[(X-E(X))(Y-E(Y))]$로 정의되며 다음과 같은 특성을 갖는다.

$$Cov(a, X) = 0, \quad Cov(aX, Y) = a\,Cov(X, Y), \quad Cov(aX, bY) = ab\,Cov(X, Y)$$
$$Cov(X, Y+Z) = Cov(X, Y) + Cov(X, Z)$$

4) 포트폴리오 기대수익률과 분산

다음과 같은 포트폴리오가 있다.

$$R_P = w_1 \cdot r_1 + w_2 \cdot r_2 + \cdots + w_n \cdot r_n$$

w_i : 주식 i 투자비율, r_i: 주식 i 투자수익률

이 포트폴리오의 기대수익률과 분산은 다음과 같이 표시된다.

(1) 기대수익률

$$E(R_p) = \sum_{t=1}^{m} P_i \cdot r_{pi} \quad \text{혹은} \quad E(R_p) = \sum_{j=1}^{n} w_j \cdot E(R_j) \tag{5.3}$$

$E(R_p)$: 포트폴리오 기대수익률

단, w_j : 주식 j에 대한 투자금액비율

$E(Rj)$: 주식 j에 대한 기대수익률

r_{pi} : i상황에서의 포트폴리오 예상수익률

P_i : i 상황이 일어날 확률(m개의 상황)

(2) 분산

$$Var(R_p) = \sigma_p^2 = \sum_{t=1}^{m} [r_{pi} - E(R_p)]^2 Pi \quad \text{혹은} \ Var(R_p) = \sum\sum W_i W_j \sigma_{ij} \tag{5.4}$$

σ_{ij} : i, j 증권수익률공분산

$Var(R_p)(=\sigma_p^2)$: 포트폴리오 수익률의 분산

예 5.2 아래와 같은 수익률이 예상되는 주식 1과 주식 2의 투자비율이 0.6, 0.4인 포트폴리오의 기대수익률과 분산을 구하시오.

상황	확률	주식 1 수익률	주식 2 수익률
호황	0.3	10%	3%
보통	0.5	5%	4%
불황	0.2	2%	8%

풀이

$E(R_p) = 0.3\times R_p1 + 0.5\times R_p2 + 0.2\times R_p3 = 5.34\%$

$R_p1 = 0.6\times 0.1 + 0.4\times 0.03 = 7.2\%$

$R_p2 = 0.6\times 0.05 + 0.4\times 0.04 = 4.6\%$

$R_p3 = 0.6\times 0.02 + 0.4\times 0.08 = 4.4\%$

$E(R_p) = 0.6\times 5.9 + 0.4\times 4.5 = 5.34\%$

$E(R_1) = 0.1\times 0.3 + 0.05\times 0.5 + 0.02\times 0.2 = 5.9\%$

$E(R_2) = 0.03\times 0.3 + 0.04\times 0.5 + 0.08\times 0.2 = 4.5\%$

$V(R_P) = (0.6)^2\cdot V(R^1) + (0.4)^2\cdot V(R^2) + 2(0.6)(0.4)COV(R_1,R_2) = 0.011684\%$

$V(R_1) = (0.1-0.059)^2(0.3) + (0.05-0.059)^2(0.5) + (0.02-0.059)2(0.2) = 0.0849\%$

$V(R_2) = (0.03-0.045)^2(0.3) + (0.04-0.045)^2(0.5) + (0.08-0.045)^2(0.2) = 0.0125\%$

$Cov(R_1, R_2) = (0.1-0.059)(0.03-0.045)(0.3) + (0.05-0.059)(0.04-0.045)(0.5)$
$+ (0.02-0.059)(0.08-0.045)(0.2) = -0.0435\%$

5) 포트폴리오 효과(portfolio effect)

포트폴리오 효과란 포트폴리오 구성증권 수익률 상관관계 혹은 구성증권 종목 수에 의해서 동일한 기대수익률 하에서 분산이 줄어드는 효과를 말한다. 구성 종목 수익률간의 상관관계에 의한 효과는 구성종목 수익률 상관계수가 -1일 때 제일 크고 1에 가까워질수록 작게 된다. 구성 종목 수에 의한 효과는 종목 수를 증가시키면 커져서 포트폴리오 분산이 줄어드나 체계적 위험은 줄어들지 않는다.

• **포트폴리오 구성 종목수(n)가 2인 경우**

주식 x, 투자비율 w_x, 수익률 r_x, 주식 y, 투자비율 w_y, 수익률 r_y으로 구성된 포트폴리오가 있다. R_p: 포트폴리오 수익률이라 하면 $Rp = w_x r_x + w_y r_y$ 로부터 포트폴리오 기대수익률, 분산, 공분산은 다음과 같이 구해진다.

$$E(R_p) = w_x \cdot E[R_x] + w_y \cdot E[R_y] \tag{5.5}$$

$$Var(R_p) = w_x^2 \sigma_x^2 + w_y^2 \sigma_y^2 + 2 w_x w_y Cov(r_x, r_y) \tag{5.6}$$

$$\sigma_{xy} = Cov(r_x, r_y) = E[r_x - E(Rx)][r_y - E(R_y)] = \rho \sigma_x \cdot \sigma_y$$

w_x : 주식 x에 대한 투자비율
w_y : 주식 y에 대한 투자비율
σ_x^2 : 주식 x의 분산
σ_y^2 : 주식 y의 분산
$Cov(r_x, r_y)$: 주식 x와 y간의 수익률의 공분산(이하 σ_{xy}로 표시)
ρ : 상관계수

$Var(R_P)$식을 이용하여 상관계수별 포트폴리오 위험(표준편차)를 구해보자.

첫째, $\rho_{xy} = +1$, 즉 두 증권의 상관관계가 완전 양(+)의 관계에 있을 경우

$Var(R_p) = (w_x \sigma_x + w_y \sigma_y)^2$로부터 $\sigma_p = w_x \sigma_x + w_y \sigma_y$

둘째, $\rho_{xy} = -1$, 즉 두 증권의 상관관계가 완전 음(-)의 관계에 있을 경우

$Var(R_p) = (w_x \sigma_x - w_y \sigma_y)^2$로부터 $\sigma_p - |w_x \sigma_x - w_y \sigma_y|$

셋째, $\rho_{xy} = 0$, 즉 두 증권의 상관관계가 영(0)인 경우

$Var(R_p) = (w_x^2 \sigma_x^2 + w_y^2 \sigma_y^2)^2$로부터 $\sigma_p = \sqrt{w_x^2 \sigma_x^2 + w_y^2 \sigma_y^2}$

〈그림 5-2〉는 상관계수별 포트폴리오 효과를 보여주고 있다.

그림 5-2 상관계수별 포트폴리오 효과

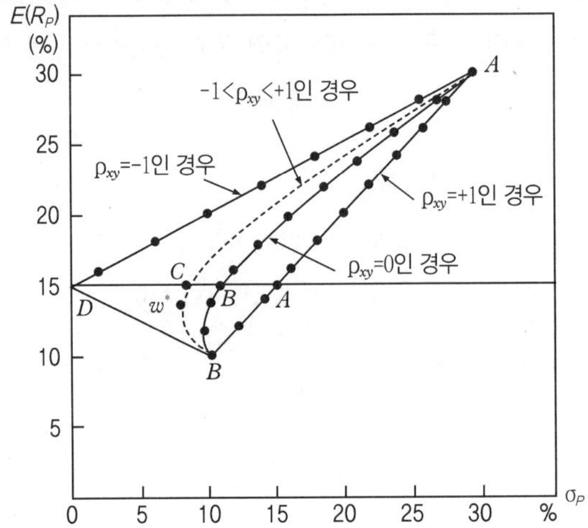

〈최소분산포트폴리오(MVP: Minimum Variance Portfolio)〉

다음과 같은 주식, x, y로 구성된 포트폴리오가 있다.

$$R_p = w_x \cdot R_x + w_y \cdot R_y$$

w_x : x투자비율, w_y: y투자비율, R_x : x수익률, R_y : y수익률

최소분산포트폴리오는 상관계수별로 포트폴리오 수익률 분산이 최소가 되는 포트폴리오로 자산별 투자비율은 포트폴리오수익률분산(σ_P^2)을 w_x에 대해서 미분하면 다음과 같이 유도된다.

$\sigma_p^2 = w_x^2 \cdot \sigma_x^2 + w_y^2 \cdot \sigma_y^2 + 2 \cdot w_x \cdot w_y \cdot \sigma_x \cdot \sigma_y \cdot \rho_{xy}$

$w_y = 1 - w_x$를 대입한 후 σ_p^2을 w_x에 대해서 미분하면

$$\frac{\partial \sigma_p^2}{\partial w_x} = w_x[\sigma_x^2 + \sigma_y^2 - 2 \cdot cov(r_x, r_y)] - [\sigma_y^2 - cov(r_x, r_y)] = 0$$

따라서 최소분산 포트폴리오가 되는 w_x, w_y는 다음과 같다.

$$w_x^* = \frac{\sigma_y^2 - cov+(r_x, r_y)}{\sigma_x^2 + \sigma_y^2 - 2cov(r_x, r_y)} \tag{5.7}$$

$$w_y^* = 1 - w_x^* = \frac{\sigma_x^2 - cov+(r_x, r_y)}{\sigma_x^2 + \sigma_y^2 - 2cov(r_x, r_y)} \tag{5.8}$$

〈무위험 포트폴리오〉

식 (5.7), (5.8)의 투자비율에 상관계수(≒ρ) −1을 대입하면 X, Y 투자비율은 다음과 같이 된다.

$$w_x^* = \frac{\sigma_y}{\sigma_x + \sigma_y} \quad w_y^* = 1 - w_x^* = \frac{\sigma_x}{\sigma_x + \sigma_y} \tag{5.9}$$

투자자는 이 투자비율대로 투자를 하면 최소 분산 포트폴리오는 무위험 포트폴리오가 된다.

무위험 포트폴리오는 〈그림 5-2〉에서 D가 된다.

무위험포트폴리오 수익률은 포트폴리오 기대수익률 식(5.5)에 무위험포트폴리오 구성 자산의 투자비율을 대입하면

$$E(r_p) = w_x^* \times E(r_x) + w_y^* = E(r_y) = \frac{\sigma_y \times E(r_x) + \sigma_x \times E(r_y)}{\sigma_x + \sigma_y}$$

$V(R_P)$는 포트폴리오 분산 식 (5.6)에 w_x^*, w_y^*를 대입하면 0이 된다.

무위험 포트폴리오가치는 무위험수익률로 증가한다. 예를 들어 현재 1억원의 무위험 포트폴리오의 1 기간 무위험 수익률이 r이라고 하면 t기간 뒤 이 포트폴리오 가치는 확정 값인 1억$(1+r)^t$이 된다.

• 포트폴리오 구성종목수가 2보다 큰 경우

포트폴리오를 구성하는 종목 수가 많을수록 포트폴리오 수익률의 위험 감소효과가 커진다. 종목 수가 많아지면 개별 증권 수익률 자체 변동 요인으로 부터 발생하는 분산가능 위험은 제거되고 분산 불능위험인 개별 주식 수익률과 시장수익률간의 상관관계로부터 발생하는 시장위험만 존재하게 된다.

$\sigma_{ij} = \sigma_{ji}$ 이므로

$n = 3$ 인 경우 포트폴리오 수익률 분산은 다음과 같다.

$$\begin{aligned} Var(R_p) &= Var(w_1 r_1 + w_2 r_2 + w_3 r_3) \\ &= w_1^2\sigma_1^2 + w_2^2\sigma_2^2 + w_3^2\sigma_3^2 + 2(w_1 r_1 \sigma_{12} + w_1 r_3 \sigma_{13} + w_2 r_3 \sigma_{23}) \end{aligned}$$

$n = n$인 경우 포트폴리오 수익률 분산은 다음과 같다.

$$Var(R_p) = Var(w_1 r_1 + w_2 r_2 + \cdots\cdots + w_n r_n) = w_1^2\sigma_1^2 + w_2^2\sigma_2^2 + \cdots\cdots w_n^2\sigma_n^2$$
$$+ 2(w_1w_2\sigma_{12} + w_1w_3\sigma_{13} + \cdots\cdots + w_1w_n\sigma_{1n} + w_2w_1\sigma_{21}\cdots\cdots)$$
$$= \sum_{i=1}^{n}\sum_{j=1}^{n} w_i w_j \sigma_{ij} \quad (5.10)$$

w_i : 주식 i에 대한 투자비율, w_j : 주식 j에 대한 투자비율
σ_{ij} : i주식 와 주식 j수익률간의 공분산
σ_i : 주식 i수익률의 표준편차, σ_j : 주식 j수익률의 표준편차

포트폴리오 구성 종목 수가 많아지면 분산가능 위험은 제거되고, 시장위험만 존재하게 되는 것을 설명해보자.

식 (5.10)은 다음과 같이 표현 가능하다.

$$Var(R_p) = \sum_{i=1}^{n}\sum_{j=1}^{n} w_i w_j \sigma_{ij} = \sum_{\substack{i=1 \\ i=j}}^{n} w_i^2\sigma_i^2 + \sum_{\substack{i=1 \\ i\neq j}}^{n}\sum_{j=1}^{n} w_i w_j \sigma_{ij} \quad (5.11)$$

식 (5.11)에 $w_i = w_j = \dfrac{1}{n}$ 로 놓으면 다음과 같이 된다.

$$= \sum_{i=1}^{n}\left(\frac{1}{n}\right)^2\sigma_i^2 + \sum_{\substack{i=1 \\ i\neq j}}^{n}\sum_{j=1}^{n}\left(\frac{1}{n}\right)\left(\frac{1}{n}\right)\sigma_{ij} \quad (5.12)$$

분산의 평균을 $\bar{\sigma}^2$, 공분산의 평균을 $\bar{\sigma}_{ij}$ 로 표시하면
$\sum_{i=1}^{n}\dfrac{\sigma_i^2}{n} = \bar{\sigma}^2$, $\sum_{i=1}^{n}\sum_{j=1}^{n}\dfrac{\sigma_{ij}}{n(n-1)} = \bar{\sigma}_{ij}$ 이므로 포트폴리오 수익률 분산식 (5.12)는 다음과 같이 표시된다.

$$Var(R_p) = \frac{1}{n}\bar{\sigma}^2 + \frac{(n-1)}{n}\bar{\sigma}^{ij}$$
$$= \frac{1}{n}(\bar{\sigma}^2 - \bar{\sigma}^{ij}) + \bar{\sigma}^{ij} \quad (5.13)$$

식 (5.13) 에서 n 이 증가함에 따라 $Var(R_p)$는 다음과 같이 된다.

$$\lim_{n\to\infty}\left[\frac{1}{n}(\bar{\sigma}^2 - \bar{\sigma}^{ij}) + \bar{\sigma}^{ij}\right] = \bar{\sigma}^{ij} \quad (5.14)$$

예 5.3 포트폴리오 구성 종목 주가수익률 분산 평균이 50%, 공분산 평균이 30%일 때 포트폴리오 구성 종목 수가 2, 10, 30, 무한대 일 때 포트폴리오 수익률 분산을 구하시오.

(풀이)

식(5.13)에 대입하면 포트폴리오 수익률 분산은 다음과 같다.

$n = 2, \quad Var(R_P) = \frac{1}{n} \cdot 50 + \frac{1}{2} \cdot 30 = 40\%$

$n = 10, \quad Var(R_P) = \frac{1}{10} \cdot 50 + \frac{9}{10} \cdot 30 = 32\%$

$n = 30, \quad Var(R_P) = \frac{1}{30} \cdot 50 + \frac{29}{30} \cdot 30 = 30.7\%$

n= 무한대, $Var(R_P) = 30\%$

---

n이 30 이상이면 종목 수 증가로 인한 포트폴리오 수익률위험감소효과가 미미하게 되는 것을 알 수 있다. 즉, 포트폴리오 구성종목 수 n이 증가하면 포트폴리오 수익률 분산(총위험) 중에서 개별종목 고유 위험은 없어져서 시장위험만 남게 된다. 개별 종목 고유 위험은 분산가능위험, 비체계적위험, 시장위험은 분산불가능 위험, 체계적 위험이라고도 한다.

그림 5-3 분산 가능 위험, 시장위험

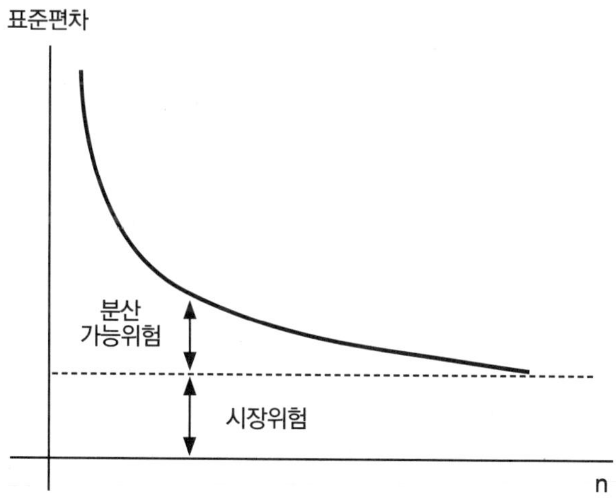

2 효용이론

Von Neuman과 O. Morgenstern에 의해서 제시된 효용이론(Utility Theory)은 불확실성하에서 투자자가 투자안의 수익성과 위험을 고려한 합리적인 투자 선택을 할 수 있는 이론체계이다. 이 이론에 의하면 기대효용이 투자안의 수익성과 위험을 동시에 고려하므로 기대효용을 극대화하는 투자안을 선택하면 투자안의 수익성과 위험을 동시에 고려한 최적투자안이 된다.

투자자의 효용 함수는 설명의 편의상 투자안의 수익률에 의해서만 영향을 받는다는 가정 하에 수익성은 투자안 기대수익률, 위험은 투자안 수익률(r) 변동(분산)으로 정의하면 효용함수 관련 용어들은 다음과 같이 정의된다.

1) 효용함수 U(r)

효용함수는 투자자들이 투자안에 대해서 느끼는 효용의 크기를 함수로 표시한 것으로 투자자들의 위험에 대한 태도에 따라 위험회피, 위험선호, 위험중립으로 구분된다.

투자안의 수익률이 커지면 효용은 투자자의 위험 형태에 관계없이 증가하나, 위험이 커지면 위험회피 투자자의 효용은 감소, 위험선호 투자자의 효용은 증대되고, 위험중립 투자자의 효용은 영향을 받지 않는다.

그림 5-4 **수익률과 효용함수**

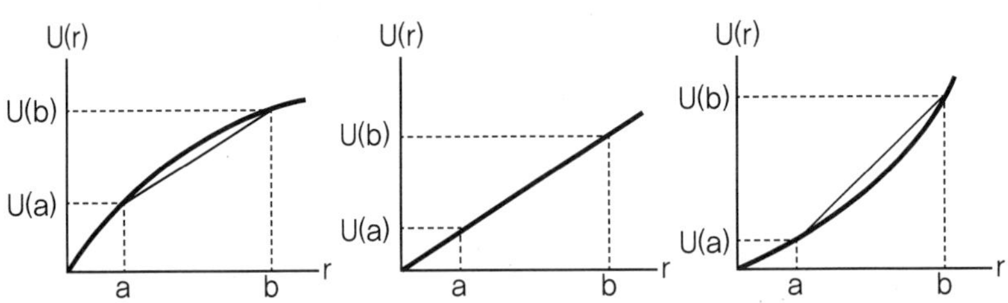

(a) 위험회피형 투자자 (b) 위험중립형 투자자 (c) 위험선호형 투자자

2) 기대효용E(u(r))

기대효용은 호황, 불황과 같은 상황별 수익률에 의한 효용의 기대 값을 말하며 기대효용이 극대화되는 투자안을 선택하면 투자안의 수익성과 위험을 모두 고려한 최적 투자안이 된다. 기대효용은 다음과 같이 정의된다.

$$E(U(r)) = \sum P(r_i) \cdot U(r_i)$$

단, $E(U(r))$: 기대효용
$P(r_i)$: r_i가 발생할 확률($U(r_i)$: r_i의 효용

3) 기대수익률

상황별 수익률의 기대 값으로 다음과 같이 정의된다.

$$E(r) = \sum P_i \cdot r_i$$

4) 확실성 등가부(certainty equivalent wealth: CEW)

확실성 등가부는 투자자가 위험 투자안을 선택하여 얻게 되는 수익률의 기대효용과 동일한 효용을 갖는 무위험 수익률을 말한다. 예를 들어 LG 전자 주가 수익률로부터 얻어지는 기대효용과 동일한 효용을 예금 이자율 7%로 얻을 수 있다면 7%가 확실성 등가부이다.

5) U((E(r))

투자안의 기대수익률을 무위험 수익률로 간주할 때 얻어지는 효용을 의미한다. 예를 들어 LG 전자 주가의 기대수익률이 15%라고 하면 15%를 무위험 수익률로 간주할 때 얻어지는 효용을 말한다.

6) 위험 프리미엄(risk premium)

위험 프리미엄은 Markowitz risk premium이라고도 하며 투자가가 위험 투자안을 선택한 대가로 위험에 대해서 지불하는 수익률을 말하며 다음과 같이 산출된다.

위험 프리미엄 = 기대수익률 − 확실성 등가부 $= E(r) - CEW$

7) 투자자별 위험 형태와 기대효용

CEW 관계는 다음과 같다.

위험 회피형: U[E(r)] > E[U(r)], E(r) > CEW, **위험프리미엄** 〉 0
위험 중립형: U[E(r)] = E[U(r)], E(r) = CEW, **위험프리미엄** = 0
위험 선호형: U[E(r)] < E[U(r)], E(r) < CEW, **위험프리미엄** 〈 0

예 5.4 위험프리미엄

$U(r) = \sqrt{r}$ (여기서 r는 주가수익률)의 효용함수를 갖는 투자자가 있다. 다음과 같은 투자기회 A, B 에 관한 자료를 근거로 물음에 답하라.

투자 기회 A		투자 기회 B	
확 률	수익률 (r)(%)	확 률	수익률 (r)(%)
0.5 0.5	16 196	0.5 0.5	81 121

(1) 어떤 투자기회를 선택할 것인가?

(2) 이 투자가가 각 위험투자기회에 대해서 지불하고자 하는 최대금액(위험프리미엄)은 얼마인가? 투자기회 A를 그림으로 설명하시오.

풀이

(1) 기대효용을 구하여 기대효용이 큰 투자안을 채택한다.

$E(U_A) = 0.5U(16) + 0.5U(196) = 0.5\times\sqrt{16}+0.5\times\sqrt{196} = 9$

$E(U_B) = 0.5U(81) + 0.5U(121) = 0.5\times\sqrt{81}+0.5\times\sqrt{121} = 10$

투자안 B를 선택한다.

(2) 위험투자안의 위험프리미엄 계산

1) 투자기회 A의 경우

① 기대수익률 $0.5\times 16 + 0.5\times 196 = 106\%$

② 확실성등가부의 효용은 불확실한 미래의 부의 기대효용과 같으므로

$E[U(X)] = U(CEW) \Rightarrow \sqrt{CEW} = 9$

∴ CEW = 81%

③ 위험프리미엄 = 기대부 - CEW = 106-81 = 25%

따라서 투자기회 A에 대해서 투자자가 지불할 수 있는 최대 수익률은 25%이다.

그림 5-5 **부와 효용함수: U(r)=√r**

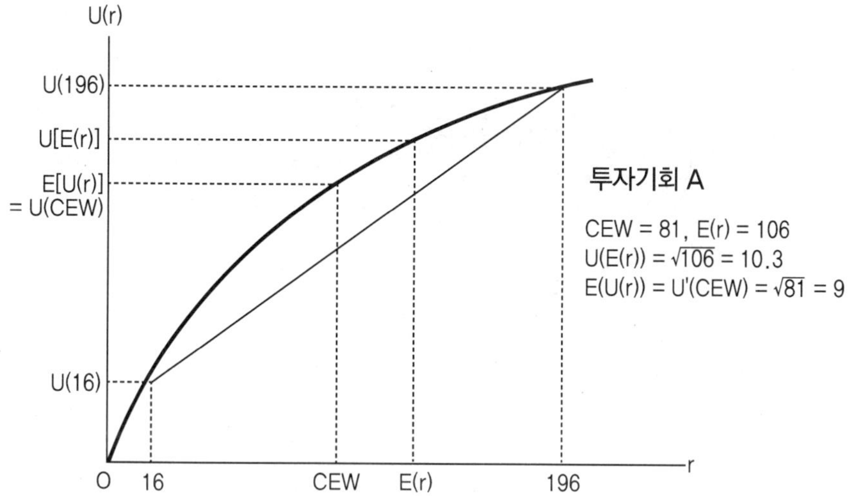

2) 투자기회 B의 경우

위험프리미엄은 101-100 = 1%가 된다.

3 효율적 포트폴리오와 최적 포트폴리오

1) 효율적 포트폴리오(efficient portfolio)

효율적 포트폴리오는 지배원리를 만족하는 포트폴리오를 의미한다.

지배 원리란 투자자가 위험회피자라는 가정 하에서 투자 가능한 투자안들의 기대 수익률과 위험의 조합인 투자기회 집합(Investment Opportunity Set) 중에서 동일한 위험들 중에 기대수익률이 높은 투자안을, 동일한 기대 수익률 하에서 위험이 작은 포트폴리오를 선택하는 원리이다.

그림 5-6 효율적 포트폴리오

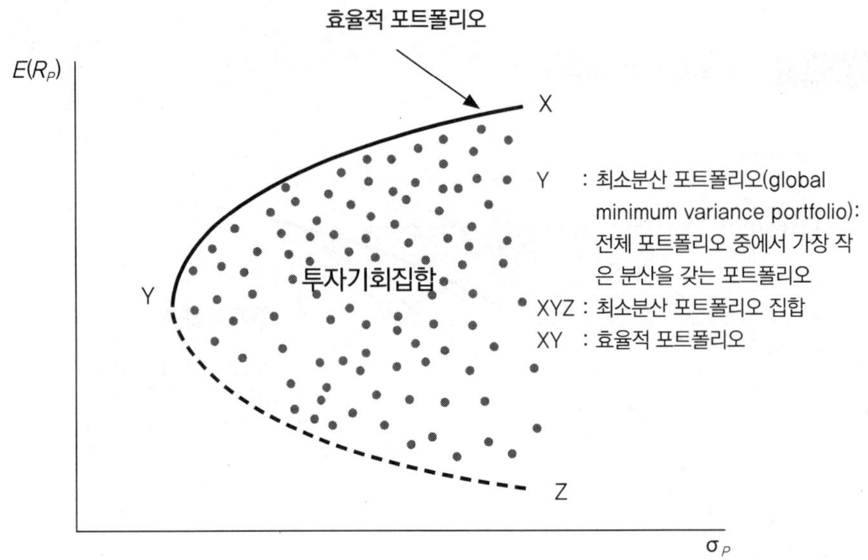

2) 최적 포트폴리오(optimal portfolio)

최적 포트폴리오란 효율적 포트폴리오중 투자자의 기대효용을 최대로 만족시켜서 투자자가 최종적으로 선택하는 포트폴리오를 의미한다.

3) 평균-분산 모형(Mean-Variance Model)

평균 분산 모형은 투자안의 가치와 투자자의 기대효용을 기대수익률과 분산으로 표시한 모형이다. 효율적 포트폴리오는 수익률 분포가 정규분포를 하면 수익률의 평균과 분산으로 표현되며, 기대효용도 아래와 같은 조건하에서 수익률 평균, 분산으로 표현이 가능하므로 투자자 효용을 최대화하는 최적포트폴리오도 수익률 평균, 분산으로 표현 가능하게 된다.

투자자 기대효용은 아래와 같은 조건중 하나라도 만족하면 다음과 같이 기대 수익률, 분산으로 표현된다.

$$E[U(R)] = f(E(R), \sigma^2)$$

첫째, 투자수익률 분포가 정규분포이거나

둘째, 효용함수가 이차함수($U(R)=a \cdot R-b \cdot R^2$ ($a, b>0$인 상수)) 형태를 갖는다.

$$(\text{증명})\ E[U(R)] = a \cdot E(R)-b \cdot E(R^2)$$
$$= a \cdot E(R)-b[\sigma^2 + [E(R)^2] = f(E(R), \sigma^2)$$
$$(\text{단 } \sigma^2 = E(R^2) - [E(R)]^2$$

효용함수는 기대수익률과 양의 관계를 가지나, 위험회피 효용함수는 수익률 분산과 음의 관계, 위험선호 효용함수는 양의 관계, 위험중립 효용함수는 독립적인 관계를 갖는다. 따라서 기대수익률이 같을 때 위험이 커지면 위험 회피자의 효용은 감소하고, 위험 선호자의 효용은 증가한다.

그림 5-7 위험 선호도에 따른 기대수익률과 위험

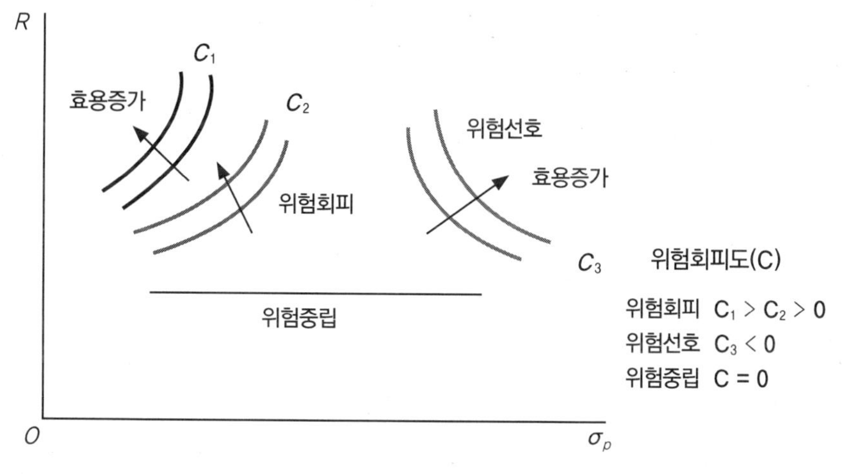

평균-분산 모형 하에서 효율적, 최적 포트폴리오는 다음과 같다.

(1) 투자안이 위험 포트폴리오로만 구성된 경우

지배원리를 만족시키는 효율적 위험 포트폴리오를 구성하고 이중에서 투자자의 기대효용을 최대화시키는 포트폴리오가 최적 포트폴리오가 된다.

그림 5-8 효율적 위험자산 포트폴리오와 최적 포트폴리오(투자안)

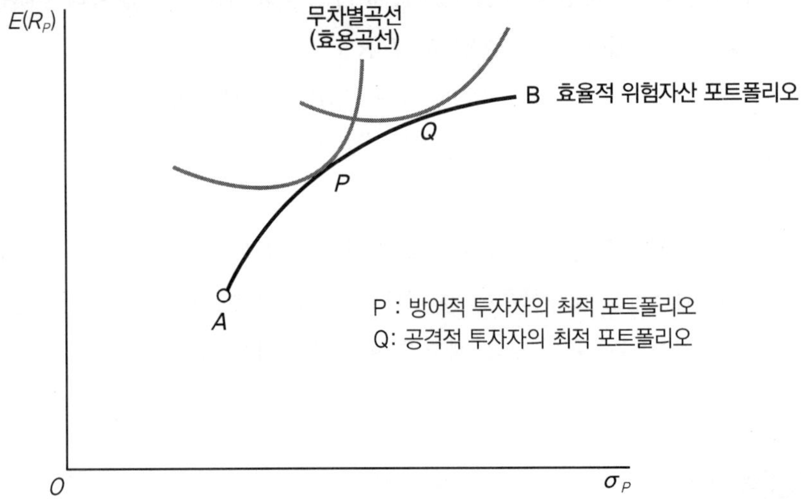

예 5.5 최소분산포트폴리오와 효율적 포트폴리오 구성

주식 X와 Y의 미래수익률에 관한 자료가 다음과 같다.

상 황	확 률 (Pi)	주 식 X(rx)	주 식 Y(ry)
Ⅰ	0.2	9%	15%
Ⅱ	0.2	7	20
Ⅲ	0.2	11	-3
Ⅳ	0.2	-2	6
Ⅴ	0.2	25	2

(1) 개별주식 X와 Y에 대해서 기대수익률과 표준편차를 구하시오.

(2) 두 주식 수익률간의 공분산, 상관 계수를 구하시오.

(3) X에 대한 투자금액의 비율이 100, 75, 50, 25, 0, −25%로 조정될 때 포트폴리오의 기대수익률과 표준편차를 구하시오.

(4) 투자위험이 최소가 되는 최소분산포트폴리오를 구하고, 이 포트폴리오 기대수익률과 표준편차를 계산하시오.

(5) (4)에서 구한 최소분산포트폴리오가 상관계수가 +1인 포트폴리오와 비교하여 위험감소효과가

얼마나 큰지를 분석하시오.

풀이

(1) $E(R_x) = 0.2\times0.09+0.2\times0.07+0.2\times0.00+0.2\times(-0.02)+0.2\times0.25=10\%$

같은 방법으로 $E(R_Y)=8\%$

$Var(R_x) = \sigma_x^2 = E[R_x-E(R_x)^2]$

$= 0.2\times(0.09-0.1)^2+0.2\times(0.07-0.1)^2+0.2\times(0.11-0.1)^2$

$+0.2\times(-0.02-0.1)^2+0.2\times(0.25-0.1)^2=0.076$

$\therefore \sigma_x = 8.72\%$

혹은 $Var(R_x) = E(R_x^2)-E(r_x)]^2$ ×

$= 0.2\times0.09^2+0.2\times0.07^2+0.2\times0.11^2+0.2\times(-0.02)^2+0.2\times0.25^2-0.1^2$

$= 0.0076$

같은 방법으로 $Var(R_Y) = 0.00708$ $\therefore \sigma_Y=0.0841$

(2) $Cov(R_x, R_Y) = \sigma_{XY} = E[R_x-E(E_x))\cdot(R_Y-E(R_Y))]=E(R_x\cdot R_Y)-E(R_x)\cdot E(R_Y)$

$= 0.2\times0.09\times0.15 + 0.2\times0.07\times0.2 + 0.2\times0.11\times(-0.03)$

$+ 0.2\times(-0.02)\times0.06 + 0.2\times0.25\times0.02 - 0.1\times0.08 = -0.0024$

$$p_{XY} = \frac{\sigma_{xY}}{\sigma_x\cdot\sigma_Y} = \frac{-0.0024}{0.872\times0.841} = -0.33$$

(3) $E(R_P) = w_x\cdot E(R_x)+w_r\cdot(E_{RY})$

$\sigma_P^2 = w_X^2\cdot\sigma_X^2+w_Y^2+\sigma_Y^2+2w_Xw_Y\cdot\sigma_{XY}$

$E(R_X) = 10\%$, $E(R_Y) = 8\%$, $\sigma_X = 8.72\%$, $\sigma_Y = 8.41\%$, $\sigma_{XY} = -0.024$이므로 투자비율만 문제에 제시된 대로 조정하면 포트폴리오 기대수익률과 위험은 다음과 같이 구해진다.

주식 X에 대한 투자비율(w_z)	주식 Y에 대한 투자비율(w_Y)	포트폴리오 기대수익률 $E(R_P)$	포트폴리오 위험 $\sigma(R_P)$
100%	0%	10.0%	8.72%
75	25	9.5	6.18
50	50	9.0	4.97
25	75	8.5	5.96
0	100	8.0	8.41
−25	125	7.5	11.42

(4) 주어진 상관계수 하에서 포트폴리오위험을 최소로 하는 최소분산포트폴리오의 R_X, R_Y의 투자비율은 다음과 같다.

$$w_X = \frac{\sigma_Y^2 - \sigma_{XY}}{\sigma_x^2 \cdot \sigma_Y^2 - 2\sigma_{XY}} = \frac{0.00708-(-0.0024)}{0.0076+0.00708-2\times(-0.0024)} = 0.487$$

$w_Y = 1-0.487 = 0.513$

따라서 최소분산포트폴리오의 기대수익률, 분산과 표준편차는 다음과 같다.

$E(R_P) = 0.487\times0.1+0.513\times0.08 = 0.08974$

$$\sigma_P^2 = 0.487^2\times0.0076+0.513^2\times0.00708+2\times0.487\times0.513\times(-0.0024)$$
$$= 0.002465$$
$$\sigma_P = 0.04965$$

(5) 분산투자로 인한 이득은 최소분산포트폴리오의 투자비율하에서

ρ_{XY} =1로 놓았을 때 표준편차의 감소분을 의미한다.

ρ_{XY} = 1일 때 $\sigma_P = w_X\sigma_X + w_Y\sigma_Y = 0.487\times0.0872+0.513\times0.0841=0.08561$

$[\sigma_P^2 = w_X^2\sigma_X^2 + w_Y^2\sigma_Y^2 + 2\times w_X\times w_Y\times\sigma_X\times\sigma_Y\times\rho_{XY}]$에서

ρ_{XY} = 1이면 $\sigma_P^2 = (w_X\sigma_X + w_Y\sigma_Y)^2$로부터 $\sigma_P = w_X\sigma_X + w_Y\sigma_Y$가 된다.

따라서 분산투자로 인한 이득은 0.08561-0.04965 = 0.03596이 된다.

---

(2) 투자안이 위험자산과 무위험자산을 포함할 경우

위험자산과 무위험 자산으로 구성된 포트폴리오는 위험자산만 포함된 포트폴리오보다 더 효율적 포트폴리오가 된다.

무위험 자산(f)이란 정기예금, 국공채처럼 어떠한 상황에서도 확정된 수익이 보장되어 수익률의 변동이 없는 자산으로 $E(R_f)=R_f$, $V(R_f)=0$가 된다.

이 경우 효율적 포트폴리오와 최적 포트폴리오를 구해보자.

- **효율적 포트폴리오**

주식으로 구성된 효율적 위험포트폴리오(A)와 무위험자산(f)으로 구성된 포트폴리오 $Rp = wR_A+(1-w)R_F$의 기대수익률, 위험은 다음과 같다.

$$E(R_p) = w\cdot E(R_A) + (1-w)R_f \qquad (5.15)$$
$$Var(R_p) = w^2\cdot\sigma_A^2 + (1-w)^2\sigma_{Rf}^2 + 2w(1-w)\sigma_{A.Rf}$$
$$= w^2\cdot\sigma_A^2 \ (\because\sigma_{Rf}^2 = 0,\ \sigma_{A.Rf} = 0)$$

$\sigma_p = w\cdot\sigma_A$을 식(5.15)에 대입하면 다음과 같은 자본배분선(CAL: Capital Allocation Line)이 유도된다.

$$E(R_P) = R_f + \frac{E(R_A)-R_f}{\sigma_A} \cdot \sigma_P \quad (5.16)$$

단, R_f : 무위험이자율
$E(R_A)$: 효율적 주식 포트폴리오 A 기대수익률
σ_A : 효율적 주식 포트폴리오 A 위험 (표준편차)
w : 효율적 주식 포트폴리오 A 투자비율
$1-w$: 무위험자산 투자비율
σ_P : 효율적 주식포트폴리오와 무위험자산으로 구성된 포트폴리오 위험(표준편차)

예 5.6 무위험 이자율 4%, 효율적 위험포트폴리오 수익률 표준편차 20%, 기대 수익률 8% 이고 무위험 자산과 효율적 위험포트폴리오로 구성된 포트폴리오가 있다. 다음을 구하시오

(1) 자본배분선
(2) w=0.3일 때 포트폴리오 기대수익률
(3) w=1.2일 때 포트폴리오 기대수익률

풀이

(1) 자본배분선
$E(R_p) = 4 + (\frac{8-4}{20}) \times \sigma_P = 4 + 0.2 \times \sigma_P$
(2) $E(R_p) = 4 + 0.2 \times 0.3 \times 20 = 5.2\%$
(3) $E(R_p) = 4 + 0.2 \times 1.2 \times 20 = 8.8\%$

위험자산과 무위험자산으로 구성된 효율적인 포트폴리오의 기대수익률은 위험(표준편차)에 선형적으로 비례하고 위 식의 기울기는 위험 한 단위 증가에 대한 보상비율을 의미한다.

위험자산과 무위험 자산을 포함하는 포트폴리오 수익률 표준편차 (σ_p)는 위험자산 수익률 표준편차와 위험자산 투자비율과 양의 관계에 있다.

- **최적포트폴리오**

투자자의 기대 효용을 극대화시키는 위험자산(A)과 무위험 자산(f)을 포함하는 최적 포트폴리오의 위험 자산 투자비율(y*)은 다음과 같다.

$$y^* = \frac{E(R_A)-R_f}{C \cdot \sigma_A}$$

C: 위험 회피도를 의미하며, 위험회피 투자자는 C > 0이고, C가 클수록 위험회피도가 커져서 위험이 한 단위 증가했을 때 같은 기대효용을 유지하기 위해서 더 큰 기대수익률이 요구된다.

〈증명〉

$R_P = y \cdot R_A + (1-y)R_f$

$E(R_P) = y \cdot E(R_A) + (1-y) \cdot R_f = y[E(R_A) - R_f] + R_f$

$MAX\ U = E(R_P) - C \cdot \sigma_P^2$

$= R_f + y[E(R_A) - R_f] - \frac{1}{2} C \cdot y^2 \cdot \sigma_A^2$

$\frac{\partial_U}{\partial_y} = 0$ 로부터 $y^* = \frac{E(R_A)-R_f}{C \cdot \sigma_A^2}$

그림 5-9 위험 자산과 무위험 자산을 포함하는 효율적, 최적 포트폴리오

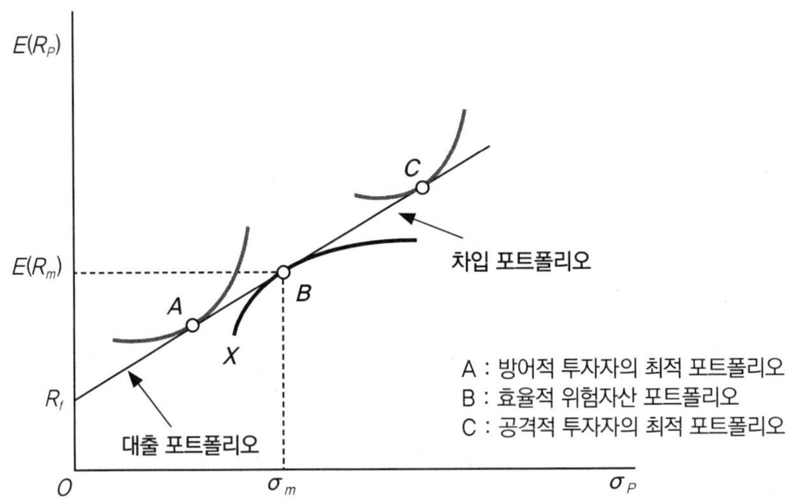

4 자본 자산 가격 결정모형(CAPM: Capital Asset Pricing Model)

1) 의의

자본 자산 가격결정모형(CAPM)은 자본시장이 균형을 이루고 개별투자자들이 효율적인 분산투자를 할 때 자본자산의 가격(기대수익률)과 위험의 선형 관계를 설명하는 모형이다. 자본자산(capital asset)은 미래 수익에 대해 청구권을 가지는 자산으로 주식, 회사채등을 말한다. 균형상태란 자본시장에서 모든 증권에 대해서 개별증권 별로 수요와 공급이 일치되는 상태를 말한다.

2) 가정

첫째, 평균-분산에 의한 투자

투자자는 투자안의 기대수익률과 분산기준에 의해서 포트폴리오를 선택한다.

둘째, 동일한 미래예측

개별 증권수익률의 미래분포(기대 수익률과 분산)에 대해서 투자자들이 동질적인 예측을 한다. 예를 들어 현대자동차의 기대수익률이 8%, 위험이 5%이면 모든 투자자들이 현대자동차에 대해서 동일하게 예측한다.

셋째, 완전시장이 존재한다.

넷째, 무위험 자산이 존재한다.

다섯째, 개별증권의 수요와 공급이 일치하는 균형시장이 존재한다.

여섯째, 투자기간은 단일 기간이다.

이러한 가정 하에서 개별 자산 혹은 포트폴리오에 적용되는 자본시장선과 증권시장 선에 대해서 알아보자.

3) 자본시장선(CML: Capital Market Line)

균형 자본시장에서 시장포트폴리오와 무위험자산으로 구성된 포트폴리오는 효율적 포트폴리오가 되고, 자본 시장선은 이 포트폴리오의 기대수익률과 위험의 선형 관계를 표시한 식이다. 시장포트폴리오(M)는 균형시장에서 완전 분산 투자된 위험자산의 유일한 효율적 포트폴리오로 균형 증권시장에 존재하는 모든 증권에 투자하며 개별증권의 투자비율은 증권시장 전체 시가 총액과 해당 개별증권 시가총액 비율이 된다.

예 5.7 시장포트폴리오

증권시장에 다음과 같은 주가와 주식수를 갖는 주식 A와 B가 거래되고 있다.

주식	주가	주식수	시가총액	시가총액비율
A	10,000	100만	100억	0.2
B	20,000	200만	400억	0.8
계			500억	1

시장포트폴리오는 주식 A에 20%, 주식 B에 80% 비율로 투자한 포트폴리오이다.

자본시장 선은 앞 절에서 유도된 자본배분선 식 (5.16)에 효율적 위험포트폴리오 대신 시장포트폴리오를 대입한 식으로 아래와 같이 표시된다.

$$E(R_p) = R_f + \frac{E(R_m)-R_f}{\sigma_m}\sigma_p \qquad (5.17)$$

그림 5-10 CML

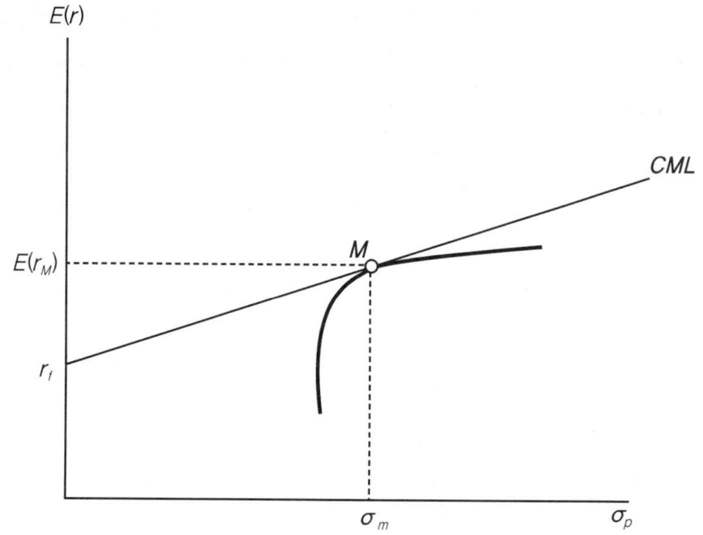

예 5.8 **자본시장선**

무위험 자산 수익률 3%, 시장포트폴리오 기대수익률 8%, 시장포트폴리오 수익률 표준편차 6% 이고, 무위험 자산에 70%, 시장포트폴리오에 30%를 투자한 포트폴리오의 기대수익률은?

$$E(R_p) = R_f + \frac{E(R_m)-R_f}{\sigma_m} \cdot \sigma_p$$
$$= 3 + \frac{8-3}{6} \cdot (0.3 \cdot 6)$$
$$= 4.5\%$$

자본시장선의 의미는 다음과 같다.

첫째, 기울기는 위험 한 단위에 대한 위험프리미엄으로 위험의 균형가격 혹은 시장 가격이라 한다.

둘째, 위험과 기대수익률 관계

무위험자산과 시장 포트폴리오로 구성된 포트폴리오의 기대수익률은 포트폴리오 수익률 위험 (σ_p)에 선형적으로 시장 가격만큼 증가한다.

4) 증권시장선(SML: security market line)

증권시장선은 완전히 분산 투자되지 않은 비효율적 포트폴리오나 개별주식의 기대수익률과 위험 관계를 설명하지 못하는 자본 시장선과는 달리 시장이 균형을 이룰 때 효율적 투자뿐만 아니라 비효율적 투자대상까지 포함한 모든 투자자산의 기대수익률과 위험의 선형 관계를 설명하는 식이다.

증권시장선의 의의는 증권가격에 반영되어야 할 위험은 체계적 위험만이며 증권의 기대수익률은 이 체계적 위험에 선형적으로 비례한다는 것이다.

효율적 포트폴리오에서는 총 위험이 체계적 위험이므로 기대수익률이 총위험에 선형적으로 비례한다.

시장포트폴리오는 위험(분산)이 체계적 위험만으로 구성되므로 시장포트폴리오 기대수익률은 시장포트폴리오 위험에 선형적으로 반영된다. 시장포트폴리오 위험은 시장포트폴리오를 구성하는 모든 위험 자산 수익률과 시장 포트폴리오 수익률 공분산의 가중평균이므로 다음과 같이 표시된다.

시장포트폴리오 수익률 분산(위험)

$(\sigma_m^2) = \sum w_i \cdot \sigma_{im}$ (w_i : i증권투자비율, σ_{im} : i증권과 시장포트폴리오 수익률공분산으로 부터 개별주식 i 위험(수익률 분산)이 시장 포트폴리오 수익률 분산에서 차지하는 기여도(비중)는 $w_i \cdot \sigma_{im}$ 이 된다.

시장 포트폴리오 위험프리미엄은

$E(R_m)-R_f = \sum w_i E(R_i) - \sum w_i \cdot R_f = \sum w_i [E(R_i)-R_f]$ 이므로

시장포트폴리오 위험프리미엄에서 개별주식 i가 차지하는 공헌도(비중)은 $w_i[E(R_i) - R_f]$가 된다.

균형시장에서 개별증권의 시장포트폴리오 위험 공헌도와 시장포트폴리오 위험프리미엄 공헌도 비율은 시장 포트폴리오 위험과 시장포트폴리오 위험프리미언 비율과 같아야 하므로 다음 식이 유도된다.

$$\frac{E(R_m)-R_f}{\sigma_m^2} = \frac{w_i[E(R_i)-R_f]}{w_i \cdot \sigma_{im}} = \frac{E(R_i)-R_f}{\sigma_{im}} \tag{5.18}$$

식 (5.18)을 정리하면 아래와 같은 증권시장선이 유도된다.

$$E(R_i) = R_f + [E(R_m) - R_f]\beta_i \tag{5.19}$$

단, $E(R_i)$: 주식 i의 기대수익률
R_f : 무위험자산의 수익률
$E(R_m)$: 시장포트폴리오(m)의 기대수익률
β_i : 주식 i의 베타계수 (σ_{im}/σ_m^2)
= 상관계수×(주식 i 수익률 표준편차/ m 수익률 표준편차)

개별증권 위험프리미엄(risk premium) $(E(R_i) - R_f)$은 시장 위험 프리미엄(market risk premium) $(E(R_m) - R_f)$에 개별 증권의 β_i를 곱한 값이 된다.

$$E(R_i) - R_f = [E(R_m) - R_f]\beta_i$$

β_j는 시장수익률 변동 한 단위에 의한 개별증권 수익률 변동(체계적 위험) 정도를 나타낸다. 예를 들어 β_j가 0.7일 때 시장수익률이 10% 변동하면 해당 증권 수익률 변동에서 7%는 시장 수익률 변동(체계적 위험 발생요인)에 의해서 발생한 것을 의미한다.

그림 5-11 증권시장선

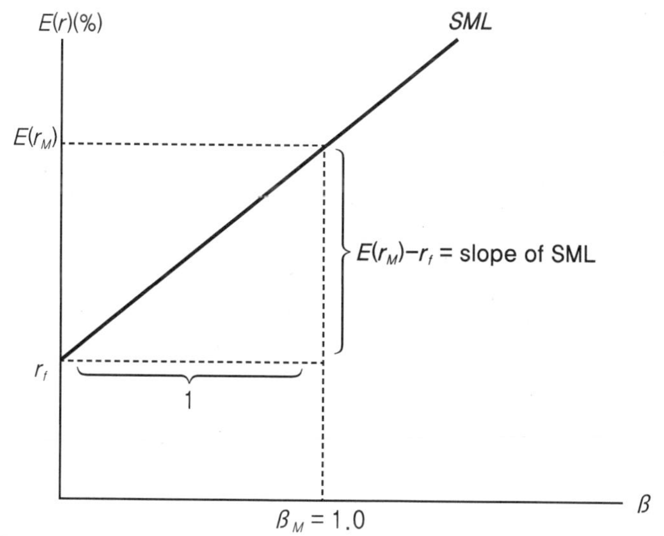

예 5.9 증권시장선

R_f = 7%, $E(R_m)$=10%, 베타 =1.2 일 경우, $E(R_i)$는?

풀이

$E(R_i)= R_f + [\,E(R_m) - R_f]$베타 = 7 +(10−7)×1.2 = 10.6%

5) 자본시장선과 증권시장선의 비교

자본시장선은 효율적 자산에만 적용되고 증권시장선은 효율적 자산뿐만 아니라 비효율적 자산에도 적용되나 개별증권 수익률과 시장포트폴리오 수익률 상관계수가 1이면 해당증권의 위험은 체계적 위험만 존재하게 되어 해당증권은 효율적 증권이, 증권시장선은 자본시장선이 된다.

$E(R_j)=R_f+[E(R_m)-R_f]\cdot\beta_j = R_f + \dfrac{E(R_m)-R_f}{\sigma_m}[\rho_{im}]\sigma_j$ 에서

상관계수(ρ_{im}) 가 1이면 SML식은 $E(R_j) = R_f + \dfrac{E(R_m)-R_f}{\sigma_m}\cdot\sigma_j$,

즉 CML이 된다.

만약 상관계수가 1보다 작으면 해당주식은 비효율적 자산이 되어서 CML상의 오른쪽에 위치하게 된다. 이 경우 총 위험(분산)은 아래와 같이 시장 변동과 관련된 체계적 위험과 개별증권 특성에 의한 변동과 관련된 비체계적 위험으로 구성된다.

$\sigma_j^2 = \beta_j^2\sigma_m^2 + \sigma^2(\varepsilon_j)$

그림 5-12 CML과 SML 비교

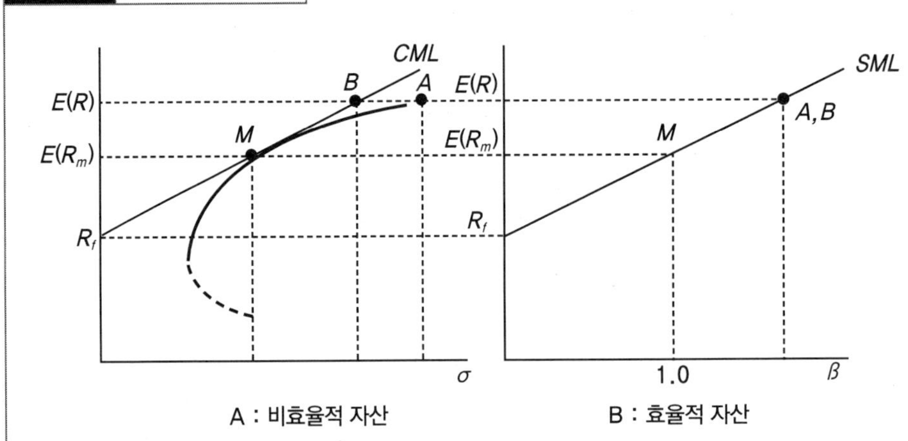

예 5.10 CML과 SML의 관계

시장자료와 주식 A, B의 자료가 다음과 같다 .

시장포트폴리오 기대수익률 $E(R_m)$ = 15%,
시장포트폴리오 수익률표준편차 σ_m = 15% (분산 σ^2_m = 0.0225),
무위험이자율 R_f = 10%

	베타(β_j)	수익률의 표준편차(σ_j)	분산(σ^2_j)
주식A	1.5	30	0.09
주식B	1.5	22.5	0.0506

(1) 주식 A, B의 체계적 위험과 비체계적 위험(잔차분산)을 구하고 그 특징을 서로 비교하시오.

(2) 주식 A, B의 균형기대수익률을 구하시오.

(3) 주식 A, B를 CML공간에서 설명하시오.

풀이

(1) 총위험 = 체계적 위험 + 비체계적 위험

$$\sigma^2_j = \beta^2_j\sigma^2_m + \sigma^2(\varepsilon_j)$$

주식 A, B는 체계적위험이 0.0506으로 동일하지만 비체계적위험에는 차이가 있다. 주식A는 0.0394의 잔차 분산을 가지고 있지만, 주식B는 0의 잔차 분산을 가지고 있으므로 시장수익률과의 상관계수는 ρ_{jm}=1.0이다.

	총위험	체계적 위험	비체계적 위험(잔차분산)
주식A	0.09	$(1.50)^2(0.0225) = 0.0506$	0.09-0.0506=0.0394
주식B	0.0506	$(1.50)^2(0.0225) = 0.0506$	0.0506-0.0506=0

(2) 주식 A에 대한 균형기대수익률을 SML에서 구하면 17.5%가 된다.

$$E(R_A) = R_f + [E(R_m)-R_f] \cdot \beta_A$$
$$= 0.10+(0.15-0.10)1.50 = 0.175$$

한편 주식 B는 총 위험이 주식 A보다 적지만, 베타가 1.50으로 동일하므로 균형기대수익률은 동일하다.

$$E(R_A) = 0.10+(0.15-0.10)1.50 = 0.175$$

균형기대수익률에 영향을 주는 것은 총 위험이 아니라, 베타 즉, 체계적 위험의 척도뿐이다.

(3) 주식 A, B 모두 베타가 동일하므로 균형기대수익률 17.5%선상에 모두 놓인다. 다만, 주식 A는 잔차분산을 지니고 있으므로 CML선상에서 오른쪽에 위치하고, 주식B는 잔차분산이 0(상관계수 = 1.0)이므로 정확히 CML선상에 위치한다.

---

6) 증권시장선의 용도

증권시장선은 다음과 같이 응용되고 있다.

(1) 위험투자안의 요구수익률계산에 적용된다.

$E(r_j)$가 투자안 j의 수익률 확률분포에 의한 기대수익률, 위험투자안 요구수익률은 증권시장선 $k = R_f + [E(R_m) - R_f] \cdot \beta_j$을 이용하여 추정된 값이라면 요구수익률($k$)이 기대수익률 $E(r_j)$보다 작으면 투자안을 채택하고, 요구수익률(k)이 기대수익률 $E(r_j)$보다 크면 투자안을 기각한다.

(2) 자기자본비용의 추정

기업 j의 자기자본비용은 증권시장선 $E(R_j) = R_f + (E(R_m) - R_f] \cdot \beta_j$을 이용하여 추정한다.

(3) 증권의 과대 · 과소 평가

$E(R_j)$이 k_j보다 크면(작으면) 증권 j의 주가는 과소(과대) 평가가 된다.

$E(R_j)$: 시계열 분석결과 추정된 증권 j기대수익률

k_j: SML상에서 추정된 증권 j의 요구수익률

그림 5-13 SML에 의한 증권의 과소, 과대 평가

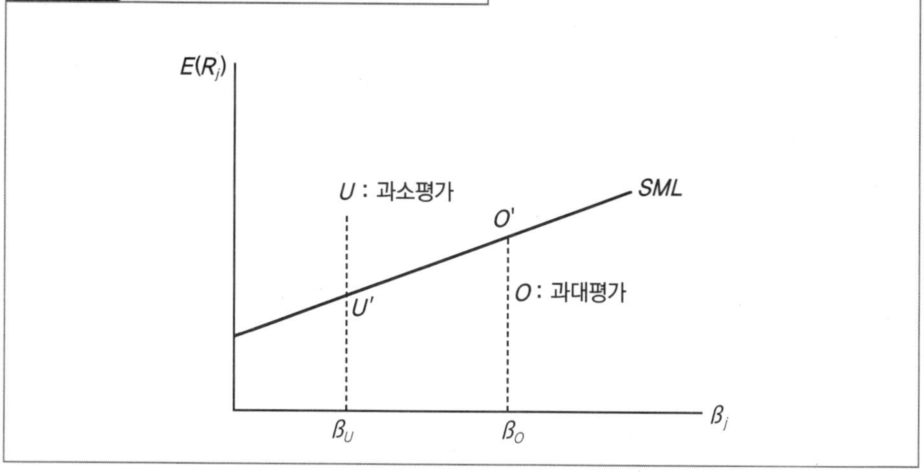

예 5.11 **증권의 과대, 과소 평가**

다음은 주식회사 A의 수익률 (R_j)과 시장수익률 (R_m)에 대한 예상 자료이다. 무위험수익률은 6%이다.

(1) 증권시장선(SML)을 도출하시오.

상황	확률	R_m	R
Ⅰ	0.2	0.20	0.50
Ⅱ	0.3	0.05	0.00
Ⅲ	0.4	0.15	0.20
Ⅳ	0.1	−0.15	−0.30

(2) A주식에 대한 요구수익률을 구하시오.

(3) 주식 A가 과소평가되었는지 혹은 과대평가되었는지를 평가하시오.

풀이

(1) 증권시장선의 도출

$E(R_m) = 0.20(0.2) + 0.05(0.3) + 0.15(0.4) + (-0.15)(0.1) = 0.10$

$\therefore E(R_j) = R_f + [E(R_m) - Rf] \cdot \beta_j = 0.06+[0.10-0.06]\beta_j = 0.06+0.04\beta_j$

(2) A주식에 대한 요구수익률 추정

$\beta_j = \dfrac{\sigma_{im}}{\sigma^2_m}$ 이므로 $E(R_j)$, σ_{jm}, σ^2_m을 구하면

$E(R_j) = 0.15$

$\sigma_{jm} = (0.20-0.10)(0.50-0.15)0.2+(0.05-0.10)(0.00-0.15)0.3$

$+(0.15-0.10)(0.20-0.15)0.4+(-0.15-0.10)(-0.30-0.15)0.1=0.0215$

$\sigma^2_m = (0.20-0.10)^2 0.2+(0.05-0.10)^2 0.3+(0.15-0.10)^2 0.4+(-0.5-1.10)^2 0.1$

$= 0.01$

$\beta_A = \dfrac{\sigma_{im}}{\sigma^2_m} = \dfrac{0.0215}{0.01} = 2.15$

따라서 주식 A 요구수익률은 0.06 + 0.04(2.15) = 0.146이 된다.

(3) 요구수익률 14.6%는 기대수익률 15%보다도 낮으므로 과소평가 되었다.

연습문제

1. 증권시장에 갑, 을, 병 세 명의 투자자가 있다. 주식시장에서는 A, B, C 세 종류의 주식만이 거래되고, 무위험 수익률로 차입과 대출이 가능하며 투자자들은 주식들에 대해서 동질적인 예측을 하고, 시장은 균형 상태에 있다고 가정하자. 갑, 을, 병의 투자금액은 100만원, 40만원, 10만원이며, 다음과 같은 자료 하에서 각 투자자들의 위험자산 투자금액과 각 투자자들의 A, B, C주식 투자금액을 구하시오.

주가 및 발행주식수			투자비율(%)		
주식	주가	발행주식수	투자가	시장포트폴리오	무위험자산
A	10,000원	600만	갑	50	50
B	12,000	1,000만	을	80	20
C	8,000	250만	병	130	-30

2. K증권의 체계적 위험을 측정하기 위하여 이 증권에 대한 월간수익률과 시장수익률에 대한 자료가 30개월의 기간에 걸쳐 수집되었고, 이 자료로부터 다음 항목들이 계산되었다.

$$E(R_k) = 0.0449, \quad \sum_{t=1}^{30}(R_{kt} - E(R_k))^2 = 0.1015$$

$$E(R_m) = 0.066, \quad \sum_{t=1}^{30}(R_{mt\text{-}t} - E(R_m))^2 = 0.1160$$

$$\sum_{t=1}^{30}(R_{kt} - E(R_k))(R_{mt} - E(R_m))^2 = 0.0754$$

(1) 이 기간중 K증권의 베타는?

(2) 증권 K의 총위험을 체계적 위험과 비체계적 위험으로 구분하라.

3. 무위험 자산의 수익률 8%, $E(R_m)$ 20%, 시장포트폴리오 표준편차=10%이다.

(1) SML을 도출하시오.

(2) 아래 사업들의 타당성을 평가하시오.

사업	기대수익률	표준편차	시장수익률과의 상관계수
A	0.05	0.2	-0.5
B	0.2	0.3	0.8
C	0.1	0.1	0.5

4. (주)한국 주가가 향후 주당 100원이 예상된다. 현재 무위험 수익률이 8%, 시장포트폴리오 수익률이 18%, (주)한국 베타가 2이면 (주)한국의 적정 주가는?

5. 시장 포트폴리오의 표준편차가 10%이고 주식 A 수익률과 시장 포트폴리오 수익률 공분산이 0.007이라고 하면 주식 A의 베타는?

6. 시장에 N개의 주식이 존재하며, 이들 각각의 기대수익률과 분산, 공분산이 다음과 같다고 하자.

$E(R_i) = 0.01$	$i = 1, 2, \cdots\cdots, N$	
$\sigma^2(R_i) = 0.02$	$i = 1, 2, \cdots\cdots, N$	
$cov(R_i, R_j) = 0.005$	$i = 1, 2, \cdots\cdots, N$	$j = 1, 2, \cdots\cdots, N$

(1) N개의 증권에 동일하게 투자된 동일가중 포트폴리오의 기대수익률과 분산은?

(2) N이 무한대로 증가한다면, 포트폴리오 분산은 어떻게 되는가?

7. 증권 A와 시장포트폴리오 및 무위험증권 수익률이 다음과 같다.

	호황	보통	불황
확률	1/3	1/3	1/3
시장포폴리오 수익률	20%	15%	-5%
증권A 수익률	25%	20%	-10%
무위험증권 수익률	7%	7%	7%

(1) 자본시장선을 구하시오.

(2) 무위험 증권과 시장포트폴리오에 동일한 금액을 투자시 포트폴리오 기대수익률은?

(3) 증권시장선을 구하시오.

(4) 증권 A의 체계적 위험을 구하시오.

(5) 증권 A의 기대수익률을 구하고 증권 시장 선에 기초한 증권 A의 요구수익률을 계산하시오. 이 증권 가격의 과대, 과소 평가여부를 설명하시오.

8. 두 주식 A와 B의 결합확률분포가 다음과 같다고 하자.

		A의 수익률	
		0.1	0.5
B의 수익률	0.2	0.5	0.0
	0.4	0.0	0.5

(1) $E(R_A)$, $E(R_B)$, σ_A, σ_B, ρ_{AB}를 구하라.

(2) 어떤 투자가가 A와 B를 결합하여 분산이 0.05가 되도록 하기 위해 두 주식에의 투자지분은? 이러한 포트폴리오가 가능한가?

(3) 두 자산이 완전 정(+)의 상관관계가 아니라면 포트폴리오를 구성함으로써 위험을 감소시킬 수 있음을 수학적으로 보여라.

9. $E(R_m) = 0.16$ $\sigma(R_m)=0.2$ $R_f = 0.08$일 경우 다음에 답하시오.

(1) $E(R_j) = 0.12$와 $Cov(R_j, R_m) = 0.01$인 증권의 고평가, 저평가 여부를 설명하시오.

(2) 이 증권의 가격은 균형이 되기 위해서는 얼마만큼 변해야 하는가?

10. *CML*

한국경제연구소에서는 여러 증권들을 분석한 결과 다음과 같은 효율적 포트폴리오를 얻었다. 이 포트폴리오들을 사용하여 투자한다고 할 때 다음 물음에 답하여라.

포트폴리오	기대수익률	표준편차
1	8%	3%
2	10%	6%
3	13%	8%
4	17%	13%
5	20%	18%

(1) 무위험 수익률이 6%라면 어떤 포트폴리오가 가장 좋은가?

(2) 이 연구소에서는 기대수익률이 10%이고 표준 편차가 4%인 투자기회를 찾고 있다. 위의 포트폴리오 중 투자 가능한 것은?

(3) 만약 받아들일 수 있는 표준편차가 12%라면 포트폴리오의 기대수익률은 얼마이며

어떠한 방법으로 이러한 투자기회를 만들 수 있겠는가?

11. 포트폴리오의 기대수익과 분산

두 증권 *K*와 *S*의 수익률이 각각의 시장상태에 따라 다음과 같은 분포를 갖는다고 하자.

확 률	상 태	증권(%)	증권(%)
0.2	매우호황	18	0
0.2	호 황	5	-3
0.2	평상수준	12	15
0.2	불 황	4	12
0.2	매우불황	6	1

(1) 두 증권의 수익률의 평균, 분산 및 공분산을 계산하시오.

(2) 두 증권으로 구성되는 포트폴리오의 투자비율을 다음과 같이 변화시킬 때 각각의 경우에 대한 평균, 분산을 계산하시오.

(단위%)

K증권에의 투자비율	125	100	75	50	25	0	-25
S증권에의 투자비율	-25	0	25	50	75	100	125

(3) 최소분산포트폴리오를 구하고 그 기대수익률과 분산을 계산하시오.

(4) K증권에의 투자비율이 75%인 포트폴리오를 포트폴리오 A, 25%인 포트폴리오를 포트폴리오 B라 할 경우 두 포트폴리오의 공분산은?

(5) 최소분산포트폴리오와 포트폴리오 A 및 포트폴리오 B와의 공분산은?

제6장

파생금융상품

파생상품(derivatives)의 "derivatives"가 "유래하다", "파생하다"라는 단어(derive)에서 시작되었듯이 파생상품의 사전적 정의는 "사물이나 현상이 본체로부터 갈려나와 생긴 것"으로 정의되며, 파생상품은 기업이나 투자자들이 금융(주가, 금리, 환율), 상품 가격 변동에 따른 위험을 합리적으로 관리하기 위해서 위험관리 대상 상품을 기초자산으로 하여 자연발생적으로 출현하였으며 위험회피자와 위험수요자간의 거래를 상품화한 것이다. 파생상품 가격은 위험회피자가 위험회피 대가로 위험수요자에게 지불하는 대가로 볼 수 있다. 파생 상품은 오랜 역사를 가지고 있고 대상도 처음에는 금융이 아닌 실물자산이었으나 1971년 미국의 닉슨 대통령이 달러화의 금 태환을 중단하면서 환율, 금리, 주가의 변동성이 커지고 IT 발달, 파생상품의 표준화, 증권화 등으로 인해서 다양한 형태의 파생상품들이 개발되고 있다. 파생상품은 일반적으로 통화, 금리, 주식, 상품을 기초자산으로 하는 선도(forward), 선물(future), 옵션(option), 스왑(swap)과 이들의 결합 상품인 선물옵션, 캡, 플로어 등으로 구성된다.

국내에서는 한국거래소에서 1996년 KOSPI 200주가지수를 이용한 KOSPI 200 선물, 1997년 KOSPI 200 옵션을 상장하였고 현재는 국채, 금, 달러 등 다양한 파생상품들이 거래되고 있다.

표 6-1 주요 파생금융상품의 종류

	장내거래	장외거래
통화관련	통화선물(currency futures) 통화선물옵션(currency futures options)	선물환(forward exchange) 통화스왑(currency swaps) 통화옵션(currency options)
금리관련	금리선물(interest rate futures) 금리선물옵션(interest rate futures options)	선도금리계약(forward rate agreements) 금리스왑(iterest rate swaps) 금리옵션(interest rate options) 스왑션(swaptions)
주식관련	주식옵션(equity options) 주가지수선물(index futures) 주가지수옵션(index options) 주가지수선물옵션(index futures options)	주식옵션(equity options) 주식스왑(equity swaps)
신용관련	-	신용파산스왑(credit default swaps) 총수익스왑(total return swaps) 신용연계증권(credit linked notes) 합성부채담보부증권(synthetic collateral debt obligation)

출처: 한국의 금융시장, 한국은행

표 6-2 우리나라의 장내파생금융상품 거래

종 목	도입일자	일평균거래(2012년 6월중)	
		계약수	계약금액(억원)[1)]
KOSPI200선물	1996년 5월	298,930	36,626
KOSPI200옵션	1997년 7월	7,967,817	1,353
주식옵션	2002년 1월	0	0
스타지수선물	2005년 11월	0	0
3년 국채선물	1999년 9월	140,212	14,685
5년 국채선물	2003년 8월	-	-
10년 국채선물	2008년 2월	60,815	6,779
미국달러선물	1999년 4월	259,980	3,031
미국달러옵션	1999년 4월	0	0
엔선물	2006년 5월	3,384	50
유로선물	2006년 5월	295	4
금선물	1999년 4월	0	0

주: 1) 선물은 명목원금(계약수×거래가격×거래승수를 곱한 금액)이고, 옵션은 거래계약에 수반하여 지불된 대금(프리미엄)으로 선물과 옵션의 계약금액을 단순 비교할 수 없음.

자료: 한국거래소

표 6-3 국내 금융기관(1)의 장외 파생금융상품 거래 단위: 10억원

	2001	2005	2007	2009	2011
통화관련	942,973	3,415,333	6,522,462	10,082,007	9,675,240
(선물환)	877,229	3,153,274	5,820,252	9,674,318	9,230,897
(통화스왑)	39,616	138,569	376,944	349,466	349,293
(통화옵션)	26,128	123,490	325,266	58,222	95,050
금리관련	78,219	549,206	1,906,995	2,857,512	2,939,224
(선도금리계약)	5,591	48,076	111,864	192,730	20,176
(금리스왑)	71,602	470,661	1,666,957	2,482,202	2,867,166
(금리옵션)	1,026	30,468	128,174	182,579	51,882
주식관련	2	43,983	178,855	181,824	299,759
(주식선도)	–	–	1,922	1,349	2,481
(주식스왑)	–	2,450	16,967	7,977	26,867
(주식옵션)	2	41,533	76,819	99,822	270,411
(주식ELW)	–	–	83,147	72,674	–
신용관련	–	–	2,942	5,377	10,524
(신용부도스왑)	–	–	1,084	5,304	9,232
(총수익스왑)	–	–	1,858	73	1,292

주: 1) 2003년 이후 집계대상으로 은행, 증권회사, 보험회사, 종합금융회사에 은행신탁, 자산운용회사, 신용카드회사, 선물회사를 추가

자료: 금융감독원

1 선도(Forward)거래

선도거래는 계약 당사자 간에 계약 시 합의 한 조건을 미래 일정한 시점에 이행할 것을 사적으로 자유롭게 계약하는 비표준화 된 거래로 주로 외환과 금리가 거래 대상이 된다. 선도거래는 가격과 수량을 결정하는 계약과 동시에 결제가 이루어지는 현물(spot)거래와는 달리, 계약은 현시점에서 이루어지나 결제는 계약 시 쌍방이 합의한

미래의 특정시점에 이루어진다.

선도거래는 해당 상품 가격 변동에 따른 위험을 부분적으로 줄이지만 현재시점에서 예상하지 못한 해당 상품 가격 변동위험을 회피 하지 못하며 계약이 비표준화 되어서 유동성이 부족하고, 거래 불이행 위험이 존재한다.

2 선물(Futures)거래

1) 정의

선물거래는 수백 년 전부터 거래되어 온 선도거래가 표준화, 조직화 과정을 통해 진화한 것으로 선도거래와 같이 미래 일정 시점(만기)에 계약 체결 시 약정한 가격(선물가격)으로 기초자산을 인수도 하기로 하는 예약 거래이며, 선도거래와는 달리 거래 조건이 표준화되어 있고 거래소를 통하여 거래되며 계약 이행 보증을 위하여 일일정산과 증거금제도를 채택하고 있다. 선물거래는 미국 시카고에서 선도시장을 획기적으로 혁신시켜 1848년 세계 최초의 선물거래소인 시카고 상품거래소(CBOT)를 설립하면서 시작되었다. 처음에는 농축산물, 광산물등과 같은 상품 선물이었으나, 1971년 미국 닉슨대통령에 의해서 고정환율제가 변동환율제로 이행되면서 환율, 이자율, 주가의 변동성이 커짐에 따라 금융선물이 등장하여 오늘날에는 전 세계 파생상품의 대부분을 금융선물이 차지하고 있다.

선물은 선도와 달리 만기일 정산 가격인 결제가격이 매일 변하고, 이 가격을 기준으로 손익을 매일 정산하여 증거금에 반영한다.

표 6-4 선도거래와 선물거래 비교

	선도거래	선물거래
1. 시장조직	은행 중심의 전신 · 전화망	조직화된 거래소가 있음
2. 거래조건	표준화 안 됨.	표준화됨
3. 정산	만기에 가서 정산	일일정산
4. 인도여부	99% 이상 실물인도	거의 인도 안 함
5. 증거금	없음	있음

6. 가격폭제한	없음	있음
7. 투자자	실수요자 중심	누구나 참여 가능

표 6-5 선물과 선도거래에 따른 손익 비교 (단위: 만원)

날짜	결제가격	선도1계약 매수	선도1계약 매도	선물1계약 매수	선물1계약 매도
−9	66				
−8	67	0	0	+1	−1
−7	68	0	0	+1	−1
−6	65	0	0	−3	+3
−5	64	0	0	−1	+1
−4	66	0	0	+2	−2
−3	64	0	0	−2	+2
−2	68	0	0	+4	−4
−1	67	0	0	−1	+1
0	68	+2	+2	+1	−1
총 현금흐름		+2	+2	+2	−2

매수포지션(Long position)이란 미래 특정시점에 선물 기초상품을 매입하겠다고 약속하는 것을, 매도포지션(Short position)이란 미래 특정시점에서 선물 기초 상품을 인도하겠다고 약속하는 것을 말한다.

〈표 6-5〉에서 −6일에 결제가격 65만원으로 선물을 매수한 투자자는 만기까지 보유하면 만기일 선물가격 68만원을 65만원으로 정산하므로 3만원의 이익이 실현되고, −5일에 매도하면 −5일 결제가격이 64만원이므로 1만원의 손실을 보게 된다. 일일정산에 의한 손익은 투자자의 증거금에 매일 가감된다.

2) 선물거래 종류

표 6-6 선물거래의 종류

- 선물거래
  - 상품선물거래
    - 농축산물 : 옥수수, 콩, 두유, 밀, 보리, 커피, 코코아, 솜, 오렌지쥬스, 설탕, 쌀, 목재, 소, 돼지
    - 금 속 : 동, 알미늄, 금, 은, 플라티늄
    - 에 너 지 : 원유, 벙커시유, 천연가스, 가솔린, 프로판, CRB지수(농축산물, 금속, 에너지 총합지수)
  - 금융선물거래
    - 금리선물 : 유로달러, T-Bond, T-Note, T-Bill, CD, LIBOR
    - 통화선물 : 영국「파운드」, 캐나다「달러」, 스위스「프랑」, 블란서「프랑크」, 독일「마르크」, 일본「엔」, 미국「달러」 지수, 유럽통화(ECU), 오스트리아「달러」
    - 주가지수 : S&P 500, NYSE지수, Value Line지수, Major market Index, OTC지수, Nikkei지수

표 6-7 우리나라의 주요선물

구 분	코스피200선물	3년국채선물	미국달러선물	금선물
거래대상	코스피200지수	3년만기 국고채권	미국달러	순도99.99%의 금
거래단위	코스피200지수 ×50만원	액면 1억원	US $50,000	1Kg
결제월	3, 6, 9, 12월	3, 6, 9, 12월	최근 연속 3개월 및 3, 6, 9, 12월	당월 포함 연속 2개월 및 2, 4, 6, 8, 10, 12월
최종거래일	결제월의 두 번째 목요일	결제월의 세 번째 화요일	결제월의 세 번째 월요일	최종 결제일의 직전 2거래일
최종결제월	최종 거래일의 다음 거래일	최종 거래일의 다음 거래일	최종 거래일로부터 기산하여 3일째	거래일결제월의 마지막 거래일
거래시간	09:00-15:15 (최종 거래일) 09:00-14:50	09:00-15:15 (최종 거래일) 09:00-11:30	09:00-15:15 (최종 거래일) 09:00-11:30	09:00-15:15 (최종 거래일) 09:00-11:30
최소가격 변동폭	0.05 (=25,000원)	0.01 (=10,000원)	0.10원/s (=5,000원)	10월/g (=10,000원)
최종결제방법	현금결제	현금결제	인수도결제	인수도결제

3) 선물 거래 손익

만기가 T시점인 선물거래 매도자와 매수자 손익은 〈그림 6-1〉에 표시되어 있고 두

당사자 간 손익 합계는 0가 되어 제로섬 게임(Zero sum game)이 된다.

그림 6-1 선물거래 손익

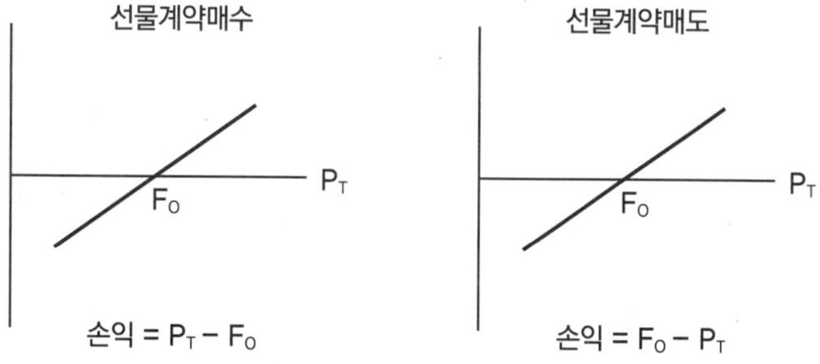

F_0: 0시점 선물가격, P_T: T시점 현물가격

4) 선물거래 특징

선물계약은 선도계약과 달리 아래의 제도적 특징으로 인해 결제불이행위험(default risk)을 줄일 수 있다.

(1) 증거금(margin)제도

증거금이란 선물포지션을 개설할 때 계약 당 반드시 예치해야 하는 금액을 말하는 것으로, 구체적으로는 가격하락 시에는 매수자의 계약위반 가능성으로부터 매도자를 보호하고, 가격상승 시에는 매도자의 계약위반 가능성으로부터 매수자를 보호하는 제도로 거래소가 매매 당사자들로부터 계약과 동시에 계약금액의 일정비율을 납부하도록 하는 보증금이다. 일반거래에서는 계약 금액의이 100%가 있어야 되지만 선물거래에서는 정해진 증거금만 있으면 계약이 성립, 유지되므로 레버리지 효과가 존재한다.

증거금에는 위탁증거금과 매매증거금이 있다.

- **위탁증거금(customer's margin)**

위탁증거금은 개시증거금(initial margin)과 유지증거금(maintenance margin)으로 세분된다. 개시증거금이란 고객이 새로운 선물계약을 매도하거나 매수할 때 매수자 및 매도자 모두가 납부하는 증거금이고, 유지증거금이란 고객이 선물미결제약정을 유지하는데 필요한 최소한의 증거금이다. 선물거래에서는 일일 시장가격변동에 따라 발생하는 손익이 일일정산(daily settlement 혹은 marking to market)되어 해당 손익만큼 고객의 증거금이 변하게 된다. 만일 선물가격이 크게 하락하여 손실금액이 고객의 증거금 초과하게 되면 증거금은 그 기능을 상실하게 된다. 따라서 증거금이 유지증거금 이하로 떨어지게 되면 중개회사는 고객에게 증거금을 개시증거금 수준까지 충당하도록 요구하는데(margin call) 이때 요구되는 자금을 추가증거금(variation margin or additional margin)이라 한다.

- **매매증거금(member's margin)**

매매증거금은 결제회원이 자신 또는 고객의 미결제약정을 성실하게 결제하겠다는 증거로 결제기관(거래소)에 납부하는 것으로 중개회사가 고객으로부터 납입 받은 위탁증거금 중에서 일부를 결제기관에 납부하는 것이 일반적이며, 결제회원이 아닌 중개회사는 결제회원인 중개회사를 통하여 결제기관에 납부하게 된다.

(2) 일일정산(marking to market or resettlement)제도

선물가격변화에 따른 손실을 언제든지 충분히 보전할 수 있는 수준의 증거금이 항상 유지될 수 있도록 확인하는 제도적 장치가 필요한데, 이러한 제도적 장치가 일일정산(marking to market)제도이다. 일일정산을 통하여 고객의 미결제약정을 당일의 최종가격(정산가격: settlement price)으로 재평가하여 선물거래의 손익을 당일 중 고객증거금에 가감함으로써 증거금이 결제이행을 보증할 수 있는 최소한의 수준 이상이 유지되도록 한다.

예 6.1 **증거금, 일일정산**

금 선물 1계약 금 1kg 1,000만 원, 개시증거금 90만원(1,000만 원의 9%), 유지 증거금 60만원(1,000만 원의 6%)이다.
9월 4일 금 선물 1계약을 매수하고 개시증거금 90만 원을 납부하였다.
금선물 가격이 9월 5일 선물가격이 5만 원 상승, 9월 6일 10만 원 하락,
9월 7일 30만 원 하락하면 매수자의 증거금은 다음과 같이 된다.

풀이

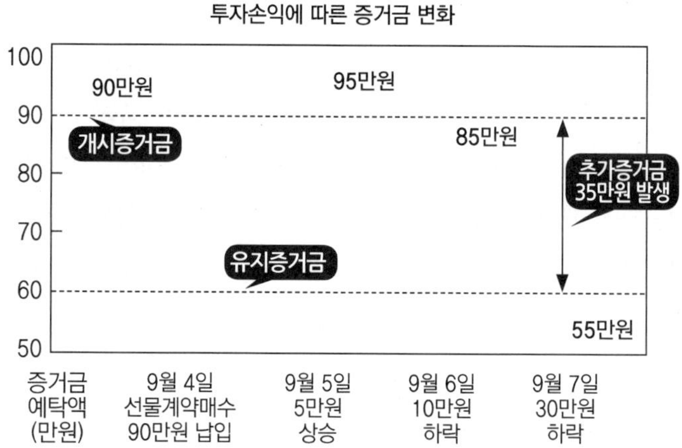

5) 선물 거래 기능

선물 시장은 시장 참가자들에게 헤징 또는 투기적 거래를 할 수 있는 장소를 제공하여 줌으로써 다양한 경제적 기능을 수행한다.

선물 거래는 거래 가격의 불확실성에 대처하여 위험 회피 수단으로 사용될 뿐만 아니라, 수익 및 위험의 조정을 위한 투자 수단으로 이용된다. 이러한 선물거래를 통하여 얻을 수 있는 경제적 효과는 위험 배분 기능, 가격 정보 예시 기능, 비용 절감 기능 등을 들 수 있다.

(1) 위험 배분 기능

선물 거래의 가장 중요한 경제적 기능은 한 개인으로부터 다른 개인에게 위험을 전가시킬 수 있는 수단을 제공, 즉 헤지를 할 수 있다는 것이다. 선물시장에서 헤저들은 현물 시장과는 반대되는 선물 거래 포지션을 취함으로써 현물 가격 변동 위험을 투기적 거래자들에게 전가시킬 수 있게 된다. 여기서 투기적 거래자들은 선물 시장의 유동성 확보에 필수적인 역할을 하며, 헤저들이 원하지 않는 위험을 인수하는 대신에 적절한 보상을 받게 된다. 이러한 위험 전가 과정의 결과 시장 전체의 위험을 감소시키지는 못하지만 재화의 생산자나 중개인, 그리고 안정적 위험 관리를 지향하는 투자자들에게 위험 회피를 가능하게 하여 투자의 유용성을 제고시키게 된다.

(2) 가격 정보 예시 기능

선물 거래는 개인들의 위험 배분 기능을 할 뿐만 아니라, 가격 정보 예시 기능을 한다. 특히 투기적 거래자들에게 있어서 장래 가격에 대한 예측은 그들의 투자 성과를 결정지으므로 선물 시장에서는 현물 시장보다 더욱 치밀하고 정확한 정보 분석이 요구된다. 이렇게 모든 가격 관련 정보가 수집, 분석되는 과정에서 선물 가격은 더욱 효율적이고 균형적인 수준에 이르게 된다. 선물 시장에서 형성된 미래 가격은 상품 시장, 특히 보관 불가능한 상품에 있어서 생산 결정을 용이하게 하므로 효율적인 자원 배분을 유도하며, 1970년대 이후 금융 선물 거래가 도입되면서 가격 예시 기능은 정보의 수집 및 배분이라는 측면에서 더욱 중요한 기능으로 작용하고 있다. 따라서 경제 전체적인 측면에서 현물 시장만 존재하는 것보다는 현물과 선물 시장이 모두 존재함으로써 보다 많은 유용한 정보들이 시장 가격에 반영되어 시장의 효율성이 제고된다.

(3) 비용 절감 기능

위험의 배분 및 가격 정보의 전달은 현물 시장을 통해서도 이루어질 수 있지만 선물을 이용하는 것이 경제적이고 더 효과적이다. 예를 들어서 어떤 투자가가 주가 지수와 비슷한 변화 흐름을 가지는 포트폴리오를 갖고 있는데 주가 지수의 하락 즉, 자기 포트폴리오의 가치 하락을 우려하고 있다고 하자. 이 때 주가 지수 선물이 없을 경우 투자자는 다음의 두 가지 방법으로 위험을 회피 할 수 있다.

첫째, 먼저 포트폴리오를 구성하고 있는 주식들을 지금 팔고 장래 가격 하락이 있은 후 재매입하는 방법 둘째, 주식 공매(short selling)를 하는 방법이 있다. 전자의 경우는 매우 번거롭고 거래 수수료 등의 비용 부담이 크며 후자의 방법은 타인에게 대주를 받아야 하고 이 경우 증거금을 지불해야 하며 대주가 모든 종목에 대하여 가능하지 않다는 제약이 따른다. 그러나 주가 지수 선물 시장이 있는 경우 주가 하락에 대한 위험 회피를 위하여 소규모의 증거금으로 주가 지수 선물을 매입하기만 하면 된다. 이와 같이 선물 시장, 특히 금융 선물 시장이 급격한 성장을 하고 있는 것은 매우 낮은 증거금 수준, 현금 결제 방식 등 제도적으로 거래 비용을 낮출 수 있게 허용함으로써 다른 시장보다 유동성과 효율성이 제고되는데 그 주요한 원인이 있다.

6) 선물 거래의 부정적 파급 영향에 대한 논의

선물 거래는 앞에서 살펴본 바와 같이 위험의 배분, 가격 정보의 예시, 비용의 절감 등 다양한 경제적 기능을 수행한다. 그러나 한편으로는 매우 작은 비용으로 거래에 참여할 수 있다는 점에서 경제 전체에 부정적인 영향을 미칠 수 있다는 우려도 있다. 그러한 시각에 대하여 여기서는 주로 금융 선물 시장에 대한 논란에 초점을 맞추어서 보기로 한다.

(1) 가격 조작 가능성

현물과 선물 시장에서 동시에 대규모 매입 포지션을 취함으로써 가격을 급등하게 만드는 현상 때문에 가격 조작 가능성이 존재하므로 시장 감시, 인수 · 도 결제 시기의 조정 등을 통하여 이러한 현상을 잘 관리 하여야 한다.

(2) 가격 변동 증대 가능성

지난 1987년 10월과 1989년 10월 미국 뉴욕 증권 시장에서의 주가 대폭락 사태가 주가 지수 선물을 이용한 거래에 의하여 가속화되지 않았는가에 대한 논의가 제기되면서 금융 선물 거래의 현물 가격 변동 증대 가능성에 대한 문제가 제기되고 있다.

(3) 실물 자본 형성 축소 가능성

금융 선물 거래가 실물 자본 형성에 나쁜 영향을 미칠지 모른다는 우려가 있다. 즉 자금이 현물 시장에서 선물 시장으로 이동하며, 투자자의 관심이 현물 시장에서 선물 시장으로 지나치게 집중될 수 있다는 것이다.

7) 선물거래 투자 전략

선물 거래의 종류를 그 거래 목적에 따라서 분류하면 헤지 거래, 차익 거래와 스프레드 거래, 투기거래로 대별된다. 본 절에서는 이와 같은 거래들을 차례로 살펴보기로 한다.

(1) 헤지 거래(hedging)

헤지 거래는 선물 거래자가 자신의 실물 포지션에 대해 반대되는 선물 포지션을 취해 기초자산 가격 변동 위험을 헤지 거래자들로부터 투기적 거래자들에게 이전시키는 거래이다. 예를 들어 현물 시장에서 매입 포지션을 갖고 있는 사람이 가격 하락으로 인한 손실을 예상하면 그 현물 상품을 대상으로 하는 선물 계약을 매도하는 것을 말한다. 현물과 선물 시장에서 서로 반대되는 포지션을 취하는 헤지거래를 하면 한쪽 포지션에서의 손실은 다른 쪽 포지션에서의 이익에 의하여 상계되므로 가격 변동으로부터의 위험을 피할 수 있다. 헤지거래에서 손실과 이익이 같은 경우를 완전 헤징(perfect hedging)이라고 한다.

헤지거래에는 매수 헤징(long hedging)과 매도헤징(short hedging)이 있다.

매수 헤징(long hedging)은 장래 일정한 시점에 매입할 상품의 가격 상승에 따른 손실 위험을 회피하기 위하여 그 시점을 만기로 하는 선물을 매수하여 헤지하는 것을 말한다. 매입 헤징은 주로 농산물 수출업자 및 제조 기간이 비교적 장기인 가공업자가 이용한다. 제조업자는 장래에 가격 상승이 염려될 경우 현재 확보하지 못한 원자재의 가격이 미래 원자재 매입 시점에는 현재보다 높아져서 제품 원가에 압박 요인으로 작용할 것으로 예상하여 해당 원자재 선물을 매입해 두면, 원자재 공매 포지션과 선물매수 포지션이 되어서 미래 원자재 구입비용을 사업 계획 당시의 수준으로 고정시킬 수 있게(헤징) 된다.

매도 헤징(short hedging)은 가격 하락으로 손실이 예상될 때 선물 매도를 통하여 헤지하는 것을 말한다. 어떤 상품의 가격이 하락세를 보이고 있을 때 생산자는 장래에 완성될 제품이 현재의 수준보다 낮아져서 손해를 보게 된다. 이 때 생산자는 제품의 출하시기를 만기로 하는 해당 선물 상품을 매도하면 제품 매수포지션과 선물매도 포지션이 되어서 현재의 상품 가격 수준으로 장래 판매 가격을 고정시키는(헤지) 효과를 얻을 수 있다.

이와 같이 선물 거래자는 헤지 거래를 통하여 대상 상품의 가치를 현재의 수준으로 고정시킴으로써 안정적인 사업 및 투자 계획을 수립할 수 있게 되며, 주로 생산자, 무역업자(중간상인), 그리고 포트폴리오 관리자들이 헤지 거래를 이용하고 있다.

헤지 포트폴리오를 이용하여 헤지거래에 대해서 설명해 보자.

S: 현물 1 단위 가격, F: 선물 1 계약 가격, Δt : 헤지기간, ΔF : 선물가격변화, ΔS : 현물가격변화, σ_S : ΔS 의 표준편차, σ_F : ΔF의 표준편차, ρ : ΔS와 ΔF의 상관계수, h : 헤지 비율(현물 1단위당 선물 계약 수)로 정의하면

매도 헤지 포트폴리오(선물 매도, 현물 매입) $S - hF$, 매수 헤지 포트폴리오 $hF - S$의 분산을 구해보자.

헤지 기간 중 매도 헤지 포트폴리오 가치 변화는 $\Delta S - h\Delta F$, 매수 헤지 포트폴리오 가치변화는 $h\Delta F - \Delta S$가 되므로 헤지 포트폴리오 가치 변화의 분산은 다음과 같다.

$$v = \sigma_s^2 + h^2\sigma_F^2 - 2h\rho\sigma_s\sigma_F \tag{6.1}$$

이 분산을 최소화시키는 최적 헤지 비율(h^*)은 다음과 같이 구해진다.

$$\frac{dv}{dh} = 2h\sigma_f^2 - 2\rho\sigma_s\sigma_F = 0 \text{ 에서 } \quad h^* = \rho\frac{\sigma_s}{\sigma_F} \tag{6.2}$$

최적 헤지 비율 식 (6.2)를 포트폴리오가치 변화의 분산 식 (6.1)에 대입하면 $v=(1-\rho^2)\cdot\sigma_s^2$이 되고, 이 분산은 헤지 포트폴리오 가치 변화의 최소분산이 된다.

$\rho = 1$일 때 분산은 0이 되어 현물가격 변동에 따른 헤지 포트폴리오 손익이 0이 되는 완전 헤지 포트폴리오가 되고, $\rho = 0$이면 헤지 효과가 없으며, $0 < \rho < 1$이면 부분 헤지가 된다.

헤지 대상 현물의 크기와 선물 1 계약 크기가 다를 경우
N^* : 최적 선물 계약 수, N_A : 헤지 대상물(현물)의 크기, Q_F : 선물 1 계약 크기
h^* : 최적헤지비율이라 하면 $N^* = \dfrac{h^* \cdot N_A}{Q_F}$ 가 된다.

예 6.2 N_A = 20억원, h^* = 0.5, Q_F = 5억원 이면 N^* = 2 계약이 된다.

이와 같이 헤징을 통하여 상품 가격 변동에 의한 위험을 회피할 수 있지만 현실적

으로 다음과 같은 이유 때문에 완전한 헤징은 불가능하다.

첫째, 과거 자료에 의해서 추정된 헤지 비율이 미래에도 적용되지 않는다.

둘째, 헤지 대상 현물이 선물의 기초자산과 정확히 동일하지 않거나 헤징과 선물의 만기가 일치하지 않는다.

셋째, 헤지 비율과 선물계약수가 일치하지 않는다.

넷째, 헤지 하려고 하는 상품과 선물 상품간의 품질이 똑같지 않은 경우가 많다.

다섯째, 현물 시장과 선물 시장의 지역 간 차이에 의하여 같은 상품의 가격이 다르다.

(2) 차익 거래와 스프레드 거래

차익(arbitrage)거래는 현물 가격과 선물 가격과의 차이를 이용하여 이익을 취하려는 거래다. 차익 거래자는 실제 선물 가격이 예상 선물 가격과 괴리를 나타내어 일정 수준 이상으로 벌어지면 시장에 개입하여 선물 매수(매도)와 현물 매도(매수)를 동시에 행한다. 이러한 차익거래는 과대 · 과소평가된 실제 선물 가격을 정상적인 선물 가격으로 움직이게 하여 준다. 현물을 매도하고 선물을 매수하는 것을 매도 차익 거래(short arbitrage)라고 하며, 현물을 매수하고 선물을 매도하는 것을 매수 차익 거래(long arbitrage)라고 한다.

그림 6-2 매도 및 매수 차익거래 손익

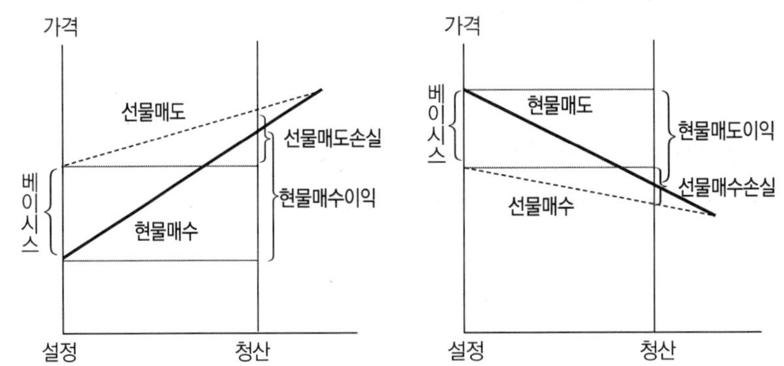

스프레드(spread) 거래란 기초자산이 상이한 선물간에 적용되는 시장간(intra-market) 스프레드, 기초자산은 동일하지만 결제 월이 다른 선물 간에 적용되는 간에 적용되는 시장 내(inter-market) 스프레드가 있다. 시장내 스프레드의 경우 매수(도)는

원월물을 매수(도)하고 근월물을 매도(수)하는 것을 말하며, 선물스프레드 가격은 원월물 선물가격에서 근월물 선물가격을 차감한 값으로 정의된다.

(3) 투기 거래

투기 거래란 현물보유에 관계없이 선물 매수 또는 매도의 포지션 중 어느 한쪽만을 취하여 선물 가격 변동 위험을 감수하고 선물 가격 변동으로부터 이익을 얻으려는 거래를 말한다. 선물 시장에서는 현물거래와는 달리 소액의 증거금으로 거액의 선물 상품을 운용할 수 있어서 레버리지 효과가 크다. 투기 거래는 전체 선물 거래 중 90% 이상을 차지하고 있으며, 헤지 거래자들이 회피하고자 하는 가격 변동 위험을 떠맡고, 시장에 풍부한 유동성을 제공하며, 미래 상품 가격 예측을 통하여 미래가격에 대한 정보를 공급한다.

8) KOSPI 200 선물 투자전략

(1) 헤지거래

투자자 김 씨는 현재 50억 원의 주식을 보유하고 있다. 김씨는 주가가 하락할 것으로 예상하여 보유중인 주식을 매도하는 대신 KOSPI 200선물을 이용해 주가하락으로 인한 손실을 만회하기로 하였다. KOSPI 200선물이 현재 100포인트에 거래되고 있고 보유 주식수익률과 KOSPI 200 선물 수익률 상관 계수가 1, 보유 주식수익률 표준편차와 KOSPI 200 선물수익률 표준편차가 같다고 가정하자.

투자자 김씨는 주식 50억원에 해당하는 KOSPI 200선물 100계약[50억원÷(100포인트×50만)]을 매도하면 헤지 포트폴리오를 구성 할 수 있다.

일정기간 후 주가가 10% 하락한 경우와 10% 상승한 경우로 나눠서 투자손익이 0이 되는 것을 확인해 보자.

• 주가가 10% 하락한 경우

보유중인 주식에서 5억 원의 손실(50억원×10%)이 발생하고, KOSPI 200선물 가격은 90포인트로 떨어지므로 선물거래에서 5억 원의 수익(10포인트×50만원×100계약)을 올릴 수 있다. 이 경우 전체 손익은 0이 되어 주가 하락에 따른 손실이 선물거래로 만회가 되었다.

• 주가가 10% 상승할 경우

보유 주식에서 5억 원의 이익이 생긴다. 그러나 KOSPI 200 선물가격이 110포인트로 상승하여 선물거래에서는 5억원 의 손실이 발생한다. 이 경우에도 전체 손익은 0이다.

이와 같이 헤지거래는 주가의 상승, 하락에 관계없이 손실이 발생하지 않는다는 것을 알 수 있다.

(2) 투기거래

투자자 김씨는 선물가격이 상승할 것으로 예상하여 7억 5,000만원으로 KOSPI 200선물을 매수하기로 하였다. 현재 KOSPI 200 선물가격은 100포인트이고 주가수익률과 KOSPI 200 수익률 상관계수는 1, 주식수익률 표준편차와 KOSPI 200 선물수익률 표준편차가 같고 증거금률이 15%이다.

투자자 김씨는 투기거래를 위하여 7억 5,000만원으로 매수할 수 있는 KOSPI 200 선물 최대 계약인 100계약[7억5,000만원÷(100포인트×50만원×15%)]을 매수하였다.

• 주가가 5% 상승한 경우

KOSPI 200선물 가격은 105포인트가 되어 선물거래로 얻는 이익은 2억 5,000만원(5포인트×50만원×100계약)이 된다. 7억 5,000만원을 투자해 33%의 수익을 얻게 된다. 투자수익률 33%는 증거금률 15%로 인한 레버리지 효과로 인해서 발생한 것이므로 주식 투자시 수익률 5%에 $\frac{1}{\text{증거금률}}$을 곱해도 산출된다.

• 주가가 5% 하락한 경우

KOSPI 200선물 가격은 95포인트가 되어서 선물거래로 입는 손실은 2억 5,000만원이 되어서 투자수익률은 -33%가 된다.

이와 같이 KOSPI 200 선물에 투자하는 것은 주식에 투자하는 것보다 증거금률이 15%로 인해서 손익효과가 $\frac{1}{\text{증거금률}} = \frac{1}{0.15} = 6.7$배 크게 된다.

9) 선물 가격 결정이론: 보유비용모형

보유비용모형은 선물의 대상이 되는 기초자산이 손상 없이 무한정 보관 가능하고 선물가격과 선물가격의 불균형 발생시 차익거래가 발생하여 균형가격이 형성된다는 가정하에 유도된 모형이다.

선물가격은 미래의 현물 가격에 대한 기대치이므로 그 기간 동안의 기초자산 보유비용만큼 현물 가격과 선물 가격 간에 간격이 형성되어야 한다. 따라서 선물 가격은 현물가격에 만기까지의 순 보유 비용을 합한 것이 된다.

선물 가격 = 현물 가격 + 순보유 비용(cost of carry)

순보유비용은 이자 + 현물보관비용(예: 보험료, 창고비등)–현물보관수익(예: 배당 등)으로 정의된다. 기초자산이 투자목적인 경우 보유비용 모형을 적용 할 수 있지만, 소비목적인 경우 기초자산 보유에 따른 편익가치로 인해서 차익거래가 쉽지 않으므로 보유비용 모형 사용 시 이 부분을 수정해서 적용해야 한다.

본 절에서는 KOSPI 200 지수선물과 같은 주가지수 선물가격 결정 모형을 중심으로 설명하고자 한다.

주가지수선물가격은 그 시점에서의 주가지수선물에 대한 수급을 반영하여 가격이 형성된다는 점에서는 현물주식의 경우와 동일하다. 그러나 주가지수선물의 최종거래일에는 선물가격과 현물가격이 일치하므로 선물가격은 현물지수의 수준과 밀접한 관계를 가지면서 움직이게 된다.

주가지수선물의 이론가격은 다음과 같은 산식으로 표시될 수 있다.

$$
\begin{aligned}
\textbf{이론가격} &= \textbf{현물가격+금융비용–배당수입} \\
&= \textbf{현물가격+현물가격}(\text{단기금리–예상배당수익률}) \times \frac{\text{1결제일까지 일수}}{365} \qquad (6.3)
\end{aligned}
$$

배당수입은 주가지수선물 1단위에 해당하는 현물을 보유하였을 경우의 배당금수입을 말하며, 금융비용이란 주가지수선물 1단위에 해당하는 현물을 매입하는데 필요한 자금을 조달하는데 소요되는 금액의 이자로서 Call금리나 CD금리가 주로 사용된다.

식(6.3)에 의하면 단기금리가 예상 배당 수익률을 상회할 경우 이론가격은 현물가격보다도 높게 되고, 반대의 경우에는 이론가격이 현물가격보다 낮게 된다. 그러나, 통상단기금리가 배당 수익률 보다 높기 때문에 주가지수선물가격이 현물가격보다 높은 것이 보통이다. 금융비용에서 배당수입을 차감한 금액을 순보유비용이라고 하는데 이 금액은 결제 일까지의 잔존기간이 길수록 크며, 최종거래일에는 0이 되어 현물가격과 선물가격은 일치한다.

상기의 주가지수선물 이론가격은 다음과 같이 도출될 수 있다.

투자자 "A"와 "B"는 동일한 금액을 투자한다고 가정하자.

투자자 A는 주가지수구성종목과 동일한 현물주식을 매입하고, 투자자 B는 주가지수선물을 매입함과 동시에 투자자 A가 투자한 금액과 동일한 금액을 무 위험자산에 투자한다.(선물의 위탁증거금과 현물 · 선물의 거래비용을 0으로 가정하였음.)

- 투자자 A의 현물주식 매입액 : S
- 투자자 B의 선물매입가격 : F
- 투자자 B의 무위험 자산 투자액 : I(=S)
- 현물주식으로 부터의 배당금수입 : D
- 무위험자산 투자시 이자수입 : R
- 현물주식의 만기시 가격 : S'
- 선물의 최종결제가격 : F'(=S')

이라고 정의 하면

선물의 최종 결제시 투자자 A와 B는 다음과 같은 수익을 얻을 수 있다.

투자자 A의 수익 : $S' + D - S$ (6.4)

투자자 B의 수익 : $F' - F + R$ (6.5)

식(6.4), (6.5) 중에 하나가 더 크다면 투자자들은 수익이 적은 투자방법을 이용하지 않을 것이기 때문에 두식은 반드시 같아야 한다. 따라서 $S'+D-S=F'-F+R$ 이 된다. 주가지수선물거래의 최종 결제일에는 $S'=F'$가 되므로 $D-S=R-F$가 된다. 따라서 $F=S+R-D$ 이다. 따라서 주가지수선물 이론가격은 현물가격에 금융비용을 더하고 배당수입을 차감한 가격이 된다.

10) 베이시스(Basis)

선물 가격과 현물 가격과의 차이를 베이시스(basis)라고 한다. 베이시스는 (현물 가격 - 선물 가격) 또는 (선물 가격 - 현물 가격)로 표시되는데 통상 양수로 표시된다.

일반적으로 베이시스는 선물의 만기가 가까워질수록 작아져서 만기가 되면 선물 가격과 현물 가격이 같아지므로 0이 된다. 그러나 현실적으로 베이시스는 항상 일정한 것이 아니므로 선물 거래에 있어서 베이시스가 변동되는 베이시스 위험(basis risk)이 발생하게 된다. 베이시스 위험은 현물 시장에서의 가격 변동에 비하여 작기 때문에 선물 거래는 현물 가격의 변동 위험을 베이시스 위험으로 대체시키는 것이 된다. 이러한 베이시스는 선물 거래에 있어서 매우 중요한 투자 판단의 기준이 되므로 선물 거래자는 이 베이시스의 움직임을 계속 관찰하여야 한다.

그림 6-3 베이시스의 변화

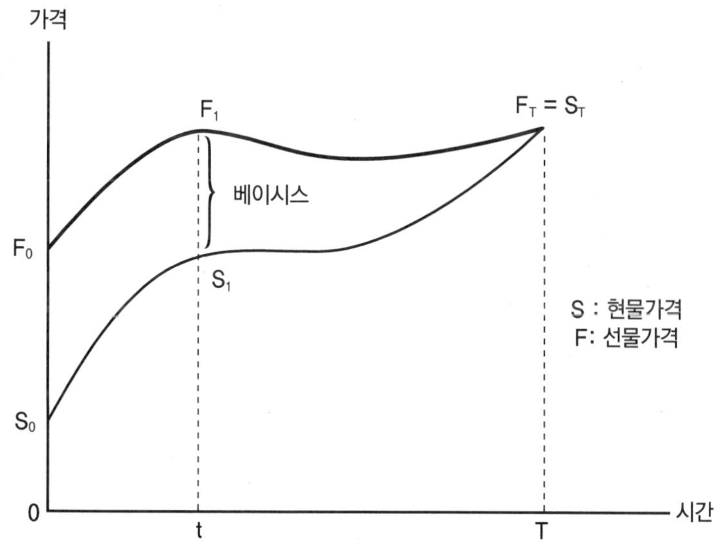

11) KOSPI 200 선물거래

(1) KOSPI 200 선물 시장 기본구조

KOSPI200 선물시장은 3월, 6월, 9월및 12월의 두 번째 목요일을 최종거래일로 하는 4개 결제월물을 거래대상으로 한다. 거래는 계약단위로 하는데 최소 거래단위는 1

계약이고 1계약의 거래금액은 선물가격(약정지수)에 거래단위승수 50만원을 곱한 금액이다.

결제 이행 담보 장치는 기본예탁금과 위탁증거금이 있고, 투자자 보호 장치는 가격제한폭제도와 매매거래중단제도(Circuit Breakers)가 있다. 개별종목의 일중 가격 변동폭은 전일 종가대비 10% 이내로 제한되며, 시장 전체로는 전날 최대거래량을 기록한 종목의 가격이 전일 종가대비 5% 이상 변동하고 이론가격과의 괴리율(=선물가격/이론가격-1)이 3% 이상인 상태가 1분 이상 지속되면 모든 선물거래가 5분간 중간되는 매매거래 중단제도가 발동된다.

(2) KOSPI 200 선물이론 가격

$$\text{이론가격} = \text{KOSPI200현물가격} \times \left[1 + \text{금리} \times \frac{\text{잔존기간}}{365} - \text{배당수익률}\right]$$

3 옵션거래

1) 정의

옵션거래는 특정 대상물(기초자산: underlying asset)을 일정한 가격(행사가격: exercise or strike price)으로 일정한 시점(만기: expiration date) 또는 그 이전에 사거나, 팔 수 있는 권리를 매매하는 거래를 말한다.

옵션은 권리이지 의무가 아니므로 옵션 매수자는 매도자에게 일정한 대가를 계약시점에 지불해야 하는데 이것을 옵션가격(프리미엄)이라 한다.

옵션 매수자는 자신에게 유리한 경우에만 권리를 행사하며, 옵션 매도자는 옵션프리미엄을 받았기 때문에 옵션 매수자가 권리를 행사하면 반드시 응해야 할 의무를 갖는다.

옵션거래는 그리스의 철학자 탈레스가 처음으로 적용했다는 일화가 있었으나 현대적 의미의 옵션거래는 1630년대 네덜란드에서 튤립에 적용하면서 시작되었다. 주식에 대한 옵션거래는 1690년 런던에서 최초로 시작되었고, 조직적인 옵션거래는 1973년 미국 시카고에서 시카고옵션거래소(CBOE)가 우량주 16개를 대상으로 주식 콜옵션을 거래하면서 시작되었다. 이후 1973년 옵션 가격 결정이론이 등장하면서 옵션이론을 실무에 응용하기 시작하면서 급속히 거래가 확산되기 시작하였다. 우리나라의 경우 옵션상품으로 KOSPI 200 주가지수 옵션을 1997년 7월 7일에 처음으로 도입하였다.

표 6-8 옵션거래와 선물거래 차이점

구 분	선물거래	옵션거래
거래대상	대상 자산 자체	대상 자산을 매수 · 매도할 수 있는 권리
권리 · 의무	매수자와 매도자에게 권리 · 의무 동시 부과	매수자는 권리만 매도자는 의무만 부과
증거금 납부	매수자와 매도자 모두 납부	매도자만 납부하고 매수자는 프리미엄 지급
위험부담	매수자와 매도자 모두 무한정 위험	매수자는 프리미엄에 한정, 매도자는 무한정

2) 종류

옵션은 기초자산, 권리행사 형태, 권리행사 가능시기, 거래장소, 표준화 정도에 따라 구분된다. 기초자산은 주식, 주가지수, 채권, 통화, 선물 등이 적용되며, 권리행사 형태는 기초자산을 행사가격에 매수하는 콜옵션, 매도하는 풋옵션이 있다. 권리행사 가능 시기는 만기에만 권리행사가 가능한 유럽형 옵션, 만기 전에도 행사가 가능한 미국형 옵션이 있다. 거래 장소는 정규거래소에서 거래되는 장내옵션, 거래소이외에 장소에서 당사자끼리 거래되는 장외 옵션이 있다. 표준화 정도는 표준화된 특성과 거래조건을 갖는 옵션, 비표준옵션은 옵션 매수자가 옵션을 행사하면 기초자산 가격과 행사가격 차이로 손익이 결정되는 표준옵션과 달리 사전에 정해진 현금이나 기초자산을 받을 수 있는 디지털(digital) 옵션, 옵션의 발행시점부터 만기 시점까지 기초자산 가격 움직임에 따라 수익이 결정되는 경로종속(path-dependent) 옵션, 여러 기초자산 가격에 따라서 수익이 결정되는 복수 자산(multiple assets) 옵션이 있다.

여러 가지 옵션 중 가장 기본적인 권리행사 형태 옵션인 콜옵션, 풋옵션에 대해서 자세히 설명해 보자.

콜 옵션(call option)은 특정자산을 약정된 가격(행사가격)으로 지정된 기간(만기) 내에 일정수량 만큼 매수할 수 있는 권리를 부여한 옵션이다.

콜 옵션 매수자는 콜 옵션 매도자로부터 만기일 이전에 언제든지 옵션 대상물을 옵션 행사가격에 매수할 수 있는 권리를 부여받게 되며 이 권리에 대한 대가 즉, 프리미엄을 지불하고, 콜 옵션 매도자는 프리미엄을 얻는 대신 콜 옵션 매도자가 대상물을 매입하고 할 때에는 언제든지 대상물을 매도해야 할 의무를 지게 된다. 콜 옵션 매입자는 대상물 가격이 향후 행사가격 이상으로 상승 예상하고 콜 옵션 매도자는 대상물 가격이 향후 행사가격 이상으로 상승하지 않을 것으로 예상한다.

풋 옵션(put option)은 특정자산을 약정된 가격으로 지정된 기간 내에 일정 수량만큼 매도할 수 있는 권리를 부여한 옵션이다. 풋 옵션 매수자는 대상물을 매입 할수 있는 권리가 아닌 대상물을 매도할 수 있는 권리를, 풋 옵션 매도자는 대상물을 매입해야 할 의무를 갖는다.

예 6.3 유럽형 콜옵션

현재가격이 10,000원인 한국 주식을 3개월 후에 11,000원(행사가격)으로 살 수 있는 콜 옵션이 30원에 거래되고 있다. 3 개월 후 만기시점에 한국 주식 가격이 12,000원이 되었을 경우 콜 옵션 매수자(purchaser)는 11,000원에 살 수 있는 콜 옵션의 권리를 행사하여 970원(=10,000원-30원)의 이득을 얻을 수 있다. 그러나 한국 주식 가격이 만기시점에 9,500원으로 하락하였을 경우 콜옵션 매수자는 콜 옵션을 행사하면 9500원인 주식을 11,000원으로 매수해야만 하므로 콜옵션 매수자는 콜옵션을 행사하지 않고 옵션의 매수가격인 30원만을 손해 보게 된다.

예 6.4 유럽형 풋옵션

현재가격이 5,000원인 조선 주식을 3 개월 후에 6,000원(행사가격)에 매도 할 수 있는 풋 옵션이 20원에 거래되고 있다. 풋 옵션을 매수한 사람은 3개월 후 만기 시점에 조선 주식의 가격이 4,000원이 되었을 경우 풋 옵션을 행사하여 1980원(=2,000원-20원)의 이득을 얻을 수 있다. 그러나 조선 주식 가격이 만기시점에 6,000원 이상으로 상승하였을 경우 풋 옵션을 행사하지 않고 옵션의 매수가격인 20원만 손해를 보게 된다.

---

3) 콜옵션, 풋옵션의 손익

유럽형 옵션의 만기시 손익을 그림으로 나타내면 다음과 같다.

그림 6-4 유럽형 옵션의 만기시점 손익

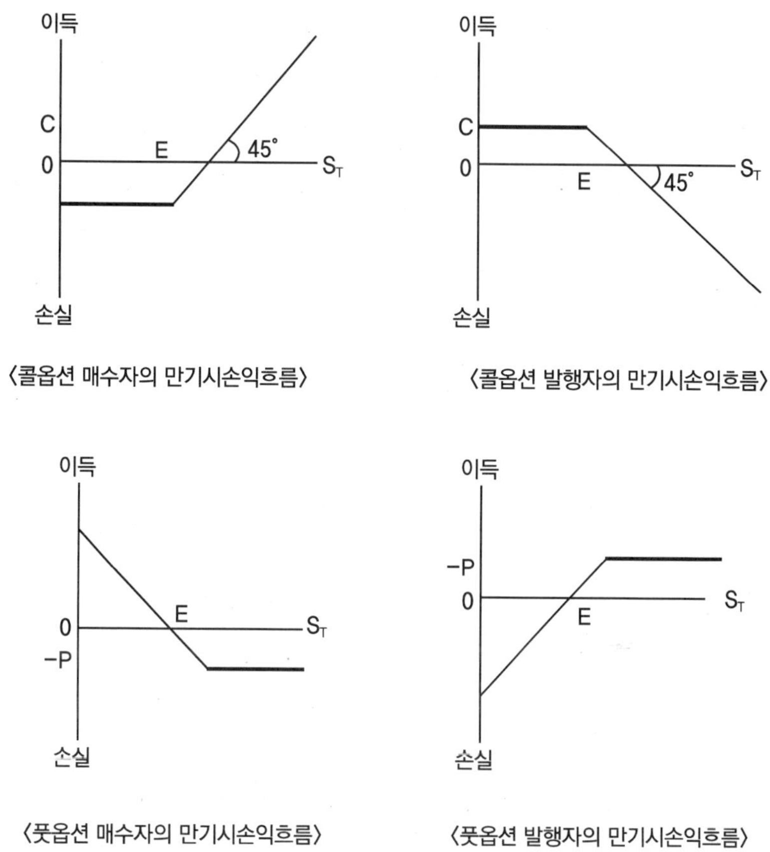

C: 유럽형 콜옵션 가격, P: 유럽형 풋옵션 가격, E: 행사가격, S_T : 만기시 주가

옵션 매수자와 매도자의 손익의 합은 주가에 관계없이 항상 0이 된다.

4) KOSPI 200 옵션

한국거래소에서 거래되고 있는 KOSPI 200 옵션의 기본구조, 결제이행담보 장치, 투자자 보호 장치는 다음과 같다.

(1) 기본구조

KOSPI 200 옵션시장은 최근 연속 3개월 및 3, 6, 9, 12월 이내의 4개 결제물을 대상으로 거래가 이루어진다. 예를 들어 2012년 10월 8일인 경우 최근 연속 3개월 물인 10월물, 11월물, 12월물 및 2013년 3월 물이 거래된다. 각 결제 월 물의 최종거래일은 두 번째 목요일이고 최종거래일의 다음날 새로운 결제 월 물이 상장된다. 거래개시일의 결제월별 행사가격 최초설정은 연속 3 개월 물의 경우 등 가격 1개, 내 가격 6개, 외 가격 6개 총 13개로 구성된다. 다만 새로이 거래가 시작되는 원 원물(3월물, 6월물, 9월물, 12월물)의 경우에는 상장 후 3개월까지는 등 가격 1개, 내 가격 3개, 외 가격 3개만 설정된다. KOSPI 200 옵션의 거래단위는 계약이며 1 계약의 거래금액은 포인트로 표시되는 옵션가격에 50만원(거래승수)을 곱하여 구한다.

(2) 결제이행담보장치 및 투자자 보호 장치

KOSPI 200 옵션시장에서는 결제이행을 위한 담보로서 KOSPI 200 선물시장과 동일하게 기본예탁금, 위탁증거금제도를 운영하고 있다.

주문할 때 요구되는 주문증거금은 신규주문위탁증거금, 옵션주문위탁증거금, 옵션가격증거금, 옵션가격변동증거금 및 장중 옵션순매수금액으로 구성된다. 신규주문위탁증거금은 옵션 매수의 경우 프리미엄, 옵션매도의 경우 계약 당 5만원을 하한으로 하여 KOSPI 200 전일 종가의 15% 변동 시 최대이론가격에서 옵션 전일 종가를 차감한 수치에 50만원을 곱한 금액이 된다.

투자자 보호 장치는 가격 변동 폭을 전일 KOSPI 200종가의 15% 변동시의 이론가격 이내로 제한하는 한편 KOSPI 200 선물시장에서 매매거래중단제도가 발동되면 KOSPI 200 옵션거래도 자동적으로 중단되는 장치가 있다.

5) 특징

(1) 이득 획득 기회와 손실 위험의 분리로 인한 비대칭적 수익 구조

옵션은 미래의 무한한 기초자산 가격 변동 위험에 대하여 일정액의 대가(옵션가격)를 지불하는 대신 기초자산 가격 변화에 따른 손실위험을 옵션가격에만 한정시키며 가격변화에 따른 이득은 전부 향유한다. 이와 같은 수익구조로 인해서 옵션은 수익구조가 비대칭이며, 선물과 달리 완전 헤지가 불가능하다.

(2) 다양한 투자 전략 제공

주식과 같은 투자 대상물에 대한 직접투자만으로는 불가능한 투자전략을 옵션과 결합함으로써 가능하게 된다, 따라서 옵션을 이용하여 투자자들은 가격 변화에 대한 예상 또는 자신의 자금사정이나 기타 투자목적에 적합한 투자전략을 선택 할 수 있다.

(3) 저렴한 투자비용으로 인한 레버리지 기능

옵션 거래비용은 매입자의 경우 옵션 프리미엄에만 국한하게 되어 저렴한 투자비용으로 투자가 가능하게 되고, 선물보다도 레버리지 효과가 더 크게 된다.

예 6.5 금 콜옵션 가격이 계약 당 10만 원, 금 선물, 금 옵션의 거래단위승수가 50만 원, 금 선물의 증거금률이 10%, 금 현물 1kg가 1,000만 원일 경우, 1 개월 뒤 금 가격이 1,050만 원일 때와 950만 원일 때, 1,000만 원으로 현물을 매수 한 투자자, 금 선물을 매수한 투자자, 금 옵션을 매수한 투자자의 손익과 수익률을 산출해보자.

풀이

투자구분	금가격 1,050만 원으로 상승		금가격 950만 원으로 하락	
	수익금	수익률	수익금	수익률
현물	50만 원	5%	−50만 원	−5%
선물	500만 원 (50만 원×10 계약)	50% (50만 원×10만 원)	−500만 원	−50%
옵션	4,000만 원 (50만 원×100 계약−1,000만 원)	400%	−1,000만 원 (10만원×100계약)	−100%

이와 같이 레버리지 효과는 현물투자에는 없고, 옵션과 선물투자에는 존재하나 옵션투자가 선물투자보다 크다.

---

6) 옵션 투자전략

옵션을 이용한 투자 전략 유형은 일반적으로 순수포지션(uncovered), 헤지(hedge), 스프레드(spread), 결합(combination)의 4가지 전략으로 나뉘며, 이들 전략의 특성을 살펴보기로 한다.

(1) 순수(Uncovered) 포지션

순수포지션이란 한 가지의 증권, 즉 주식이나 옵션만을 사거나(long), 파는(short) 포지션을 말한다. 순수포지션은 6가지이며 이들을 옵션 만기 시 주식 가격 (S_T)에 따른 손익 흐름을 그림으로 나타내면 다음과 같다.

그림 6-5 순수 포지션의 손익 흐름

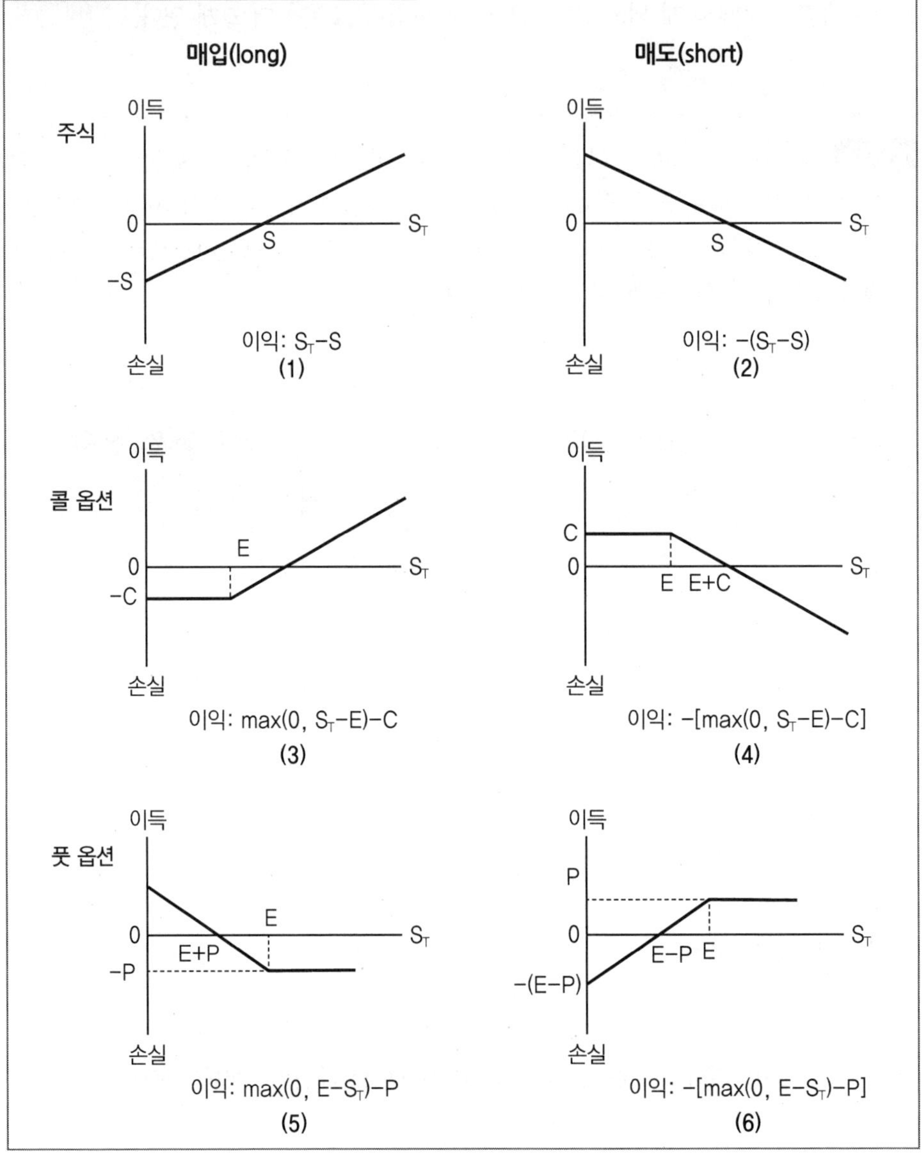

옵션의 4가지 전략 중 나머지 전략 즉 헤지, 스프레드, 결합은 위의 6가지 기본적인 순수 전략을 복합시킨 방비(covered) 포지션 전략이다.

(2) 헤지(hedge) 포지션

헤지 포지션은 옵션과 대상 주식을 결합시켜 주식이 옵션의 손해를 상쇄시키거나 옵션이 주식의 손해를 상쇄시키도록 하는 전략이다. 주식을 보유하면서 콜 옵션을 매도하거나 풋 옵션을 매입하는 전략 또는 주식을 공매한 상태에서 콜 옵션을 매입하거나 풋 옵션을 매도하는 전략 즉 역 헤지(reverse hedge) 포지션이 있다. 한 주식 당 매입하거나 매도하는 옵션의 수를 하나가 아닌 둘 이상의 비율로 결합시키는 전략도 있다. 가장 보편적인 헤지 포지션은 주식을 보유하면서 대상 콜 옵션을 발행하는 방비(covered) 콜 전략이다. 이러한 헤지 포지션을 그림으로 나타내면 다음과 같다.

그림 6-6 헤지 포지션의 손익 흐름

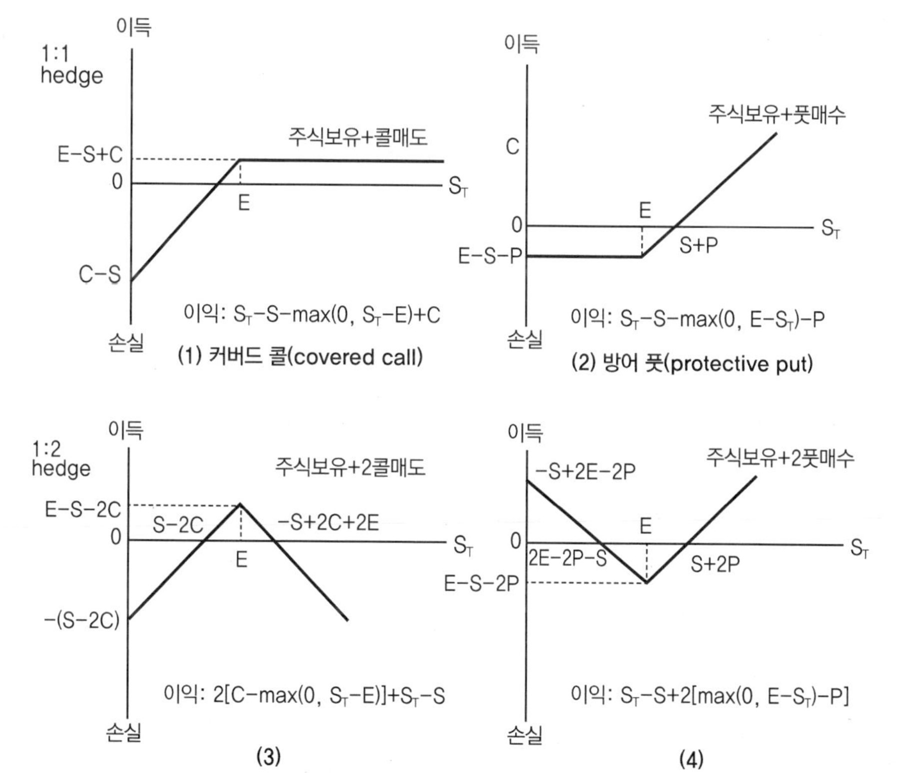

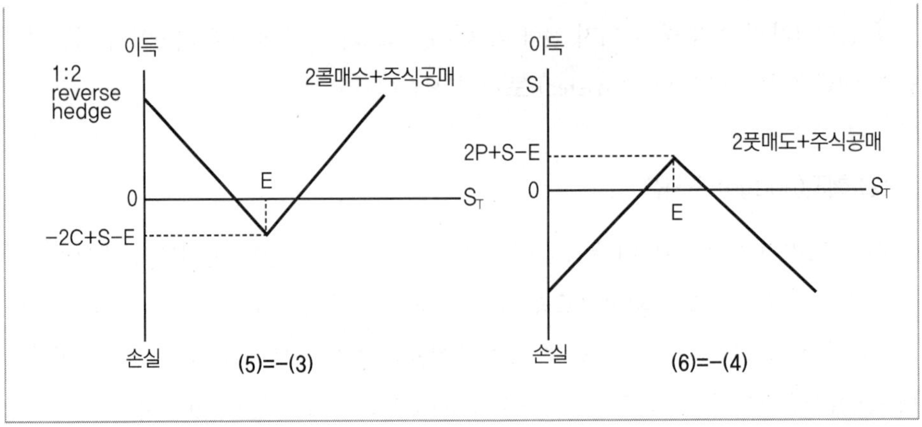

헤지 포지션 전략 중 1:1 헤지란 한 주식 당 한 옵션을 매입하거나 매도하는 것이 아니라 일반적으로 옵션 한 계약은 대상 주식 10주를 한 단위로 하기 때문에 보유주식 10주당 하나의 옵션을 매입 또는 매도하는 전략을 의미한다.

1:2 헤지 또는 2:1 역헤지(reserve hedge)는 삼각형의 손익 흐름을 나타내며 대형 사건의 유무와 관련이 있다. 예를 들어 많은 자본을 투자한 유전 개발 사업을 진행 중인 석유회사의 주식은 유전 개발 사업 종료 시 그 사업의 성공여부에 따라 그 회사의 주식은 큰 폭의 상승 혹은 하락을 예상할 수 있다. 이러한 주식 투자에 대해서 사용하는 전략이 바로 (4)와 (5) 전략이다. 이와 달리 특이한 사건이 일어나지 않을 것으로 예상되는 기업의 주식 투자에는 (3)과 (6)의 전략이 이용된다.

(3) 스프레드(spread) 포지션

스프레드 포지션은 대상 주식은 동일하나 만기일이나 행사 가격이 서로 다른 옵션을 매입하거나 발행하여 결합시키는 전략이다. 수직스프레드(vertical spread)는 행사 가격이 다른 옵션끼리의 결합을, 수평스프레드(horizontal spread)는 만기일이 다른 옵션끼리의 결합을, 대각선스프레드(diagonal spread)는 만기일과 행사 가격이 모두 다른 옵션끼리의 결합을 통해 얻어진다. 수직스프레드의 경우 상승 장세시 행사 가격이 낮은 옵션을 매수하고 행사 가격이 높은 옵션을 발행하게 되고, 수평스프레드에서는 만기가 긴 옵션을 매수하고 만기가 짧은 옵션을 발행하게 된다. 대각선스프레드에서는 발행하는 옵션의 행사 가격보다 낮은 행사 가격, 만기일보다 긴 만기일을 가진 옵션을 매수하게 된다. 하락 장세시 매수와 매도를 반대로 하면 된다. 나비형(butterfly) 스프레드는 하락 장세 스프레드와 상승 장세 스프레드를 결합한 형태로 행사 가격이나 만기일이 중간인 옵션을 발행(매입)하고 다른 두 옵션을 매입(발행)함으로써 형성된다.

수직스프레드의 경우 만기 시 주가(St)에 따른 손익 흐름은 아래의 그림과 같다.

그림 6-7 수직 스프레드 포지션의 손익 흐름

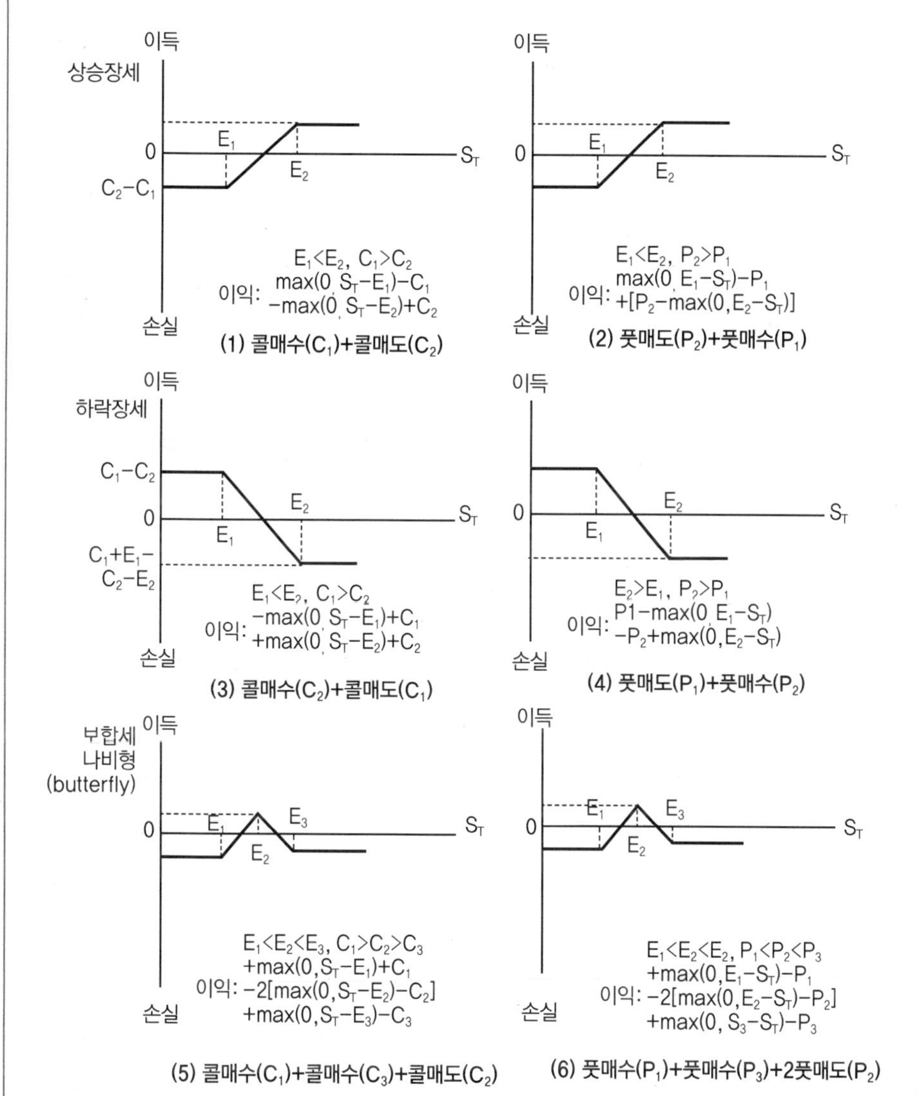

4) 결합(Combination)포지션

결합포지션은 동일한 대상 주식에 대해 콜과 풋 옵션을 동시에 발행하거나 매입하는 전략이다. 보편적인 결합전략은 동일한 행사 가격과 동일한 만기일을 갖는 콜과 풋 옵션을 결합시킨 스트레들(straddle)이다. 또한 이들의 결합 비율을 달리한 스트랩(strap)과 스트립(strip)이 있으며 행사 가격이 서로 다른 콜과 풋 옵션을 결합시킨 스트랭 글이 있다. 이들을 만기시 주가(S_T)에 따른 손익 흐름을 나타내면 아래의 그림과 같다.

그림 6-8 결합(combination) 포지션의 손익 흐름

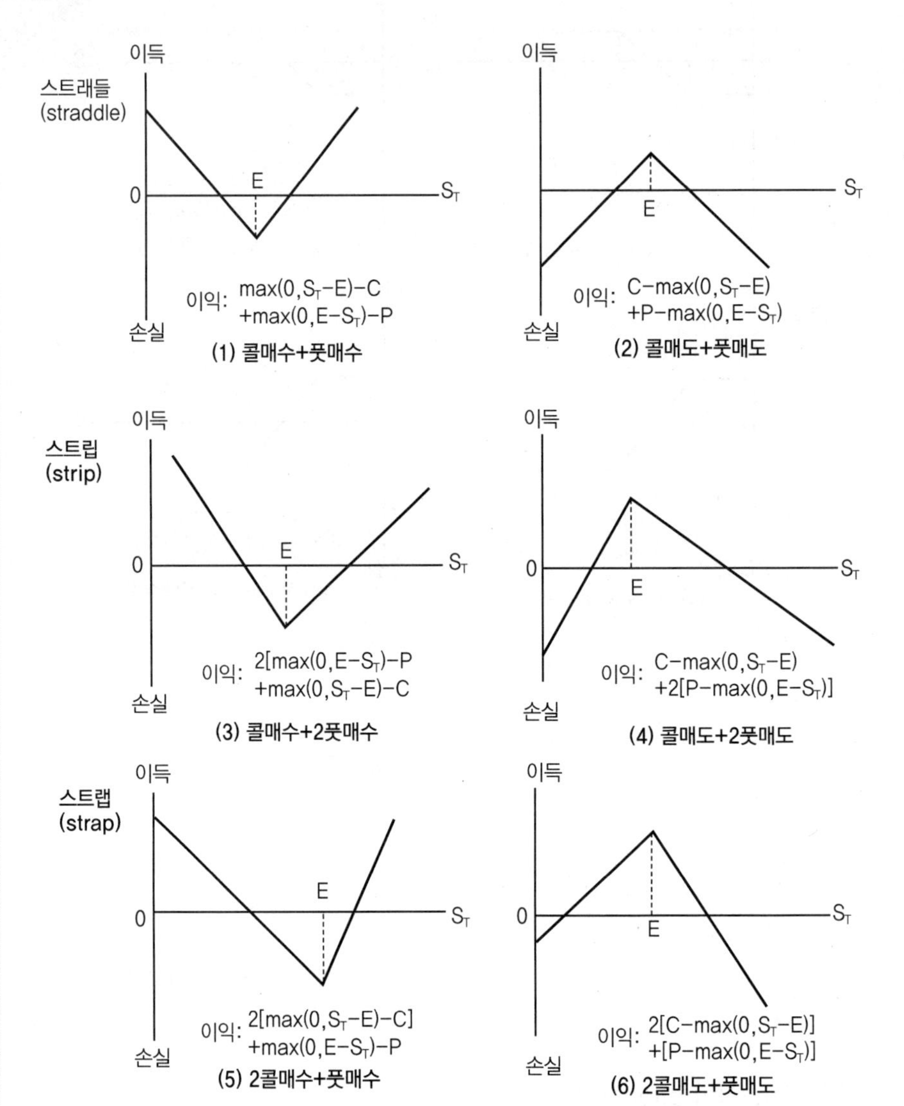

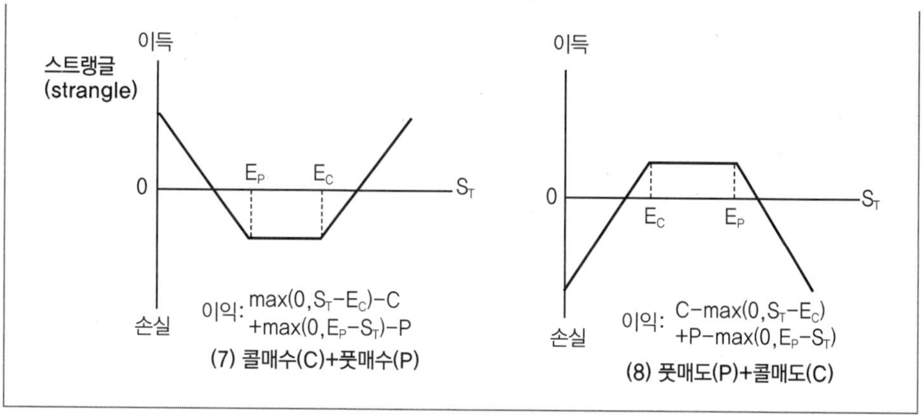

(5) 풋 – 콜 패리티(put-call pairty)

차익 거래 기회가 존재하지 않는 정상 시장과 무배당 유럽형 옵션을 가정하면 풋 옵션과 콜 옵션의 가격 간에는 일정한 관계가 성립하게 되는데, 이러한 관계를 아래와 같은 식으로 표시한 것을 풋–콜 패리티라 한다.

$$S+P-C=\frac{E}{1+r_1} \tag{6.6}$$

S : 현재주가, P: 풋옵션 가격, C: 콜옵션 가격, E: 행사가격,
r_1: 만기까지 무위험수익률

식 (6.6)이 성립하지 않을 때 차익거래 기회가 발생하게 된다.

$S+P-C<\frac{E}{1+r_1}$ 일 경우 즉, $(S+P-C)(1+r_1)<E$ 이라면 은행에서 $S+P-C$ 만큼의 금액을 차입하여 포트폴리오에 투자하면 만기 시에는 E 만큼을 회수하고 은행에는 원리금 합계$(S+P-C)(1+r_1)$을 상환하여 $E-(S+P-C)(1+r_1)>0$ 의 금액을 어떤 위험도 감수하지 않고 이득으로 얻을 수 있게 된다.

부등호가 반대인 경우는 $S+P-C$ 만큼의 포트폴리오를 매도 후 이 금액을 은행에 이율로 예금을 하면 만기에 원리금 $(S+P-C)(1+r_1)$을 받고 포트폴리오 매수자에게 E를 상환하면 $(S+P-C)(1+r_1)-E>0$ 의 이득이 차익거래로 인해서 발생한다.

7) 옵션가격 결정이론

옵션의 가치는 현재 시점에서 권리 행사시 얻을 수 있는 이득금액인 내재가치와 미

래시점에서 권리 행사시 초과 이득 가능성인 시간가치 합이 된다.

(1) 내재가치(parity value)

내재가치는 옵션을 지금 즉시 행사할 경우 실현 가능한 가치를 말하며, 대상물 행사가격과 현재 가격과의 차이로 아래와 같이 표시되며 내 가격, 등 가격, 외 가격으로 구분된다.

$$\text{콜옵션의 내재가치} = \mathrm{MAX(O,\ I-E)} \quad (6.7)$$

$$\text{풋옵션의 내재가치} = \mathrm{MAX(O,\ E-I)} \quad (6.8)$$

I : 대상물 현재가격, E : 대상물 행사가격

내가격 (in-the-money)	콜	대상물현재가격 > 매입행사가격
	풋	대상물현재가격 < 매도행사가격
등가격 (at-the-money)	콜	대상물현재가격 = 매입행사가격
	풋	대상물현재가격 = 매도행사가격
외가격 (out-of-the-money)	콜	대상물현재가격 < 매입행사가격
	풋	대상물현재가격 > 매도행사가격

(2) 시간가치(premium over parity)

시간가치는 내재가치를 초과하는 부분으로, 대상물의 현재 내재가치보다 미래에 더 큰 이득을 실현할 가능성에 대한 대가로서 만기가 가까울수록 줄어들고 만기 시에는 0이 된다.

$$\text{콜 옵션의 시간 가치} = C - MAX(O, I-E) \quad (6.9)$$

$$\text{풋 옵션의 시간 가치} = P - MAX(O, E-I) \quad (6.10)$$

C : 콜 옵션 가격 P : 풋 옵션 가격

그림 6-9 만기별 옵션가치

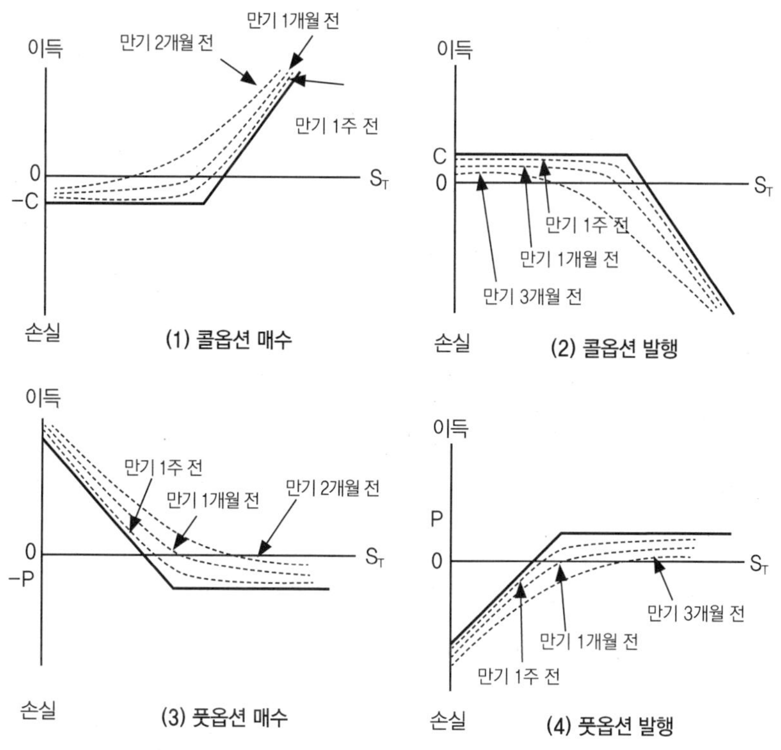

(3) 가격결정요인

옵션 가격은 위험에 대한 프리미엄으로서 위험의 종류나 정도에 따라 그 크기가 결정되나 일정한 범위를 벗어날 수는 없다. 옵션 가격에 직·간접적으로 영향을 미치는 요인들은 무수히 많다. 이러한 요인들 중 주식 옵션에 직접적인 영향을 미치는 요인들은 현재 주가, 주가 수익률 변동폭, 만기까지 남은 기간, 무위험 이자율, 행사가격, 배당 등 6가지를 들 수 있다. 다른 모든 요인들은 모두 동일한 상태이고 해당 요인만이 서로 다른 두 개의 옵션이 존재한다고 가정하여 이들 요인들이 옵션가격에 미치는 영향을 살펴보자.

- **현재 주가(S)**

콜 옵션의 경우 현재 주가가 행사 가격보다 클수록 현재 주가보다 낮은 행사 가격으로 매수권리를 행사 할 수 있으므로 옵션의 가격은 커진다. 풋 옵션은 콜옵션과 반대로 행사 가격이 현재 주가보다 클수록 높은 가격에 매도권리를 행사 할 수 있기 때문에 풋 옵션의 가격은 높아지게 된다.

• **주가 수익률 변동 폭(σ)**

옵션 손실은 옵션 프리미엄에 한정되지만 수익률 변동 폭 전부를 이득으로 얻을 수 있기 때문에 예상되는 주가 수익률 변동 폭이 클수록 옵션의 가치는 올라간다.

• **만기까지 남은 기간(T)**

옵션은 만기까지 남은 기간이 줄면 줄수록 옵션 보유자에게 유리한 상황이 발생할 가능성이 작아지기 때문이 가치는 낮아지게 된다. 그러나 유럽형 옵션은 만기 전에 배당이 존재하면 배당으로 인해서 만기와 옵션 가격간의 관계는 불투명해진다. 유럽형 콜옵션의 경우 만기 전에 배당이 존재하면 배당시점 이전에 만기가 되는 옵션가격이 배당시점 이후에 만기가 되는 옵션 가격보다 크게 된다. 유럽형 풋옵션의 경우 주가가 매우 낮은 경우 잔존만기가 길다고 해서 옵션가격이 상승하지는 않는다.

• **무위험이자율(r)**

콜 옵션을 매수하는 투자자는 주식을 현재 시점에서 매입하는 대신에 미래에 매입할 수 있는 권리를 확보하는 것이다. 따라서 이자율이 올라가면 매입 대금 지불을 미래로 연기시킬 수 있는 콜 옵션의 가치는 상승할 것이다. 풋 옵션의 경우는 콜옵션과 반대로 주식 매도를 미래로 연기시킴에 따라 매도 대금 회수가 지연되므로 이자율이 상승하면 풋 옵션의 가치는 하락할 것이다.

• **행사가격(E)**

행가가격이 낮을수록 콜옵션 가격은 상승하나, 풋옵션가격은 하락한다.

• **배당(D)**

배당을 지급하면 주가가 하락하므로 콜옵션 가격은 하락, 풋옵션가격은 상승한다.

표 6-9 옵션 가격과 가격결정요인 관계

변 수	콜 옵션 가격	풋 옵션 가격
현재 주가(S)	상승	하락
주가의 변동폭(σ)	상승	상승
만기까지 남은 기간(T)	상승*	상승**
시장 이자율(rf)	상승	하락
행사가격(E)	하락	상승
배당(D)	하락	상승

* 유럽형 옵션의 경우 잔존 만기와 가격과의 관계는 배당이 존재하면 불투명해진다.
** 유럽형 풋옵션의 경우 주가가 매우 낮은 경우 잔존만기가 길다고 옵션가격이 상승하지는 않는다.

〈옵션의 가격 형성 가능 영역〉

콜옵션과 풋옵션의 가격 형성 가능 영역은 다음과 같다.

그림 6-10 콜옵션의 가격 형성 가능 영역

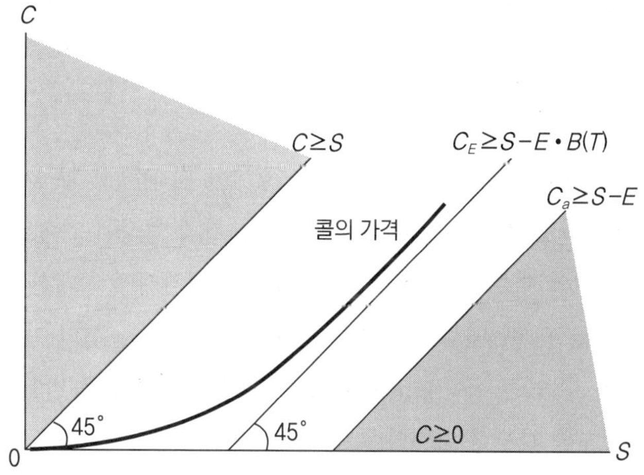

위 그림에서 빗줄 친 사선 부분을 제외한 영역이 콜 옵션의 가격 형성 가능 영역이다.

B(T): 만기시 1원을 받는 할인 채권의 잔존만기 T 시점 가격 (B(0) =1)

그림 6-11 풋옵션의 가격 형성 가능 영역

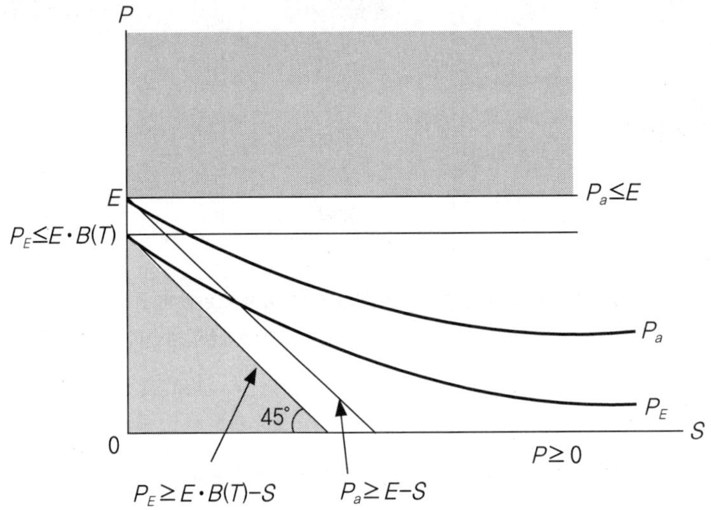

위 그림에서 빗줄 친 사선 부분을 제외한 영역이 풋 옵션의 가격 형성 가능 영역이다.

(4) 옵션 가격 결정 모형(option pricing model)

가장 대표적인 옵션 가격 결정 모형으로는 1973년 F. Black 과 M. Scholes가 제시한 Black-Scholes 모형을 들 수 있다. 이 모형은 가격 형성이 연속적으로 이루어진다는 가정 하에 옵션의 이론 가격을 산출함으로써 옵션거래에 지대한 영향을 끼쳤다. 이후 1979년 J. Cox, S. Ross, 그리고 M. Rubinstein 등은 옵션의 가격 산출을 보다 직관적으로 살펴볼 수 있는 이항(Binomial) 옵션 가격 결정 모형을 발표하였다. 여기서는 이들 모형들에 대한 간단한 소개와 함께 옵션의 가치 평가 수단으로 어떻게 이용되고 있는가에 대해서 살펴보고자 한다.

• 이항 옵션 가격 결정 모형

이항 옵션 가격 결정 모형은 자본시장은 완전하고 경쟁적이며, 주식과 같은 기초증권의 가격은 매 기간마다 상승과 하락 두 가지뿐이라는 가정 하에 다음과 같은 식을 유도하였다.

첫째, 단일기간 모형

주가 변화와 옵션 현금흐름은 다음과 같다.

〈주가 변화〉

$$S \begin{cases} uS \\ dS \end{cases}$$

u: 주가 상승률, d: 주가 하락률

〈콜옵션 현금흐름〉

$$S \begin{cases} Cu = max[0, uS-E] \\ Cd = max[0, dS-E] \end{cases}$$

$u>r>d$, E: 행사가격, r: 무위험 수익률

〈풋옵션 현금흐름〉

$$P \begin{cases} Pu = max[0, E-uS] \\ Pd = max[0, E-dS] \end{cases}$$

이 경우 이항 옵션가격 결정가격 모형은 다음과 같다.

$$\text{콜 옵션 가격: } C = \frac{pCu+(1-p)Cd}{r} \tag{6.11}$$

$$\text{풋 옵션 가격: } P = \frac{pPu+(1-p)Pd}{r} \tag{6.12}$$

$$p = \frac{r-d}{u-d} \quad d < r < u$$

예 6.6 주가 변화가 다음과 같고 무위험 수익률이 20%, 콜옵션 행사가격 110원, 풋옵션 행사가격 105일 경우 콜옵션과 풋옵션 가격을 구하시오,

S_0		S_1	콜	풋
	100	130	20	0
		90	0	15

풀이

$p = \frac{r-d}{u-d} = \frac{1.2-0.9}{1.3-0.9} = \frac{3}{4}$ $Cu=20,\ Cd=0,\ Pu=0,\ Pd=15$

콜가격 $\frac{1}{1.2} \times 20 \times 0.75 = 12.5$

풋가격 $\frac{1}{1.2} \times 15 \times 0.25 = 3.125$

둘째, 2기간 모델(n=2)

2기간 주가 변화와 변화에 따른 옵션 현금흐름은 다음과 같다.

〈기초자산 변화〉

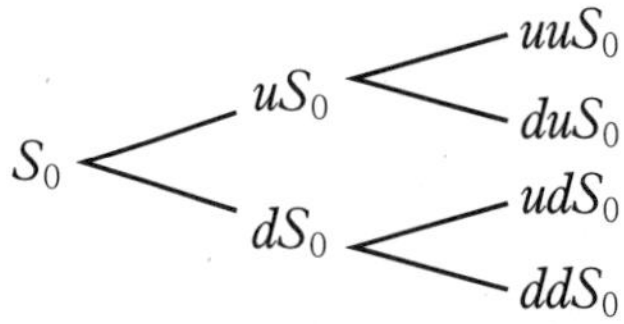

무배당 유럽형 콜옵션 현금흐름 변화와 가격 결정모형은 다음과 같다.

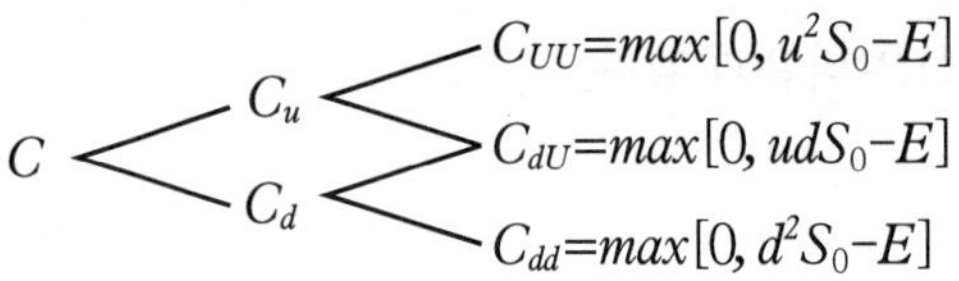

$$C_U = \frac{1}{r}[pC_{UU}+(1-p)C_{Ud}], \quad \mathrm{Cd} = \frac{1}{r}[pC_{dU}+(1-p)C_{dd}]$$

$$C_U = \frac{1}{r}[pC_U+(1-p)C_d] = \frac{1}{r^2}[p^2C_{UU}+2p(1-p]C_{Up}+(1+p)^2C_{dd}$$

$$= [p2 \cdot max[0, u^2S-K]+2p(1-p)max[0, duS-K]+(1-p)^2max[0, d^2S-K]/r^2 \quad (6.13)$$

무배당 유럽형 풋 옵션도 같은 방법으로 다음과 같이 도출된다.

$$P_U = \frac{p \cdot Puu+(1-p)Pud}{r}, \quad Pd = \frac{p \cdot Pdu+(1-p)Pdd}{r}$$

$$P = \frac{p \cdot Pu+(1-p)Pd}{r} \quad (6.14)$$

예 6.7 2 기간 주가가 아래와 같고 $S_0 = 80$, $r = 1.10$, $E = 70$ 일 때 무배당 유럽형 콜옵션, 풋옵션 가격을 구하시오.

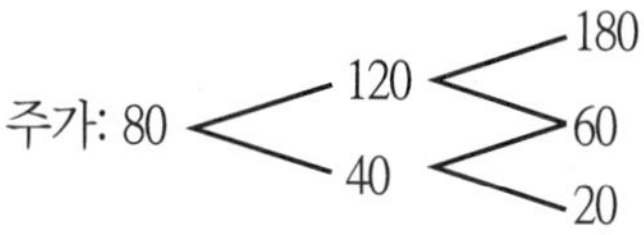

u=1.5, d=0.5

풀이

콜옵션 가격은 다음과 같다.

$Cud = Cud = 0,\ Cuu = 110,\ Cdd = 0,\ Cd = 0$

$$p = \frac{r-d}{u-d} = \frac{1.1-0.5}{1.5-0.5} = 0.6$$

$$C_u = \frac{(0.6)(110)+(0.4)(0)}{1.10} = 60$$

$$C_0 = \frac{(0.6)(110)+(0.4)(0)}{1.10} = 32.73$$

풋옵션 가격은 다음과 같다.

$Puu = 0,\ Pdd = 50,\ \ Pdu = Pud = 10$

$$Pu = \frac{0.6\times 0+0.4\times 10}{1.1} = 3.64,\ \ Pu = \frac{0.6\times 10+0.4\times 50}{1.1} = 23.64$$

$$P = \frac{0.6\times 3.64+0.4\times 23.64}{1.1} = 10.58$$

셋째, T기간 모델 $(n=T)$

모형 적용기간동안 주가 변화회수(n)가 무한대일 경우 이항옵션 가격 결정 모형은 블랙 숄즈 옵션가격 결정 모형이 된다.

- **블랙-숄즈(Black-Scholes)가격 결정모형**

이항분포 가격결정모형은 주가의 변동이 불연속적이고 실현 가능한 주가가 두 가지로 국한되는데 반해 블랙-숄즈(Black-Scholes)가격 결정모형은 주가 변동이 랜덤 워크(random walk)이라는 가정 하에 무배당 유럽형 옵션에 대하여 도출된 모형이다. 이

모형은 이항분포 모형과 같이 주식과 콜 옵션을 적절히 구성하여 무위험 포트폴리오를 구성하면 이 포트폴리오의 수익률과 무위험 자산 수익률이 동일하게 되는 등식으로부터 옵션의 가격 결정 모형을 산출하였다.

블랙-숄즈 콜 옵션 가격(C) 모형은 다음과 같다.

$$C = S \cdot N[\frac{\ln(S/E)+(r+\sigma^2/2)T}{\sigma\sqrt{T}}]-e^{-rT} \cdot E \cdot N[\frac{\ln(S/E)+(r+\sigma^2/2)T}{\sigma\sqrt{T}}] \tag{6.15}$$

$N(\cdot) = \int_{-\infty}^{z} f(Z)dZ$ 누적 표준 정규 분포 함수
여기서 $f(Z)$: 평균 0, 분산 1을 갖는 정규 분포

$1-N(Z) = N(-Z)$을 이용하면 식(6.15)은 다음과 같이 표현된다.

$$C(t, S, T, E) = S \cdot N(d_1)-e^{-rT} \cdot E \cdot N(d_2)$$

$$d_1 = \frac{[\ln(S/E)+(r+\frac{1}{2}\sigma^2) \cdot T]}{\sigma\sqrt{T}},$$

$$d_2 = d_1-\sigma\sqrt{T}$$

T : 잔존기간, σ : 연속적 복리 주가수익률 표준편차, S : 현재주가, E : 행사가격
In : log, e : 2.7183 …

(5) 시장 변화와 옵션 가격

옵션의 가격은 시장의 수많은 변수에 의해 영향을 받게 된다. 블랙-숄즈 모형을 적용하여 이러한 영향을 분석해 보자

• 델타(Δ)

델타란 옵션 대상물의 가격 변화에 대한 옵션 가격의 변화 비율을 말한다. 즉 콜 옵션의 경우 $\Delta = \partial C/\partial S$ 로서 블랙-숄즈 모형을 주가 S에 대해 미분한 값이다. 이 수치의 의미는 대상물의 가격이 1단위 변화하였을 때 이론적 콜 옵션의 가격은 얼마나 변하는가를 나타낸다. 이론적으로 콜 옵션의 가격은 대상물의 가격보다 더 빨리 변할 수 없고 콜 옵션 가격 변화와 반대 방향으로 바뀔 수 없으므로 $0<\Delta<1$ 의 범위를 갖는다. 델타의 중요한 의미는 헤지 비율을 나타낸다. $\Delta = 0.3$ 인 콜 옵션은 주식 1 주당 1/0.3

= 3.33 개의 콜 옵션으로 반대 포지션을 취하면 이론적으로 완전 헤지가 가능해진다. (풋 옵션의 경우는 주식과 풋 옵션을 같은 포지션을 취한다.)

• 감마(Γ)

감마는 수학적으로 델타를 주가에 대해 미분하여 구한다. 즉 $\Gamma = \partial\Delta/\partial S$ 로서 대상물의 가격 변화에 따른 델타의 변화율을 나타낸다. 예를 들어 $\Gamma = 0.01$ 이고 $\Delta = 0.3$ 인 경우 대상물의 가격이 1원 상승하면 $\Delta = 0.31$이 되고 1원 하락하면 $\Delta = 0.29$가 된다. 이러한 감마의 의미는 델타가 대상물의 포지션과 관련된 위험을 나타내주는 척도라면 감마는 옵션의 포지션과 관련된 위험을 나타내는 척도이다. 이 수치가 크면 높은 위험을 나타내고 작으면 위험이 적은 것을 의미한다.

8) 옵션의 응용

(1) 포트폴리오 보험(Portfolio Insurance)

포트폴리오 보험은 주식과 풋옵션을 동시에 보유하는 방어 풋(protected put) 개념을 이용하여 주가상승기에는 무제한적 투자수익을, 주가 하락기에는 일정수준 이상의 손실을 보지 않도록 구성된 포트폴리오이다. 그러나 포트폴리오 보험은 주식시장지수를 이용하지 않으면 풋 옵션에 대응되는 특정 주식포트폴리오 구성이 매우 어렵고 대부분의 옵션이 만기가 짧으므로 옵션만기와 포트폴리오 보험 만기가 일치하는 풋 옵션을 찾기가 쉽지 않다는 문제전이 있다. 이러한 문제점으로 인해서 대부분의 경우 실제 풋옵션 보유대신에 동적 헤징을 통해 구성되는 합성 풋(Synthetic put)을 이용한다. 이러한 포트폴리오 보험을 위한 동적 헤징은 주가의 변동성을 확대시키므로 1987년 검은 월요일(Black Monday)의 주가 폭락의 중요한 원인중의 하나로 지적되기도 하였다.

(2) 자기자본의 평가

기업의 자산은 자기자본과 부채로 구성되어 있다. 따라서 사채를 만기일에 액면금액을 상환하는 순수할인채권(pure discount bond)이라고 가정하는 경우, 자기자본 소유자인 주주는 기업의 모든 자산을 채권자에게 팔고 채권의 만기일에 액면가격으로 그 기업을 다시 사들일 수 있는 옵션을 가지는 것으로 생각할 수 있다. 이경우 옵션의 기초자산은 기업의 총자산이 되고 행사가격은 채권의 액면가격이 될 것이다. 따라서, 채권의 만기일에 기업의 총자산의 가치가 사채의 액면가격보다 클 경우 주주는 옵션을 행사하여 그 초과분에 대한 소유권을 획득하게 되지만, 반대로 채권의 만기일에 기업의 총자산 가치가 채권의 액면가격보다 작을 경우에는 주주들은 옵션을 행사하지 않게 된다. 이 경우 주식의 가치는 주주의 유한책임으로 인해서 0이 된다. 따라서 채권의 만기일에 자기 자본 가치(S_T)와 채권 가치(B)는 다음과 같이 정의할 수 있다.

$$S_T = max[0, V - B_T]$$
$$B = V - S_T$$

V: 기업 총자산 가치(T시점), B_T: T시점 사채권의 액면가격, B: T시점 사채권가치

즉, 기업의 자기자본은 기초자산이 기업가치, 행사가격이 채권가치인 유럽형 콜 옵션으로 볼 수 있으므로 자기자본의 현재가치, 즉 주주의 현재 시점 부는 옵션가격결정모형에서의 변수인 기업의 가치(V), 사채의 만기 시점 액면가격(B_T), 기업가치의 분산(σ_v^2), 사채의 만기일까지의 잔존 기간(T), 그리고 시장의 이자율 (r_f) 등의 함수로 표시될 수 있다.

$$S = f(V, B_T, \sigma_v^2, T, r_f)$$

콜 옵션의 특징으로부터 다음과 같은 관계가 성립하게 된다.

$$\frac{\partial S}{\partial V} > 0, \quad \frac{\partial S}{\partial V_T} < 0, \quad \frac{\partial S}{\partial \sigma^2_V} > 0, \quad \frac{\partial S}{\partial T} > 0, \quad \frac{\partial S}{\partial r_f} > 0$$

블랙과 숄츠의 옵션가격결정모형을 적용하여 기업의 자기자본의 현재가치(S)를 구하면 다음과 같다.

$$S = V \cdot N(d_1) - e^{-R_f T_B} B_T N(d_2)$$

$$d_1 = \frac{\ln(V/B_T) + R_f \cdot T}{\sigma_v \sqrt{T}} + \frac{1}{2}\sigma_v \sqrt{T}$$

$$d_2 = d_1 - \sigma_v \sqrt{T}$$

(3) 신주 인수권부 사채 평가

신주 인수권부 사채(Bond with stock purchase Warrant ; BW)란 일정한 기간 내에 약정된 가격으로 정해진 수의 주식을 매입할 수 있는 권리가 첨부된 채권을 말한다. 신주 인수권부 사채는 주식인수권(warrant)이 채권의 보통주로의 전환권이 아니라 신주의 매입권을 의미한다는 점에서 채권이 주식으로 직접 전환되는 전환사채와 다르다. 신주 인수권부 사채를 가지고 있는 투자가가 주식 인수권을 행사할 때는 약정된 매입대금(행사가격)을 기업에 납입하고서 주식을 인수하게 된다. 따라서 주식 인수권은 기업이 발행하는 미국형 콜 옵션과 같다고 할 수 있으나 일반적인 콜 옵션과 다른 점은 주식인수권이 행사될 경우 그 기업의 발행주식수가 늘어나서 주주들의 지분이 희석(dilution)될 수 있다는 것이다. 주식인수권의 가치는 주식인수권의 행사로 인하여 늘어나게 되는 발행주식수와 기업자산가치의 증가를 고려하여 결정하여야 한다.

발행주식수 n개인 (주)한국이 m개의 유럽형 워런트를 발행하였을 경우 워런트 1개 가치를 구해보자.

워런트 행사가격 E, 만기 T, V_T 를 T시점의 기업의 자기자본 가치라 하면 워런트 l개 소유자는 만기(T)시점에 다음과 같은 경우 l개의 워런트를 행사하여 혜택을 얻을 것이다.

$$\frac{1}{n+l}[V_T+E\cdot l] > E \ \text{ 즉 } V_T+E\cdot l > E(n+l)\text{으로부터}$$

$$V_T > n\cdot E$$

따라서 워런트가 행사되었다는 것은 $V_T > n\cdot E$ 이 만족되었다는 것을 의미한다.

이 조건이 만족되면 모든 워런트 소유자도 행사를 하게 되어, 워런트 1개의 가치는 다음과 같게 된다.

$$\left[\frac{1}{n+m}[V_T+E\cdot m] - E\right]^+$$

$$= \left[\frac{V_T-n\cdot E}{n+m}\right]^+ = \frac{1}{n+m}[V_T-n\cdot E]^+ = \frac{n}{n+m}[S_T+E]^+$$

S_T : T시점의 주가 ($[Y]^+ = Max[0, Y]$)

(4) 후순위채권(subordinated bond) (무 이표 채 가정)

만기시 주식, 채권자와 같은 자금공여자에게 이자, 원금, 배당과 같은 자본사용에 대한 대가를 지불하는 우선순위는 선순위채권, 후순위채권, 주주가 된다. 기업 가치에 따른 선순위채권, 후순위채권, 주식가치를 구해보자.

선순위 채권 액면가 K_B, 후순위 채권 액면가 K_J, 자기자본 S, T 시점 기업가치 V_T 라 하면 V_T 따른 선순위채권, 후순위채권, 주식가치는 다음과 같게 된다.

종류 \ V_T	$V_T \le K_B$	$K_B < V_T \le K_B + K_J$	$K_B + K_J < V_T$
K_B	V_T	K_B	K_B
K_J	0	$V_T - K_B$	K_T
S	0	0	$V_T - K_B - K_J$

따라서 만기 시점(T)의 자기자본, 선순위 채권, 후순위 채권 가치를 다음과 같이 콜옵션으로 평가를 할 수 있다.

선순위 채권 가치: $V_T - (V_T - K_B)^+$

후순위 채권 가치: $(V_T - K_B)^+ - (V_T - K_B - K_J)^+$

자기자본 가치: $(V_T - K_B - K_J)^+$

$[X]^+ = Max[0, X]$

(5) 주가연계 증권(ELS: Equity Linked Securities)

주가 연계 증권은 투자원금의 대부분을 채권에 투자하고 나머지를 주가지수나 특정 종목을 기초자산으로 하는 옵션이나 워런트에 투자해 이익을 추구하며 3년 만기로 증권회사에서 발행하는 금융상품이다. ELS는 주식의 직접투자에 따른 거래비용 및 위험을 줄이면서 채권의 안정성과 주가연계에 의한 고수익을 동시에 추구하는 특징을 갖는다.

그러나 최근에는 채권 대신 주식편입비율을 늘린 수익 추구형 상품도 증가하여 일정범위 내에서만 기초자산 가격이 움직이면 약속한 수익률이 보장되지만 해당 범위를 벗어나면 원금 손실이 발생하는 구조를 갖기도 한다. 원금손실 발생 구간을 녹인(knock-in) 구간이라고 한다.

그림 6-12 일반적인 ELS의 수익구조

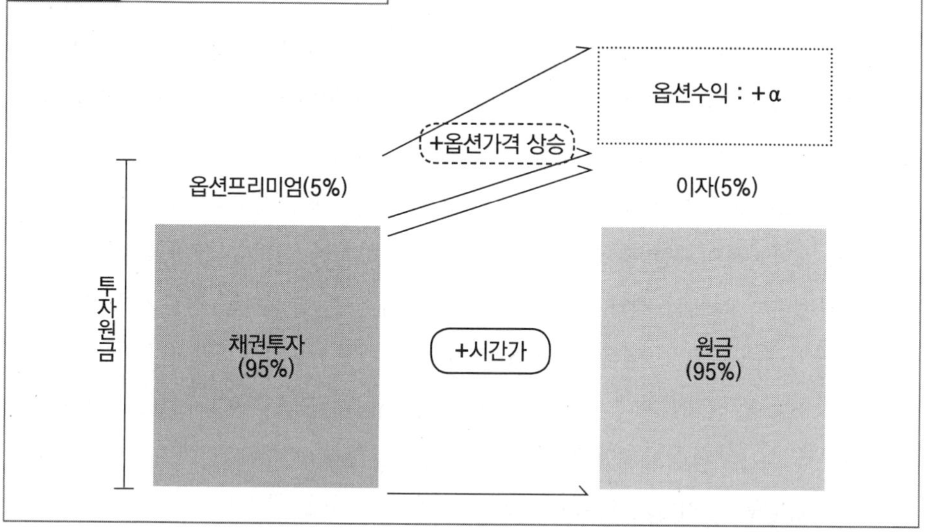

일반적인 종목형 ELS의 경우 초기에는 고객 투자금의 약 50%를 채권에, 나머지는 기초자산과 관련된 상품(특정종목 주식 현물이나 선물옵션 등)에 투자한 후 기초자산 가격이 하락하면 매수하고 상승하면 매도해 이익을 실현한다. 기초자산의 변동성이 높을수록 수익이 높아지기 때문에 발행사인 증권사는 ELS를 발행할 때 주가 변동성이 크고 거래량이 많은 종목들을 주로 선택한다. 기초 자산 가격이 녹인 구간에 신입하였을 때 고객에게 약속한 수익률을 돌려줄 필요가 없으므로 그동안 매입 해두었던 물량을 한꺼번에 청산 하게 된다. 이에 따라 발행물량이 많은 ELS 종목이 녹인이 걸린 경우 같은 종목을 기초자산으로 하는 다른 ELS 상품도 녹인이 되게 하는 "녹인이 녹인을 부르는" 효과가 발생하게 된다. 또한 주가 상승에 따라 오히려 수익률이 감소하는 리버스(reverse)형 상품의 경우 상승 장세에서 손실을 볼 수 있다.

(6) 파생결합증권(DLS: Derivative Linked Securities)

파생결합증권은 상품구조가 주가 연계 증권과 거의 같으나 기초자산이 금, 은, 원유와 같은 실물자산이라는 점에서 차이가 있다.

4 스왑

1) 정의

스왑(Swaps)거래는 거래 당사자들이 통화 및 금리 등을 대상으로 채무나 채권을 사전에 정해진 조건으로 교환하기로 하는 계약으로 금융기관들이나 기업들이 환율과 금리의 급격한 변동에 대응하기 위해서 개발한 금융 기법이다. 스왑거래는 선도 거래처럼 계약 체결시점과 이행시점이 다르고 거래 당사자들이 거래이행 의무를 가지며 계약시점의 계약비용이 0인 점에서 선도계약과 비슷하지만 여러 기간에 걸쳐서 현금흐름이 교환된다는 점에서 계약기간동안 현금흐름이 한번 발생하는 선도거래와 차이가 있다. 스왑거래는 1970년 영국에서 외환관리기법의 하나로 사용되던 상호융자(parallel loan)를 기초로 발전하였으나 1981년 World Bank와 IBM 사이에 스왑거래가 체결되면서 본격적으로 활성화되었다. 상호융자(Parallel Loan)는 1970년대 영국 정부가 자금의 해외 유출을 방지하기 위해서 달러를 매입하는 기업은 시장 환율보다 높은 가격으로 달러를 매입하도록 하는 규정을 제정하였는데 이러한 규제를 피하기 위해서 고안된 자금조달 방법이다. 상호융자는 서로 다른 국가 간에 소재하는 두 기업이 상대국 자회사에 지사를 가지고 있는 경우 각 모기업이 자국에 소재하는 상대방 자회사에게 현물 환율로 환산한 동일금액, 동일 만기인 자국 통화 표시 자금을 자국의 금리로 대출해 주는 계약이다.

상호융자계약은 독립된 두 개의 대출계약으로 이루어지며 적용되는 이자율은 일반적으로 고정금리로서 이자지급 및 만기 시 원금 상환은 각 자회사가 상대방 본사에 대하여 한다. 그러나 상호융자는 현물 환율을 적용하기 때문에 환율 변동으로 인한 위험을 헤지 하는 데는 한계가 존재한다.

예 6.8 영국에 지사가 있는 미국계 A 사와 미국에 지사가 있는 영국계 B 사가 있다. A 사는 B 사의 미국지사에 달러화 부채 1,500만 달러를 제공하고 동시에 B 사는 A 사의 영국지사에 동일한 금액의 파운드화 부채 1,000 만 파운드를 제공하고 A 영국지사는 B 본사에 12%의 이자를, B 미국지사는 A 본사에 10%이자를 지급하는 상호융자 계약을 체결하였다.

그림 6-13 상호융자

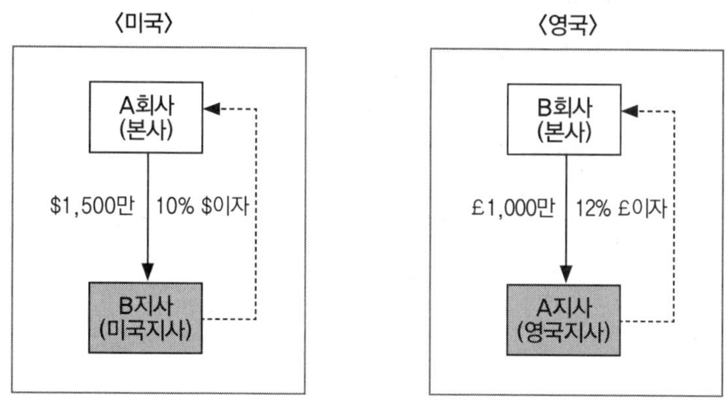

2) 동기

(1) 차입비용을 절감할 수 있다

기업 간의 신용도 차이와 지역 간의 금융여건 차이에서 오는 상이한 거래조건에 대해서 비교우위론을 적용하여 차입비용을 줄일 수 있다.

예 6.9 비교우위론

A국, B국이 TV와 냉장고를 생산할 경우 비용은 다음과 같다.

	A 국	B 국	비용차이(B/A)
TV	10만원	7만원	70%
냉장고	9만원	8만원	89%

B국은 TV, 냉장고 모두 절대 우위에 있다. 각국이 자국에서 필요로 하는 TV와 냉장고를 각각 생산하면 B국은 15만원, A국은 19만원의 생산비가 발생한다. 그러나 A, B국가의 TV 비용차이가 70%, 냉장고 비용차이가 80%이므로 A국은 냉장고, B국은 TV생산이 상대적 우위에 있다.

따라서 A국이 냉장고, B국이 TV를 생산하여 교환하면 A국은 18만원, B국은 14만원의 비용이 들게 되어 각국이 자국이 필요로 하는 두 제품을 모두 생산하는 경우보다 생산비용을 절감할 수 있다.

---

(2) 금리 및 환율 변동에서 오는 위험을 헤지 할 수 있다

스왑거래는 5-10년의 장기 계약으로 단기계약 위주의 선물과 옵션으로 충족시키지 못하는 위험을 헤지 할 수 있다.

(3) 금융 및 외환에 대한 규제회피 수단

스왑의 기원이 된 상호융자와 같은 기법은 1970년대 영국 파운드화의 해외유출 방지를 위한 세금부과를 피하기 위해서 개발된 기법이다.

3) 종류

스왑은 일반상품을 대상으로 하는 상품스왑(commidity swap)과 금융스왑(financial swap)으로 구분되며 금융스왑은 다음과 같이 세분된다.

(1) 스왑 협정(swap arrangement)

중앙은행 간에 사전에 약정한 한도 내에서 상대방 국가가 유동성이 부족하면 사전에 약정된 환율로 자국 통화를 대출해 준다는 쌍방 간의 약속이다.

(2) 외환스왑(foreign exchange swap)

거래 쌍방이 현재의 환율에 따라 서로 다른 통화를 교환하고 일정기간 후 계약(선물)환율에 따라 원금을 재 교환하는 거래로 현물환 거래와 선도환 거래를 동시에 반대 방향으로 교차시켜 실행하며 외환딜러들이 위험회피 목적으로 사용한다. 만기가 통상 1년 이내로 통화 간 금리차이가 선물환율에 반영되어 있기 때문에 이자를 교환하지 않는다.

외환스왑거래에서 매입, 매도는 원 일물을 기준으로 구분된다. 외환스왑 매입(매도)은 원 일물을 매입(매도)하고 근 일물을 매도(매입)하는 거래를 말한다.

예를 들어 A 은행이 B 은행과 현물환 950원, 1개월 선물환율 940원에 1백만 달러를 현물환매도/선물환매입(sell&buy)하는 외환스왑거래를 체결하면 최초 거래시점에서 A 은행은 B 은행에 1백만 달러를 지급하는 대가로 9억 5천만원(950원×1백만달러)을 수취하게 된다. 만기시점에서 A 은행은 B은행으로부터 1백만 달러를 받고 원화 9

억 4천만(940원×1백만달러)을 상환함으로써 거래가 종료된다. 외환 스왑거래로 인해서 A 은행은 단기적으로 부족한 원화유동성을, B 은행은 외화 유동성을 각각 확보 할 수 있게 된다.

그림 6-14 현물환매도/선물환매입 외환스왑거래 메커니즘

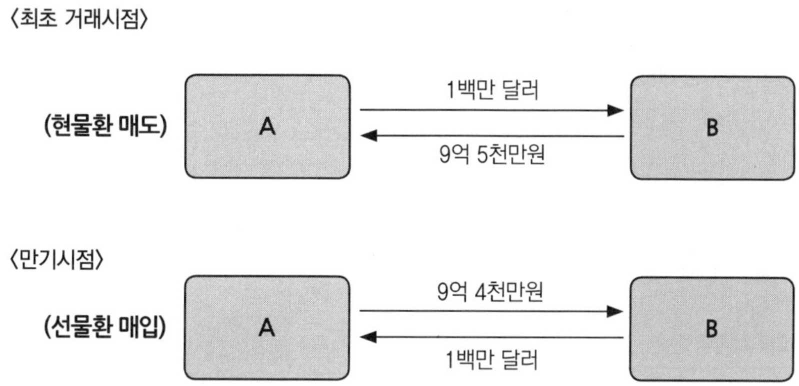

(3) 통화스왑(CRS: currency rate swap)

통화스왑은 둘 또는 그 이상의 거래기관이 사전에 정해진 만기와 환율에 의거하여 상이한 통화로 차입한 자금의 원리금 상환을 상호 교환하는 거래이다. 통화스왑은 환리스크 헤지 및 필요 통화의 자금을 조달하는 수단으로 주로 이용되고 있으며, 금리변동에 대한 헤지 및 특정 시상에서의 외환규제나 조세 차별 등을 피하기 위한 수단으로 활용된다.

예를 들어 A는 달러화 자금을, B는 엔화 자금을 각각 유리한 조건으로 차입할 수 있는데 A는 엔화 자금이, B는 달러화 자금이 필요하다고 가정하자. 이 경우 A는 달러화 자금을, B는 엔화 자금을 각각 차입하고 차입 자금을 상호 교환한다. 차입자금에 대한 이자는 최초 차입자가 지급하는 것이 아니라 자금이용자(A는 엔화 자금, B는 달러화 자금)가 대신 지급하고 만기가 되면 최초 차입자가 차입원금을 상환할 수 있도록 달러화 자금과 엔화 자금을 재교환 함으로써 통화스왑이 종료된다.

그림 6-15 통화스왑거래 메커니즘

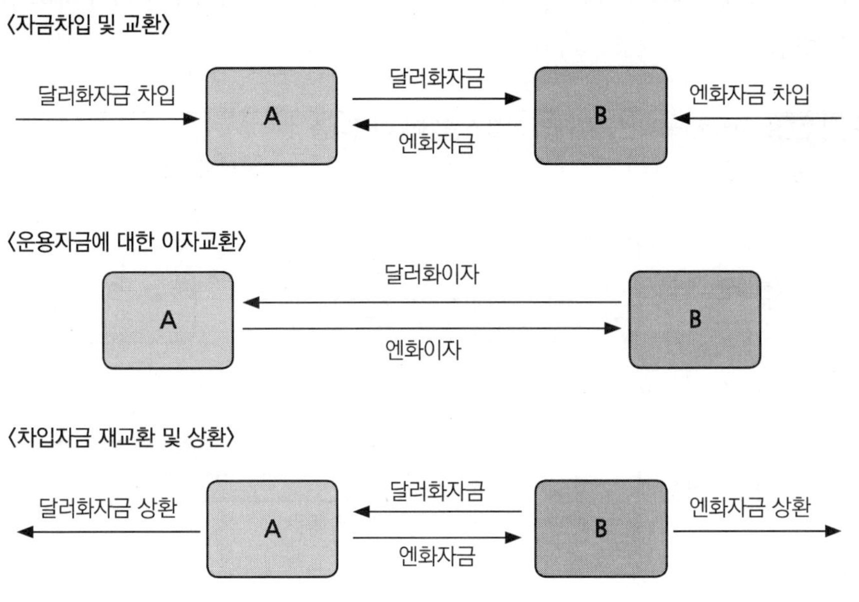

통화스왑시장에서의 offer금리는 스왑시장 조성은행(market maker)이 고객으로부터 달러화를 받고 원화를 줄 때 받고자 하는 원화고정금리를, bid 금리는 스왑시장 조성은행이 원화를 받고 달러화를 줄 때 지급하고자 하는 원화고정 금리를 의미한다.

통화스왑 시장은 대고객시장과 은행 간 시장으로 구분된다.

대고객 시장의 경우 신용카드회사 및 보험회사 등의 고객들과 통화스왑시장 조성은행은 사전계약을 통해서 스왑거래 한도를 설정하고 고객의 스왑 요구를 스왑시장 조성은행이 받아들이면 거래가 성사된다.

은행 간 시장의 경우 스왑시장 조성은행은 중개기관을 통해 대고객거래에서 발생한 통화스왑 포지션 변동을 반대방향 거래를 통해 조정하거나 투기목적으로 포지션을 설정하기 위해 통화스왑거래를 한다.

통화스왑 응용 사례를 살펴보자.

예 6.10 생명보험회사의 외환 채권 투자 시 통화스왑의 예

장기보험계약을 많이 보유하고 있는 생명보험회사들은 자금운용상 장기 외화 채권에 투자하고 있고, 이에 따른 환위험과 금리위험을 헤지 하기 위해서 통화스왑거래를 이용하고 있다. 통화스왑거래를 이용하면 외화기준 변동금리부 자산이 원화기준 고정금리부 자산으로 전환되는 효과가 발생하게 된다.

그림 6-16 생명보험회사의 외화채권투자시 통화스왑거래 메커니즘

채권투자시점에서 생명보험회사는 원화 투자금액을 스왑시장 조성은행에게 지급하고 원화에 상당하는 달러화 투자금액을 받아 외화채권에 투자한다.

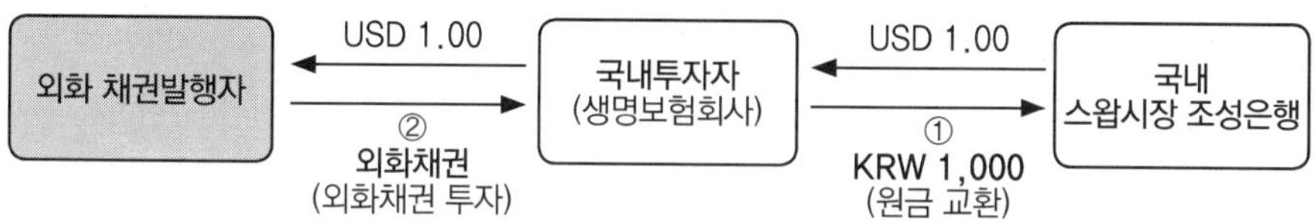

이후 이자수취시점에 생명보험회사는 외화채권으로부터의 달러화이자를 스왑시장 조성은행에게 지급하고 대신 원화기준 고정금리를 스왑시장 조성은행으로부터 받는다.

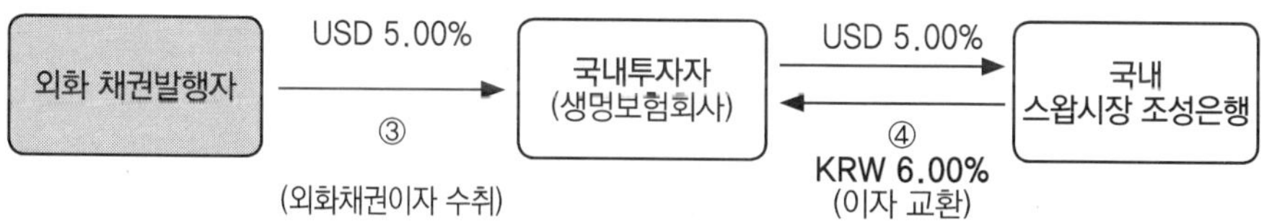

투자만기시점에서 생명보험회사는 상환받은 채권원금(달러)을 스왑시장 조성은행에게 지급하고 대신 교환하였던 원화자금을 회수하면서 거래가 종료된다.

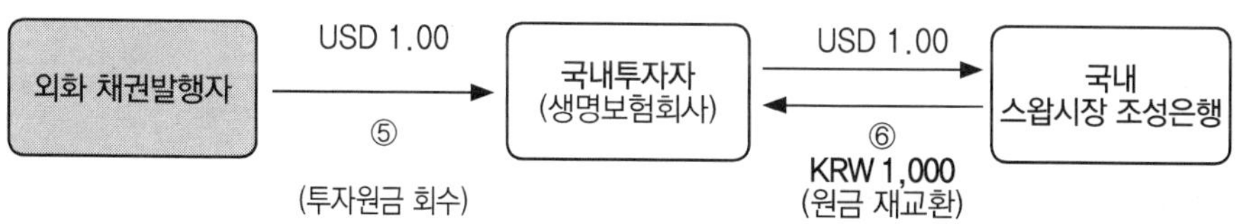

예 6.11 통화스왑을 활용한 차익거래 사례

외국인은 국내외 금융시장 불안 등으로 국내 채권금리와 통화스왑 금리 간 격차가 커지는 경우 국내 채권 투자목적의 통화스왑거래를 이용하고 있다.

외국인은 통화스왑 거래를 통하여 해외에서 조달한 외환자금을 원화자금으로 전환하여 국고채, 통안증권 등 국내 채권에 투자함으로써 추가적인 위험없이 금리 차익을 획득하게 된다.

그림 6-17 통화스왑을 활용한 차익거래 사례

통화스왑금리가 일시적인 수급요인으로 국내 채권금리를 크게 하회하게 되는 상황이 발생하였다고 가정하자. 이때 외국인은 해외 자금시장에서 LIBOR(1년)로 외화자금을 차입하여 이를 통화스왑계약(1년)을 통해 원화자금과 교환한 후 조달한 원화자금으로 통안증권(1년)을 매입하는 거래를 하게 된다.

동 거래의 이자흐름을 보면 외국인은 국내 채권시장에서 통안증권 이자를 수취하는 한편 통화스왑시장에서 LIBOR를 수취하고 통화스왑금리를 지급하며 해외 자금시장에서 LIBOR를 지급하게 된다. 통화스왑시장에서 수취한 LIBOR를 해외차입이자 지급에 충당하게 되므로 외국인은 통안증권 이자와 통화스왑금리 간의 격차만큼 차익을 얻게 된다. 아래의 예시에서는 통안증권 금리가 2.84%이고 통화스왑금리가 2.05%이므로 외국인은 79bp의 차익을 얻게 된다.

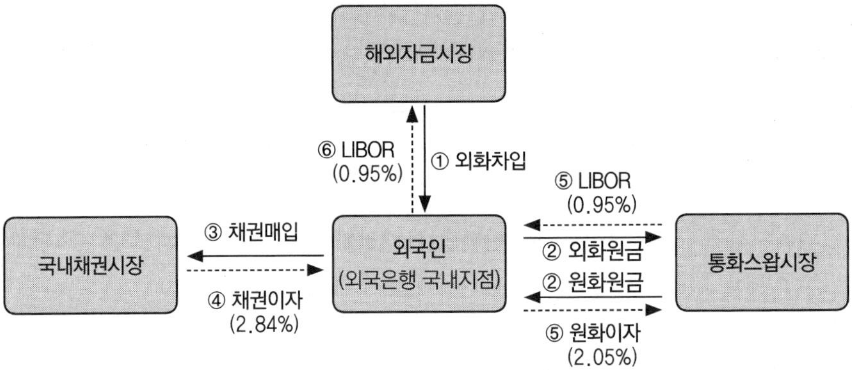

(4) 금리 스왑(IRS: Interest Rate Swap)

금리스왑은 차입금에 대한 금리변동 위험의 헤지나 차입비용의 절감을 위하여 두 차입자가 각자의 채무에 대한 이자지급의무를 상호간에 교환하는 계약으로서 일반적으로 변동(고정)금리를 고정(변동)금리로 전환하는 형식을 취한다. 금리스왑거래는 통화, 원금 및 만기가 같은 부채구조를 가지고 있는 두 당사자 간의 거래가 대부분으로 통화스왑거래와는 달리 계약 당사자 간에 이자지급 의무만 있고 원금 상환 의무가 없다. 자금 흐름도 원금의 교환없이 이자차액만 교환하는 것으로 당초의 자금조달과는 관계가 없는 별도의 계약에 의해 거래가 성립된다. 금리스왑은 원금을 교환하지 않기 때문에 자금부담과 신용위험이 상대적으로 낮다.

그림 6-18 금리 스왑 거래 메커니즘

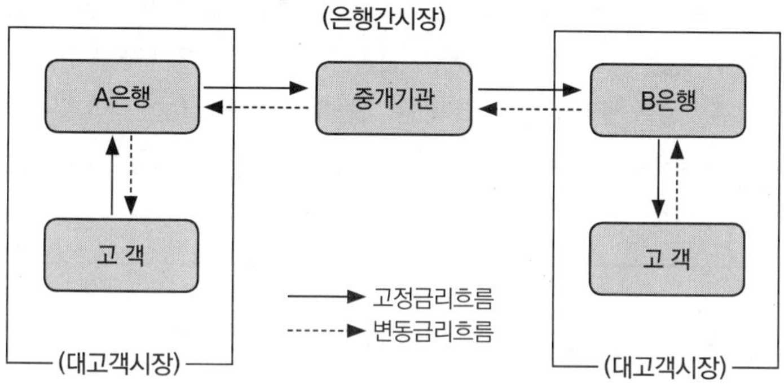

예 6.12

A, B의 변동금리시장에서의 차입금리 차이가 2% 포인트이고 고정금리시장에서의 차입금리 차이가 4%포인트일 경우 A가 두 금융시장에서 모두 유리한 조건이지만 A는 고정금리시장에서, B는 변동금리시장에서 차입하는 것이 비교우위에 있다.

	A	B	금리차이
변동금리시장	LIBOR	LIBOR +2%	2% 포인트
고정금리시장	6%	10%	4% 포인트

A는 자신이 비교우위에 있는 고정금리시장에서 6%로 차입하고 B는 변동금리시장에서 LIBOR +2%로 차입한 후 만기에 A와 B가 각각 LIBOR와 7%를 서로에게 지급하기로 하면 A의 차입비용은 LIBOR -1%, B는 9%로 확정되어 금리스왑 거래를 통하여 상호이익을 얻을 수 있다.

그림 6-19 두 차입자의 금리스왑거래

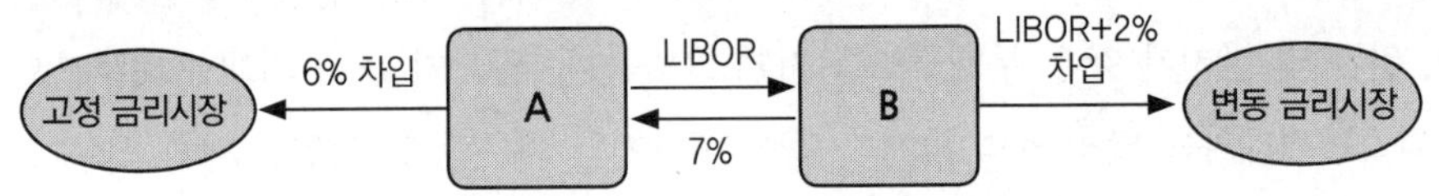

예 6.13

국내은행들은 주로 대고객거래에서 발생하는 스왑포지션의 변동을 상쇄시키기 위해 또는 보유 자산 및 부채의 듀레이션 불일치 등에 따른 금리변동 위험을 헤지하기 위해서 스왑거래를 하고 있다. 예를 들어 국내은행들이 CD(91일)금리 연동 주택 담보대출의 재원을 조달하기 위해서 장기의 고정금리부 채권을 발행할 경우 금리변동 위험에 노출된다. 이에 따라 일부 국내은행들은 장기 은행채를 발행할 경우 금리변동 위험을 헤지하기 위해서 고정금리수취 변동금리지급의 금리스왑거래를 한다.

그림 6-20 국내은행의 주택담보대출 관련 스왑거래 구조

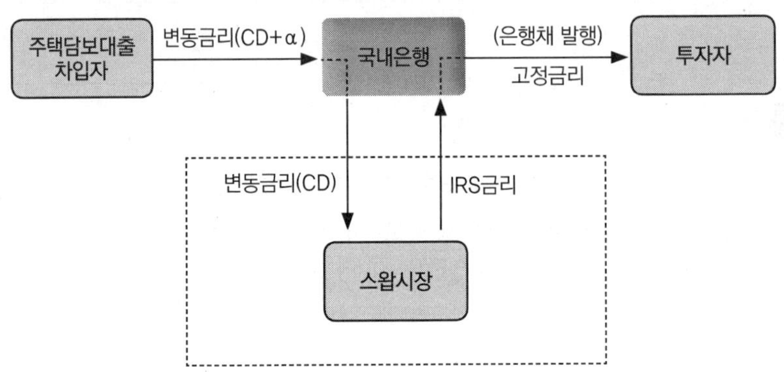

예 6.14

외국은행 국내지점은 대고객거래, 이와 관련한 반대거래 및 헤지거래에 참여하는 등 스왑시장 조성은행으로서의 역할을 하고 있다. 예를 들어 국내은행이 구조화 채권발행으로 조달한 자금을

기초로 하여 변동금리대출을 실행할 경우 금리변동위험을 헤지하기 위해서 외은 지점과 변동금리지급, 구조화 채권 발행금리 수취의 스왑거래를 하고 스왑은행인 외은지점은 스왑거래에서 이와 반대의 거래를 통해 헤지한다.

그림 6-21 외은지점(스왑은행)의 구조화채권 관련 스왑거래 구조

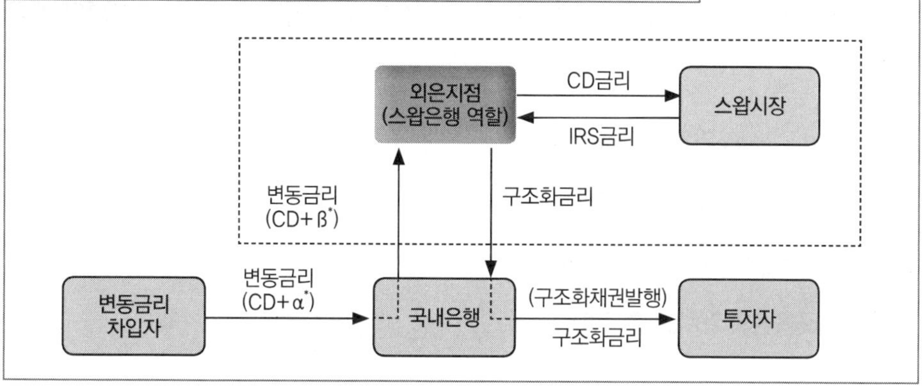

예 6.15 자산운용사의 스왑 펀드 거래

자산운용사는 시장금리 변동에 따른 펀드수익률 변동위험을 축소하여 안정적인 펀드수익률을 확보하고자 금리스왑을 활용하고 있다. 즉 보유신탁재산의 평균만기가 부채의 평균조달기간을 상회하고 있는 자산운용회사의 경우 고정금리지급부 스왑을 통해 보유자산의 듀레이션을 축소함으로써 자금조달(단기) 및 자산운용(장기)간의 만기 불일치 문제를 완화할 수 있게 된다.

그림 6-22 자산운용사의 스왑펀드 거래 구조

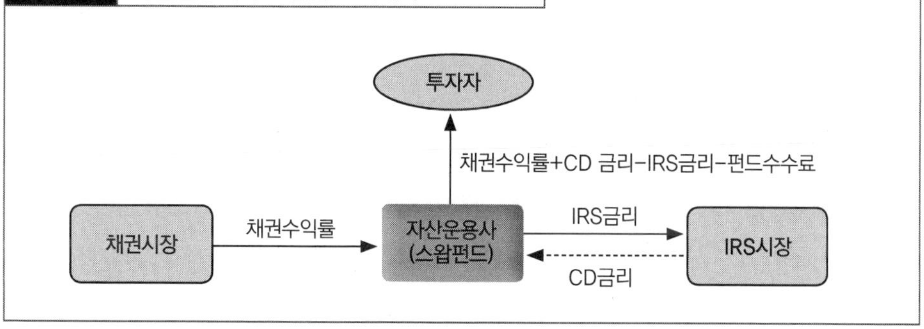

연 습 문 제

1. 단일기간 이항분포모형

(주)세종의 주가(S)는 30,000원이며 1기간 후에 34,500원으로 15% 오르거나, 24,000원으로 20% 떨어질 것으로 예상한다. 콜옵션의 행사가격(K)이 25,000원이고, 무위험이자율 10%라고 가정하자.

(1) C_u, C_d의 가치를 구하라.

(2) 헷지비율(h)을 구하여라.

(3) 콜옵션의 가치(C)를 구하여라.

(4) 풋옵션의 가치(P)를 구하여라.

2. 2기간 이항분포모형

현재의 주가는 60원이고 1기간 후의 주가는 69원으로 오르거나 48원으로 떨어질 것으로 예상된다. 이 주식에 대해 행사가격(K)이 50원인 콜옵션을 보유하고 있고 무위험이자율은 10%라고 하자. 만기까지 두 개의 기간을 가정한다.

(1) 현재 콜옵션의 가치는 얼마인가?

(2) 1,000콜 발행에 대한 헷지포트폴리오를 구성하여라. 이 포트폴리오를 위해 투자해야 할 금액은?

3. 스프레드가치

현재 (주)한국의 주식에 대한 콜옵션 가격이 다음과 같다. 만기일은 모두 같다.

(금액단위 : 천원)

행사가격	옵션의 가격
50	7.5
60	3
70	1.5

이러한 옵션을 가지고 다음과 같은 포지션을 갖는 버터플라이 스프레드(butterfly spread)를 구성하였다.

콜 1주 매입(행사가격 50,000원)

콜 2주 발행(행사가격 60,000원)

콜 1주 매입(행사가격 70,000원)

(1) 만기일에 이 스프레드의 가치를 구하라.

(2) 위와 같은 스프레드를 구성하기 위하여 필요한 투자금액은 얼마인가?

(3) 행사가격 50,000원인 옵션과 70,000원인 옵션의 가격만을 알고 있을 경우 행사가격 60,000원인 옵션의 가격을 어느 정도 예측할 수 있는가?

4. 증거금제도

한국상사는 은(silver)에 대해 5,000온스의 선물계약을 온스당 5,000원에 10계약을 매입하였다(계약당 2,500만원).
이 계약 초기증거금(initial margin)으로 계약당 200만원, 유지증거금(maintenance margin)으로 계약당 150만원을 요구하고 있다.

① 계약 당일의 정산가격: 4,950원 ② 다음날의 정산가격: 4,850원일 때 손익과 납입해야 할 증거금을 계산하여라.

5. 주가지수선물-매도헷징

35억원의 주식을 보유한 기업이 주가하락을 예상하여 주가지수선물을 매도하여 헷지하고자 한다. 주가지수선물은 주가지수 1포인트당 500원이고 현재 주가지수는 700포인트라고 하자.

(1) 이 때 매도해야 할 주가지수선물계약수는?

(2) 3개월후 주가가 10% 하락하였을 경우의 헷징결과는?

6. 주가지수선물의 투기거래

투자자 A는 앞으로 주가가 상승할 것으로 예상하고 2억원을 증거금으로 주가지수선물을 매입하고자 한다. 주가지수선물거래 매매단위는 주가지수 110만원이며, 개시증거금율은 10%이고 3월 말의 선물지수는 1,000포인트이다. 6월 말에 주가가 10%상승했을 때와 10% 하락했을 때의 손익은?

7. 주가지수선물의 차익거래

투자자 B는 2월 10일의 주가지수, 단기금리 및 배당수익률 등을 감안할 때 3월 10일 최종결제되는 주가지수선물가격이 현물가격보다 10포인트 높은 수준이 적정하다고 생각한다. 2월 10일 주가지수선물 50계약을 600포인트에 매도함과 동시에 선물 50계약 상당액인 27억5천만원의 주식을 연 12%로 차입하여 매입하였다. 주가지수는 550이며, 주가지수선물은 600포인트에 거래되고 있다. 매매단위는 주가지수10만원, 단기금리는 연 12%, 예상배당수익률은 연 5%이다.

(1) 주가가 500포인트로 하락한 경우 투자결과는?

(2) 주가지수가 630포인트로 상승한 경우 투자결과는?

제7장 기업가치 평가

1 기업가치 정의

기업 가치는 기업의 미래 기대 현금 흐름을 할인율(자본비용)로 환산한 현재 가치의 합을 말한다.

현금흐름(Cash Flow)은 기업이 사업을 영위한 결과로 얻은 성과 중에서 자금(부채, 자본)을 공급한 투자자에게 환원할 수 있는 현금을 말하며 기대현금흐름은 미래 현금 흐름의 기대값을 의미한다.

현금흐름에는 산출기준에 따라 기업현금흐름, 주주현금흐름으로 구분된다.

기업현금흐름은 주주, 채권자등 자본제공자에게 자본비용을 지급하기 전의 현금흐름으로, 주주현금흐름은 기업현금흐름에서 채권자지급분을 공제한 후의 현금흐름(이자비용과 부채상환액, 부채발행액)으로 정의된다.

자세한 산출 공식은 제7절 기업가치 평가방법에서 설명하기로 한다.

자본비용(cost of capital)은 기업이 자본사용의 대가로 자본제공자(주주, 채권자)에게 지불하는 비용으로 기업입장에서는 기업가치가 하락하지 않기 위해서 기업이 벌어야 할 최저 필수 수익률이며, 투자자 입장에서는 자본의 기회비용으로 요구수익률이 된다. 기회비용은 어떤 재화를 하나의 용도에 사용할 때 그 재화를 다른 용도에 사용하지 못함으로써 잃게 되는 편익을 의미한다. 예를 들어 1억 원이 있다고 하자. 1억 원으로 여러 가지 투자를 할 수 있는데 만약에 주식에 투자했다면 주식외의 다른 투자로 얻을 수 있는 이익 중 최대 이익을 주식 투자로 인한 기회비용으로 본다.

기업의 투자로 인한 기대 투자수익률이 자본비용보다 크면(작으면) 기업가치가 증가(감소)한다. 따라서 기업은 적어도 투자자의 요구수익률, 즉 자본비용이상을 벌어야 주식과 부채를 통한 자금조달이 가능하고 사업을 지속적으로 영위할 수 있다.

자본비용 중 자기자본비용은 자기자본의 사용 대가, 타인자본비용은 타인자본의 사용 대가, 가중평균자본비용(WACC: weighted average cost of capital)은 자기자본과 타인자본을 합한 전체 자본의 사용대가이다.

자기자본의 주체인 주주는 사업 위험을 최종적으로 부담하므로 자기자본비용은 상대적으로 위험이 작은 타인자본비용 보다 크다.

자본비용은 자본시장에서 증권가격을 기초로 하여 산출되며 미래 기업성과와 관련이 있다. 반면에 6절 재무 분석에서 자세히 설명할 자기자본수익률(ROE: return on equity), 총자산수익률(ROA(return on asset))는 회계 자료를 기초로 산출되며 기업 과거 성과와 관련이 있다.

2 재무제표

현금흐름을 정확히 산출하려면 재무제표에 대한 이해가 필요하다. 본 절에서는 회계학의 기본개념과 재무제표에 대해서 소개하고자 한다.

1) 회계학 기본 개념

회계는 기업의 경제적 활동을 일정한 시스템에 의하여 식별 측정하고 그 결과를 정보화하여 이해관계자(정보이용자)에게 전달하여 이해관계자가 합리적인 의사결정을 하게 하는 일련의 과정이다.

표 7-1 정보이용자와 의사결정 유형

정보이용자	의사결정 유형
주주(투자자)	주식의 보유, 처분, 추가투자 결정 등
채 권 자	자금의 대여, 회수 결정 등
경 영 자	경영정책의 결정, 수탁책임보고, 보상에 관한 결정 등
종 업 원	근로조건, 임금협상결정 등
과 세 당 국	과세에 관한 의사결정 등
정 부	공공정책결정 등
소 비 자	소비의사결정 등

(1) 회계학의 체계

회계학은 거시회계학, 미시회계학으로 구분되고, 미시회계는 영리회계, 비영리회계로, 영리회계는 정부회계, 기업회계, 가계회계로 세분된다. 본 장의 주 대상인 기업회계는 재무회계, 관리회계, 세무회계로 세분된다.

그림 7-1 회계학의 체계

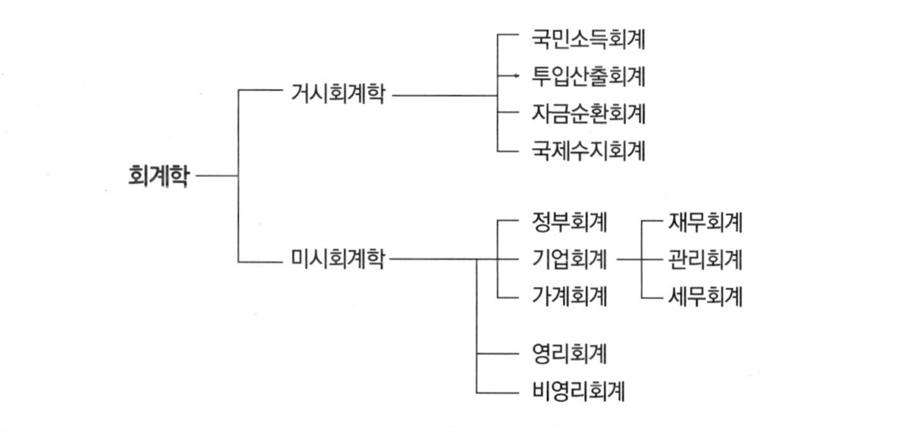

재무회계(financial accounting)는 기업의 경영자금 조달을 위하여 자금을 제공하거나 제공하게 될 외부투자자인 주주나 채권자들의 의사결정에 필요한 재무적 정보를 제공하는 역할을 한다. 관리회계(management accounting)는 기업의 내부자인 경영자가 경영계획 및 통제업무를 수행하는데 필요한 회계정보를 마련하고 이것을 적절하게 활용할

수 있는 여러 기법을 대상으로 한다. 관리회계의 구체적인 기법은 대부분이 원가정보를 통해서 이루어지기 때문에 원가회계와 관리회계는 불가분의 관계를 가지고 있다. 세무회계(tax accounting)는 기업에 대하여 세금을 부과하고 징수하는 정부당국에게 적절한 금액의 세금을 결정하는데 필요한 정보를 제공하는 것을 목적으로 하는 회계분야이다.(참조: 회계학의 체계)

(2) 재무회계 기본가정

첫째, 기업실체(회계실체) 가정

기업실체 가정은 기업의 구성원 특히 기업주와는 별도로 기업 그 자체가 독립적으로 존재한다는 사회적인 가정을 말한다. 즉 기업은 그 자체로서 존재하며 그 구성원인 소유주나 종업원과는 분리된 독립된 주체로서 존재한다는 가정 하에서 회계가 수행된다는 것을 의미한다. 이 가정은 기업의 형태를 취하지 않는 조직에 대해서도 설명력을 갖는다.

둘째, 계속기업 가정

계속기업의 가정은 기업은 경영활동을 영구적으로 수행한다는 전제하에서 운영된다는 가정이다. 이런 가정 하에 기업을 계속적인 것으로 파악할 때 기업이 영업기간을 인위적으로 구분하여 기말에 회계기록을 마감하고 일정기간의 경영성과와 기말의 재무 상태를 기업의 이해관계자에게 보고할 수 있게 된다.

셋째, 화폐적 측정 가정

화폐적 측정의 가정은 회계 상 측정의 대상이 되는 자산, 부채, 자본, 수익, 비용 등은 모두 화폐라고 하는 공통의 척도에 의해 화폐단위로서 표시해야 한다는 것을 의미한다.

넷째, 회계기간 가정

회계기간의 가정은 계속기업을 인위적인 회계단위로 구분할 수 있다고 보는 가정이다. 이 가정 하에 계속 기업을 1년 또는 6개월 등의 일정기간별로 구분할 수 있다고 보면 기업을 청산할 때까지 기다리지 않고 일정기간마다 정보이용자에게 영업활동에 관한 정보를 제공할 수 있게 된다.

(3) 재무회계 기준

첫째, 역사적 원가 원칙(historical cost)

역사적 원가주의는 모든 거래나 사건을 역사적 원가에 의하여 기록하는 것을 의미하며 일단 역사적 원가에 의하여 기록된 자산의 가액은 자산이 존속되는 동안은 변함이 없다는 것을 뜻한다. 역사적 원가주의는 객관성과 검증가능성이라는 장점이 있으나 물가수준의 변동을 반영하지 못한다는 문제점을 갖고 있다.

둘째, 발생주의 원칙

일정기간 동안 경영성과를 보고하려면 기간별 수익과 비용을 확정지어야 한다. 회계기간의 수익과 비용을 인식하는 방법에는 현금주의와 발생주의가 있다.

현금주의 회계에서는 수익은 현금의 수입이 있을 때 인식하고 비용은 현금의 지출이 있을 때 인식한다. 일반적으로 개인이나 가정에서 작성하는 용돈수지장이나 가계부 같은 장부가 대표적인 예이다.

발생주의 회계에서는 현금의 수입과 관계없이 수익획득에 대한 중요한 사건이 완성되면 수익으로 인식하고 현금의 지출과는 관계없이 비용에 대한 중요한 사건이 완성되면 비용으로 인식한다. 예를 들어 외상으로 상품의 매출이 이루어진 경우 현금주의 회계에서는 현금의 수입이 있을 때까지 수익의 인식을 기다려야 하지만 발생주의 회계에서는 현금을 받을 권리가 확정되었으므로 판매한 시점에서 수익으로 인식한다. 또한 이번 회계 연도에 시작된 활동이 기말까지 종료되지 않고 다음 회계기간에도 계속된다면 현금주의 회계로는 정확한 당기의 경영성과를 계산할 수 없게 된다.

발생주의 원칙은 두 가지로 대분된다.

• **수익인식의 원칙-실현주의**(realization principles)

수익 인식이란 수익이 귀속되는 회계기간을 결정하는 것을 말한다. 즉, 발생된 수익을 어느 시점(회계기간)의 장부에 기록하여 보고할 것인가를 결정하는 과정을 의미한다. 수익인식의 원칙에 의하면 수익은 실현되었을 때 인식하도록 되어 있다. 일반적으로 수익은 재화가 판매되거나 용역이 제공되었을 때 실현되었다고 본다.

• **비용인식의 원칙-수익 비용 대응원칙**(matching principle)

수익과 비용 대응의 원칙이란 일정기간에 실현된 수익(성과)과 이 수익을 획득하기 위하여 발생한 비용(노력)을 산정하여 이를 서로 대응시킴으로써 당해 기간의 순이익을 결정한다는 원칙이다. 대응의 방법으로는 매출에 대한 매출원가의 인식과 같은 직접대응(제품대응)과 감가상각비의 인식, 대손상각비의 인식과 같은 간접대응(기간대응)이 있다.

셋째, 일반적으로 인정된 회계원칙

회계원칙이란 회계실무자가 회계행위를 수행함에 있어서 준수하지 않으면 안되는 행위의 지침으로써 투자자, 채권자, 종업원, 정부, 증권감독원, 증권거래소, 공인회계사, 경영자등 다수의 이해관계자집단의 광범위한 지지를 받는 것이어야 한다.

2) 재무제표(financial statement)

재무제표란 기업의 재무상태와 경영성과 및 재무상태의 변동을 표시하는 일정한 형식의 회계보고서이다. 재무제표는 일반적으로 회계기간의 종료시점(결산일)에 작성 보고되므로 결산보고서라고도 한다. 재무제표는 기업의 회계기간 동안의 경영성과뿐만 아니라 결산시점의 재무 상태 및 회계기간 중의 현금흐름 등 기업 경영과 관련된 중요한 정보를 포함하고 있으므로 기업의 경영을 책임지는 경영자에게는 물론이고 투자자, 채권자, 외부 이해관계자들에게 중요한 보고서로 재무상태표, 포괄 손익계산서, 현금흐름표 및 자본변동표의 4가지로 구성되며 추가로 재무제표에 대한 주석도 포함된다.

(1) 재무상태표(Statement of financial position)

재무상태표는 일정시점에 있어서 기업의 재무 상태를 나타내는 재무보고서로 기업의 회계연도 종료일 현재로 기업의 자산(assets)과 부채(Liabilities) 및 자본(owners' equities)의 상호관계를 표시한 회계보고서로 특정일 현재의 자산, 부채, 자본 등 기업의 재무 상태를 표시한다. 재무 상태 표에서 자산을 나타내는 왼쪽을 차변(Dr, debtor), 부채 및 자본을 나타내는 오른쪽을 대변(Cr, creditor)이라고 하며 차변의 합계와 대변의 합계는 항상 일치해야 한다.

자산은 기업이 영업활동의 목적으로 소유하고 있는 경제적 자원(economic resources)을 총칭하며 학술적으로는 특정기업에게 미래의 경제적 효익을 제공할 수 있는 용역 잠재력을 가진 자원이라고 정의하며. 회계학적으로 자산이 되기 위해서는 다음의 세 가지 요건을 갖추어야 한다.

첫째, 경제적 자원이어야 한다.

둘째, 특정기업이 소유 또는 지배하고 있는 것이어야 한다.

셋째, 자원의 가치는 이를 취득 할 때 객관적으로 추정이 가능 하여야 한다.

기업회계기준에서는 자산을 1년 이내에 현금화가 가능한 유동자산(current assets)과 1년 이내에 현금화가 어려운 장기성자산(long-term assets)으로 분류한다. 장기성 자산은 투자목적으로 취득한 투자자산, 영업활동으로 사용하면서 물리적인 형체가 있는 유형자산(tangible assets), 영업활동에 사용되나 물리적인 형체가 없는 무형자산(intangible assets)으로 분류한다.

표 7-2 자산의 분류

유동자산	당좌자산	현금 및 현금성자산, 단기금융상품, 단기매매증권, 매출채권, 단기대여금, 미수금, 미수수익, 선급금, 선급비용 등
	재고자산	상품, 제품, 반제품, 재공품, 원재료, 저장품 등
장기성 자산	투자자산	장기금융상품, 매도가능증권, 만기보유증권, 장기대여금, 장기성매출채권, 투자부동산, 보증금 등
	유형자산	토지, 건물, 구축물, 기계장치, 선박, 차량운반구, 건설중인 자산 등
	무형자산	영업권, 산업재산권, 광업권, 어업권 등

부채는 과거의 거래나 사건의 결과로 미래에 특정 실체가 다른 실체(채권자)에게 재화나 용역을 제공하여야 하는 현재의 채무 또는 의무를 의미하며 회계학 상 부채가 되기 위한 특성은 다음과 같다.

첫째, 기업이 미래에 현금 또는 다른 자산을 이전하거나 용역을 제공할 의무가 있어야 한다.

둘째, 자산의 이전의무나 용역의 제공의무가 특정 기업에만 관련되어야 한다.

셋째, 상환해야 할 금액과 그 상환시기를 합리적으로 예측할 수 있어야 한다.

기업회계기준에서는 부채를 1년 이내에 만기가 도래하면 유동부채(current liabilities), 1년 이후에 도래하면 고정부채(long-term liabilities)로 분류한다.

표 7-3 부채의 분류

유동부채	매입채무, 단기차입금, 미지급금, 선수금, 예수금, 미지급배당금, 유동성장기부채 등
고정부채	사채, 장기차입금 등

자본은 기업이 보유하고 있는 자원에 대한 주주 지분(주주 청구권)으로 총자산에서 총부채를 차감한 순자산 혹은 기업의 경제적 자원에 대한 청구권에서 채권자청구권을 제외한 잔여 지분(residual equities)이라고도 하며 자본금, 자본잉여금, 이익잉여금등으로 세분된다. 자본금은 발행주식의 액면총액(=발행주식수*액면가), 이익잉여금(retained earnings)은 영업활동에서 창출된 이익중 기업 내부에 적립된 금액, 자본잉여금은 주식발행으로 조달된 자본과 자본금의 차이가 된다.

표 7-4 재무상태표

제×기 20××년 ×월 ×일 현재 / 제×기 20××년 ×월 ×일 현재

회사명 (단위: 원)

과 목	당 기		전 기	
자 산				
유동자산		×××		×××
당좌자산		×××		×××
현금및현금성자산	×××		×××	
단기매매금융자산	×××		×××	
매출채권	×××		×××	
선급비용	×××		×××	
재고자산		×××		×××
상(제)품	×××		×××	
원재료	×××		×××	
비유동자산		×××		×××
투자자산		×××		×××
투자부동산	×××		×××	
장기금융자산	×××		×××	
유형자산		×××		×××
토지	×××		×××	
설비자산	×××		×××	
(−)감가상각누계액	(×××)		(×××)	
무형자산		×××		×××
영업권	×××		×××	
산업재산권	×××		×××	
개발비	×××		×××	
기타비유동자산		×××		×××

이연법인세자산	×××		×××	
자산총계		×××		×××
부　채				
유동부채		×××		×××
단기차입금	×××		×××	
매입채무	×××		×××	
미지급비용	×××		×××	
비유동부채		×××		×××
사채	×××		×××	
부채총계		×××		×××
자　본				
자본금		×××		×××
보통주자본금	×××		×××	
자본잉여금		×××		×××
주식발행초과금	×××		×××	
자본조정		×××		×××
자기주식	×××		×××	
기타포괄손익누계액		×××		×××
매도가능증권평가손익	×××		×××	
이익잉여금(또는 결손금)		×××		×××
법정적립금	×××		×××	
임의적립금	×××		×××	
미처분이익잉여금(또는 미처리결손금)	×××		×××	
자본총계		×××		×××
부채 및 자본총계		×××		×××

(2) 포괄손익계산서(Statement of comprehensive income)

포괄 손익계산서는 일정기간동안의 영업활동 결과에 대한 보고서로 다음과 같은 손익계산서 방정식에 의해서 표현된다.

수익(Revenues) - 비용(Expenses) = 이익(Income)

수익은 기업이 일정기간 고객에게 재화나 용역을 제공한 가치로 화폐액으로 표시된다, 영업이익은 기업의 주된 영업 활동에서 발생한 수익, 영업외수익은 기업의 주된 활동이 아닌 다른 활동에서 발생한 수익, 특별이익은 영업활동과 관계없이 비정상적이고 비 반복적으로 발생하는 거래나 사건의 결과로 발생하는 수익을 의미한다.

표 7-5 수익의 분류

영업수익	매출액, 수수료수익 등
영업외수익과 차익	이자수익, 배당금수익, 임대수익, 단기매매증권처분차익, 단기매매증권평가차익, 외환차익, 유형자산처분차익 등
특별이익	자산수증이익, 채무면제이익, 보험차익 등

비용은 기업이 일정기간동안 수익을 얻기 위해서 소비 또는 희생한 재화나 용역의 가치를 금액으로 표시한 것이다.

표 7-6 비용의 분류

매출원가	매입원가 또는 제조원가
판매비와 관리비	급여, 퇴직급여, 복리후생비, 임차비용, 접대비, 감가상각비, 무형자산상각비, 광고선전비 등
영업외비용과 차손	배당수익금, 이자비용, 단기매매증권처분차손, 단기매매증권평가차손, 유형자산처분차손, 외환차손 등
특별손실	재해손실 등
법인세비용	법인세 등

표 7-7 포괄 손익계산서

제×기 20××년 ×월 ×일 부터 20××년 ×월 ×일까지
제×기 20××년 ×월 ×일 부터 20××년 ×월 ×일까지

회사명 (단위: 원)

과 목	당 기		전 기	
매출액		×××		×××
매출원가		×××		×××
매출총이익(또는 매출총손실)		×××		×××
판매비와 관리비		×××		×××
급 여	×××		×××	
퇴직급여	×××		×××	
복리후생비	×××		×××	
임차료	×××		×××	
접대비	×××		×××	
감가상각비	×××		×××	
대손상각비	×××		×××	
영업이익(또는 영업손실)		×××		×××
영업외수익		×××		×××
이자수익	×××		×××	
배당금수익	×××		×××	

임대료	×××		×××	
영업외비용		×××		×××
이자비용	×××		×××	
외환차손	×××		×××	
법인세비용차감전순손익		×××		×××
법인세비용		×××		×××
당기순이익(또는 당기순손실)		×××		×××
기타포괄손익		×××		×××
총포괄손익		×××		×××
주당손익				
기본주당순손익		×××		×××
희석주당순손익		×××		×××

〈그림 7-2〉는 수익, 비용과 자본의 관계를 나타내고 있다.

그림 7-2 수익·비용과 자본의 관계

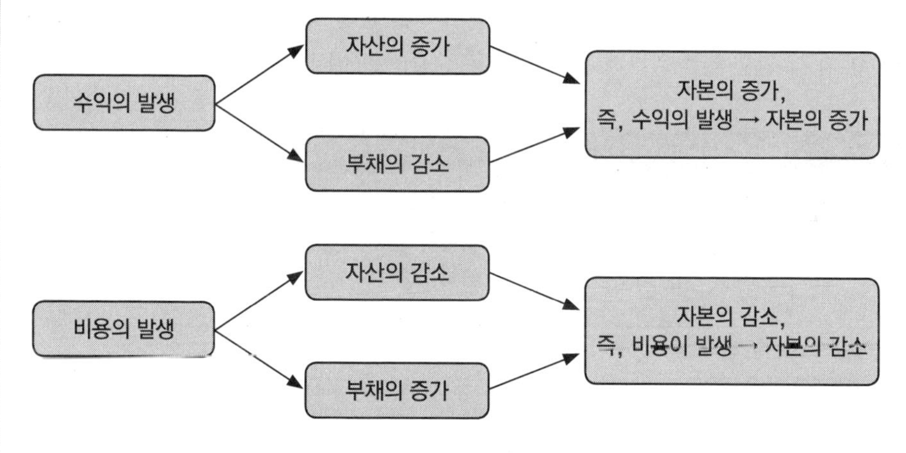

〈그림 7-3〉은 재무상태표와 손익계산서의 연관성을 나타내고 있다.

그림 7-3 재무상태표와 손익계산서의 연관성

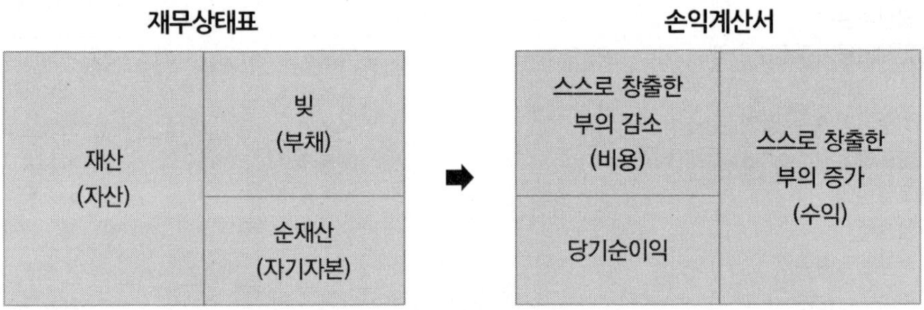

(3) 현금흐름표(cash flow statement)

현금흐름표는 기업의 일정기간 동안 현금흐름에 대한 정보를 나타내는 회계보고서로 해당기간동안 기초현금과 기말현금의 차이를 운영 활동, 재무활동, 투자활동으로 구분하여 각 활동별로 현금의 원천과 사용을 요약한 재무제표이다.

표 7-8 현금흐름표

현금흐름표

200×년 ×월 ×일부터
200×년 ×월 ×일부터

(주)한국 (단위:원)

영업활동으로 인한 현금흐름		
매출로 인한 현금유입	₩800,000	
영업비용에 대한 현금유출	(830,000)	(₩30,000)
투자활동으로 인한 현금흐름		
기계의 구입	0	0
재무활동으로 인한 현금흐름		
장기차입금의 조달	200,000	
유상증자	300,000	
배당금의 지급	(50,000)	450,000
현금의 증가		₩420,000
기초현금		
기말현금		₩420,000

(4) 자본 변동표(statement of changes in equity)

자본 변동표는 회계기간 동안 소유주 지분(자본)의 변동을 구성항목별로 구분하여 보고하는 회계보고서로 자본의 구성요소인 자본금, 자본잉여금, 자본조정, 기타 포괄 손익 누계액, 이익잉여금등의 기초 잔액, 변동 상황, 기말 잔액을 표시한다.

표 7-9 자본변동표

자본변동표

200×년 ×월 ×일부터
200×년 ×월 ×일부터

(주)한국 (단위: 원)

내 용	자본금	이익잉여금	총 계
20×0. ×. ×	₩0	₩0	₩0
주식발행	300,000		300,000
당기순이익		130,000	130,000
배당금		(30,000)	(30,000)
20×0. ×. ××	₩300,000	₩100,000	₩400,000

3) 현금흐름 항등식(cash flow identity)

현금흐름 항등식은 기업의 모든 거래에 수반되는 총현금 결과(total cash result)를 요약한 식으로 "자산으로부터의 현금흐름=채권자에게로의 현금흐름+주주에게로의 현금흐름"으로 표현된다.

(1) 자산으로부터의 현금흐름

"운영현금흐름(Operating cash flow)−순 고정자산 증가(Net capital spending)−순 운전자본 변화"로 정의된다.

• 운영현금흐름

기업의 일상적인 영업 활동으로부터 발생되는 현금흐름으로 "세전영업 이익+감가상각비−세금"으로 정의되며 자금조달비용은 포함시키지 않는다.

• 순 고정자산 증가

"기말 순 고정자산-기초 순 고정자산+감가상각비"로 산출된다.

순 고정자산은 해당시점에서의 "고정자산+ 고정 자산구입- 고정자산처분"으로 정의된다.

• 순 운전자본 변화

주어진 기간 동안 순 운전자본(=유동자산-유동부채)의 변화로 "기말 순 운전자산-기초 순 운전자산"으로 계산된다.

(2) 채권자에게로의 현금흐름

"지급이자-순 차입증가"로 정의된다.

(3) 주주에게로의 현금흐름

"배당-순 자본 증가"로 정의된다.

예 7.1

(주)한국의 재무제표를 이용하여 현금흐름 항등식을 계산하시오.

손익계산서(2013년)

(주)한국 (단위: 억원)

매출액	1,509
매출원가	750
감가상각비	65
영업이익	694
이자	70
세전이익	624
법인세	212
세후이익	412
배당	103
사내유보	309

재무상태표

(2012, 2013년 12월 기준)

(주)한국 (단위: 억원)

	2012	2013		2012	2013
자산			부채 및 자본		
유동자산			유동부채		
현금	104	160	외상매입금	232	266
외상매출금	455	688	지급어음	196	123
재고자산	553	555	계	428	389
계	1,112	1,403	장기부채	408	454
고정자산			자기자본		
공장 및 기계	1,644	1,709	보통주 및 주식발행초과금	600	640
총자산	2,756	3,112	사내유보	1320	1629
			계	1920	2269
부채 및 자본계				2756	3112

운영현금흐름은 수입-비용으로 계산하되 비용 중 감가상각비(현금유출이 아님)와 이자(재무비용)는 제외하고, 세금은 포함 시킨다. 따라서 세전영업이익+감가상각비-법인세로 산출된다.

세전영업이익은 694억 원, 감가상각비는 65억 원, 법인세는 212억 원이므로 운영현금흐름은 547억 원이 된다. 운영현금흐름이 양이면 일상 경영활동으로 인한 현금유입이 현금유출을 충분히 보완되고 음일 경우 문제 소지가 있다. 회계측면에서 운영현금흐름은 세후이익 + 감가상각비로 정의 되는데 (412억 원+65억 원 =477억 원) 재무관리 측면에서의 운영현금흐름(547억 원)과의 차이는 지급이자 70억 원으로 발생한 것이다. 즉 지급이자는 회계측면에서는 운영비용, 재무측면에서는 재무비용으로 처리한다.

순 고정자산 증가는 고정자산구입규모-고정자산 처분규모로 아래와 같이 계산된다.

기말 순 고정자산	1,709억 원
- 기초 순 고정자산	1,644
+ 감가상각비	65
순 고정자산 증가	130억 원

2013년 순 고정자산증가분은 130억 원이 된다. 자산 구입보다 처분이 많은 경우 고정자산증가분이 0보다 작을 수 있다.

순 운전자본(Net Working Capital) 변화

기말 NWC	1014억 원
- 기초 NWC	684
순운전자본변화	330

(주)한국

2013년 자산으로부터의 현금흐름

운영현금흐름	547 억 원
- 순고정자산증가	130
- NWC 변화	330

자산으로부터의 현금흐름 87억 원이 된다.

기업이 채권자나 주주에게 지불한 금액보다 차입내지 증자를 통해 조달한 금액이 더 클 경우에 자산으로부터의 현금흐름은 0보다 작을 수 있다. 자산으로부터의 현금흐름은 운영현금흐름에서 순 운전자금이나 순 고정자산에 대한 투자를 고려한 후의 현금흐름으로 채권자나 주주에게 지불될 수 있기 때문에 잉여현금흐름(Free Cash Flow)이라고도 한다.

채권자에게로 현금흐름

(주)한국

2013년 채권자에게로 현금흐름 (단위: 억 원)

지급이자	70
- 신규차입	46
채권자에게로 현금흐름	24

주주에게로 현금흐름

(주)한국

2013년 주주에게로 현금흐름 (단위: 억 원)

배당	103
-신규증자	40
주주에게로 현금흐름	63

채권자에게로 현금흐름 + 주주에게로 현금흐름 = 24억 원 + 63억 원 = 87억 원으로 자산으로 부터의 현금흐름 87억 원과 같으므로 현금흐름 항등식이 성립한다.

3 기업 가치평가의 의의

1) 미래현금흐름 현재가치의 합은 기업가치 평가에 있어서 최선의 척도이다.

미래 현금흐름의 현재가치의 합으로 나타내는 가치는 완전한 정보를 필요로 하는 동시에 미래를 고려한 장기적인 척도로 이해 당사자들의 요구들을 계량화 할 수 있는 유일한 척도이다. 반면에 주당순이익(EPS: Earnings Per Share), 자기자본수익률(ROE: Return On Equity)등은 몇 년간의 정보를 필요로 하는 단기적인 척도이다. 가치는 이해당사자의 요구도 재무제표를 이용하여 계량화할 수 있다. 예를 들어 고객에게 귀속되는 가치는 그들이 기업에 제공하는 재화 및 서비스에 대해 기꺼이 지불하려는 값에서 기업이 수입으로 수취하는 것을 차감한 것의 현재가치로 소비자잉여(consumer's surplus)라고 한다. 근로자의 요구(근로자자 청구권)를 가치로 표현하면 근로자들의 현재 및 미래시점에 기업으로부터 받을 것으로 예상되는 모든 현금흐름의 할인된 현재가치의 합이 된다. 이와 같이 가치는 어떤 실적척도보다도 완전한 정보를 이용하여 이해당사자의 청구권을 표현할 수 있고, 각 이해 당사자 간의 현재와 미래 현금흐름 간에 균형을 유지하게 해준다.(〈그림 7-4〉 참조)

그림 7-4 재무제표 (단위: 억원)

손익계산서	현재		미래	현재가치
고객에게 귀속되는 가치	1,100	…	4,400	
손익계산서				→ 소비자 잉여
매출액	1,000	…	4,000	
– 임금	(400)	…	(1,600)	→ 근로자의 청구권
– 매출원가	(300)	…	(1,200)	→ 납품업체의 청구권
– 감가상각	(100)	…	(400)	
영업이익	(200)	…	(800)	
이자비용	(50)		(200)	→ 채권자의 청구권
세전이익	150	…	600	
– 세금	(75)		(300)	→ 정부의 청구권
순이익	75	…	300	
– 유보이익	(40)	…	(160)	
배당금	35	…	140	→ 주주의 청구권
재무상태표				
자산				
현금	50		200	
외상매출금	200		800	→ 운전자본의 사용
재고	250		1,000	
유형고정자산	1,000		4,000	→ 유형고정자산의 사용
총자산	1,500		6,000	
부채				
외상미지급금	100		400	
미지급비용	150		600	→ 운전자본의 원천
부채	500		2,000	→ 채무의 원천
유보이익	500		2,000	
보통주	250		1,000	→ 자기자본의 원천
총부채	1,500		6,000	

2) 주주가 모든 이해 당사자들의 청구권 가치를 증가시킬 수 있게 한다.

기업에서 모든 이해당사자가 자신의 이해와 관련된 의사결정에 있어 충분한 정보를 필요로 하는 것은 아니다. 예를 들어 근로자들이 어떤 결정을 내릴 때, 그들이 기업에 대한 자신들의 요구와 관련된 모든 정보를 필요로 하지 않는다. 그러나 주주는 기업의 현금흐름에 관하여 최종순위의 청구권을 가지므로 자신들의 이익을 극대화하기 위해서 다른 이해당사자들과는 달리 모든 수입과 다른 이해 당사자들에 대한 모든 지출을 포함하는 완벽한 정보를 필요로 하는 유일한 이해당사자가 된다. 이와 같이 주주의 청구권(equity claim)은 현금흐름에 대한 최종 청구권자로서 가장 큰 위험을 감수하는 대신 의사결정 권한을 갖는다. 주주들이 자신들의 이익을 극대화하기 위해서 완벽한 정보와 의사결정 권한을 이용할 때 다른 모든 이해 당사자도 일정한 이익을 얻게 된다.

3) 이익 지향적 자본 흐름을 유도한다.

투자수익률이 가중평균자본비용보다 작은 경우 해당 기업은 기업가치가 하락하여 자본공급자에게 적정한 이윤을 제공하지 못하게 된다. 이런 경우가 지속되면 주가하락으로 인해서 투자자들은 손실을 보게 되고 해당 기업은 추가로 자본조달이 불가능해져 기업의 유지가 힘들게 된다. 따라서 가치 평가를 통해서 자본비용 이상의 수익을 올리게 함으로써 이익 지향적 자본흐름을 유도한다. 따라서 가치 평가는 가치 창출을 위한 기본적 의사결정 수단이 된다.

4 기업 가치평가의 응용

1) 포트폴리오 관리

포트폴리오 투자자는 적극적 투자자와 소극적 투자자로 구분된다. 적극적 투자자는 투자위험관리보다는 시장수익률 이상의 초과수익률을 목표로 하는 투자자로서 시장 예측자(market timer)와 증권 선택가(security selector)로 세분된다. 시장 예측자는 시장변화를 예측하여 얻는 이익이 개별증권 분석으로 얻는 이익보다 크다는 믿음 하에

시장 전체의 가치를 평가하여 시장의 과대, 과소평가 여부로 투자를 결정한다. 증권선택 가는 기업가치의 고평가, 저평가를 분석하는 기본적 분석가(fundamental analyst)와 주식매매타이밍을 분석하는 기술적 분석가(technical analyst)로 세분된다. 기본적 분석가는 기업가치 평가로 계산된 시장가격과 내재가치간의 괴리로 주식의 과대평가, 과소평가를 판단할 수 있다고 가정한다. 기술적 분석가에게는 기업가치 평가보다는 기술적 지표들을 투자결정에 이용한다.

위험관리가 목적인 소극적 투자자에게는 기업가치 평가나 투자 타이밍 결정이 큰 도움이 되지 않고, 보조적인 역할을 한다.

2) 인수합병시 적정 가격 산출

인수합병시 시너지 효과 혹은 구조조정효과가 존재하거나 이해당사자간에 이해상충 문제가 발생가능성이 있다. 이럴 경우 인수대상기업의 공정하고 객관적인 가치평가가 중요하다.

3) 기업 재무 전략 수립

기업 가치는 기업의 시설투자 결정, 자본조달 결정, 배당 결정과 같은 주요 의사결정에 영향을 미친다.

5 화폐의 시간적 가치

본 절에서는 현금흐름의 현가 계산에서 필요한 개념인 "화폐의 시간적 가치"에 대해서 설명해 보기로 하자.

1) 가치평가와 화폐의 시간적 가치

가치평가에 적용하는 현금흐름은 현금흐름 발생시점의 상이함과 현금흐름의 위험도가 반영되어야한다. 현금흐름 발생시점이 상이할 경우 비교가능한 동일 시점으로 현금흐름을 환산해야하고 동일한 현금흐름이라도 발생시점이 다르면 그 가치가 다르고 동일한 현금흐름일 경우 먼저 들어오는 현금흐름이 더 가치가 있다. 이를 화폐의 시간적 가치라 한다. 화폐의 시간적 가치는 투자자들이 미래의 현금보다 현재의 현금을 선호하는 유동성선호 경향을 갖기 때문에 존재하게 된다.

2) 화폐의 시간적 가치와 시장이자율

자금의 수요와 공급이 일치될 때 형성되는 시장균형이자율은 소비자들의 현재와 미래에 대한 시차선호와 위험정도가 감안되어 결정되는 관계로 화폐의 시간적 가치를 반영하는 척도가 된다. 따라서 시장균형이자율은 현재가치를 미래가치로 혹은 미래가치를 현재가치로 평가할 때 환산율의 기준으로 쓰이게 된다.

3) 미래가치와 현재가치의 계산

서로 상이한 시점에서 발생하는 현금흐름을 일정시점의 가치로 환산하는 방법으로 미래가치와 현재가치가 있으며 다음과 같이 산출된다.

(1) 미래가치

$$FV_n = PV_0(1+r)^n = PV_0(CVIF_{r,n})$$

n: n시점, : FV_n : n시점 미래가치, PV_0 : 현재가치, r : 이자율

$(CVIF_{r,n}) = (1+r)^n$: 복리이자요소(CVIF: Compound Value Interest Factor)

그림 7-5 미래가치

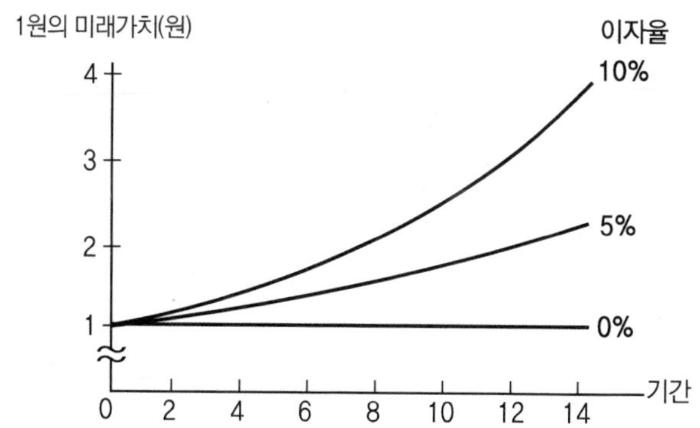

예 7.2 미래가치 계산

현금 1,000만원을 연리 10%의 정기예금에 저축할 경우 ① 1년 후, ② 3년 후, ③ 5년 후의 미래가치는 얼마인가?

풀이

$FV_1 = PV_0(1+r)^1 = 1,000(1+0.1)^1 = 1,000(1,100) = 1,100$(만원)

또는 $FV_1 = PV_0(CVIF_{0.1,\ 1}) = 1,000(1,100) = 1,100$(만원)

$FV_3 = PV_0(1+r)^3 = PV_0(CVIF_{0.1,\ 3})=1,000(1,331)=1,331$(만원)

$FV_5 = PV_0(1+r)^5 = PV_0(CVIF_{0.1,\ 5})=1,000(1.6105)=1,610.5$(만원)

(2) 현재가치

$$PV_0 = \frac{FV_n}{(1+r)^n} = FV_n(PVIF_{r,n})$$

$$(PVIF_{r,n}) = \frac{1}{(1+r)^n}$$: 현가이자요소(Present Value Interest Factor)

그림 7-6 현재가치

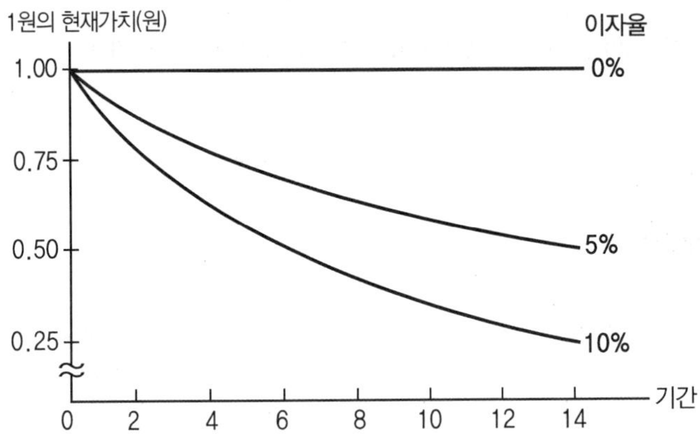

예 7.3 현재가치 계산

이자율이 10%일 때 ① 1년 후, ② 3년 후, ③ 5년 후의 1,000만원은 현재시점 기준으로 얼마의 가치가 있는가?

(풀이)

$PV_0 = PV_1(1+r)^1 = 1{,}000/(1+0.1) = 1{,}000(0.9.91) = 909.1$(만원)

또는 $PV_0 = FV_1(1+r) = 1{,}000/(PVIF_{0.1,\,1}) = 1{,}000(0.9091)=909.1$(만원)

$PV_0 = FV_3/(1+r)^3 = 1{,}000/(PVIF_{0.1,\,3}) = 1{,}000(0.7513) = 751.3$(만원)

$PV_0 = FV_5/(1+r)^5 = 1{,}000/(PVIF_{0.1,\,5}) = 1{,}000(0.6209) = 620.9$(만원)

예 7.4 투자안의 투자가치 비교

투자안 A는 4년 후 30억 원의 현금흐름을 발생시키고, 투자안 B는 12년 후 50억 원의 현금흐름을 발생시킨다. 이자율이 10%일 때 어느 투자안이 더 선호되는가?

(풀이)

$$PV_A = \frac{300}{(1+0.1)^4} = 300(0.683) = 204.9(\text{천만원})$$

$$PV_B = \frac{500}{(1+0.1)^{12}} = 500(0.319) = 159.5(\text{천만원})$$

따라서 투자안 A의 현가가 더 크므로 투자안 A가 선호된다.

---

(3) 연금의 미래가치(년말 현금흐름기준)

내년도 말에 현금흐름이 A만큼 n년 동안 발생하는 경우 이자율이 r일 때 n년 뒤의 현금흐름 가치는?

$$Sn = A(1+r)^{n-1} + A(1+r)^{n-2} + \cdots\cdots\cdots\cdots +A(1+r)^1+A(1+r)^0$$

$$= A[(1+r)^{n-1} + (1+r)^{n-2} + \cdots\cdots\cdots\cdots +(1+r)^1+(1+r)^0]$$

$$A\left\{\frac{(1+r)^n-1}{r}\right\} = A\cdot(CVIFA_{r,\,n})$$

($CFIFA_{r,\,n}$: compound value interest factor for an annuity) 또는 n년 복리계수

$= \left\{\frac{(1+r)^n-1}{r}\right\}$; 연금의 복리이자요소

그림 7-7 연금의 미래가치

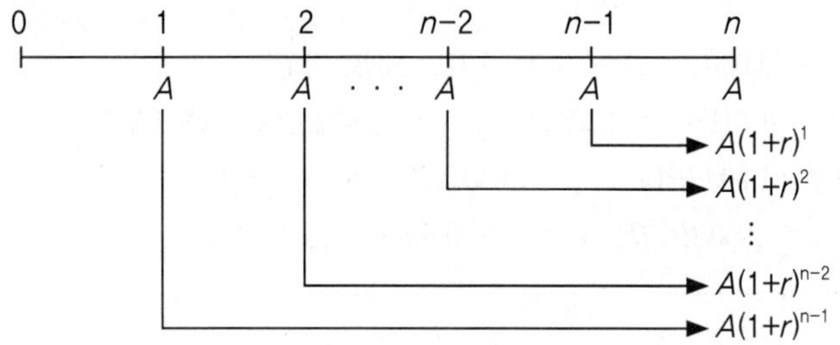

예 7.5 연금의 미래가치 계산

A씨는 앞으로 5년 동안 매년 말에 1,000만 원씩의 연금을 지급받는다. A씨가 이를 연 10%의 이자율로 정기 적금하여 연금지급이 끝나는 5년 후에 찾는다면 연금의 미래가치는 얼마인가?

풀이

$$S_n = 1{,}000(1+0.1)^4 + 1{,}000(1+0.1)^3 + 1{,}000(1+0.1)^2 + 1{,}000(1+0.1)^1 + 1{,}000(2+0.1)^0$$

$$= 1{,}000\left\{\frac{(1+0.1)^5-1}{0.1}\right\} = 1{,}000(CVIFA_{0.1,\,5}) = 1{,}000(6.1051) = 6{,}105.1(\text{만원})$$

---

(4) 연금의 현재가치(년말 현금흐름 기준)

매년 말 현금흐름 A가 n년 동안 발생 할 경우 이자율이 r일 때 현금흐름의 현가는 다음과 같이 산출된다.

$$S_0 = \frac{A}{(1+r)} + \frac{A}{(1+r)^2} + \frac{A}{(1+r)^3} + \cdots\cdots\cdots + \frac{A}{(1+r)^n}$$

$$= A\left[\frac{1}{(1+r)} + \frac{1}{(1+r)^2} + \frac{1}{(1+r)^3} + \cdots\cdots\cdots + \frac{1}{(1+r)^n}\right]$$

$$A\left[\frac{(1+r)^n-1}{r(1+r)^n}\right] = \frac{A}{r}\left[1-\frac{1}{(1+r)^n}\right] = A\cdot(PVIFA_{r,\,n})$$

($PVIFA_{r,n}$: present value interest factor for annuity) 또는 연금의 현가계수

$= \frac{(1+r)^n-1}{r(1+r)^n}$: 연금의 현재가치요소

그림 7-8 연금의 현재가치

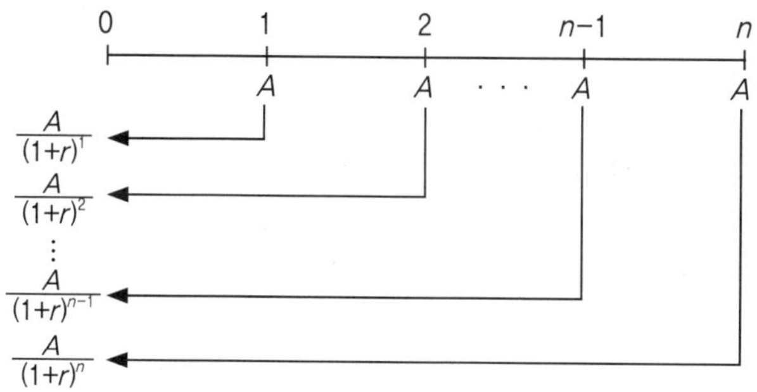

예 7.6 연금의 현재가치 계산

향후 5년간 매년 말에 1,000만원씩의 연금을 지급받기로 약속한 금액을 현재 일시불로 지급받고 싶으면 얼마를 받아야 하는가?(연 이자율은 10%)

풀이

$$S_0 = \frac{1,000}{(1.1)} + \frac{1,000}{(1.1)^2} \cdots\cdots + \frac{1,000}{(1.1)^5}$$

$$= \frac{1,000}{0.1}\left\{1 - \frac{1}{(1.1)^5}\right\} = 3,791\text{만원}$$

예 7.7 연금의 현재가치 계산의 응용

올해로 25세가 된 남한국 씨는 정년퇴직하는 60세 이후부터 80세까지 연말 기준으로 매년 3,000만원이 필요하다. 이 자금 수요를 충족시키기 위해서 50세에 만기가 되는 25년 만기의 장기성 적금 가입을 고려중이다. 이자율이 12%인 이 적금에 가입할 경우 남씨가 25년 동안 매년 말 불입해야 할 금액을 계산하시오.(50세부터 60세까지 예금 이자율은 12% 가정)

풀이

1) 60세 말 기준 퇴직 후 20년(61-80세)간 필요비용의 현가

$= 3,000(PVIFA_{0.12,\ 20}) = 3,000 \times 7.4694 = 22,402.2$(만원)

2) 50세 말 기준 1)의 현가

$= 22,402.2(PVIF_{0.12,\ 10}) = 22,402.2/(1.12)^{10} = 7,214.84$(만원)

3) 50세 말 기준 25년간 매년 적금불입액(x)의 미래가치

$= x(CVIFA_{0.12,\ 25})$

4) 2)와 3)이 일치해야 하므로

$7{,}214.84 = x(CVIFA_{0.12,\ 25})$

$\therefore x = \dfrac{7{,}214.84}{133.33} = 54.11$(만원)

매 년말 54.11만원을 불입하면 된다.

연금의 현재가치와 미래가치 관계는 다음과 같다.

$S_n = S_0 \times (1+r)^n$

---

(5) 영구연금

만기가 무한대인 경우 연금의 현재가치는 다음과 같다.

$$S_0 = \frac{A}{(1+r)} + \frac{A}{(1+r)^2} + \frac{A}{(1+r)^3} + \cdots\cdots + \frac{A}{(1+r)^n} + \cdots\cdots \infty$$

$$= \lim_{n \to \infty} \frac{A}{r}\left[1 - \frac{1}{(1+r)^n}\right] = \frac{A}{r}$$

성장률이 g인 항상 성장영구연금의 현재가치는 다음과 같다.

$$PV_0 = \frac{A}{(1+r)} + \frac{A(1+g)}{(1+r)^2} + \frac{A(1+g)^2}{(1+r)^3} + \cdots + \infty = \frac{A}{r-g}$$

(g=0일 경우 영구연금의 현가와 동일)

예 7.8 영구연금, 항상 성장 연금

5년 후부터 매년 40만원씩 지급받는 연금이 있다.

(1) 이 연금의 현재가치를 구하시오.

(2) 만약 이 연금이 올해 말부터 지급되는데 지급액이 해마다 6%씩 증가한다면 이 연금의 현재가치는 얼마인가? 단, 시장이자율은 10%이다.

풀이

(1) 5년도 초(4년도말)의 영구연금의 현가 $= \dfrac{A}{r} = \dfrac{40}{0.1} = 400$(만원)

올해 초의 영구연금의 현가 $= \dfrac{400}{(1.1)^4} = 273.20$(만원)

(2) 항상성장 영구연금현가 = $\frac{A}{r-g} = \frac{40}{0.1-0.06}$ = 1,000(만원)

---

4) 이자율

(1) 연속 복리

연간 복리계산 회수가 m회인 경우의 n년 후 미래가치는 다음과 같다.

$$FV_n = PV_0\left(1+\frac{r}{m}\right)^{mn}$$

연간 m회 할인될 경우의 n년 뒤 가치(FV_n)의 현재가치는 다음과 같다.

$$PV_0 = FV_n\left(1+\frac{r}{m}\right)^{-m \cdot n}$$

연간 복리회수가 무한히 많을 경우(연속복리)의 n년 뒤 미래가치

$$FV_n = PV_0 \lim_{m\to\infty} \cdot \left(1+\frac{r}{m}\right)^{mn} = PV_0 \cdot e^{rn} \text{ (여기서 } e=2.71828)$$

〈증명〉 $e^r = \lim_{m\to\infty} \cdot \left(1+\frac{r}{m}\right)^m$ 이므로

$$FV_n = PV_0 \lim_{m\to\infty}\left(1+\frac{r}{m}\right)^{mn} = PV_0\left[\lim_{m\to\infty}\left(1+\frac{r}{m}\right)^m\right]^n = PV_0 \cdot e^{rn}$$

연속 복리의 경우 n년 후 미래가치의 현재가치

$$PV_0 = FV_n / \lim_{m\to\infty}\left(1+\frac{r}{m}\right)^{m \cdot n} = FV_n \cdot e^{-rn}$$

예 7.9 **복리계산횟수가 연 2회 이상일 경우의 미래가치 계산**

연간 이자율이 10%일 때 1,000만원을 ① 연 1회(m=1), ② 연 2회, 즉 반기(m=2), ③ 연 4회, 즉 분기(m=4), ④ 연 365회, 즉 일간(m=365), ⑤ 연속적(m=∞)으로 복리 계산할 때, 각각의 10 년 후의 미래가치를 구하시오.

풀이

① 연 1회 복리

FV_{10} = 1,000(1+0.1)^{10} = 1,000(2.5397) = 2,539.7(만원)

② 연 2회 복리

$FV_{10} = 1{,}000\left(1+\frac{0.1}{2}\right)^{2*10}$ = 1,000(2.6533) = 2,653.3(만원)

③ 연 4회 복리

$$FV_{10} = 1{,}000\left(1+\frac{0.1}{4}\right)^{4*10} = 1{,}000(2.6851) = 2{,}685.1(\text{만원})$$

④ 연 365회 복리

$$FV_{10} = 1{,}000\left(1+\frac{0.1}{365}\right)^{365*10} = 1{,}000(2.7179) = 2{,}717.9(\text{만원})$$

⑤ 연속적 복리

$$FV_{10} = 1{,}000 \cdot e^{rn} = 1{,}000(2.718)^{0.1*10} = 1{,}000(2.7183) = 2{,}718.3(\text{만원})$$

예 7.10 할인횟수가 연 2회 이상일 경우의 현재가치 계산

연간 이자율이 12%일 때 10년 후의 1,000만원에 대한 현재가치를 구하고자 한다. 할인이 ① 연 1회, ② 연 2회(반기마다), ③ 연 4회(분기마다), ④ 연속적으로 되어질 경우의 현가를 구하시오.

풀이

① 연 1회 할인

$$PV_0 = \frac{1{,}000}{(1.12)^{10}} = 1{,}000(0.3220) = 322(\text{만원})$$

② 연 2회 할인

$$PV_0 = 1{,}000/\left(1+\frac{0.12}{2}\right)^{(2*10)} = 1{,}000(1+0.06)^{-20} = 1{,}000(0.3118) = 311.8(\text{만원})$$

③ 연 4회 할인

$$PV_0 = 1{,}000/\left(1+\frac{0.12}{4}\right)^{(4*10)} = 1{,}000(1+0.03)^{-40} = 1{,}000(0.3066) = 306.6(\text{만원})$$

④ 연속적 할인

$$PV_0 = 1{,}000/(2.7183)^{-(0.12)10} = 301.2(\text{만원})$$

---

(2) 표면이자율과 실효이자율

연간 표면이자율이 (r_s)일 때, 연간 m회 복리계산할 경우의 실효이자율 (r_e)는 다음과 같이 계산된다.

$$r_e = \left(1+\frac{r_s}{m}\right)^m - 1$$

예 7.11 **실효이자율의 계산**

표면이율 (r_s)이 연 8%이다. 다음같이 복리로 계산될 때 실효이자율(r_e)은 얼마인가?

① 반기별 ② 분기별 ③ 매 월 ④ 매 일

풀이

① $r_e = \left(1+\frac{0.08}{2}\right)^2 - 1 = 0.0816,$ 즉 8.16%

② $r_e = \left(1+\frac{0.08}{4}\right)^4 - 1 = 0.0824,$ 즉 8.24%

③ $r_e = \left(1+\frac{0.08}{12}\right)^{12} - 1 = 0.0830,$ 즉 8.30%

④ $r_e = \left(1+\frac{0.08}{365}\right)^{365} - 1 = 0.0833,$ 즉 8.33%

예 7.12 5 년전 100만원을 예치한 것이 현재 200만원이 되었다.

① 표면이자율은 얼마인가?

② 1년마다 복리로 증식되는 것을 전제로 하면 실효이자율은 얼마인가 ?

풀이

① $r_s = \left(\frac{200}{100} - 1\right)/5 = 20\%$

② $r_s = \sqrt[5]{\frac{200}{100}} - 1 = 14.87\%$ $[\because 100*(1+r_e)^5 = 200]$

* 실효이자율의 근사치를 계산하는 방법은 다음과 같다.

$$r_e * t = 72$$

r_e : 실효이자율 t : 원금의 두 배가 되는 데 걸리는 시간

따라서 $r_e = 72/t$ 가 된다.

예를 들어, 24년 전 1,000만원 투자한 것이 현 시점에서 두 배가 되었다면 실효이자율은 개략적으로 3%가 된다.

(3) 명목이자율(r)과 실질이자율(R) 관계

Fisher's Equation $(1+r) = (1 + R)(1 + I) \fallingdotseq 1 + R + I + I \times R \fallingdotseq 1 + R + I$로부터 $r \fallingdotseq R + I$가 유도된다.

r: 명목이자율 R: 실질이자율 I: 인플레이션

6 재무 분석

1) 의의

재무 분석이란 합리적인 의사결정을 내리기 위해서 재무제표 등 기업 관계자료를 수집하여 기업의 경영실태를 파악하는 일련의 활동을 말하며 기업의 원리금 지급능력, 신용도, 수익성, 안전성, 효율성, 생산성등 기업의 재무정보를 이용한 신용분석, 증권분석, 내부경영분석들이 주요 내용을 구성한다. 본 절에서는 기업 가치에 영향을 주는 현금흐름과 위험 분석의 기초가 되는 재무비율 분석, 경제적 부가가치, 손익분기점 분석과 레버리지 분석에 대해서 설명한다.

2) 재무비율 분석

재무비율 분석은 기업의 재무제표에서 도출되는 재무 정보로부터 산출되는 비율을 통하여 기업 간 재무 상태를 비교 분석하는 것을 말하며 기업의 영업과 재무환경에 대한 특정한 결정적인 사실들을 전달하는 간편한 방법으로 이해관계자에 따라 분석 주요 범위가 아래와 같이 구분된다.

이해관계자	분석범위
채권자	신용도, 유동성, 수익의 안정성
주주	수익성, 위험
경영자	내부경영분석

(1) 분석 자료에 의한 분류

재무비율은 일정시점에서 기업의 재무 상태를 나타내는 항목간의 비율인 정태비율, 일정기간 동안 기업의 경영성과를 나타내는 항목들 간의 비율인 동태비율, 두 가지 항목이 혼합된 혼합비율로 세분된다. 정태비율은 재무상태표, 동태비율은 손익계산서를, 혼합비율은 재무상태표, 손익계산서를 모두 이용한다.

(2) 분석방법에 의한 분류

구성비율은 정태분석인 경우 총자산을 100으로 하여 재무상태표 항목들을, 동태분석인 경우 매출액을 100으로 하여 손익계산서 항목들을 백분율로 표시한 공통형 재무제표를 사용한다.

표 7-10 공통형 재무제표(손익계산서)

매출액	100.0%
매출원가	58.2
감가상각비	11.9
영업이익(EBIT)	29.9
이자비용	6.1
법인세비용차감전순이익	23.8
법인세비용(34%)	8.1
당기순이익	15.7%

• 관계 비율은 재무제표 두 항목간의 비율을 사용하며 주요 비율들은 다음과 같다.

① **유동성 비율**(Liquidity ratios)

기업의 단기채무 상환 능력을 나타낸다.

i) 유동비율(current ratio): 유동자산/유동부채

ii) 당좌비율(quick ratio): 당좌자산/유동부채

② **부채성 비율**(Leverage ratios)

기업의 부채의존도를 나타낸다.

i) 부채비율: 총부채/자기자본

ii) 이자보상비율(Time interest earned): 이자 및 법인세 차감전 이익/이자 = 영업이익(EBIT)/이자

iii) 현금보상비율(Cash Coverage): (EBIT + 감가상각비)/이자

③ **활동성 비율**(Activity ratios)

기업의 자산이용 효율성을 나타낸다.

i) 재고자산회전율(Inventory turnover): 매출액/평균재고

ii) 매출채권 평균회수기간(Average collection period days): 평균매출채권/일일

평균 신용매출액

iii) 고정자산회전율(Fixed-assets turnover): 매출액/고정자산

iv) 총자산회전율(Total assets turnover): 매출액/총자산

④ 수익성 비율(Profitability ratios)

매출액과 자산에 대한 순수익을 나타낸다.

i) 매출총이익률(Gross profit margin): 매출총이익/매출액

ii) 영업이익률(Net operating margin): 영업이익/매출액

iii) 매출액 순이익률(profit margin on sales): 당기순이익/매출액

iv) 총자산 순이익률(Return on total assets: ROA): 당기순이익/총자산

v) 자기자본 순이익률(Return on equity: ROE): 당기순이익/자기자본

⑤ ROI 분석: Du Point System

듀퐁 시스템은 1930년대 미국 듀퐁사에 의해서 개발된 재무 분석 기법으로 기업 활동의 종합지표인 총자산순이익률(ROA) 혹은 자기자본순이익률(ROE)에 영향을 주는 재무요인들을 체계적으로 분석하여 문제가 되는 요인을 찾기 위해서 다음과 같은 분석체계를 갖고 있다.

자기자본순이익률(ROE)

$$= \text{순이익}/\text{자기자본}$$

$$= \frac{\text{순이익}}{\text{총자산}} \times \frac{\text{총자산}}{\text{자기자본}} = \text{총자산순이익률(ROA)} \times (1+\text{부채비율})$$

$$= \frac{\text{순이익}}{\text{매출액}} \times \frac{\text{매출액}}{\text{총자산}} \times \frac{\text{총자산}}{\text{자기자본}} = \frac{\text{순이익}}{\text{매출액}} \times \frac{\text{매출액}}{\text{총자산}} \times (1+\frac{\text{부채}}{\text{자기자본}})$$

$$= (\text{매출액순이익률}) \times (\text{총자산회전율}) \times (\text{부채레버리지비율})$$

$$= (\text{마진의 변화}) \times (\text{활동성의 변화}) \times (\text{레버리지의 변화})$$

(3) 재무비율 평가법

• 상호비교법

특정시점에서 분석대상기업의 재무비율을 비교하여 분석하는 방법으로 비교기준이 되는 표준비율은 산업평균비율을 주로 사용한다.

• **추세분석법**

일정기간동안의 재무비율의 증감이나 변화 추세를 파악하는 방법으로 재무비율의 추세분석, 비교재무제표의 이용, 다 기간 공통형 재무제표 등을 이용하여 분석한다.

• **종합지수법**

여러 비율분석 결과를 단일지표로 나타내어 경영성과를 종합적으로 평가하는 방법으로 다음과 같은 절차를 거친다.

첫째, 주요비율의 산정

둘째, 비율별로 중요도(가중치)의 부여

셋째, 비율별로 관계비율(=실제비율/표준비율) 산출

넷째, 종합평점(가중치×관계비율 합계) 산출

다섯째, 종합판정

표 7-11 종합지수법에 의한 평가((주)한국)

재무비율	가중치 A	비율값 B	표준비율 C	관계비율(%) D=B/C	평 점 E=A · D
유동비율	0.25	131.61%	134.0%	98.22	24.56
부채 대 자기자본비율	0.25	251.03%	245.0%	97.60③	24.40
고정비율 ①	0.15	166.65%	122.3%	73.39④	11.01
매출채권회전율	0.10	15.11회	11.35회	133.13	13.31
재고자산회전율	0.10	9.48회	6.47회	146.52	14.65
고정자산회전율	0.10	4.06회	4.21회	96.44	9.64
자기자본회전율 ②	0.05	5.72회	5.37회	106.52	5.33
합 계	1.00				102.90

[주] ① 고정비율 = 고정자산 / 자기자본.
② 자기자본회전율 = 매출액/자기자본.
③과 ④는 $D=C/B$로 계산.

(4) 재무비율 분석의 한계

• 재무비율 분석은 회계적 이익에 기초를 두기 때문에 기업가치와 관련이 있는 경제적 이익에 근거한 기업 가치를 반영 못 할 수 있다.

• 회계처리방법이 다양하여 재무비율 결과가 다양하게 나올 수 있다.

- 다각화 기업, 산업분류가 어려운 기업은 상호 비교가 어렵다.
- 객관적인 평가기준이 없다.
- 기업의 질적 측면을 무시한다.

재무제표 분석의 한계는 다음과 같다.

〈재무상태표〉

재무상태표 표시 기준인 자산의 장부 가치는 자산의 실질가치 또는 대체원가와 큰 차이가 날 수 있다. 예를 들어 자산에는 인적자원처럼 경제적 가치가 크지만 계상되지 않는 것이 있다.

〈손익계산서〉

회계적 이익은 자의적인 것으로 경제적 이익과 차이가 날 수 있고 기업의 현금상태를 나타내지 못한다.

3) 손익분기점 분석

손익분기점 분석은 총 영업비용(=매출원가+판매관리비)과 매출액의 관계규명을 통하여 목표 현금흐름 혹은 영업이익이 발생하는 매출액 수준을 분석하는 것을 말한다.

총 영업비용은 고정영업비와 변동영업비로 구분된다. 변동비는 매출액에 비례하여 발생하는 비용으로 직접노무비, 재료비, 판매 수수료 등 이 있으며, 고정비는 매출액과 독립적으로 발생하는 비용으로 고정자산에 대한 감가상각비, 고정자산 최소 유지비, 인건비, 리스료, 임대료, 광고비, 지급 이자 등으로 구성된다.

다음과 같은 손익계산서가 있다.(지급이자가 없다고 가정)

	매출액
(−)	매출원가
(−)	판매관리비
	영업이익(EBIT: Earning Before Interest and Taxes)
(−)	세금(T: Taxes)
	순이익(NI: Net Income)

위의 손익계산서에 근거하여 손익분기점을 산출하는 식을 유도해 보자.

p: 제품가격, Q: 판매수량, v: 제품당 변동비, FC: 고정비(감가상각비포함)라고 하면 매출액은 pQ, 총영업비용(=매출원가+판매관리비) = 변동비+ 고정비 = vQ + FC로 표현된다.

운영현금흐름(OCF: Operating Cash Flow)은 다음과 같이 정의된다.

$$EBIT + 감가상각비(D) - 세금(T) = (p-v) \times Q - FC + D - T \quad (7.1)$$

(자금조달비용은 포함시키지 않음)

목표 OCF를 달성하기 위한 매출량(수량)은 다음과 같이 산출된다.

식(7.1)에 T=0를 가정하면, 목표 OCF= (p-v)Q - FC + D가 되므로 목표 OCF를 달성하기 위한 매출량은 아래와 같이 유도된다.

$$Q = \frac{FC-D+목표OCF}{p-v} \quad (7.2)$$

(1) 회계 손익분기점(BEP) 분석

회계 손익분기점은 매출액(총수익)과 총영업비용(v×Q+FC)이 같아지는, 즉 영업이익이 0이 되는 매출액 혹은 판매량으로 정의된다. 따라서 회계손익분기점은 식 (7.1)로부터 목표 OCF=D가 되는 매출액 혹은 판매량이 된다. 목표 OCF=D를 식 (7.2)에 대입하면 회계손익분기점 매출수량(Q)과 매출금액(S)은 다음과 같게 된다.

$$BEP(Q) = \frac{FC}{p-v},$$

$$BEP(S) = \frac{FC}{1-\frac{v}{p}}, \quad 1-\frac{v}{p} : 공헌이익률$$

그림 7-9 손익분기점 분석

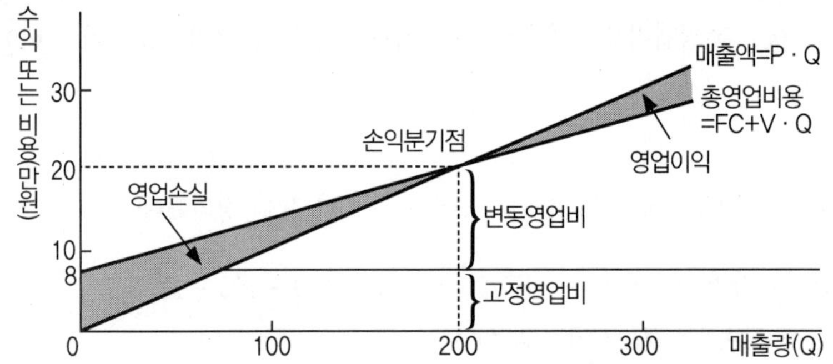

예 7.13 FC = 30,000(천원), V/P = 0.7이면, 손익 분기 매출액

풀이

$$BEP(S) = \frac{30,000}{1-0.7} = 100,000(천원)$$이 된다.

〈다 제품 기업의 회계손익분기점〉

다 제품으로 구성된 기업의 회계 손익분기점은 다음과 같이 산출된다.

손익분기점에서의 매출액 = 고정비/가중평균공헌이익률

가중평균공헌이익률 = 제품별 공헌이익률을 제품별 매출액 구성비로 가중 평균한 값.

예 7.14

제품	가격	단위당변동비	매출액/총매출액(%)
A	400(천원)	300(천원)	30
B	1,000	700	30
C	2,000	1,200	40

총고정비(FC) 300,000(천원)

풀이

공헌이익률

A: (400−300)/400 = 0.25

B: (1,000−700)/1,000 = 0.3

C: (2,000−1,200)/2,000 = 0.4

가중평균공헌이익률(WC)

공헌이익률	매출액비율	
A: 0.25	0.3	= 0.075
B: 0.3	0.3	= 0.09
C: 0.4	0.4	= 0.16

가중평균공헌이익률(WC) = 0.325

전체 손익분기점(매출액) = FC/WC = 300,000/0.325 = 923,077(천원)

손익분기점(매출액)을 달성하기 위한 제품별 매출액은 다음과 같다.

A: 276,923(=923,077×0.3)(천원), B: 276,923(천원), C: 369,231(천원)

회계적 손익분기점분석은 이익 발생능력의 안전도 평가, 목표이익달성의 타당성 평가, 투자결정, 자본조달 결정 평가에 응용된다.

---

(2) 현금손익분기점(cash break-even)

운영현금흐름(operating cash flow)이 0이 되게 하는 매출액이다.

즉 식 (7.1)에서 T = 0를 가정하면, OCF = (p−v)×Q−FC+D = 0가 되고 이 식을 Q에 대해서 정리하면

현금흐름 손익분기점은 $Q = \dfrac{FC-D}{p-v}$가 된다.

(3) 재무손익분기점(financial break-even)

NPV=0 가 되게 하는 매출액으로 OCF*를 NPV=0가 되게 하는 OCF로 정의하면 재무 손익분기점(수량)은 다음과 같이 산출된다.

$$Q = \frac{FC-D+OCF^*}{p-v}$$

재무손익분기점이 되는 프로젝트는 IRR이 요구수익률과 같게 된다.

예 7.15 (주)홍익은 아래와 같은 신규 보우트 개발을 추진하려고 한다. 관련 자료들은 다음과 같다.

보우트당 판매가 40 백만 원, 변동비 20 백만 원, 연간고정비(감가상각비 미포함) 500 백만 원, 총 투자비 3,500 백만 원으로 감가상각비(D) 700 백만 원/년, 5년 정액 법(잔존가치: 0), 운전 자본은 필요가 없으며, 요구수익률은 20%이다.
예상매출액 85보우트/년, 세금은 없다고 가정한다.

풀이

이 문제에서 연간고정비(FC)가 감가상각비(D)를 포함하지 않으므로 식(7.2)는 식(7.3)이 된다.

$$Q = (FC + \text{목표 } OCF)/(p - v) \qquad (7.3)$$

- 회계적 손익분기점(Qa)
  회계적 손익분기점은 순이익=0가 되는 매출 수량이므로 목표 OCF =D가 된다.
  따라서 식 (7.3)으로부터 Qa =(500 +700)/20 =60 보우트가 된다.

- 현금 손익분기점(Qc)
  OCF = 0가 되는 매출 수량이므로 식 (7.3)으로부터 Qc = 500/20 = 25 보우트가 된다.

- 재무 손익분기점(Qf)
  NPV = 0가 되는 OCF는 5년 간의 OCF의 현재가치가 투자비 3,500백만 원과 같아지는 OCF이다. 5년 간의 현금흐름을 20%로 할인한 연금 요소(PVIFA 0.2, 5)는 2.9906이므로 3500백만 원 = OCF×2.9906 로부터 OCF = 3500백만 원/2.9906 = 1,170백만 원이 되므로 식 (7.3)으로부터 Qf =(500 + 1,170)/20 = 83.5 보우트가 된다.

따라서 Qf > Qa > Qc가 된다.

그림 7-10 **운영 현금흐름과 손익분기점**

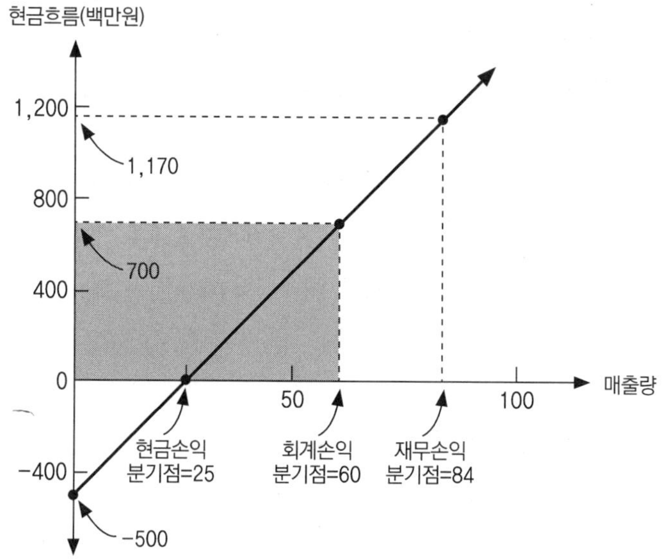

(4) 손익분기점 분석의 한계

첫째, 고정비와 변동비 구분은 가정에 따라 달라지며, 장기적으로 모든 비용은 변동비가 된다.

둘째, 고정비가 실제로 고정되어지는 매출액 범위는 극히 작은 구간이 된다. 또한 변동비, EBIT, 매출액의 선형관계가 성립하지 않는 경우가 많다.

셋째, 손익분기점 분석은 정태적이어서 매출액 변화에 대한 영업이익 변화 정도를 파악하기 힘들다.

4) 레버리지 분석

레버리지 분석은 기업의 총비용 중에서 고정비가 차지하는 비중이 클수록 기업의 이익과 손실이 확대되는 손익확대효과(Leverage effect)의 원리를 분석하는 것으로 영업레버리지, 재무레버리지, 결합레버리지가 있다.

(1) 영업레버리지(operating leverage)

매출액과 변동비 사이에 선형관계, 즉 매출액이 변하면 변동비는 비례해서 변한다고 가정하면 영업레버리지는 매출액 변화에 대한 영업이익(EBIT)의 손익을 확대하는 역할을 하며 영업레버리지도(Degree of operating leverage: DOL)로 측정된다.

v: 단위당 변동비 F: 고정영업비, S: 매출액, V: 변동비, P: 판매가격, Q: 매출량으로 정의하면 $EBIT = S-(F+V) = PQ-(F+vQ) = (P-v)Q-F$,

EBIT의 퍼센트 변화 $=(P-v)\Delta Q/EBIT$, 매출액의 퍼센트 변화 $=P\Delta Q/PQ$가 되므로 영업레버리지도는 다음과 같이 표시된다.

$$DOL = \frac{EBIT\text{의 퍼센트변화}}{\text{매출액의 퍼센트변화}} =$$

$$DOL = \frac{(P-V)\Delta Q/EBIT}{P\Delta Q/PQ} = \frac{Q(p-v)}{EBIT} = Q(p-v)/EBIT$$

$$= \frac{(S-V)}{EBIT} = \frac{F+EBIT}{EBIT} \tag{7.4}$$

DOL이 증가하면, 기업의 영업 레버리지가 커진다.

고정영업비가 증가할수록, $EBIT$가 감소할수록 DOL은 증가하며, $EBIT$가 F에 비해 아주 크면 DOL은 1에 근접한다.

예 7.16 (주)한국이 매출액(S) 100백만 원, 변동비(V) 63백만 원, $EBIT$ 12백만 원일 때

$$DOL = \frac{F+EBIT}{EBIT} = \frac{S-V}{EBIT} = \frac{100-63}{12} = \frac{37}{12} = 3.1$$

변동비가 55백만 원일 경우 고정비가 증가하므로 $DOL = \frac{100-55}{12} = 3.8$가 되어 3.1보다 크게 된다.

---

(2) 재무레버리지(financial leverage)

고정영업비를 갖는 자산에 투자함으로써 발생하는 영업레버리지효과와는 달리 재무레버리지효과는 고정재무비를 갖는 자금조달로 인해 발생한다. 고정 재무비가 발생하는 자금조달의 주요 원천들은 부채(이자와 원금 상환), 우선주(우선배당), 리스 등이다.

재무레버리지는 고정 재무비로 인하여 EBIT 변동이 EPS 변동에 영향을 주는 정도를 나타내며 다음과 같은 재무레버리지도로 측정된다.

Degree of financial leverage(DFL) = EPS퍼센트 변화/ EBIT퍼센트 변화

$$EPS = \frac{(EBIT-I-L)(1-t)-d}{N}, \ \Delta EPS = \Delta EBIT(1-t)/N \text{로부터}$$

$$DFL = \frac{\Delta EBIT(1-t)/N}{((EBIT-I-L)(1-t)-d)/N} / \frac{\Delta EBIT}{EBIT}$$

$$= \frac{EBIT}{(EBIT-I-L)-\frac{d}{1-T}} \qquad (7.5)$$

I =이자, L =리스료, d = 우선주 배당, T=법인세율, N=발행주식수

DFL이 증가하면 기업의 재무레버리지는 커진다.

예 7.17 (주)갑을과 (주)병정의 재무제표가 있다. (주)갑을은 고정부채가 없고 ㈜병정은 고정부채와 자기자본비율이 1:1이라는 것 이외의 다른 사항들은 모두 같다.(단위: 천원)

(주)갑을		(주)병정	
총자산	12,000,000	총사산	12,000,000
유동부채	2,000,000	유동부채	2,000,000
보통주(1,000,000주)	10,000,000	고정부채(8퍼센트)	5,000,000
EBIT	1,500,000	보통주(500,000주)	5,000,000
세금(T=0.4)	600,000	EBIT	1,500,000
순이익	900,000	이자	400,000
EPS	0.90	EBT	1,100,000
		세금(T=0.4)	440,000
		순이익	660,000
		EPS	1.32

풀이

DFL을 구하면 다음과 같다.

(주) 갑을		(주) 병정	
EBIT	1,500,000	EBIT	1,500,000
I	0	I	400,000
L	0	L	0
d/(1-T)	0	d/(1-T)	0
DFL	$\frac{1,500,000}{1,500,000-0} = 1.00$	DFL	$\frac{1,500,000}{1,500,000-400,000} = 1.36$

(주)갑을의 DFL=1.00은 EBIT의 1퍼센트 변화는 1퍼센트의 EPS변화를, (주)병정의 DFL=1.36은 EBIT의 1퍼센트 변화에 대해서 EPS가 1.36 퍼센트 변화한다는 것을 의미한다. 이러한 결과는 (주)갑을은 고정부채 사용에 따른 지급이자가 발생하지 않기 때문에 재무레버리지가 존재하지 않고, (주)병정은 고정부채 사용에 따른 지급이자로 인해서 재무레버리지 효과가 발생했기 때문으로 설명된다.

---

(3) 결합레버리지(combined leverage)

지금까지 영업레버리지와 재무레버리지를 설명하였다. 이 두 레버리지를 결합한 레버리지는 다음과 같은 결합레버리지도로 측정된다.

Degree of combined leverage = DCL = EPS 퍼센트 변화/매출액 퍼센트변화

= (EBIT 퍼센트 변화/ 매출액 퍼센트 변화)(EPS 퍼센트 변화/EBIT 퍼센트 변화)

= (DOL)×(DFL)

$$\mathrm{DCL} = \frac{\frac{(P-V)\Delta Q}{EBIT}}{\frac{P\Delta Q}{PQ}} \times \frac{\frac{\Delta EBIT(1-T)/N}{(EBIT-I-L)(1-t)-d)/N}}{\frac{\Delta EBIT}{EBIT}}$$

$$= \frac{(P-V)Q}{EBIT-I-L-\frac{d}{1-T}} = \frac{S-V}{EBIT-I-L-\frac{d}{1-T}}$$

$$= \frac{EBIT+F}{EBIT-I-L-\frac{d}{1-T}} = (DOL)\times(DFL) \qquad (7.6)$$

예 7.18 (주)한국의 DOL = 1.25, DFL = 1.15이라면, DCL = 1.25×1.15 = 1.44가 된다. DCL이 1.44라는 것은 매출액 1퍼센트 변화에 대해서 EPS가 1.44퍼센트 변화하는 것을 의미한다.(금액단위; 1,000원)

예 7.19 (주)조선의 S = 8,000,000만원 , V = 4,500,000만원 , EBIT = 2,500,000만원, I = 400,000 만원, L = 200,000 만원, d = 50,000 만원, T = 50퍼센트이면 DCL은 다음과 같다.

$$DCL = \frac{8,000,000-4,500,000}{2,500,000-400,000-200,000-50,000/0.5} = 1.94$$

DCL은 신규 투자와 재무계획이 EPS에 미치는 영향을 평가하는 데 사용될 수 있다. 예를 들어 기업이 평소보다 위험자산에 많은 투자를 하였으나, 기업의 재무계획이 일정하다면 영업레버리지는 증가하나 재무레버리지는 비교적 일정하지만 결합레버리지 증가로 나타난다. 이 경우 기업이 일정한 결합레버리지를 원하면 영업레버리지 증가만큼 재무레버리지를 감소시켜야만 한다. 이를 위해서 기업은 과거보다 자기자본을 더 많이 사용하는 재무정책을 선택해야 한다.

7 기업가치 평가 방법

가치평가 결과가 적정하기 위해서는 현금흐름(Cash flow)의 크기, 발생 시점(timing), 위험(risk)을 반영한 자본비용을 정확히 추정하여야 한다. 제1절에서 설명한 현금흐름과 자본비용의 자세한 정의와 추정방법에 대해서 살펴보자.

1) 현금흐름의 정의

기업가치 평가에 적용되는 현금흐름은 주주잉여 현금흐름 또는 기업잉여현금흐름이 있다.

(1) 주주잉여현금흐름(FCFE: Free Cash Flow To Equity)

주주잉여현금흐름은 매출액에서 영업비용, 이자 및 원금상환액 그리고 미래성장률을 유지하는데 필요한 자본적 지출 공제 후의 잔여 현금흐름을 의미하며 다음과 같이 산출된다.

$$\text{주주잉여 현금흐름} = \text{영업이익} - \text{이자비용} - \text{법인세} + \text{감가상각비} - \text{자본적 지출} - \text{추가운전자본} - \text{원금상환액} + \text{신규 부채 발행액} \quad (7.7)$$

(2) 기업잉여현금흐름(FCFF: Free Cash Flow To Firm)

모든 청구권자들에게 귀속되는 현금흐름으로 다음과 같이 산출된다.

$$\begin{aligned}&\text{영업이익}(1-\text{법인세율}) + \text{감가상각비} - \text{자본적 지출} - \text{추가운전자본} \\ &= FCFE + \text{이자비용}(1-\text{법인세율}) + \text{원금 상환액} - \text{신규부채 발행액} + \\ &\quad \text{우선주 배당금}\end{aligned} \quad (7.8)$$

2) 자본비용의 정의 및 추정

자금조달 원천별 자본비용은 다음과 같이 추정된다.

- **타인자본비용**(cost of debt : kd)

기업이 타인 자본을 사용한 대가로 지불하는 이자 비용으로 다음과 같이 추정된다.

$$kd = \frac{\text{이자}}{\text{타인자본}} \times (1-\text{법인세율}) = \text{이자율}(1-\text{법인세율}) \quad (7.9)$$

예 7.20 이자율 10%, 법인세율 40% 이면 타인자본비용은 10(1−0.4) = 6%가 된다.

- **자기자본비용**(ke)

자기자본에 대하여 기업이 벌어들어야 할 최저 수익률로서 직접적인 관찰이 불가능한 관계로 아래와 같은 방법으로 추정한다.

① 증권시장선이용

베타를 정확히 측정 가능 주식에 증권시장선을 적용하여 체계적 위험만을 요구수익률에 반영한다.

$$k_e = E(R_j) = R_f + \beta_j[E(R_m) - R_f] \tag{7.10}$$

단, k_e : 주식에 대한 요구수익률(자기자본비용)

β_j : 주식 j의 체계적 위험지수 (계수)

$E(R_m)$: 시장포트폴리오에 대한 기대수익률

그림 7-11 베타에 영향을 주는 요인

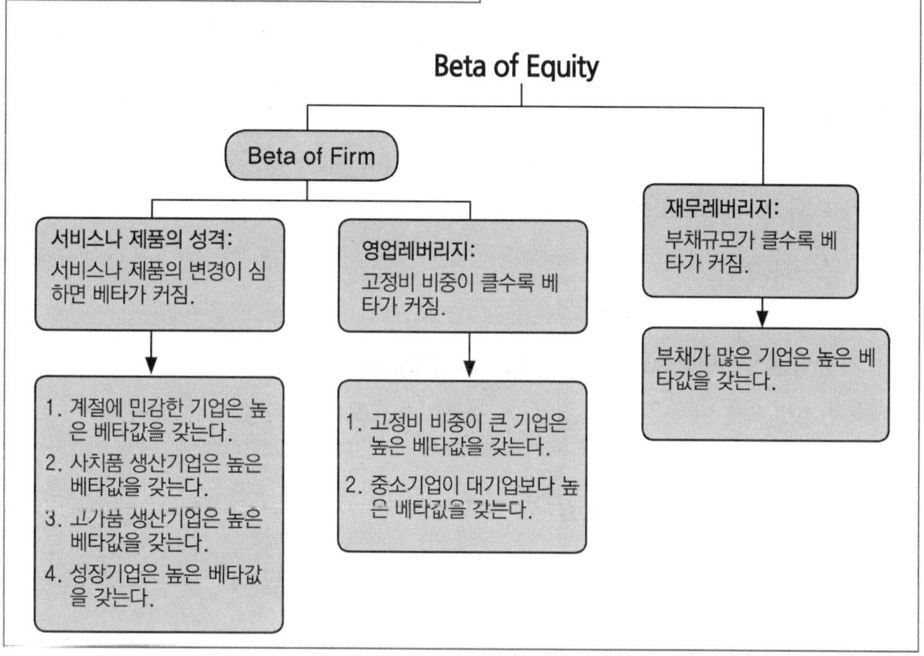

$$\text{부채사용기업 } \beta = \text{무부채기업 } \beta(1+(1-t)(B/S)) \tag{7.11}$$

로 표현된다.

단, 무부채기업베타: 영업위험과 서비스, 제품 성격이 반영된 베타,

B: 부채, S: 자기자본, t: 법인세율

② 배당평가모형

CAPM 가정을 현실적으로 받아들일 수 없거나 거래가 활발하지 못한 주식에 적용한다.

단, $\hat{P}_0$: 0시점 주식의 이론적 가치(적정주가)
k_e : 주주의 요구수익률(자기 자본비용)
d_1 : 차기의 배당금
P_0 : 주가
g : 이익배당의 성장률

$\hat{P}_0$가 P_0와 일치한다고 가정하면 $k_e = \frac{d_1}{P_0} + g$가 된다.

③ **이익평가모형**

배당이 없거나 극히 적어 배당평가 모형을 이용할 수 없는 주식에 사용한다.

$\hat{P}_0 = \frac{E}{k_e} + g$ (E: 주당이익) ≅ P_0

$\hat{P}_0$가 P_0와 일치한다고 가정하면 자기자본비용은 다음과 같다.

$k_e = \frac{E}{P_0}$가 된다.

• **가중평균자본비용(weighted average cost of capital: WACC)**

자본원천별 자본비용을 가중 평균한 자본비용으로 다음과 같이 산출된다.

$$k_o = k_d \times \frac{B}{B+S} + \text{ke} \times \frac{S}{B+S} \tag{7.12}$$

k_o: $WACC$
k_d: 타인자본비용
k_e: 자기자본비용
B: 타인자본 시장가치
S:자기자본 시장가치

$$k_e > k_o > k_d$$

3) 기업가치 평가법

기업 가치는 미래 현금흐름의 현가이므로 기업 가치를 정확히 평가하기 위해서는 현금흐름과 자본비용(할인율)을 정확히 적용시켜야 한다. 즉, 기업현금흐름을 사용하면 가중평균자본비용을, 주주현금흐름을 사용하면 자기자본비용을 적용해야 한다. 만약 현금흐름과 할인율을 잘못 적용하면 기업가치 혹은 자기자본가치가 적정가치보다 고평가 혹은 저평가된다. (〈표 7-11〉 참조)

표 7-12 기업가치, 현금흐름, 자본비용

권리자	권리자에 귀속되는 현금흐름	적용할인율
보통주 주주	자기자본에 대한 잉여현금흐름	자기자본비용
채권자	이자비용(1-법인세율)+원금상환-신규차입	세후 부채비용
우선주 주주	우선주 배당	우선주 비용
기업(보통주 주주, 채권자, 우선주 주주)	기업에 대한 잉여현금흐름(자기자본에 대한 잉여현금흐름+이자비용(1-세율)+원금상환-신규차입+우선주 배당)	가중평균 자본비용

예 7.21 향후 5년간 다음의 현금 흐름이 예상되는 기업이 있다. 자기자본비용은 13.625%이며, 이 기업은 10%의 이자율로 장기 대출을 받을 수 있다(법인세율 t=50%). 현재 자기자본의 시장가치는 1,073억 원, 부채 잔액은 800억 원이다. 자기자본 가치를 구하시오.

(금액단위: 억 원)

연 도	주주의 기대현금흐름	이자(1-t)	기업의 기대현금흐름
1	50	40	90
2	60	40	100
3	68	40	108
4	76.2	40	116.2
5	83.49	40	123.49
5년도말 가치	1,603.008		2,363.008

자기자본비용 = 13.625%

타인자본비용 = 세전 이자율(1-법인세율) = 10%(1-0.5) = 5%

자기자본의 가치 = 1,073억 원

부채의 가치 = 800억 원

$$WACC = \text{자기자본비용} \times \frac{\text{자기자본}}{\text{부채+자기자본}} + \text{타인자본비용} \times \frac{\text{부채}}{\text{부채+자기자본}}$$

$$= 13.625\% \times \frac{1,073}{1,873} + 5\% \times \frac{800}{1,873} = 9.94\%$$

〈방법 1〉 기대현금흐름을 자기자본비용으로 할인

$$\text{자기자본의가치} = \frac{50}{1.131625} + \frac{60}{1.13625^2} + \frac{68}{1.13625^3} + \frac{76.2}{1.13625^4} + \frac{83.49+1,603}{1.13625^5} = 1,073\text{억 원}$$

〈방법 2〉 기업의 기대현금흐름을 가중평균자본비용으로 할인

$$\text{기업의 가치} = \frac{90}{1.0994} + \frac{100}{1.0994^2} + \frac{108}{1.0994^3} + \frac{116.2}{1.0994^4} + \frac{123.49+2,363}{1.0994^5} = 1,873\text{억 원}$$

자기자본의 가치 = 기업의 가치 - 부채의 가치

= 1,873 - 800 = 1,073억 원

두 방법의 결과는 동일하게 1,073억 원이 된다.

그러나 다음과 같은 경우 자기자본가치가 과대 혹은 과소평가 된다.

주주의 기대현금흐름을 가중 평균자본비용으로 할인하는 경우

자기자본의 가치 = $\frac{50}{1.0994} + \frac{60}{1.0994^2} + \frac{68}{1.0994^3} + \frac{76.2}{1.0994^4} + \frac{83.49+1,603}{1.0994^5}$ = 1,248억 원으로 자기자본가치가 과대평가 된다.

기업의 현금흐름을 자기자본비용으로 할인하는 경우

기업의 가치 = $\frac{90}{1.13625} + \frac{100}{1.13625^2} + \frac{108}{1.13625^3} + \frac{116.2}{1.13625^4} + \frac{83.49+1,603}{1.13625^5}$ = 1,613억 원

으로 자기자본의 가치 = 기업의 가치 - 부채의 가치 = 1,613 - 800 = 813 억 원이 되어서 자기 자본가치가 과소평가 된다.

기업가치 평가법은 현금흐름할인법, 상대가치평가법, 옵션가치평가법 등이 있다.

---

(1) 현금흐름할인법(DCF: Discounted CashFlow Valuation)

"현재가치의 원칙"에 근거하여 자산으로부터 기대되는 미래 현금흐름의 현재가치로 평가하는 방법으로 일반적인 모형은 식 (7.9)와 같으며 배당할인모형, 이익평가모형, 주주잉여 현금흐름 할인모형, 기업잉여현금흐름 할인모형 등이 있다.

$$가치 = \sum_{t=1}^{n} \frac{CF_t}{(1+r)^t} \tag{7.13}$$

n = 자산의 수명

CF_t : t기간의 현금흐름

r : 현금흐름의 위험을 반영한 할인율

• 배당할인모형

배당 할인모형은 미래 배당의 현가 합을 적정 주가(P_0)로 추정하는 모형으로 다음과 같이 표시된다.

$$P_0 = \sum_{t=1}^{n} \frac{DPS_t}{(1+r)^t} \tag{7.14}$$

DPS_t : 미래 기대되는 주당 현금배당금
r : 주식의 요구수익률(자기자본비용)

예 7.22 **주식가치의 평가**

올해 4,000원의 이익을 올린 A 기업은 1,600원의 배당금을 지급하였다. 내년도의 배당금(d_1)은 1,720원, d_2는 1,840원, d_3는 1,900원으로 예상되며 3년도 말의 주가는 33,000원으로 예상된다. 이 기업의 주식의 이론적 가치는 얼마인가? 자기자본비용 12%

풀이

배당평가모형 일반식을 적용하면 적정주가는 다음과 같다.

$$P_0 = \frac{1,720}{(1.12)} + \frac{1,840}{(1.12)^2} + \frac{1,900+33,000}{(1.12)^3} = 27,843,68(원)$$

- **고든(Gordon)의 일정 배당 성장 모형**

고든은 순이익의 기대성장률과 배당성향이 일정하다는 가정 하에 다음과 같은 일정 성장배당 모형을 제시하였다. 고든의 일정 성장배당 모형은 배당의 성장률이 장기간 안정적인 기업의 가치 평가에 이용하며 적정주가(P)는 다음과 같다.

$$적정\ 주가 = \frac{DPS_1}{r-g} \quad (7.15)$$

DPS_1 : 1년 후 기대되는 주당 배당금
r : 주식의 요구수익률(자기자본비용)
g : 배당금 기대성장률(영원히 지속되고 r 보다 작다고 가정)

예 7.23 주당순이익 3000원, 배당성향: 68.00%, 주당배당금 2,040원
순이익과 배당금의 기대 성장률: 5%, 장기국채수익률: 7.5%
주식베타: 0.75, 시장 포트폴리오의 위험프리미엄: 5.5%
자기자본비용: 7.5% + 0.75×5.5% = 11.63%
적정 주가 = 2,040원×1.05/(0.1163 − 0.05) = 32,300원이 된다.

그러나 본 모형은 r, g와 같은 투입 변수에 따라 적정 주가 산출 결과가 민감해진다는 한계를 가

지고 있다. 이러한 문제점을 최소화하기 위해서 기대성장률(g)을 추정할 때 일반적으로 g= b* ROE을 적용한다.(b : 내부 유보율)

• **이익평가모형**

배당 평가모형은 배당을 하지 않거나 극히 적은 경우에는 적용할 수 없다.

이 경우 배당 대신 이익을 이용한 이익평가모형을 적용하여 다음과 같이 적정주가 (P_0)를 평가한다.

$$P_0 = \frac{E_1}{(1+k_e)} + \frac{E_2}{(1+k_e)^2} + \cdots\cdots\cdots\cdots = \sum_{t=1}^{\infty}\frac{E_t}{(1+k_e)^t} \quad (7.16)$$

E_t : t기의 주당이익

k_e : 주당이익에 대한 자본환원율(배당평가모형의 할인율 k와 다름)

i) 성장기회가 없는 경우 적정 주가

$$P_0 = \frac{E}{(1+k_e)} + \frac{E}{(1+k_e)^2} + \frac{E}{(1+k_e)^3} + \cdots\cdots + \infty = \frac{E}{k_e} \quad (7.17)$$

ii) 성장기회가 있는 경우 적정 주가

기업이 이익 일부를 재투자하고 재투자수익률이 요구수익률을 상회할 경우 적용하는 모델로 적정주가(P_0)는 다음과 같이 평가한다.

$$P_0 = \frac{E_1}{k} + \frac{E_1}{k}\left[\frac{f(r-k)}{k-f\cdot r}\right]$$ = 현존자산에 대한 이익의 현재가치+미래성장기회의 현재가치($PVGO$) (7.18)

E_1: 기말예상주당이익 f : 사내유보율

k: 요구수익률 r: 재투자수익률

예 7.24 이익평가모형에 의한 주식평가

지금 A, B사 모두 기말 주당이익(E_1)으로 500원이 예상된다. 그러나 A사는 재투자수익률과 요구수익률이 12.5%로 동일하고, 이익의 전부를 배당 지급한다. 반면에 B사는 재투자수익률이 15%(사내 유보율 60%)인 이익성장의 기회를 가지고 있다.

(1) A사의 주식가치는 얼마인가?

(2) B사의 성장률과 주식가치는 얼마인가? 성장기회의 현재가치는 얼마인가?

(3) 만약 A사가 B사처럼 이익의 60%를 사내유보(배당성향 40%)시킨다면 성장률과 주식가치는 얼마인가?

풀이

(1) A사는 $k = r = 12.5\%$로서 성장기회가 없으므로

$$P_0 = \frac{E_1}{k} = \frac{500}{0.125} = 4{,}000\text{원}$$

(2)

1) B사의 성장률: $g = f \cdot r = 0.6 \times 0.15 = 0.09$

2) 주식가치 P_0 = 성장기화가 없는 경우의 현재가치 + 성장기회가 있는 경우의 현재가치

$$= \frac{E_1}{k} + \frac{E_1}{k}\left[\frac{f(r-k)}{k-f \cdot r}\right]$$

$$= 4{,}000+4{,}000\left[\frac{0.6(0.15-0.125)}{0.125-0.09}\right]$$

$$= 4{,}000+17.14 = 5{,}714(\text{원})$$

성장기회의 현재가치 = 1,714원은 r재투자에 의한 현재가치 증가분이 된다.

항상 성장모형 적용 결과는 다음과 같다. $P_0 = \dfrac{d_1}{k-g} = \dfrac{500 \times 0.4}{0.125-0.09} = 5{,}714\text{원}$

(3) A사가 사내유보율을 높일 경우 성장률: $g = f \cdot r = 0.6 \times 0.125=0.075$가 된다.

그러나 차기배당(d_1)은 $d_1=E1(1-f)=500(0.4)=200$원으로

따라서 $P_0 = \dfrac{d_1}{k-g} = \dfrac{200}{0.125-0.075} = 4{,}000\text{원}$

요구수익률(k) 재투자수익률(r)이 같은 경우 사내유보율을 높이더라도 주식가치에 변함이 없다. 즉 (1)의 결과와 (3)의 결과가 같게 된다.

즉 (1)의 결과와 (3)의 결과가 같게 된다.

이 경우 성장기회가 있는 경우의 이익평가 모형에 적용하여도 $k = r$이므로 같은 결과가 도출된다.

- **주주잉여 현금흐름(FCFE)할인모형**

배당할인 모형에서 배당금을 주주잉여 현금흐름으로 대체한 모형으로 일반식은 다음과 같다.

$$\text{자기자본의 가치} = \sum_{t=1}^{\infty} \frac{\text{주주의 기대현금흐름}_t}{(1+k_e)^t} \quad (7.19)$$

주주의 기대현금흐름$_t$: t 기간동안 주주에게 기대되는 현금흐름

k_e : 자기 자본비용

- **안정성장 FCFE 모형**

안정적 성장을 하는 기업에 적용되며, 자본적 지출이 감가상각비에 의해 거의 상쇄되고, 주식의 베타가 거의 1에 접근하며 모형은 다음과 같다.

$$P_0 = \frac{FCFE_1}{r_e - g_n} \quad (7.\ 20)$$

P_0 : 현재 시점의 적정 주가

$FCFE_1$: 다음기의 기대

r : 자기자본비용(주주의 요구수익률)

g_n : $FCFE$의 영구성장률

예 7.25 주당순이익 = 3150원, 주당 자본적 지출 = 3150원, 주당감가상각비= 2780원 주당 추가운전자본 = 500원, 부채비율 = 25%, 순이익, 자본적 지출, 감가상각비, 추가운전자본: 6%/년 성장, 주식베타 = 0.9,장기국채수익률 = 7.5%, 원금 상환액은 신규부채 발행액으로 조달한다고 가정하자. 적정주가는?

풀이

자기자본비용은 7.5% + 0.9×5.5% = 12.45%이 된다.

기준년도의 주당 FCFE = 주당 순이익 – (1– 부채비율)(주당 자본적 지출 – 주당감가상각비) – (1– 부채비율)주당추가 운전자본

= 3,150 – (1–0.25)(3,150 – 2,780) – (1 – 0.25)500 = 2,490원

기대성장률은 6.0%이므로, 주식가치는 2,490×1.06/(0.1245 – 0.06) = 40,920원이 된다.

이 모형은 성장률이 명목경제 성장률과 같거나 낮은 기업, FCFE보다 지나치게 많거나 낮은 배당을 하는 안정적인 기업을 평가시 적합하다.

〈FCFE 모형과 배당할인 모형 비교〉

첫째, 두 모형 추정치가 유사한 경우는 다음과 같다.

배당과 FCFE가 같거나, FCFE가 배당보다 크지만 이 차이 금액을 NPV=0인 프로젝트에 투자하는 경우 추정치가 유사하게 산출된다.

둘째, 추정치가 차이가 날 경우는 다음과 같다.

FCEE 가 배당금보다 크고 초과금을 NPV가 음인 프로젝트에 투자하거나, FCEE가 배당금보다 작고 따라서 NPV가 양인 프로젝트를 기각하거나, 배당자금을 조달하기 위해서 과도한 주식발행 또는 차입으로 손실이 발생할 경우.

셋째, 기업지배권 가치로 인해서 일반적으로 FCFE 모형가치가 배당 할인 모형가치 보다 크다. 기업지배권 변경 가능성이 크면 FCFE 모형이 적합하나, 기업지배권 변경 가능성이 작으면 배당할인 모형이 적합하다.

- **기업잉여 현금흐름(FCFF)할인모형**

기업잉여 현금할인 모형을 다음과 같다.

$$\text{기업의 가치} = \sum_{t=1}^{\infty} \frac{\text{기업의 기대현금흐름}_t}{(1+WACC)^t} \tag{7.21}$$

기업의 기대현금흐름$_t$: t기간 동안 기업의 기대현금흐름

$WACC$: 가중평균자본비용

기업잉여 현금흐름의 성장률이 안정적인 성장 모형을 설명해 보자.

$$\text{기업의 가치} = FCFF_1/(WACC-g_n) \tag{7.22}$$

$FCFF_1$: 다음년도기대 $FCFF$

$WACC$: 자본비용

g_n : $FCFF$의 영구성장률

안정 성장모형은 다음과 같은 가정 하에서 적용한다.

첫째, 성장률이 경제의 명목성장률과 비교하여 합리적이다.

둘째, 감가상각비와 자본적 지출 크기가 비슷하다.

예 7.26 FCFF성장률 5%, FCFF1 875천원, 주식베타 1.05, 장기국채수익률 7.50%일 때 기업가치를 구하시오.

세전이자율 8.5%, 법인세율 36%, 시장위험프리미엄 5.5%

풀이

자기자본비용 = 7.50% + 1.05 × 5.50% = 13.25%

세후이자율 = 8.50 × (1 − 0.36) = 5.44%

부채비율 = 23.67%

가중평균 자본비용 = (13.275 × 0.7633) + (5.44% × 0.2367) = 11.42%

기업 가치 = $FCFF_1$ /(0.1142 − 성장률)

= 875(천원)/(0.1142 − 0.05) = 13,629(천원)

예 7.27 A사의 부채의 장부가치가 227억 원, 현재 FCFF가 791억 원, 성장률 8.86%, WACC 13.22%, 발행주식수 232 백만 주일 경우 적정주가는?

풀이

기업가치 = 791억 × 1.0886/(0.1322 − 0.0886) = 19,750억 원

자기자본가치 = 19,750억 원 − 227억 원 = 19,523억 원

적정주가 = 19,523억 원/232 백만 주 = 8,415원

〈FCFF와 FCFE 평가의 비교〉

FCFF는 부채와 관련된 현금흐름을 고려하기 이전 현금흐름, FCFE는 부채관련 현금흐름을 고려한 이후의 현금흐름으로 이익 성장률이 레버리지 효과를 감안해서 조정되거나, 부채 시장가격이 정확히 산출되면 두 모형의 결과가 동일하게 된다. 그러나 레버리지 변화가 심한 경우, FCFE가 음의 값을 갖는 경우, 부채 가치 평가가 힘든 경우는 FCFF 모형 적용이 유효하다.

- **경제적 부가가치(EVA: Economic Value Added)**

1980년대 이후 미국을 중심으로 기업가치 평가시 기업의 실제 가치가 아닌 장부

가치를 사용한 자기자본순이익률(ROE: Return On Equity), 영업 이익 등의 회계적 수치를 사용하여 왔다. 그러나 이와 같은 회계이익을 사용한 지표들은 자기자본사용에 대한 대가로 지불하는 자기자본비용을 비용으로 인식하지 않는 결과를 초래하였다. 이에 따라 1980년대 후반 경영컨설턴트 회사인 Stern Stewart 사가 자기자본비용도 비용으로 인식하는 EVA를 개발하였다.

〈정의〉

EVA의 정의는 다음과 같다.

$$EVA = NOPLAT - \text{자본비용} = \text{영업용 투자자본} \times (ROIC - \text{자본비용}) \quad (7.23)$$

(양적 측면)　　(질적 측면: 초과수익률)

세후영업이익(NOPLAT(Net Operating Profit Less Adjusted Taxes))

= 영업 관련이익-영업관련 비용--실효법인세(영업이익을 기준으로함)

자본비용(가중평균자본비용(WACC)): 투자자본의 최저 필수수익률(투자가의 기대수익률)

가중치는 시장가치를 기준으로 계산된다. 그러나 부채가 기존자산 대체에 사용되는 경우는 장부가 기준의 부채비율이 사용될 수 있다.

영업용 투자자본(IC: Invested Capital)

= 순운전자본+영업용고정자산+기타 영입자산

- 순운전자본: 영업용 유동자산-비이자 발생 유동부채
- 영업용 고정자산: 유형고정자산의 잔존가액(건설가계정 제외)+무형 고정자산의 잔존가액
- 기타 영업자산: 관계회사 유가증권+전세권+전신 전화가입권+임차보증금+회원권+선급 리스 부대비+부도어음

투하자본수익률(ROIC: Return On Invested Capital) = NOPLAT/영업용투자자본

=(세후영업이익/매출액)×(매출액/영업용투하 자본)

: 채산성과 생산성을 동시에 고려하는 지표.

〈그림 7-12〉, 〈그림 7-13〉은 신구 경영 패러다임과 EVA 결정요인에 대한 설명이다.

그림 7-12 신·구 경영 패러다임의 비교

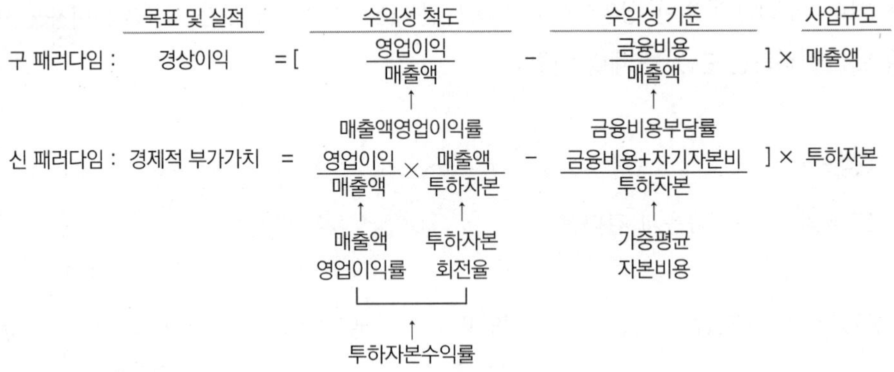

그림 7-13 EVA 결정요인

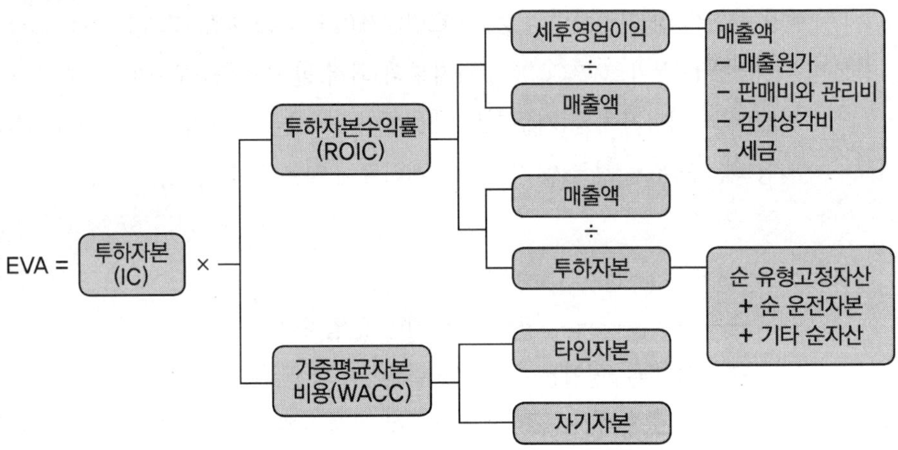

〈EVA와 회계적이익(당기순이익)의 차이점〉

EVA는 자기자본비용도 비용으로 간주하나, 회계적 이익은 자기자본비용을 기업비용으로 인식하지 않는다. 따라서 당기순이익이 0보다 클 경우 자본제공자(주주, 채권자)의 자본비용을 초과하는 수익을 내지 못했더라도 긍정적인 평가를 하여 주주의 부를 하락시키는 결과를 초래할 수 있다.

〈EVA와 기업가치〉

연도별 EVA는 자본비용을 초과한 세후 영업이익이므로 연도별 미래 EVA 현가의 합은 기업가치 증대분이 된다. 연도별 EVA가 동일하고 영속 기업을 가정하면

기업가치증대분 = $\frac{\text{미래 } EVA}{WACC}$ 가 된다. 따라서 기업가치는 다음과 같이 된다.

$$\text{투자액(액면가)}(IC)+\text{기업가치증대분} = IC+EVA/WACC=NOPLAT/WACC$$
$$= \text{투자액의 시장가격} \quad (7.24)$$

기업가치= 부채시장가격+ 자기자본(주가×주식수) 시장가격이므로 이론주가(적정주가)는 다음과 같다.

$$\frac{\text{기업가치-부채시장가격}}{\text{주식수}} = \frac{\text{자기자본시장가격}}{\text{주식수}} \quad (7.25)$$

예 7.28 (주)세계는 세후영업이익 12억 원, 자기자본비용 12%, 타인자본비용 8%, 자기자본 50억 원, 발행주식수 100만주, 타인자본 50억 원이다. 기업가치, 주주가치, 적정주가는?

풀이

가중평균자본비용은 0.5×12 + 0.5×8 = 10%
EVA = 12 - 100×0.1 = 2억 원
기업가치증대분 = 2/0.1 = 20억 원
기업가치 = 기업의 장부가치 + 기업가치증대분 = 100 + 20 = 120억 원
주주가치 = 기업가치 - 타인자본가치 = 120 - 50 = 70억 원
적정주가 = 70억/100만주 = 700원이 된다.

현금흐름 할인법을 적용시 다음과 같은 경우 기업가치 평가 적용에 한계가 존재한다.

① 경기 순환형 기업

순이익과 현금흐름은 경기 상황에 따라 변동하며, 불황일 때 음의 현금흐름 가능성이 존재한다.

② 재무적 곤경에 처한 기업

음의 현금흐름으로 인해서 평가가 쉽지 않다.

③ 제품 옵션을 소유한 기업

가까운 미래에 현금흐름을 발생시키지 않아서 모형 적용이 어렵다.

④ 사기업

금융시장에서 결정되는 주가가 존재하지 않아서 할인율 추정이 어렵다.

⑤ 인수대상기업

시너지효과, 경영자교체문제로 정확한 가치 추정이 힘들다.

(2) 상대가치 평가법(Relative Valuation)

상대가치 평가법은 순이익, 현금흐름, 순자산 장부가치 또는 매출액과 같은 공통변수를 사용하여 주가를 표준화시킨 PER, PBR, PSR과 같은 적정주가배수(multiples) 비율을 이용하여 평가기업의 적정주가를 결정하는 방법이다.

이 평가법은 동일 산업 내 분석대상기업과 비교될 수 있는 다른 기업이 존재하고 증권시장이 이런 기업들의 가치를 평균적으로 올바르게 평가할 수 있을 때 적용하며 적정주가배수비율은 다음과 같은 방법으로 산출된다.

① 재무적 특성 이용

주가배수비율과 기업특성간의 관계를 보여 주는 식을 이용하여 산출한다. 예를 들어 "주가수익률(PER)=3+2×순이익성장률+배당성향" 관계식이 성립되면, 이 식에 평가기업의 순이익성장률, 배당성향을 대입해서 평가기업의 적정 PER를 구할 수 있다.

그러나 주가수익률과 재무적 특성 관계가 선형적이 아닐 수가 있고, 설명변수(독립변수)들의 상관관계가 유의적으로만 존재하고, 안정적이 아닐 수가 있다는 한계가 존재한다.

② 비교기업 이용

산업평균, 비교기업의 과거 평균을 이용한다. 그러나 비교기업 선정이 주관적일 수 있다.

상대가치 평가법은 이용이 간단하며, 자본시장에 비교 기업이 많이 존재할 때 유용하나, 비교기업 선정이 주관적이어서 잘못 이용되기 쉽고, 조작이 가능하며, 모형에 대한 가정이 불확실하다는 문제점이 있다. 또한 평가기업이 속한 산업 전체가 과대 혹은 과소평가 될 경우 이에 근거한 가치평가는 적정 평가가 되기 힘들다.

상대가치평가에 일반적으로 사용되는 모형들을 설명해보자.

- **주가수익률(PER)**

PER는 주가/ 주당 순이익(EPS)으로 정의된다. PER는 가격과 순이익을 연결시키는 매력적인 수단이며, 계산하기 쉽고, 위험과 성장률을 포함한 기업의 여러 특성들의 대용치가 될 수 있다는 장점이 있으나, 위험, 성장률, 배당성향에 대한 가정을 생략함에 따른 한계가 존재한다. 예를 들어 소매업 주식을 투자자들이 평균적으로 과대평가하고 있다면 비교기업의 평균주가수익률을 이용하는 것은 시장의 체계적 오류를 가치평가에 사용하게 된다.

PER를 이용한 평가기업의 적정주가는 다음과 같이 산출된다.

$$P_0^* = EPS * PER^* \tag{7.26}$$

P_0^* : 평가기업의 적정주가, EPS: 평가기업의 EPS
PER^* : 적정 주가수익률

예 7.29 기업 A의 적정 주가를 추정하려고 한다. 이 회사의 EPS는 2만원, 적정 주가수익률(PER*)은 1.5이다. 이 회사의 적정 주가는?

풀이

적정주가 = 2만원×1.5 = 3만원

주가수익률 사용 시 다음과 같은 경우 적용하기 힘들게 된다.

첫째, 주당 순이익이 음일 경우

둘째, 순이익의 변동성으로 인해 주가수익률이 기간에 따라 변하는 경우

• **주당 순자산비율**(PBR(price/book value ratio))

주당순자산비율은 주가/ 주당 자기자본(장부가)로 정의되며 PBR을 이용한 평가기업의 적정주가는 다음과 같이 산출된다.

$$P_0^* = BPS * PBR^* \tag{7.27}$$

P_0^*: 평가기업의 적정주가
PBR^*: 적정 주당 순자산비율
BPS: 평가기업의 주당 자기자본(장부가)

예 7.30 기업 B의 적정주가를 추정하려고 한다. 이 기업의 BPS는 3만원, 적정 PBR은 2이다. 이 기업의 적정주가는?

풀이

적정주가 = 3만원×2 = 6만원

PBR은 주당 자기자본에 상대적으로 안정된 직관적인 수치인 장부 가치를 사용하므로 시장가치와 비교될 수 있고, 기업 간 비교적 일관성 있는 회계원칙을 사용하면 유사한 기업과의 비교가 가능하며, PER와는 달리 순이익이 0보다 작더라도 이용이 가능하며 PER에 비해 기업의 마진, 활동성, 부채비율이 추가로 반영되는 장점이 있다.

$$\begin{aligned} PBR &= PER \times ROE = PER^*(\text{당기순이익}/\text{매출액}) \times (\text{매출액}/\text{총자산}) \times \\ &\quad (\text{총자산}/\text{자기자본}) \\ &= \text{PER}^*(\text{마진}) \times (\text{활동성}) \times (\text{자기자본비율의 역수}) \end{aligned} \tag{7.28}$$

그러나 회계 처리 방법에 따라 적정주가가 달라질 수 있고, 장부가치가 별 의미가 없는 서비스 업종은 적용이 큰 의미가 없고, 자기자본 가치가 0보다 작아지면 PBR은 의미가 없어지는 단점이 있다.

(3) 옵션 가치평가법(Real Option Valuation)

옵션 가치평가법은 콜옵션, 풋옵션 개념을 적용한 가치평가로 재무적 곤경 시, 채권자와 주주간의 갈등이 존재 시, 다각적 합병 시의 자기자본, 특허권 등의 가치 평가 등에 유용하다.

• 자기자본 평가

주주 이득은 기업가치 V, 부채의 액면가 D라고 할 때 주주가치(S)는 다음과 같이 표현된다.

$V = S + B$ 로부터

$S = V - B \quad (V > B)$

$\quad\; 0 \qquad\quad (V < B)$

따라서 자기자본(S)은 기업가치(V)를 기초자산으로 하고 부채의 액면가(B)를 행사가격으로 하며, 부채의 상환기간을 만기로 하는 콜 옵션으로 간주할 수 있다.

곤경에 처한 기업의 주식가치와 채권가치는 다음과 같이 표현된다.

주식가치 = 콜옵션 가치

채권가치 = 기업가치 − 주식가치

예 7.31 (수)한국의 기업가치가 50억 원, 자산(장부가) 100억 원, 부채(장부가) 80억 원, 기업가치 변동성(분산)이 0.16, 옵션의 만기 10년, 무위험 수익률 10%일 경우 자기자본가치와 부채가치를 구하시오.

풀이

블랙숄즈 옵션가격 모형에 의해서 자기자본가치(콜옵션가치): 30억 44백만 원

부채가치: 50억 − 30억 44백만 원 = 19억56백만 원

---

* 옵션가격은 기초자산의 가격 변동이 커지면 증가하므로 기업가치 변동성이 커지면 기업 가치가 하락한 경우에도 자기자본 가치가 증가하고, 채권자의 부가 자기자본으로 이전된다.(p.175 참조)

예 7.32 (예 7.31)의 (주)한국이 NPV가 −2억 원인 투자로 인해서 기업 가치가 100억 원에서 2억이 하락하고 기업가치변동성(분산)이 0.16에서 0.25로 증가했다면, 블랙숄즈 옵션가격 결정 모형에 의해서 자기자본가치(콜옵션가치) 77억71백만 원, 기업가치 98억 원이 되므로 부채가치는 98억 원 −77억71 백만 원 = 20억29백만 원이 된다.

* 현금흐름 변동성이 감소하는 다각적 합병의 경우 기업 가치는 변동이 없어도 합병 후 자기자본가치가 감소하고 채권자 부는 증가한다.

예 7.33 서로 다른 산업에 속한 다음과 같은 A, B기업이 있다. 합병 후 자기자본, 부채가치는?

	기업 A	기업 B	합병후
기업가치	100억 원	150억 원	250억 원
부채(액면가)	80억 원	50억 원	
부채 만기	10년		
기업가치 변동성(분산)	0.16	0.25	0.154
현금흐름간의 상관계수	0.4		

풀이

콜옵션가치 평가 모형에 의하여 자기자본, 부채가치, 기업 가치는 다음과 같게 된다.

자기자본가치	75억 94백만 원	134억 47백만 원	207억 43백만 원
부채가치	24억 6백만 원	15억 53백만 원	42억 57백만 원

- **천연자원소유 기업의 가치평가**

천연자원(탄광, 원유 등)은 가격이 상승하면 개발하고 가격이 하락하면 개발을 연기할 수 있는 권리를 보유하므로 천연자원에 투자하는 기업들의 가치평가 방법으로 전통적인 현금흐름할인법은 적절하지 않을 수 있다. 이 경우 옵션가치 평가 법을 다음과 같이 적용할 수 있다.

천연자원 소유 기업의 가치 = 콜옵션가치
= 전통적인 현금흐름 할인법(NPV)+천연자원의 옵션 특성 가치
전통적인 현금흐름 할인법(NPV) = 천연자원 추정가치 − 개발비용

예 7.34 금광 개발권을 보유한 탄광이 있다. 금광개발권의 NPV 가 37억 24백만 원이고, 콜옵션을 이용한 탄광의 가치가 51억 73백만 원이라면 두 금액 차이가 금광의 옵션 특성으로 인한 가치이다.

옵션가격결정 모형의 실물옵션 적용 시 다음과 같은 한계가 존재한다.

첫째, 기초자산이 거래되어야 한다.
기초자산이 거래되지 않는 경우 차익거래가 발생하지 않는다.

둘째, 자산의 가격이 급격히 변하지 않아야 한다.
기초자산의 가격변화가 연속적이고 급격한 변화가 없어야 된다.

셋째, 만기동안 변동성이 변하지 않아야 한다.

넷째, 옵션 권리 행사를 순간적으로 할 수 있어야 한다.

(4) 3가지 가치평가 방법 비교

가치평가 모형들을 요약하면 다음과 같다.

그림 7-14 가치평가와 요약

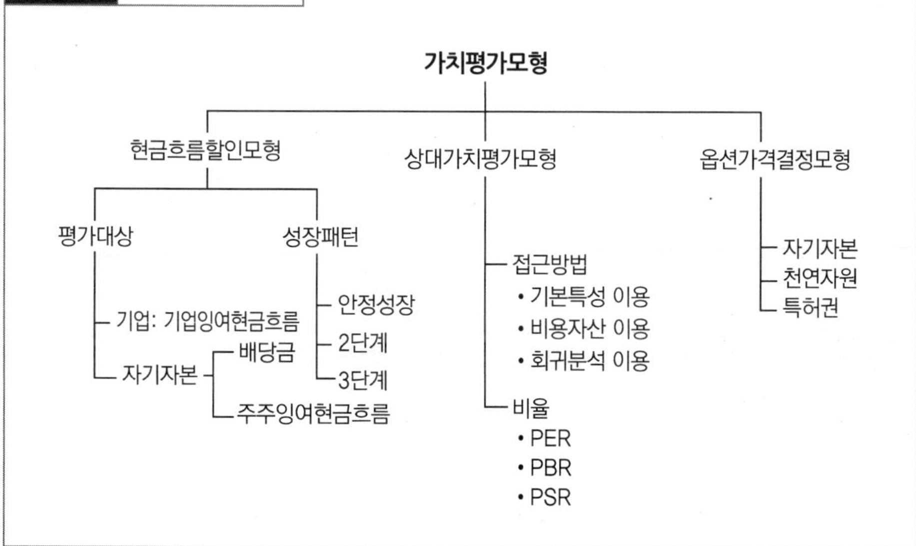

가치 평가 모형은 절대적인 의미에서 최상의 모형은 존재하지 않는다. 정확한 가치를 산출하기 위해서 평가 대상 자산의 특성을 반영하여 적절한 모형을 선택하는 것이 매우 중요하다. 현금흐름 할인법과 상대가치 평가 법에서 적용되는 여러 가지 모형들의 선택 기준을 설명해 보자.

• 현금흐름 할인모형

표 7-13 기업 특성별 현금흐름할인모형 비교

부호	순 이 익		성장 원천	배당금 vs. FCFE	레버리지	기 타	적절한 모형
	정상 여부	성장률					
양	정상	안정	NA	= FCFE	안정	NA	고든모형
양	정상	안정	NA	≠ FCFE	안정	NA	안정FCFE
양	정상	안정	NA	NA	불안정	NA	안정FCFF
양	정상	중간	일반	= FCFE	안정	NA	H모형
양	정상	중간	특수	= FCFE	안정	NA	2단계 DDM
양	정상	중간	특수	≠ FCFE	안정	NA	2단계 FCFE
양	정상	중간	일반/특수	NA	불안정	NA	2단계 FCFF
양	정상	고속	일반/특수	= FCFE	안정	NA	3단계 FCFF
양	정상	고속	일반/특수	≠ FCFE	안정	NA	표준EPS
양	정상	고속	일반/특수	NA	불안정	NA	표준FCFF
양	비정상	NA	NA	NA	안정	NA	표준EPS
양	비정상	NA	NA	NA	불안정	NA	표준FCFF
음	순환	NA	NA	NA	안정	NA	표준EPS
음	순환	NA	NA	NA	불안정	NA	표준FCFF
음	곤경	NA	NA	NA	안정/불안정	회복가능	FCFF
음	곤경	NA	NA	NA	안정/불안정	회복불가	옵션모형
음	설립초	NA	NA	NA	안정/불안정	복수제품	FCFF
음	설립초	NA	NA	NA	안정/불안정	단일제품	옵션모형

• 상대가치평가 모형

표 7-14 기업특성별 상대가치평가 모형 비교

순 이 익		비교기업의 수	시장의 가치평가	사업유형	적절한 모형
부호	수준				
양	정상	다수	산업을 정확히 평가	모든 업종	PER/비교기업
양	정상	소수	시장 전체를 정확히 평가	모든 업종	PER/회귀분석

양	정상	다수/소수	부정확	모든 업종	PER/기본특성
음 또는	비정상	다수	산업을 정확히 평가	제조업	PBR/비교기업
음 또는	비정상	소수	시장 전체를 정확히 평가	제조업	PBR/회귀분석
음 또는	비정상	다수/소수	부정확	제조업	PBR/기본특성
음 또는	비정상	다수	산업을 정확히 평가	서비스업	PSR/비교기업
음 또는	비정상	소수	시장 전체를 정확히 평가	서비스업	PSR/회귀분석
음 또는	비정상	다수/소수	부정확	서비스업	PSR/기본특성

8 기업가치 평가에 대한 잘못된 이해

1) 가치평가 모형은 계량화된 모형이므로 가치 평가의 결과는 객관성을 갖는다.

기업가치 평가모형은 계량적이지만 모형의 투입변수들에 주관적인 판단이 개입될 가능성이 많으므로 평가된 가치는 주관적 편견에 의해 영향을 받기 쉽다. 예를 들어 주식 매도를 원하는 연기금들은 자신들이 보유한 주식이 과대평가가 되기를 바란다. 따라서 편견들의 영향을 최소화하기 위해서는 기업 가치에 대한 사전 입장을 갖지 않고, 이해관계자들에 따라 기업가치가 과대, 과소평가가 되지 않도록 기업가치 평가 결과를 해석할 때에 이러한 요인을 고려해야 한다.

2) 잘 수행된 가치 평가 결과는 지속된다.

가치평가모형을 이용한 가치평가는 시장과 해당기업의 정보에 의해서 지속적으로 영향을 받는다. 따라서 기업 가치에 영향을 주는 새 정보가 발생될 때마다 가치평가는 이러한 정보를 반영하여 재평가되어야 한다.

3) 좋은 가치 평가 결과는 정확한 가치 추정치를 제공한다.

기업과 경제의 미래상황을 가정한 가치 평가는 현금흐름, 할인율 추정 등에 존재하는 불확실성 때문에 절대적인 확실성을 요구하는 것은 비현실적이고 어느 정도의 오류는 인정해야 한다.

4) 계량화된 모형일수록 더 좋은 가치평가 모형이다.

계량화된 모형의 결과가 유용하려면 모형의 투입변수 추정이 잘 이루어져야 한다. 변수 추정의 정확도는 자료 수집에 보낸 시간과 노력에 비례한다. 따라서 좋은 평가 결과를 얻기 위해서는 모형의 계량화도 중요하지만 추정 변수들의 정확도도 중요하다.

5) 시장가격은 일반적으로 잘못 형성된다.

가치평가의 비교 기준은 시장가격이다. 만약 시장가격과 평가결과가 현저히 다른 경우 분석결과가 시장가격보다 내재가치에 더 가깝다는 것을 주장하려면 상대방을 설득할 수 있어야 한다. 그렇지 못할 경우 일반적으로 시장가격이 옳다고 판단하는 것이 좋다.

6) 가치 평가의 결과(추정가치)만 중요하고 가치 평가의 과정은 중요하지 않다.

가치평가모형을 통해서 과대평가, 과소평가만을 얻고자 한다면 평가과정에서 얻을 수 있는 유용한 정보들을 활용할 수가 없다. 예를 들어 고속 성장 기업의 적정 가치, 상표권의 가치, 매출액 순이익률이 기업가치에 미치는 영향 등은 기업가치 평가 과정에서 얻을 수 있는 유용한 정보들이다.

연습문제

1. (주)한국의 주식은 연말에 주당 배당금 1,000원, 주가 21,000원을 예상하고 있으며 이 주식에 대한 요구수익률 10%라고 할 때 (주)한국의 현재 주가는?

2. A 기업의 연말 주당 배당금은 1,000원, 그후 배당금이 매년 4%씩 영구적으로 성장이 예상된다. 이 주식의 요구수익률이 12%이면 이 기업의 주가는?

3. A 기업은 금년도 말 주당 배당금이 2000원으로 예상되고, 이익 성장률에 따라 영구적으로 배당을 실시할 계획이다. 이 기업의 주식 베타는 1.5, 주가는 50,000원, 무위험수익률이 8%이고 시장 평균수익률이 15%라고 할 때 이 기업의 예상성장률은?

4. (주)금융의 다음 기 EPS는 3,400원으로 예상되며 유보비율은 매년 50%를 유지하고 유보이익의 재투자수익률은 연간 20%로 기대된다. 현재 무위험수익률 8%, 시장수익률 15%이고, 이 기업의 주식의 베타가 1.5라면 이 기업의 주가는? 고든의 평가모형을 사용하시오.

5. A 기업과 B 기업은 자기자본만으로 조달된 기업으로 EBIT 1,000만원, 세율 40%, 자기자본비용 10%로 모두 동일하다. A 기업이 순이익의 80%를 유보하고 배당금은 연 8%로 매년 성장한다. B 기업은 순이익의 20%를 유보하고 배당금은 연 4%로 매년 성장한다. 두 기업의 적정 가치는?

6. 영업레버리지도(DOL) −2.0의 의미는?

7. DOL과 관련된 설명 중 틀린 것은?

(1) 매출액이 증가할수록 DOL은 감소한다.

(2) 자본집약적 산업이 노동집약적 산업보다 DOL이 크다.

(3) 고정영업비가 클수록 DOL은 증가한다.

(4) 매출에 대한 불확실성이 클 경우 DOL이 높다는 것은 상당한 영업위험을 부담하는 것이다.

(5) DOL이 기업의 자본구조 및 자본비용에 영향을 미치는 것은 아니다.

8. DFL이 가장 큰 경우는?

(1) EPS가 0인 EBIT 수준 (2) 고정 재무비가 0인 EBIT 수준

(3) EBIT가 0인 경우 (4) 매출액 수준이 무한대

(5) EBIT 수준이 무한대

9. A 제약회사는 영양제 "만수무강"을 생산 및 판매하고 있다. 이 제품 1병당 가격은 35,000원이고 제품 생산에 소요되는 연간 고정비는 160,000,000원이고 병당 변동비는 15,000원이다.

(1) 60,000병과 90,000병을 판매할 경우 각 경우의 영업 손익을 구하시오.

(2) 손익분기점 매출량은?

(3) 60,000 병과 90,000병 판매 시 영업 레버리지도를 구하시오.

(4) 병당 판매가격이 40,000원이 되었다면 손익분기점은?

(5) 병당 판매가격이 40,000원인 경우 변동비가 병당 20,000원으로 증가했다면 손익분기점은?

10. (주)금융은 1억 원의 시설을 가지고 있다. 5억 원을 투자하여 이 시설을 확장하려고 한다. 이 회사의 연간 EBIT 는 1억 4천만 원이며 확장 후 예상되는 EBIT는 2억 원, 법인세율은 50%, 기 발행 보통주수는 20,000주이다.

(1) 시설확장에 필요한 5억원을 보통주로 조달한 경우와 부채로 조달한 경우(이자율 9%)의 EPS는?

(2) 부채로 조달한 경우 재무레버리지는?

11. (주)금융은 장난감 자동차를 생산하고 있다. 2013년도에 50,000개를 생산하여 개당 2 만원에 판매하였다. 이 기업의 손익계산서는 다음과 같다.

손익계산서

(2013.1.1. −2013.12.31.) (단위: 백만원)

매출액		1,000
(−) 변동비	400	
고정비	200	600
영업이익(EBIT)		400
이자		125
세전이익		275
세금		110
세후순이익		165
EPS		1,650

(1) 이 기업의 2013년도 매출액을 기준으로 영업레버리지도, 재무레버리지도, 결합레버리지도를 구하시오,

(2) 이 기업이 신규 시설 투자를 하면 연간 고정비는 4억이 되나 변동비는 단위당 4천원으로 줄어든다. 신규투자를 위해서 부채로 조달되면 이자가 7000만원 증가되고, 보통주로 조달되면 발행주식수가 20,000주 증가된다. 매출액이 변동이 없다고 할 때 각 자금조달별로 영업레버리지도, 재무레버리지도, 결합 레버리지도를 구하시오.

12. (주)한국의 주당순이익은 5,000원이 영구적으로 일정하게 예상되며 요구수익률은 10%이다. 이 기업이 순이익 전부를 배당으로 지급한다면 이 기업의 주가는?

13. 한국 양장점이 점포를 구입하려고 한다. 아래 두 가지 조건 중 유리한 조건은?

A 조건: 2,000만원을 매매계약 체결 시 지급하고 잔금은 10개월간 매월 말에 500만원씩 지급
B 조건: 2,500만원을 매매계약 체결 시 지급하고 잔금은 10개월간 매월 말에 450만원씩 지급
월 이자율은 2%이다.

14. 500만 원 하는 쇼파를 한 대 구입하려고 한다.
월 이자율이 1%일 경우 다음 구입 방법 중 제일 유리한 방법은?

(1) 구입시 500,00원을 지급하고 20개월 할부로 매월말 225,000원을 지급
(2) 현금구입으로 300,000원 할인 혜택 받음.
(3) 200,000원을 할인받아 구입시 2,300,000원을 지급하고 나머지는 매월 500,000원을 5 개월 동안 할부로 지급

15. YJ보험회사가 1년에 10,000원씩 10년 동안 보험료를 불입할 경우 그 이후부터 가입자에게 보험금을 매년 10,000원씩 영구히 지급하는 상품을 개발하였다고 한다. 이 경우 보험상품에 적용되는 이자율은 얼마인가?

16. A 가구점은 내년에 세금공제후 이익이 21,000천원, 매출이 400,000천원이 예상된다. 이 가구점은 책상 1 개당 20,000원에 납품하고 있으며 단위당 변동비(v)는 15,000원이고 세율은 30%이다.

(1) 내년에 기대되는 고정비용(F)은?

(2) 손익분기점(금액, 매출량)은?

(3) 내년도 세후 이익 목표를 40,000천원으로 설정하면 책상을 몇 개 팔아야 하나?

17. 다음과 같은 비용구조를 갖는 기업이 있다.(1,600,000 단위 생산수준에 대응함)

영업자산수익률	15%
영업자산회전율	5배
영업자산	3,000,000원
DOL 8	

이 기업의 손익분기점은?

18. A 기업은 자동차 부품을 생산 판매하고 있다. 연간고정비는 100,000원이고, 현재 2,000 개를 생산하고 있는데 총변동비는 900,000원이고 판매가는 650원이다. 자본구조는 6% 이자가 지급되는 8,000,000원의 부채와 주당 5,000원인 보통주 1,000주로 구성되어 있다.

이 기업은 4,000,000원의 추가소요 자금을 2가지 방법으로 조달을 고려중에 있다. 법인세율은 50%이다.
A 안: 100% 보통주
B 안: 100% 부채(이자율: 10%)

(1) 이 기업의 손익분기판매량과 DOL은?

(2) EBIT 수준이 2,000,000원이라고 가정하면 자금조달방법에 따른 EPS 및 DFL을 구하시오.

(3) EBIT 수준에 따른 자금조달방법을 선택하시오.

(4) DCL은?

19. (주)한국약품은 연간 판매량이 5,000병이며 1 병당 생산에 소요되는 변동비는 25원, 판매가격은 45원이다. 이 기업의 고정 영업비용은 50,000원, 이자비용은 6,000원, 우선주 배당액은 2,400원, 세율은 40%이다.

(1) 영업레버리지, 재무레버리지, 결합레버리지도를 구하시오.

(2) 연간 매출 7,500병 수준에서 (1)의 레버리지도를 구하시오.

(3) 손익분기점을 구한 다음 (1)과 (2)의 결과로부터 손익분기점과 레버리지도와의 관계를 설명하시오.

제8장
기업재무

1 정의

재무관리는 경제주체별로 가계를 대상으로 하는 가계재무관리, 기업을 대상으로 하는 기업재무관리, 정부를 대상으로 하는 정부재정 관리로 구분된다. 본 교재에서는 기업을 대상으로 하는 기업재무관리에 대하여 논하고자 한다.

그림 8-1 경제주체별 재무관리와 목표

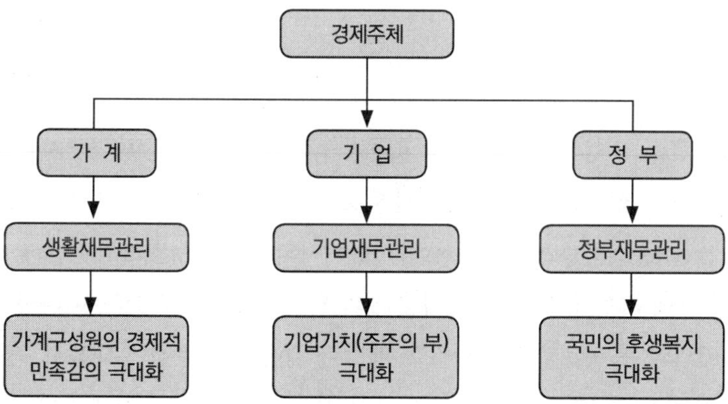

기업의 형태는 여러 가지가 있지만 기업 재무관리가 대상으로 하고 있는 주식회사 제도는 1555년 영국에서 설립된 Muscovy가 세계 최초이며 사업의 지속성이 확보된 실질적인 주식회사는 영국의 동인도회사와 네덜란드의 동인도회사였다. 대규모 자금조달의 장점을 가진 주식회사 제도는 이후 유럽 국가들이 새 항로를 개척하고 식민지 유지와 위험 사업을 영위할 수 있게 된 기반이었으나 법인격과 유한책임이라는 특성으로 인해서 도덕적 해이가 발생 할 수 있는 문제점을 가지고 있었다. 법인격 특성으로 인해서 내부통제장치가 충분하지 않을 경우 무분별하게 부채 형태로 자금을 조달하고, 노동자들에게 생계비를 밑도는 임금을 주는 등 자유방임적 형태로 운영될 수 있고, 유한책임 특성으로 인해서 수익은 주주의 이익이 되나, 손실은 주주의 투자금에 한정되므로 도덕적 해이를 초래하는 문제점이 있었다. 이러한 문제점으로 인해서 주식회사 제도는 활성화 되지 않다가 철도 사업과 같이 거대 자본을 필요로 하는 사업이 등장하면서 신흥 개발도상국이었던 미국을 중심으로 활성화되기 시작하였고 미국을 공업대국으로 만든 일등 공신이 되었다. 이후 주식회사 제도는 지속적으로 발전하여 현재에는 전 세계에서 가장 보편적인 기업 형태가 되고 있다.

주식회사제도에서 주주는 기업의 주인으로서 이사회 멤버인 이사의 선임권, 해임권을 가지며 경영자, 종업원, 채권자 등과 같은 이해당사자들 중 기업경영의 위험을 최종적으로 부담하며, 성과를 배당형태로 배분받는 특징을 갖고 있다.

본 교재에서는 주식회사 제도 하에서의 기업 가치에 영향을 주는 투자, 자금조달, 배당등과 같은 의사결정에 관한 이론인 기업재무관리 이론을 소개하기로 한다.

2 범위

기업 재무관리는 협의로는 자금을 효율적으로 조달하고 운용하는 자금관리, 경영성과분석, 투자안 선택등과 같은 의사결정을 의미한다. 광의로는 기업의 재무 상태에 영향을 주는 모든 결정뿐만 아니라 금융시장에서의 주식, 채권 가격결정 및 이와 관련된 기업, 투자자, 정부 등의 모든 경제 주체의 의사결정을 포함한다. 따라서 광의의 재무관리는 기업의 투자결정과 자본구조, 배당과 같은 재무결정에 대해서 연구하는 기업재무론, 화폐와 금융자산의 교환이 이루어지는 금융시장과 금융기관에 대해서 연구하는 금융기관론, 주식이나 채권 등이 거래되는 증권시장과 이들 증권에 대한 투자결정을 투자자입장에서 연구하는 투자론으로 구성된다. 본장에서는 기업재무 론을 위주로 설명하고자 한다.

기업재무 론은 주주가 사업의 위험을 최종적으로 부담하므로 주주의 관점에서 기업의 가치를 평가하며, 기업의 가치에 장기적으로 영향을 주는 투자의사결정, 자본조달결정, 배당결정을 주된 분석 대상으로 한다. 투자의사결정은 미래 현금흐름의 위험을 고려하여 투자의 크기와 시점을, 자본조달 결정은 자기자본과 타인자본 등의 자금조달원과 조달규모를, 배당결정은 기업의 이익을 내부유보와 배당 간의 크기를 결정하는 것을 의미한다.

기업재무론은 재무제표측면에서 보면 재무상태표 대변의 자금조달과 차변의 자산운영을 연결하는 학문이다. 즉, 기업이 자금(부채, 자본)을 조달하면(대변), 그 자금을 이용하여 사업을 영위하기 위한 자산을 매입하여 운영해(차변) 미래시점에 현금흐름을 창출하여 자금 제공자(채권투자자, 주식투자자)에게 적절한 이윤을 보상해주는 과정을 연구하는 학문이다.

기업 재무담당자는 사업과 자금조달에 따른 수익과 위험을 고려하여 기업 가치를 극대화하는 최선의 의사결정을 하여야 한다.

그림 8-2 재무의사 결정과 재무상태표의 관계

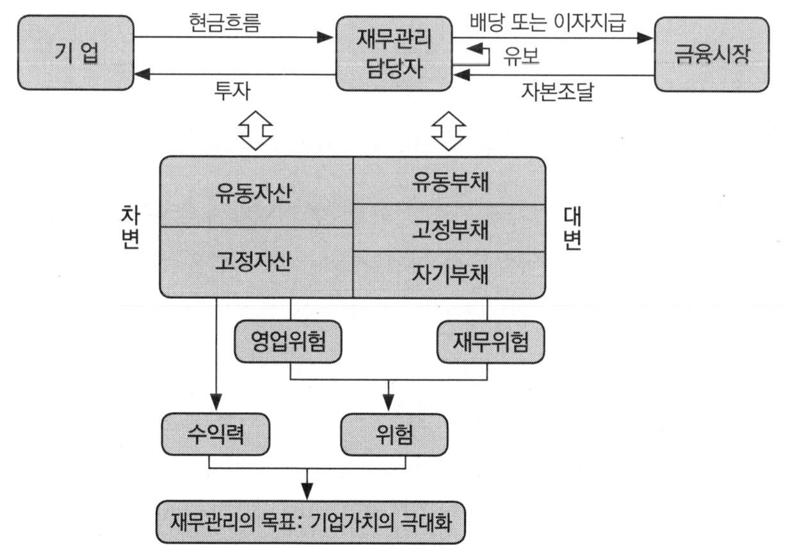

3 목표

1) 목표 설정의 필요성

기업재무의 목표를 설정하는 것은 투자, 재무, 배당, 운전 자본 결정에 대한 판단 기준을 마련하며, 가능한 목표들 간의 상충문제를 방지하려는 데 있다.

가능한 목표들은 다음과 같다.

첫째, 이익극대화

이익 극대화는 개념이 모호하고, 시간성, 이익실현의 불확실성을 무시한다.

둘째, 규모/매출액 극대화

주주 부의 감소를 초래할 가능성이 있다.

셋째, 사회복지 극대화

정부투자 기관, 비영리법인의 목표로는 적정하나 기업의 목표로 할 경우 주주이익이 무시 될 수 있기 때문에 부적절하다.

넷째, 기업가치 극대화

현대 기업재무의 목표로 기업 가치를 극대화시키는 의사결정이 주주 부를 극대화시킨다.

2) 현대재무관리 목표: 기업가치(firm wealth) 극대화

현대 기업재무에서는 여러 가지 가능한 목표 중 기업가치 극대화를 목표로 설정하고 있다. 기업 가치는 기대현금흐름을 영업위험과 재무위험을 반영한 할인율로 환산한 현가의 합으로 정의된다.(제7장 참조) 따라서 기업 가치는 현금흐름과 할인율에 의해서 결정되고, 현금흐름은 투자결정(Capital Budgeting)과 배당결정(-재투자결정-), 할인율은 재무결정(자본구조 결정)에 의해서 영향을 받으므로 투자결정, 재무결정, 배당결정이 기업 가치에 매우 중요한 역할을 하게 된다. 투자, 재무, 배당 결정에 따른 편익이 비용을 초과할 때 기업 가치는 증대된다. 그러나 기업 가치는 일반적으로 관찰이 힘들기 때문에 다음과 같은 가정 하에서 주가가 극대화되면 기업가치가 극대화되었다고 간주할 수 있다.

(1) 사회적 비용(social cost)이 미미(trivial)하거나 기업에 부과(charged)가 가능하다.

(2) 주주와 경영자간 대리인 비용이 존재하지 않는다.

(3) 채권자 부가 주주로부터 보호(bondholder protection)된다.

(4) 증권시장이 효율적이다.

그림 8-3 전통적 기업목표 함수

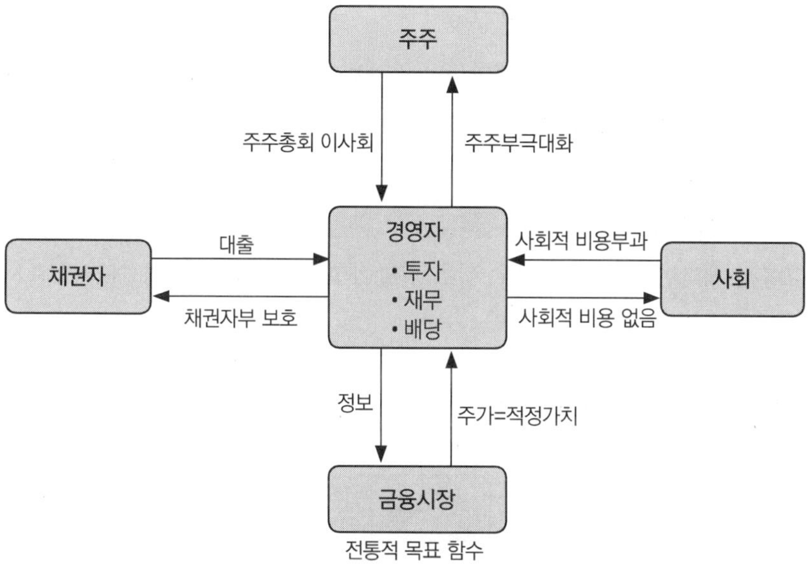

그러나 실제에 있어서는 기업에는 많은 이해집단들이 존재하고 이해집단 간의 부의 이전문제, 정보의 비효율성으로 인해서 위와 같은 가정이 성립되지 않아서 주가 극대화 및 기업가치 극대화가 제대로 이루어지지 않고 있다. 이에 대해서 자세히 설명해 보자.

첫째, 사회적 비용

사회적 비용은 오염 등과 같이 기업활동으로 발생하는 비용 중 기업에 부과되지 않는 비용을 의미한다.

전통적인 기업 목표는 사회적 비용이 무시할 정도로 적거나 기업에 전가할 수 있다는 가정 하에 설정되고 있다. 그러나 제품 생산에 따른 오염과 같은 사회적 비용은 기업에 전가하기 힘들고 이 경우 사회적 비용이 주가에 반영되지 않는다.

둘째, 주주와 경영자간의 대리인 문제

주주들에게 권한을 제공하기 위하여 주주총회, 이사회 등과 같은 공식적 기구들이 있으나 주주와 경영자 대리인 문제를 근본적으로 해결하기 힘들다. 예를 들어 위임장 경쟁(proxy fighting)은 많은 주주들에게 제대로 활용이 되지 않고 있으며, 이사회에서는 여러 가지 방법(예를 들어 Greenmail, Golden parachute, Poison pill 등)으로 기존 경영진들이 자신들의 지위를 계속 누릴 수 있게 된다.

셋째, 주주와 채권자간의 대리인 문제

주주들이 위험한 투자안을 선택하거나 부채비율을 높여서 배당을 증대하는 행위들이 주주와 채권자간의 대표적인 대리인문제로 채권자로부터 주주에게로 부가 이전하게 된다.

넷째, 정보 왜곡과 시장 비효율

비효율적 시장이 존재하는 경우 정보 전달이 왜곡되거나 정보가 가격에 즉시 반영되지 않는다.

그림 8-4 기업가치 극대화 제약 조건

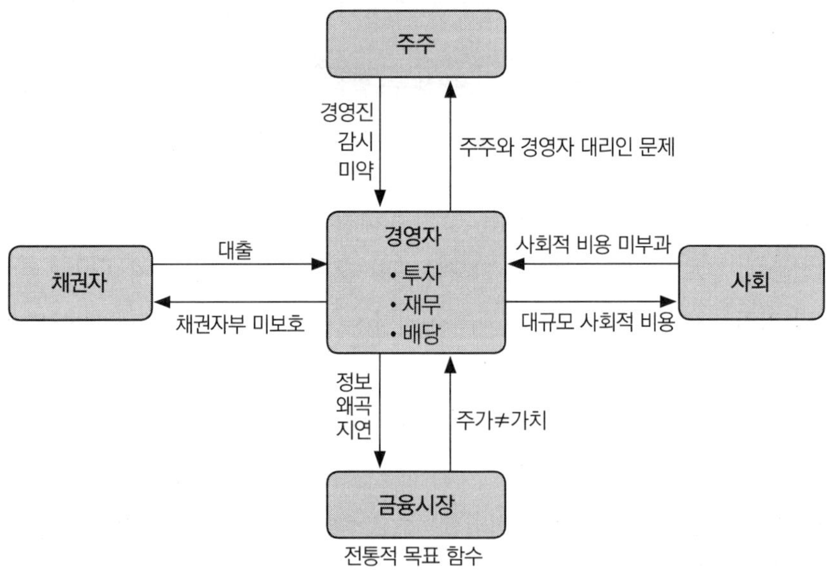

4 기업재무이론의 역사와 주요 개념

기업재무이론은 1950년대 이전에도 최적 투자(optimal investment), 자본조달(financing), 배당정책(dividend policies)을 대상으로 하였으나 논리적으로 일관성이 없었고, 투자, 자금조달, 배당 정책이 기업 가치에 미치는 영향보다는 어떤 방법으로 이루어져야 하는가라는 논의를 중심으로 서술적, 규범적인 접근법을 사용하였다. 이에 따라 주식선택 시 기업의 자산, 이익, 배당에 대한 증권분석가의 분석을 근거로 하였으나 선택된 주식들에 대한 포트폴리오 구성 방법, 증권이 지속적으로 좋은 성과를 유지하기 위한 방법 등에 대해서는 분석이 거의 이루어지지 않았다.

1950년대부터 경제학에 적용 되어왔던 분석 방법과 기술들이 재무 분야에 적용되면서 재무분야에 근본적인 변화가 발생하기 시작하였다. 이러한 변화는 과거의 규범적(normative) 질문에서 투자, 자금조달, 배당 정책이 기업 가치에 미치는 영향이 무엇인가라는 실증 이론(positive theory)으로 관심이 옮겨가면서 시작되었으며, 재무결정의 영향에 대한 실증이론에 관한 이해가 높아짐에 따라서 규범적 질문에 대한 체계적인 설명도 제공되고 있다.

1) 기업재무이론의 역사

기업재무는 1960년대에는 재무정책의 무관련 명제(policy irrelevance proposition)가 주된 흐름이었으나, 1970년대 이후에는 기업의 재무담당자에게 도움이 되는 이론과 증거를 제공하는 단계로 옮겨가기 시작하였다. 그러나 아직까지 기업재무담당자들이 당면하고 있는 문제를 해결할 수 있는 만족스런 프레임을 제공하지 못하고 있다.

표 8-1 재무관리 이론 역사

연 대	주요이론	대표적 학자	내 용
1950	포트폴리오 이론	마코위츠	포트폴리오를 구성하는 각 자산들간의 상관관계를 고려하여 일정한 기대수익하에서 위험을 최소화시키는 효율적 포토폴리오의 구성
	MM이론 (무관련이론)	모딜리아니와 밀러	자본시장이 효율적이고 완전하다면 자본조달결정 및 배당정책은 기업가치와 무관하다.

1960	MM의 수정이론	모딜리아니와 밀러	법인세가 존재하는 자본시장하에서는 타인자본이 증가함에 따라 비례적으로 기업가치가 증가한다.
	단일지표모형	샤프	단일 공통요인인 시장지표에 의해서 투자자산의 위험이 평가되고 효율적 포트폴리오가 선택된다.
	자본자산가격결정모형(CAPM)	샤프와 린트너	자본시장이 균형상태를 이룰 때 자본자산의 가격(기대수익)은 체계적 위험과 선형적 관계를 이룬다.
1970	차익가격결정이론(APT)	로스	차익거래가 이루어질 수 없는 균형상태에서 증권의 기대수익률은 다수의 공통요인과의 민담도와의 선영함수로 표시된다.
	옵션가격결정모형(OPM)	블랙과 숄즈	원하는 투자이득의 패턴을 창출할 수 있는 옵션의 가치는 헷지된 투자에 대해 무위험이자 수입이 얻어지도록 가격결정이 이루어져야 한다.
	대리인 이론(agency theory)	젠센과 멕클링	기업의 가본공급자(내부주주, 외부주주, 채권자) 간에 발생할 수 있는 이해상충 결과, 비용이 발생하므로 이를 최소화시키는 수준의 최적 재무 결정이 존재한다.

2) 기업 재무의 주요 개념

(1) 순현가(NPV: Net Present Value)

순현가(NPV: Net Present Value)는 미래현금흐름을 자본비용으로 할인한 현가의 합에 투자비를 공제한 값으로 기업 가치는 순 현가만큼 변경된다.

(2) 자본자산 가격결정 모형(CAPM: Capital Asset Pricing Model)

위험투자에 대한 체계적 위험을 반영한 요구수익률 개념을 정리한 모형이다.

(3) 효율적 자본시장(Efficient Capital Markets) 이론

효율적 자본시장 이론은 "효율적 자본시장에서 주가가 유용한 정보를 정확히 즉시 반영하므로 주가는 믿을 만하고 기업 가치를 정확히 반영한다"고 가정하며 효율적 시장에서의 정보와 주가반응은 다음과 같다.

그림 8-5 정보와 효율적 시장

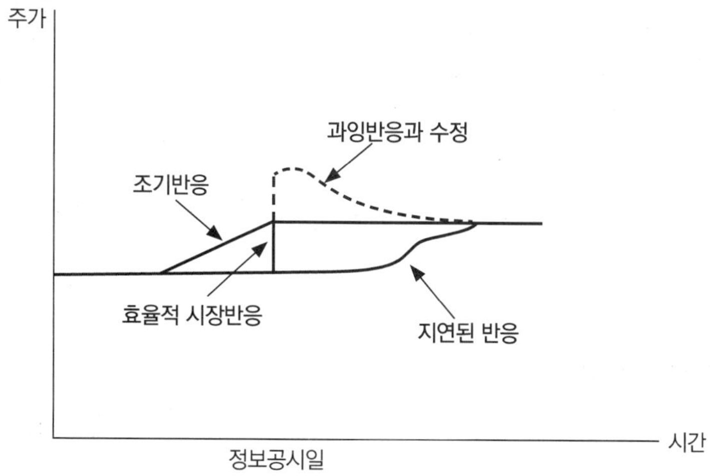

효율적 시장은 다음과 같은 특징을 갖는다.

첫째, 가격은 가치를 정확히 나타낸다.

둘째, 가격변화는 예측 불가능하다.

셋째, 투자자들은 지속적으로 초과수익을 얻을 수 없다.

효율적 자본 시장은 정보 성격에 따라 다음과 같이 분류된다.

- **약형(weak form) 효율적 시장**

현재주가는 과거 가격의 역사적 정보를 완벽하게 순간적으로(fully and instantaneously) 반영하는 시장으로 과거 주가는 현재주가에서 미래주가를 예측하는 데 필요한 정보를 전혀 갖고 있지 않다. 따라서 약형 효율적 시장에서는 과거주가나 거래량 등에 기초를 둔 분석은 의미가 없다.

- **준 강형(Semi-Strong form) 효율적 시장**

회계정보, 배당, 유 무상 증자, 합병 등 과거 실적 치와 공개적으로 가능한 모든 정보, 기업 미래성과에 대한 예측자료를 이용해서 초과 수익을 얻을 수 없는 시장으로 공개정보를 이용한 거래법칙(trading rule)은 초과수익이 의문시된다.

• **강형(Strong form) 효율적 시장**

공개정보(public)와 사적정보(private)를 이용해서 초과수익을 얻을 수 없는 시장을 말한다. 이 경우 증권분석 자체가 의문시된다.

(4) 가치 합산(Value Additivity)과 가치 보존 법칙(Law of Conservation of Value)

기업전체가치는 개별 투자가치의 합이고 총 현금흐름이 변하지 않으면 어떤 식으로 현금흐름을 분할해도 기업 가치는 변하지 않는다.

(5) 옵션이론(Option Theory)

주식, 채권, 외환등과 같은 상품을 현재 시점에서 정해진 조건에 맞추어 미래에 거래 할 수 있는 조건부 청구권(contingent claim)의 가격을 결정하는 이론으로 블랙-숄즈가 콜 옵션 가격결정에 대해서 처음으로 모형을 개발하였고, 최근에는 재무관리 분야에 많이 응용되고 있다. 예를 들어 주주의 유한책임(Limited Liability)은 주주의 도산 선택권으로 간주된다. 즉 회사의 주주는 채권자에게 원리금을 지급할 것인지, 아니면 원리금을 지불하지 않는 대신 모든 자산을 채권자에게 넘길 것인지를 선택하는 권리를 가지므로 주주 부(자본)는 자산을 기초자산, 부채를 행사가격으로 하는 콜 옵션으로 간주 될 수 있다.

(6) 대리인 이론(Agency Theory)

소유와 경영이 분리된 기업의 경우 주인인 주주는 기업에 대한 정보가 부족하기 쉽고 이에 따라 주주의 대리인인 경영자는 기업가치 극대화보다는 경영자 개인의 이익을 극대화하려 하며 이로 인하여 기업 가치를 하락시킬 수 있다는 대리인 문제가 발생할 수 있다. 대리인 이론은 이와 같이 주인(principal)과 대리인(agent)간의 상치되는 이해관계를 설명하려는 이론이다.

3) 기업재무에 요구되는 기본지식

기업재무이론을 이해하기 위해서 요구되는 주요 기본 지식은 다음과 같다.

(1) 현가(Present Value)

미래 현금흐름(Cash Flow)을 현재가치로 전환하는데 필요한 개념이다.

(2) 재무제표분석(Financial Statements Analysis)

현금흐름 이해 시 필요한 지식이다.

(3) 위험과 수익(Risk and Return)

위험을 반영한 요구수익률 이해에 필요한 개념이다.

(4) 옵션가격(Option Pricing)

파생증권가격 결정, 위험관리, 위험 자산 가격 결정 과정 이해에 필요한 지식이다.

그림 8-6 기업재무와 기본지식

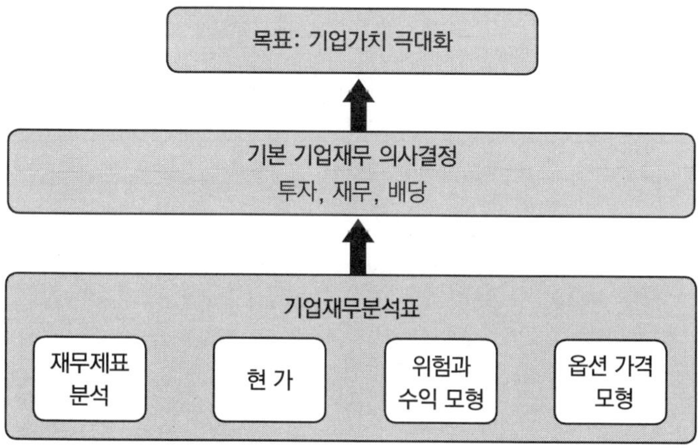

그림 8-7 증권 적정 가격 결정 과정

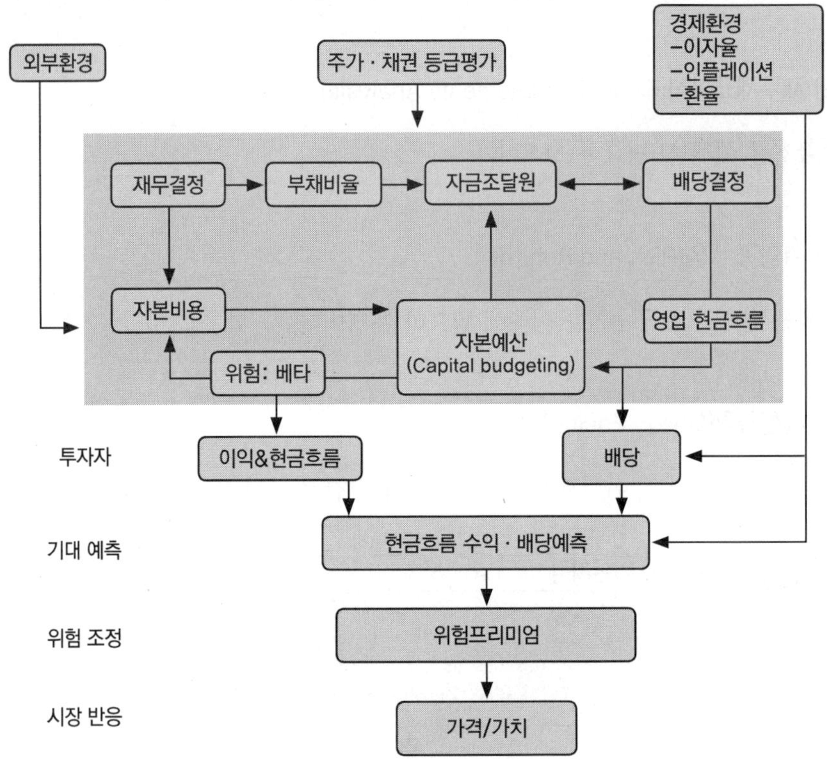

제9장 자본예산

1 정의

자본예산(capital budgeting)은 고정자산과 같이 투자효과가 1년 이상 지속되는 자본적 지출에 대한 총괄적인 계획을 수립하는 활동으로 대규모 투자를 요하는 장기성 자산의 취득에 관한 의사결정을 말한다. 광의의 자본예산은 투자 결과가 1년 이상에 걸쳐서 실현되는 투자결정에 관한 일체의 계획 및 통제과정을 의미하며, 협의의 자본예산은 자본적 지출이 발생하는 투자안의 경제성 평가방법을 의미한다.

2 중요성

자본예산은 다음과 같은 특징을 갖는다.

첫째, 대규모 자금이 소요된다.

둘째, 오랜 기간 기업의 현금흐름에 영향을 미친다.

셋째, 실행에 옮겨진 투자결정은 번복이나 변경이 쉽지 않다.

넷째, 투자결정의 특수성으로 인해서 반복적이지 않다.

이와 같이 자본적 지출의 결과는 기업의 장기적인 수익성과 위험도에 결정적인 영향을 미쳐서 기업의 미래가치를 좌우한다. 또한 자본적 지출은 보통 대규모의 현금유출을 필요로 하기 때문에 기업의 자금사정, 유동성에 큰 영향을 미친다.

3 집행 과정

개별 투자안을 중심으로 한 자본예산의 집행과정은 다음과 같다.

1) 투자 대안의 개발

(1) 투자 목적의 설정

투자환경과 기업내부여건을 고려하여, 자기자본이익률 15% 증대, 기업가치 10% 증대와 같은 투자목적을 결정한다.

(2) 투자목적을 달성하기 위한 투자안의 선정

기존 고객, 시장조사, 연구개발부서, 경쟁업체로부터의 정보를 근거로 하여, 시장성 검토, 기술적 타당성 평가를 통해 필요한 투자대안을 제시한다.

(3) 투자안의 분류

투자안은 성격에 따라서 다양한 형태로 분류된다.

- **신규투자, 확장투자, 대체투자, 기타투자**

신규투자는 신규 사업에의 진출 및 신제품 개발과 같은 투자를, 확장투자는 기존 사업의 확장과 같은 투자를, 대체투자는 기존 설비의 대체 혹은 원가절감을 위한 투자를, 기타투자는 주차장과 같은 생산과 직접관련이 없는 시설투자를 의미한다.

- **자금규모별 투자**

투자안이 필요로 하는 자금 규모에 따라서 대규모투자, 중규모 투자, 소규모 투자로 구분된다.

• **상호의존도에 따른 투자**

투자안 별로 독립적으로 투자결정이 이루어지는 상호 독립적 투자안, 같이 투자해서는 안되는 상호배반적 투자안, 같이 투자해야만 서로의 현금흐름을 증가시키는 상호보완적 투자안, 한 투자안이 다른 투자안의 현금흐름을 감소시키는 상호 대체적 투자안으로 세분된다.

2) 투자안의 분석과 평가

기술적 타당성 분석이 이루어진 각 투자안의 평가는 투자소요비용(cost)과 투자안으로부터의 편익(benefit)인 기대 현금흐름의 현가를 추정해서 이루어진다. 기대 현금흐름의 현가는 기대현금흐름에 시간과 위험을 고려하여 산출된다.

3) 투자안의 채택과 기각에 대한 결정

투자가능 사업 중 기업 가치를 극대화하는 투자안을 최적 투자안으로 선택한다.

최적 투자안은 기업의 한계자본비용과 투자기회선이 교차하는 수준에서 선택된다.

한계자본비용은 소요자본을 추가적으로 조달할 때 발생하는 자본비용으로 소요자본이 증가함에 따라 증가하며, 투자 기회 선은 고려중인 투자 사업들의 투자수익률을 수익률이 높은 순서로 나타낸 것이다.

4) 사후 재평가

선택된 투자안이 기업목표를 달성했는지 여부를 지속적으로 재평가 및 통제한다.

4 현금흐름

현금흐름은 투자로 인해서 기업에 유입된 현금과 유출된 현금 차이를 말하며 현금발생시점을 기준으로 산출된다.(제7장에서 논의된 현금흐름은 기업 전체를 대상으로, 본 절에

서는 개별투자안을 중심으로 정의하였음)

투자안의 미래 현금흐름의 추정 원칙은 다음과 같다.

첫째, 다른 투자안들에 대한 현금흐름 증감을 고려해야 한다.

둘째, 투자로 인한 현금흐름의 증가분을 기준으로 추정한다.

셋째, 납세 후 현금흐름을 기준으로 추정한다.

현금흐름은 회계기준에 의해서 거래발생시점을 기준으로 하는 회계적 이익과는 구별된다. 따라서 회계항목에 포함되었더라도 현금흐름 작성 시점에서의 현금유출입 유무에 따라서 비용에 포함시켜야 할 항목, 비용에서 제외시켜야 할 항목들이 있으며 구체적인 항목들은 다음과 같다.

1) 비용에 포함시켜야 할 항목

(1) 잠식비용(erosion costs)

잠식비용은 새로운 투자안이 기존 투자사업의 현금흐름을 감소시키는 경우의 비용이다.

예를 들어 신규 자동차 모델 출시로 기존 모델 매출액 감소분은 잠식비용이 된다.

(2) 기회비용(opportunity costs)

기회비용은 실질적인 현금유출은 수반하지 않지만 그 자원을 다른 용도에 사용하였을 때 얻을 수 있는 최대 이익을 포기한 비용이다. 예를 들어 기존시설을 새로운 사업에 포함시킬 경우 해당 금액을 현금유출로 처리한다.

(3) 운전자본 소요액

운전 자본에 대한 투자액도 현금유출을 일으키므로 현금유출에 포함시킨다.

2) 비용에서 제외시켜야 할 항목

(1) 매몰원가(sunk cost)

신제품 개발 연구비, 신제품 시장조사 용역비와 같이 현재시점의 투자안 채택여부와 관계가 없이 과거에 발생한 것으로 비용에서 제외시킨다.

(2) 감가상각비

자본적 지출로 인해서 발생하고 실제 현금 유출이 이루어지지 않는 비현금성 지출비용으로 다음과 같은 산출 방법이 있다.

정액법 : (취득원가 - 잔존가치)/내용년수

정률법 : (취득원가)×(상각률)

상각률 $= 1 - \sqrt[n]{(\text{잔존가치}/\text{취득원가})}$ n : 내용년수

(3) 금융비용(이자비용)

금융비용은 기대 현금흐름의 현가 산출시 분모의 할인율에 반영되므로 이중 계산을 방지하기 위해서 현금흐름 계산 시 현금유출에서 제외한다.

3) 투자안의 시기별로 현금흐름

(1) 시작년도 증분 현금흐름(최초 현금흐름)

투자액 + 구 자산처분가격 - 구 자산 처분에 따른 세금효과 - 운전자본 투자액 + 투자세액공제(투자세액공제는 특정시설에 투자하는 경우 일정액을 산출세액에서 공제하는 제도로 투자세액공제액은 현금의 유입으로 본다.)

(2) 정상영업년도 증분현금흐름(정상 영업현금흐름)

감가상각비는 현금유출이 발생하지 않는 비용으로 세금 절세효과(=감가상각비×세율)가 있고, 현금흐름은 영업에 따른 현금흐름만 고려하므로 이자는 비용에 포함시키지 않고 이자의 세금 절세효과는 할인율에 반영된다. 따라서 투자안으로 인한 현금흐름은 다음과 같이 산출된다.

정상영업 현금흐름 = (영업수익증가 - 감가상각비를 제외한 영업비용증가) × (1-세율) + (감가상각비 증가) × (세율) + 운전자본 증가액
= (영업수익 증가 - 영업비용증가 + 감가상각비 증가)(1-세율) + (감가상각비 증가) × (세율) + 운전자본 증가액
= (영업수익 증가 - 영업비용증가)(1-세율) + 감가상각비 증가(1-세율) + 감가상각비 증가 × 세율 + 운전자본증가액
= 영업이익증가(1-세율) + 감가상각비증가 + 운전자본 증가액

(9.1)

(3) 최종년도 증분현금흐름(최종현금흐름)

정상영업현금흐름 + 잔존가치 - 처분에 따른 세금절세효과 + 운전자본회수액

잔존가치 - 처분에 따른 세금효과 = 세후 잔존가치

$= SV-(SV-BV) \times t = BV+(SV-BV)(1-t)$

SV: 기존자산의 처분가치, BV: 기존자산의 장부가치, t: 세율

SV < BV일 일 경우 BV-SV가 비용으로 처리되어서 처분에 따른 세금효과(=(BV - SV) × t)만큼 현금흐름이 커지게 된다.

예 9.1 기존자산의 처분가치 500만 원, 기존지산의 장부가치 300만 원, 세율 30%이면 세후 잔존가치 = SV-(SV-BV)×t = 500-(500-300)×(0.3) = 440만 원,
처분가치가 200만 원이면 세후 잔존가치는 200-(200-300)×(0.3)=230만 원이 된다.

예 9.2 **대체투자안의 경제성 분석**

(주)한국은 취득원가 1억 5천만 원인 컴퓨터를 5년간 사용하였고 신규컴퓨터로 교체하려고 한다. 기존 컴퓨터의 현재 시장가치는 3,000만 원, 장부 가격은 7,500만원, 내용 년 수가 10년, 잔존가치와 투자세액공제는 없고, 감가상각은 정액법을 사용한다. 신규컴퓨터의 구입가격은 3억, 내용 년수 5년, 감가상각은 정액법을 사용하며, 추정 잔존가치는 600만원이다.

새 컴퓨터로 대체 후 효과는 3천만 원/년 비용절감과 당기 매출액의 1% 매출증대, 5년후 운전자본 회수는 없는 것으로 예상된다. 현재 시점 연매출액 30억, 영업비용 21억, 감가상각비 3억이

다. 자본비용10%, 법인세율 50%일 경우 연도별 증분의 현금흐름을 추정하시오.

풀이

* 시작년도 현금흐름은 다음과 같다.

-새 컴퓨터 구입가격(3억)+구 컴퓨터 처분가격(3천만)-구컴퓨터 처분에 따른 세금효과 (=(3,000-7,500) × (0.5) = 2,250만) - 운전자본 투자액(0)+투자세액공제(0) = -24,750만원

* 정상 영업년도 현금흐름 산출 식

"식 (9.1)을 적용하면 다음과 같이 구해진다.

영업이익 증가 = 비용절감액 + 매출증대효과 - 감가상각비 증가

비용절감액 3,000만원, 매출증대효과 3000만원, 구 컴퓨터 감가상각비 = 15,000/10 = 1,500만원, 새 컴퓨터 감가상각비 = (취득원가 - 잔존가치) / 내용년수 = (30,000-600)/5 = 5,880만원이므로 감가상각비 증가는 5,880-1,500 =4,380만원, 운전자금 증가액은 0이므로 정상년도 현금흐름은 영업이익 증가(1-세율) + 감가상각비증가 + 운전자금증가액

= (3,000 + 3,000 - 4,380)(1-0.5) + 4,380 + 0 = 5,190만원이 된다.

* 최종년도(5년 후) 현금흐름은 다음과 같다.

새 컴퓨터 잔존가치가 액면 가치와 같으므로 세금효과는 0이고, 운전 자금회수액도 0이므로 최종년도 현금흐름은 정상영업 년도현금흐름 + 새 컴퓨터 잔존가치 - 처분에 따른 세금효과 + 운전자금회수액 = 5,190(정상년도 현금흐름) + 600(새 컴퓨터 잔존가치) - 0(세금효과) + 0(운전자금회수액) = 5,790만원이 된다.

5 투자안의 경제성 평가 방법

투자안으로부터 예상되는 미래 현금흐름이 기업의 가치증대에 어느 정도 공헌하는가를 평가하는 것을 말하며 다음과 같은 평가방법들이 있다.

1) 전통적 평가방법

(1) 회수기간법(Payback period method)

회수기간은 투자에 필요한 투자소요액을 회수하는데 소요되는 기간을 의미하며,

각 투자안의 회수기간을 기초로 하여 투자결정을 하는 방법이다.

- **의사결정기준**

의사결정기준은 총 현금흐름이 최초 투자액과 같게 되는 기간인 회수기간이 의사결정의 기준이 된다. 만약 현금흐름이 매년 동일하다면 최초 투자액을 매기의 현금흐름으로 나누어 회수 기간을 쉽게 계산할 수 있다.

독립적인 투자안의 경우는 목표 회수기간보다 회수기간이 짧은 투자안 순으로 투자안을 선택한다. 상호배타적 투자안은 목표회수기간보다 짧은 상호배타적인 투자안들 중에서 회수 기간이 가장 짧은 투자안을 선택한다.

- **장점**

첫째, 계산이 간단하고 이해가 쉽다.

둘째, 수요변화나 기술진부화의 위험이 클 경우 회수기간이 짧을수록 안전한 투자안을 선택하게 된다.

셋째, 회수기간이 짧을수록 조속한 투자자금회수로 인해서 유동성이 증가한다.

- **단점**

첫째, 현금흐름의 시간적 가치를 고려하지 않는다.

둘째, 회수기간이후의 현금흐름을 고려하지 않아서 투자안의 수명과 수익성을 무시 한다.

셋째, 목표회수기간의 설정이 자의적이다.

예 9.3 회수 기간법에 의한 투자안 평가

기간	0	1	2	3	4	5
현금흐름A	-2,500	1,100	1,100	1,100	1,100	1,100
현금흐름B	-1,000	100	400	300	300	-400

풀이

투자안 A 의 회수기간 2년 +[(2,500-1,100-1,100)/1,100] = 2.3년

투자안 B 의 회수기간 3년 + [(1,000 - 100 - 400 - 300)/1,000] = 3.7년
투자안 A를 선택한다.

현금흐름의 시간적 가치를 고려한 할인회수기간법은 다음과 같다.

〈할인회수기간법〉
할인회수기간 = 투자액/ 년간 현금흐름 현가

(2) 회계적 이익률법

• 산출방법

회계적 이익률법은 평균 이익률법, 투자 이익률법으로도 불리며 투자안의 이익과 내용이 어떻게 측정되는가에 따라 계산방법이 달라지기는 하지만 일반적으로 다음과 같은 식을 사용한다.

평균 순이익/년 평균투자액 또는 년 평균 순이익/(총 투자액/2) (9.2)

• 의사결정기준

녹립적인 투자안은 기업의 목표 회계적 이익률보다 높은 투자안을 선택하고, 상호배타적 투자안은 목표 회계적 이익률보다 높은 투자안 들 중에서 회계적 이익률이 가장 높은 투자안을 선택한다.

• 장점

첫째, 계산이 간편하고 이해가 쉽다.
둘째, 회계 자료를 손쉽게 이용할 수 있다.

• 단점

첫째, 화폐의 시간적 가치를 무시한다.
둘째. 회계처리방법에 따라 순이익이 달라지므로 객관적이지 못하다.
셋째, 목표이익률 결정이 자의적이다.

예 9.4 다음과 같은 자료에 근거하여 투자안의 회계적 이익률을 산출하시오.

매출액	120
생산비	90
감가상각비	15
법인세율	0.34
생산설비투자액	60

풀이

연 평균 회계적 이익 = (120-90-15)(1-0.34) = 9.9억

식 (9.2)로부터 연 평균 투자액 = 60/2 = 30억

회계적 이익률 = 9.9/30 = 33%

2) 현금흐름 할인(DCF: Discounted Cash Flow)법

(1) 내부수익률(IRR: Internal Rate of Return)법

내부수익률은 투자로 인한 미래 기대 현금유입(CI: Cash Flow)의 현가와 기대 현금유출(CO: Cash Outflow)의 현가를 동일하게 하는 식 (9.3)을 만족시키는 할인율(r)을 말한다.

$$\sum_{t=0}^{n}\frac{CI_t}{(1+r)^t}=\sum_{t=0}^{n}\frac{CO_t}{(1+r)^t} \qquad (9.3)$$

n: 투자기간 CI_t : t시점 현금유입 CO_t: t시점 현금유출

- **의사결정 기준**

첫째, 독립적인 투자안은 IRR > 자본비용 이면 채택한다.

둘째, 상호배타 적인 투자안들은 IRR > 자본비용 중 IRR이 제일 큰 투자안을 선택한다.

- **특징**

첫째, 화폐의 시간적 가치를 감안한다.

둘째, 자본비용과 직접 비교가 된다.

셋째, 현금흐름의 재투자 수익률을 IRR로 가정한다.

넷째, 투자 기간 중 현금흐름의 유출입이 한 번 이상 변하는 다중 현금흐름(Non conventional cash flow)의 경우 두 개 이상의 IRR이 존재할 수 있다.

다섯째, 수익률(%)로 계산되므로 절대적 수익성(금액)이 아닌 상대적 수익성으로 평가하므로 투자안이 기업가치를 얼마만큼 변화시키는지 정확히 알 수 없다.

여섯째, 여러 개의 투자안을 수행하는 경우 가치합산원칙이 적용 안된다.

(2) 순 현가(NPV: Net Present Value)법

순 현가법은 투자로 인한 미래 기대 현금흐름을 적절한 할인율로 할인한 투자안의 현재가치(PV)(투자안의 혜택(benefit))에서 투자액의 현재가치(투자안의 비용(cost)을 차감하여서 구한 순 현재가치)를 근거로 투자를 결정하는 방법이다.

$$NPV = \text{투자안으로 인한 혜택의 현가} - \text{비용의 현가}$$

$$= \sum_{t=0}^{n} \frac{CI_t}{(1+k)^t} = \sum_{t=0}^{n} \frac{C0_t}{(1+k)^t} \quad (9.4)$$

CI_t: t기의 현금유입액(혜택)
$C0_t$: t기의 현금유출액(투자액)
k: 요구수익률(자본비용) 할인율: 최저요구수익률, 자본비용
n: 투자안의 수명

순현가는 투자로 인해서 현재시점에서 증대되는 기업가치가 되며, 할인율이 *IRR*인 경우 순현가는 0이 된다.

• 의사결정기준

독립적 투자안은 NPV > 0이면 채택하고 NPV 만큼 기업가치가 증대된다.

상호배타적 투자안들은 NPV > 0이면서 NPV가 가장 큰 투자안을 채택한다.

• 특징

첫째, 화폐의 시간적 가치가 고려된다.

둘째, 현금흐름 기대치와 자본비용만이 고려될 뿐 회계적 수치와는 무관하다.

셋째, 해당투자의 NPV는 기업가치중 그 투자안이 기여하는 부분을 의미한다.

넷째, 가치합산의 원칙이 적용된다.

$$NPV(A + B) = NPV(A) + NPV(B)$$

A, B : 투자안

다섯째, 현금흐름의 재투자 수익률을 할인율인 자본비용으로 가정한다.

예 9.5 투자안 경제성 평가방법 비교

대성기업에서 다음과 같은 현금흐름을 갖는 상호 배타적인 투자안 A와 B를 고려 중에 있다. 이 기업의 자본비용은 10%이다.

(단위: 만원)

연도말	현금흐름	
	A	B
0	-1,000	-1,000
1	200	600
2	300	500
3	400	400
4	500	400
5	600	300

(1) 회수 기간법으로 투자안을 평가하시오(목표회수기간: 3년).

(2) 회계적 이익률법으로 투자안을 평가하시오(잔존가치가 없고 정액법으로 상각, 법인 세율은 40% 목표 회계적 이익률은 30%).

(3) IRR 법으로 투자안을 평가하시오.

(4) NPV 법으로 투자안 평가하시오.

풀이

(1) 회수기간

A: 3+(1,000-200-300-400)/500 = 3.2년

B: 1+(1,000-600)/500 = 1.8년

투자안 B를 선택한다.

(2) 회계적 이익률법

회계적 이익률 = 연평균순이익/연평균투자액

법인세후 순이익 =현금흐름 - 감각 상각비

A, B의 감가상각비 1,000/5 = 200이므로 연 평균 순이익은 A 200, B 240가 된다.

따라서 A의 회계적순이익률 = $\dfrac{200}{1,000/2}$ = 40%

B의 회계적순이익률 = $\dfrac{240}{1,000/2}$ = 48%

투자안 B를 선택한다.

(3) 내부수익률(IRR)

$$A : \frac{200}{1+IRR} + \frac{300}{(1+IRR)^2} + \frac{400}{(1+IRR)^3} + \frac{500}{(1+IRR)^4} + \frac{600}{(1+IRR)^5} = 1,000$$

으로부터 IRR=23.29%

$$B : \frac{600}{1+IRR} + \frac{500}{(1+IRR)^2} + \frac{400}{(1+IRR)^3} + \frac{400}{(1+IRR)^4} + \frac{300}{(1+IRR)^5} = 1,000$$

으로부터 IRR = 39.28%

따라서 투자안 B를 선택한다.

(4) NPV

$$A : -1,000 + \frac{200}{1.1} + \frac{300}{1.1^2} + \frac{400}{1.1^3} + \frac{500}{1.1^4} + \frac{600}{1.1^5} = 444.3375$$

$$B : -1,000 + \frac{600}{1.1} + \frac{500}{1.1^2} + \frac{400}{1.1^3} + \frac{400}{1.1^4} + \frac{300}{1.1^5} = 718.6853$$

투자안 B를 선택한다.

〈NPV와 IRR의 비교〉

자본예산에 있어서 NPV법과 IRR법은 현금흐름의 현가를 고려한다는 점에서 상호 밀접하게 관련되고 있으나, 현금흐름의 재투자수익률(할인율 k)로 NPV법은 자본비용을, IRR법은 IRR을 가정하고 있어 투자안의 형태에 따라 다음과 같이 적용해야 한다.

• **단일 투자안의 경우**

단일 투자안의 경우 현금흐름유형에 관계없이 NPV법과 IRR법의 평가 결과는 같으며, 현금흐름유형에 따라 IRR을 아래와 같이 적용한다.

- 투자형 현금흐름의 투자안

투자형 현금흐름은 최초의 현금흐름이 유출이고 그 이후 현금흐름이 모두 유입인 것을 말한다.(할인율: $k_1 < k < k_2$)

$IRR > k_1$ 일 때 $NPV(k_1) > 0$ 이므로 투자안을 선택한다.

$IRR = k$ 일 때 $NPV(k) = 0$

$IRR < k_2$ 일 때 $NPV(k_2) < 0$ 이므로 투자안을 기각한다.

- 차입형 현금흐름의 투자안

차입형 현금흐름은 최초의 현금흐름이 유입이고 그 이후 현금흐름이 모두 유출인 경우를 의미한다. 이 경우 IRR은 차입 이자율이 된다.

$IRR < k$ 일 때 $NPV > 0$이므로 투자안을 채택한다.

$IRR > k$ 일 때 $NPV < 0$이므로 투자안을 기각한다.

- 혼합형 현금흐름의 투자안

혼합형 현금흐름은 현금흐름의 유출입이 한번 이상 변하는 현금흐름을 의미하며 이 경우 복수의 IRR이 존재하며 정확한 IRR을 계산하여 투자안을 평가하여야 한다.

정확한 IRR을 IRR^*라 하면 $IRR^* > k$일 때 $NPV > 0$이므로 투자안을 선택하고, $IRR^* < k$일 때 $NPV < 0$이므로 투자안을 기각한다.

그림 9-1 단일투자안의 NPV, IRR 관계

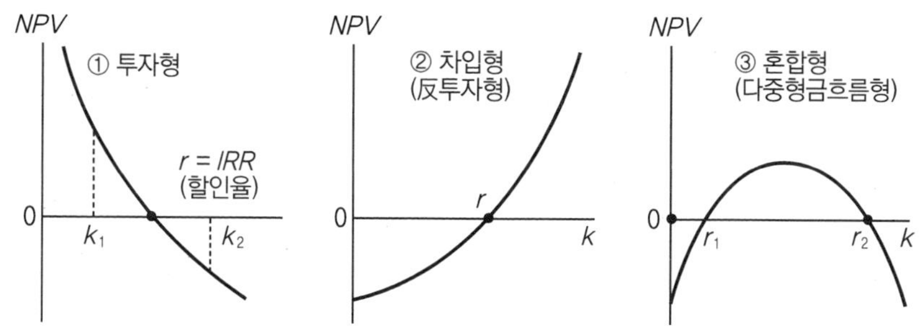

• **상호 배타적인 투자안**

상호배타적인 투자안 A, B에서 자본비용이 피셔리언 수익률(Fisher's rate of return) (k^*)보다 큰 경우 *IRR*과 *NPV*의 결과가 동일하나, 작은 경우 투자규모가 서로 크게 다르거나, 투자수명이 서로 크게 다르거나, 현금흐름의 시간적 양상이 서로 크게 다르면 두 방법이 상충되는 결과를 도출 할 수 있다. 이러한 결과는 두 방법이 재투자 수익률에 대한 가정이 다르기 때문에 발생한다. 피셔리언수익률은 A, B 두 투자안의 *NPV* 선이 만나는 점, 즉 두 투자안의 *NPV*가 같아지게 하는 할인율을 말한다.

그림 9-2 NPV와 IRR의 상충 결과

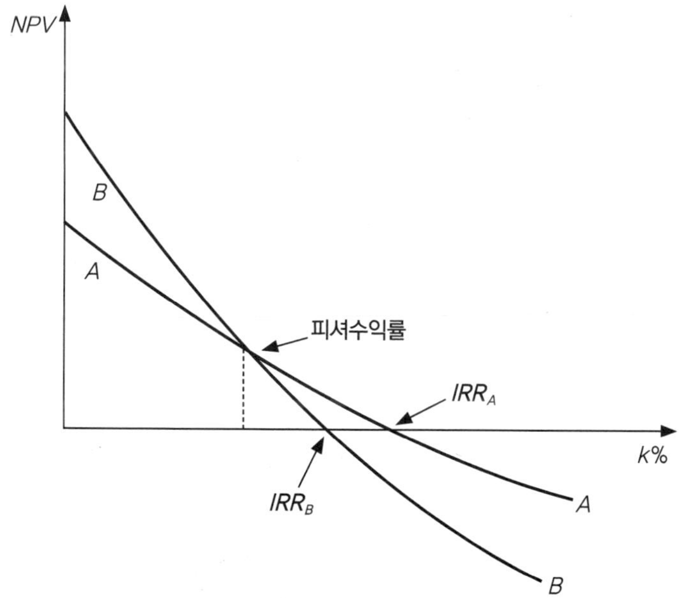

예 9.6 투자기간이 1년인 상호배타적인 투자안 A, B가 있다.

	최초투자액	연말 현금흐름
투자안 A	10,000	12,000
투자안 B	15,000	17,700
자본비용: 10%		

각 투자안의 IRR과 NPV를 구해보자.

풀이

투자안 A

12,000/(1+r) = 10,000로부터 IRR = 20%

12,000/(1+0.1) - 10,000 = 908로부터 NPV = 908

투자안 B

17,700/(1 + r) = 15,000로부터 IRR = 18%

17,700/(1 + 0.1) - 15,000 = 1,089로부터 NPV = 1,089

자본비용이 피셔리언 수익률보다 크면 두 방법 모두 투자안 A를 선택한다. 그러나 자본비용 10%가 피셔리언 수익률(14%)보다 작기 때문에 NPV법에 의하면 투자안 B를 선택하고, IRR법에 의하면 투자안 A를 선택한다.

그림 9-3

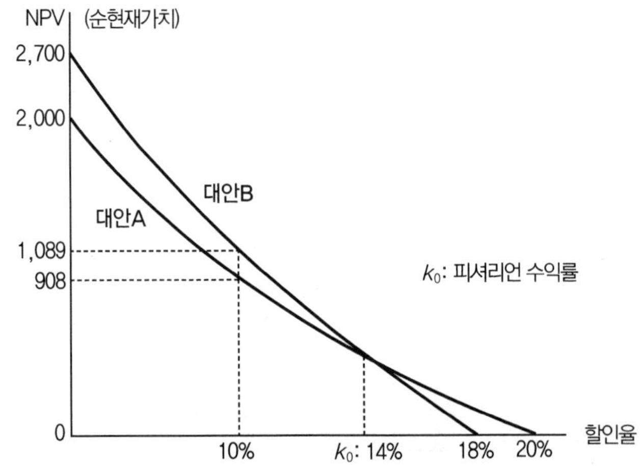

이런 경우 두 투자안의 현금흐름의 차로 계산하는 현금흐름 증분법을 사용하면 올바른 투자안을 선택할 수 있다. 증분 IRR은 증분 NPV가 0이 되는 할인율이다. 이 할인율에서 NPV(B) = NPV(A)가 되므로 증분 IRR은 피셔리언 수익률과 같게 된다.

증분(B−A)IRR > 자본비용 이거나 증분(B−A)NPV > 0이면 투자안 B 채택한다.
증분(B−A)IRR < 자본비용 이거나 증분(B−A)NPV < 0이면 투자안 A 채택한다.
상이한 투자 규모, 상이한 현금흐름을 갖는 상호배타적 투자안들을 평가해 보자.

예 9.7 **상이한 투자규모**

다음과 같은 투자 규모와 현금흐름을 갖는 상호배타적인 투자안 A, B가 있다.

연도	0	1년	2년	3년
투자안 A	1,000	505	505	505
투자안 B	11,000	5,000	5,000	5,000
자본비용 10%				

각 투자안의 IRR, NPV는 다음과 같이 서로 다른 결과를 보이고 있다.

	IRR	NPV
투자안 A	24%	256
투자안 B	17%	1,435

투자안 A, B가 독립적이라면 두 투자안의 IRR이 자본비용보다 크고, NPV가 0보다 크므로 두 투자안 모두 선택한다. 그러나 두 투자안이 상호 배타적일 경우, IRR을 기준으로 하면 투자안 A를, NPV를 기준으로 하면 투자안 B를 선택한다.
이럴 경우 증분 현금흐름을 이용하면 투자안을 선택할 수 있다.

	0	1년	2년	3년
투자안 B−A	10,000	4,495	4,495	4,495

증분 NPV = $4{,}495/(1+0.10) + 4{,}495/(1+0.10)^2 + 4{,}495/(1+0.10)^3 - 10{,}000$
$= 3{,}485 > 0$
증분 IRR = 피셔 리안 수익률= 16.58% > 10%
따라서 투자안 B를 선택한다.

그림 9-4 증분 현금흐름

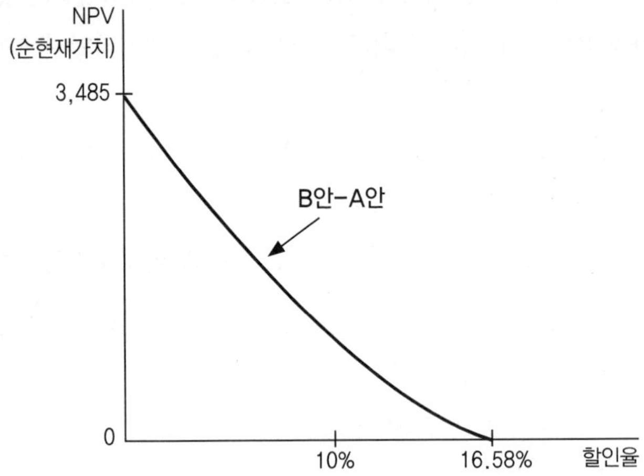

예 9.8 상이한 현금흐름 형태의 상호배타적인 투자안

최초투자액이 동일하지만 연도별 현금흐름이 다른 투자안 A, B가 있다.

	최초 투자액	현금흐름	
		1년	2년
투자안 A	100	20	120
투자안 B	100	100	31.25
자본비용 10%			

투자안 별 IRR, NPV는 다음과 같다.

	NPV	IRR
투자안 A	17.3	20%
투자안 B	16.7	25%

NPV 법에 의하면 투자안 A를, IRR 법에 의하면 투자안 B를 선택한다.
증분 현금흐름으로 투자안을 분석해 보자.

〈증분 현금흐름〉

	1년	2년
투자안 A -B	-80	88.75

증분 NPV = -80/(1+ 0.1) + 88.75/(1+0.1)^2 = 8.75 > 0

증분 IRR = 10.09% > 10%

따라서 투자안 A를 선택한다.

그림 9-5

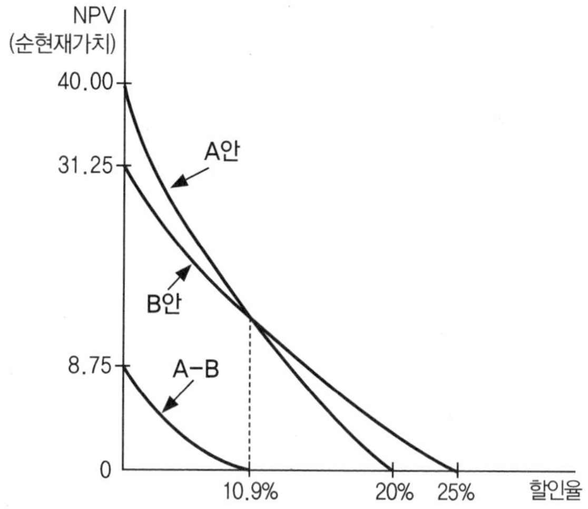

- **복수 IRR**

현금흐름이 (+), (-)가 섞여서 나타나는 다중 현금흐름(Non conventional cash flow)에서 복수의 IRR이 발생한다. 복수의 IRR 해결법은 다음과 같다.

(-)의 현금흐름에 대해서는 r% 수익률(IRR)로 대출하여 다음에 받아야 할 금액으로 보고 (+)의 현금흐름에 대해서는 자본비용과 동일한 이자율로 차입해 오는 것으로 보고 계산하면 진정한 IRR을 구할 수 있다.

예 9.9

기간	0	1	2
현금흐름	-1,600	10,000	-10,000
자본비용: 10%			

정확한 IRR을 계산하시오.

풀이

IRR을 계산하면 다음과 같다.

$\frac{10,000}{1+IRR} + \frac{10,000}{(1+IRR)^2} - 1,600 = 0$ IRR=25%, 400%로 복수의 IRR이 존재한다.

복수의 IRR 해결법을 적용하면 기간1에서 투자안으로부터 순수차입금은 10,000 - 1,600(1+r^*)가 되고 기간 2에 기업이 갚아야 할 금액(자본비용:10%)은 [10,000-1,600(1+r^*)](1+0.1) 이 된다. 기간 2에 기업이 대출할 금액은 10,000으로부터 식 10,000=[10,000-1,600(1+r^*)](1+0.1)가 유도되어 진정한 내부수익률(r^*)=-43.18% < 10% 으로 투자안을 기각한다. NPV =10,000/(1+0.1)-10,000/(1+0.1)^2-1,600 =-774(만원) < 0로 IRR법과 마찬가지로 투자안을 기각한다.

예 9.10 투자안의 현금유형이 다음과 같을 때, 이 투자안의 진정한 내부수익률은 얼마인가? (단, 자본비용은 10%)

-100	+200	-75
0	1	2

풀이

$\frac{200}{1+IRR} + \frac{75}{(1+IRR)^2} = 100$을 풀면 IRR = -50% 혹은 50% 으로 복수의 내부 수익률이 존재한다. 진정한 내부수익률은 [200-100(1 +IRR)은 1기 순차입금, 75는 2기 대출금이므로 [200 -100(1+IRR)](1+0.1)=75 를 풀면 IRR=31.8%가 된다.

결론적으로 NPV는 IRR보다 다음과 같은 점에서 우월하다.

첫째, NPV는 현금흐름의 재투자수익률에 대한 가정이 현실적이다.

NPV은 자본비용으로 재투자를 가정하고, IRR은 IRR로 재투자를 가정한다.

둘째, IRR은 복수해 또는 해가 존재하지 않는 경우가 있다.

셋째, NPV는 기업가치 증가분을 반영한다.

넷째, NPV는 평가기준이 일관성이 있다.

다섯째, NPV는 가치합산원칙이 적용된다.

(3) 수익성지수(PI: Profitability Index)

수익성지수는 투자 단위당 투자 이익의 현재가치의 크기를 상대적으로 비교하여 투자를 결정하는 방법이며 NPV 법을 변형한 것으로 식 (9.5)로 정의되며 투자규모가 상이한 투자안에 적용한다.

$$\text{수익성지수} = \text{현금유입의 현가} / \text{현금유출의 현가} \tag{9.5}$$

〈의사결정기준〉

독립적인 투자안의 경우 PI가 1보다 큰 투자안을 채택한다.

상호 배타적인 투자안의 경우 PI가 1보다 큰 투자안 중에서 PI가 가장 큰 투자안을 채택한다. 이 경우 NPV법과 PI법이 서로 상충되는 경우가 발생할 수 있다.

이 문제의 해결책으로는 NPV의 결과를 채택하거나, 투자규모가 큰 투자안의 PI는 수정하지 않고, 투자규모가 작은 투자안의 수익성지수는 가중평균수익성지수(WAPI: Weighted Average PI)를 적용하여 수정한다. 투자규모가 작은 투자안의 가중평균수익성지수는 투자규모가 작은 투자안에 투자하고 남은 유휴자금의 기회비용까지 고려하여 규모가 작은 투자안의 수익성지수와 규모가 큰 투자안의 투자 금액에서 규모가 작은 투자안의 투자규모를 제외한 금액을 유휴자금 투자안으로 간주하여 이 자금의 PI=1로 가정한 후 두 투자안의 PI를 큰 규모 투자금액대비 투자비율로 가중 평균한 값이 된다.

예 9.11 **수익성지수에 의한 투자안 평가**

	투자안 A	투자안 B
투자(현금유출)	1,000,000원	100원
현금흐름(유입) 현가	1,001,000	200

풀이

A의 PI = 1,001,000/1,000,000 = 1.001

B의 PI = 200/100 = 2.00

B의 WAPI = (100/1,000,000)(2)+((1,000,000−100)/1,000,000)(1)

= 1.0001(1은 유휴자금 투자안의 PI)

	투자안 A	투자안 B
PI	1.001	2
수정PI	1.001	1.0001
NPV	1,000	100

수정 PI, NPV 모두 투자안 A가 유리하다.

따라서 투자안 A를 선택한다.

연습문제

1. 어떤 기계의 취득원가 1,000만 원, 내용 연수 5년, 5년후 잔존가치는 100만 원, 법인세율 40%, 시장이자율은 연 10%이다.

(1) 이 기업이 정액법으로 감가상각을 할 경우 감가상각비, 감세효과 및 감세액의 현재가치는?

(2) 이 기계의 잔존가치가 500만원이면 감가상각비, 감세효과 및 감세의 현재가치는?

(3) 5년 후 이 기계를 500만 원에 매각하였다면 이 경우 현금흐름은?

2. (주)한국은 현재 사용 중인 기계를 새로운 모델로 교체하려고 한다. 현재 시중에서 판매하고 있는 해당 기계는 B사 제품과 C사 제품이 있다. B사 제품은 5,000만 원으로 매년 2,000만 원의 유지비용이 들고, C사 제품은 7,500만 원으로 매년 1,500만 원의 유지비용이 든다. 두 제품의 수명은 모두 10년이고, 잔존가치는 없으며, 감각상각은 정액법을 사용하고, 법인세는 50%, 자본비용은 10%이다.

(1) B 사 제품에 대한 C 사 제품의 증분 현금흐름을 구하시오.

(2) (1)에서 구한 증분 현금흐름으로 NPV, IRR, 자본회수기간, 평균이익률을 구하시오.

(3) (주)한국은 어느 회사 제품을 선택하는가? 만약 자본비용이 6%이면 어떻게 되는가?

(4) B사 제품의 잔존가치가 500만원, C 사 제품의 잔존가치가 1,000만원으로 예상되면 어느 회사 제품을 선택할 것인가?

3. (주)한국의 재무분석가는 단일 결합 투자안으로서 검토하기로 결정한 두개의 대규모 투자안을 평가하고 있다. 두 투자안의 기대 현금흐름은 동일하고 결합 투자안에 대한 기대 세후 영업현금흐름은 다음과 같다.

연도	t_0	t_1	t_2	t_3	t_4	t_5	t_6
현금흐름	-10,000	4,000	4,000	4,000	4,000	4,000	4,000

두 투자안의 규모는 동일하므로 한 투자안의 현금흐름은 결합투자안의 현금흐름의 절반에 해당한다. 영업위험만을 고려한 투자안의 는 투자안 A가 0.75, 투자안 B가 0.4375이다. (주)한국의 자기자본 β는 0.5, 부채비율(B/V)은 50%, 법인세율은 40%이다. 이 회사의 사채는 무위험사채이며(수익률 6%), 시장수익률의 기대값은 18%로 추정하였다.
만일 이 회사가 사업에 착수한다면, 결합 투자안이 총자산의 10%를 차지하게 될 것이며 투자 소요자금은 사채 50%, 자기자본 50%로 조달하려 하고 있다.

(1) 이 회사의 투자안 착수전 자기자본비용과 WACC를 구하시오.

(2) A, B투자안의 요구수익률은 얼마인가? 또 결합투자안의 요구수익률은 얼마인가?

(3) 결합투자안을 채택할 것인가를 NPV에 의해 판단하시오.

(4) 결합투자안이 채택된다면 이 회사의 새로운 β는 얼마인가?

4. 다음과 같은 현금흐름을 갖는 상호배타적인 투자안이 있다. 자본비용은 10%이다.

투자안	0	1
X	-100	170
Y	-10,000	13,000

(1) 투자안들의 NPV는?

(2) 투자안들의 IRR은?

(3) 투자안 수익성지수는?

(4) 어떤 투자안을 선택해야 하나?

5. A회사는 아래와 같은 현금흐름을 가지는 투자안들 중에서 한 개를 선택하려고 한다. 투자에 따른 감가상각은 정액법을 적용하며, 잔존가치는 없고 법인세율은 50%이며, 자본비용은 10%이다.

(1) 투자안들에 대하여 회계 이익률법(평균이익률)을 구하시오.

(2) 투자안들에 대하여 자본회수기간을 구하시오,

(3) 투자안들에 대하여 순 현재가치를 구하시오.

(4) 최적 투자안을 구하시오.

연도	0	1	2	3	4	5
투자안 A	- 1,000,000	200,000	300,000	300,000	400,000	400,000
투자안 B	- 1,000,000	400,000	400,000	300,000	200,000	200,000

6. A기업은 아래 두 지점 중 하나를 개설하려고 한다. 각 지점별 현금흐름은 다음과 같다. (금액 단위: 1,000원)

연도	X 지점	Y 지점
0	-10,000	-10,000
1	6,500	3,500
2	3,000	3,500
3	3,000	3,500
4	1,000	3,500

(1) 각 지점 설치에 따른 투자금액을 회수하는데 걸리는 기간은?

(2) 자본비용이 10%라고 가정하고 각 투자안의 NPV 및 IRR을 구하시오.

만약 두 투자안이 상호배타적이라면 어떤 투자안을 선택할 것인가?

(3) 만약 자본비용이 5%라고 하면 어떤 투자안을 선택할 것인가?

(4) 두 지점 설치에 따른 NPV가 같아지는 할인율은?

7. 다음과 같은 현금흐름을 갖는 상호배타적인 투자안 X 와 Y 가 있다. 이 투자안들의 자본비용은 8%이다.

(금액단위: 1,000원)

연도	0	1	2	3
투자안 X	-12,000	10,000	5,000	1,000
투자안 Y	-12,000	1,000	6,000	11,000

(1) NPV법과 IRR법에 의하여 투자안들을 비교하여라.

(2) (1)에서 NPV와 IRR이 다른 결과를 가져온 이유는? 이 경우 어떤 투자안을 선택하여야 하나? 그 이유는?

8. A기업은 수명이 1년인 광산에 투자를 하려고 한다. 개발비용은 440만 원, 투자로 인한 1년 후 현금유입은 2,770만원, 2년 후 광산을 원상 복귀시켜야 하고 소요비용은 2,500만 원이 예상된다. 이 기업의 자본비용이 10%일 때 IRR법에 의한 투자 결정을 하시오.

제10장 자본구조

1 의의

자본구조(capital structure)란 기업의 재무상태표상의 대변 항목이 나타나는 기업의 장기부채와 자기자본 간의 비율을 말한다. 재무구조(financial structure)는 장기부채 이외에 단기부채도 포함하는 자본구조보다 넓은 개념이다.

2 최적 자본구조

최적 자본구조는 기업의 자산은 변동이 없다는 가정 하에 기업 가치를 극대화시키는 자본구조를 말한다. 최적 자본구조를 결정하기 위해서는 자본구조 차이에 따른 주가변동여부, 즉 적절한 자본구조를 통해 주가를 상승시킬 수 있는지 여부를 결정해야 한다. 자본구조에서 부채증가는 레버리지 효과로 인해서 기대수익을 증가시키지만 동시에 위험도 증가시키므로 최적 자본구조 결정문제도 다른 재무결정과 마찬가지로 기대수익과 위험이라는 상충된 두 요인을 고려하여 결정된다. 즉, 최적 자본구조는 부채증가로 인하여 발생하는 기대수익증가와 그에 따라 증가하는 위험 사이의 균형을 통하여 주가를 최대로 하는 자본구조를 말한다.

그림 10-1 자본구조와 기업가치

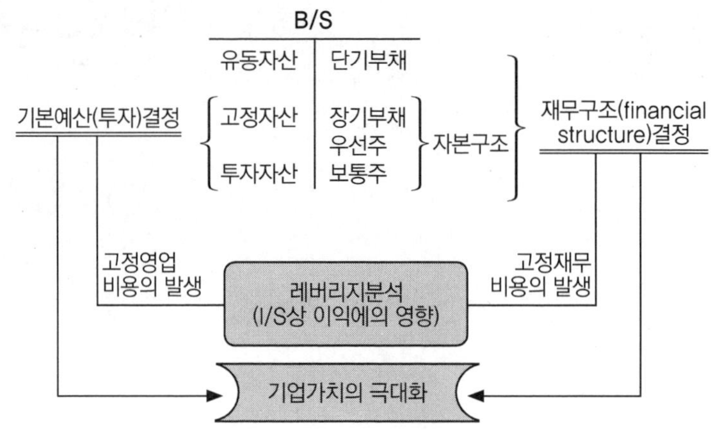

부채 증가에는 재무 레버리지효과, 파산 가능 효과, 지급이자의 세금절감 효과가 종합적으로 작용하여 해당기업 EPS의 기대값과 위험에 영향을 미친다.

1) 재무 레버리지 효과

자본구조에서 부채가 많을수록 재무레버리지효과가 커진다. 재무레버리지효과는 지급이자로 인해서 이익과 손실이 확대되는 효과로 기대수익과 위험을 동시에 증가시킨다. 재무레버리지가 EPS에 미치는 영향을 통해서 재무레버리지 효과를 분석해보자.

자본구조와 EPS 관계식은 다음과 같이 표현된다.

$$EPS = \frac{(EBIT\text{-}I\text{-}L)(1-T)-d}{N} \tag{10.1}$$

$EBIT$: 영업이익, I: 이자, L: 리스료, d: 우선주배당, T: 세율, N: 발행주식수

예 10.1 리스료와 우선주가 없다는 가정하에 식 (10.1)을 이용하여 아래와 같은 2가지 형태의 자본구조별 EBIT와 EPS 관계를 구해보자.

법인세율은 50%이고, 자본구조 1, 2는 다음과 같다.

자본구조 1: 주당 100,000원에 보통주 1,000주 발행
자본구조 2: 주당 100,000원에 보통주 500주 발행, 5% 이율로 50,000,000원 차입

풀이

자본구조별 *EBIT*와 *EPS* 관계는 다음과 같이 산출된다.

자본구조 계획 1: $EPS = \frac{(EBIT-0)(0.5)-0}{1,000} = 0.0005\ EBIT$

자본구조 계획 2: $EPS = \frac{(EBIT-2,500,000)(0.5)-0}{1,000} = 0.001\ EBIT-2,500$

〈그림 10-2〉는 EBIT와 EPS 관계를 보여주는 그림이다. 자본구조 계획 1과 2식이 만나는 점(EBIT: 500만원, EPS: 2500원)에서는 두 계획의 EBIT와 EPS가 같아지고 이 EBIT보다 큰 EBIT에서는 계획 2가, 작은 EBIT에서는 계획1이 EPS가 크게 된다.

그림 10-2 EBIT 와 EPS 관계

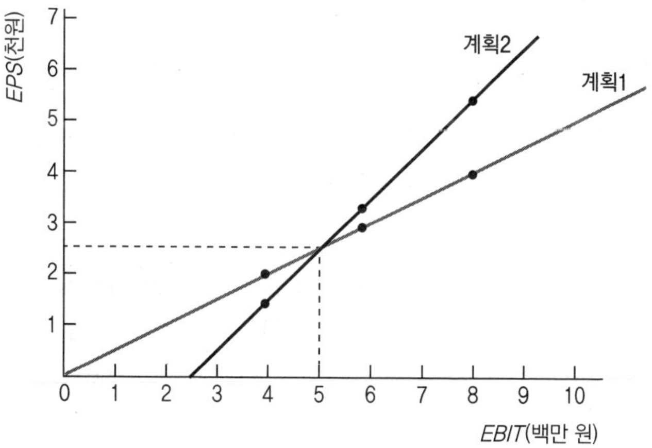

재무레버리지가 기대 EPS와 재무위험에 어떻게 영향을 미치는가를 분석해 보자.

예 10.2 (예 10.1)에서 EBIT 수준에 따른 EPS는 다음과 같다.

(단위: 천원)

EBIT		*EPS*	
	확률	자본구조 1	자본구조 2
4000	1/3	2.0	1.5
6000	1/3	3.0	3.5
8000	1/3	4.0	5.5

풀이

자본구조별 EPS의 기대값과 위험(표준편차: SD)은 다음과 같이 산출된다.

$$\text{자본구조 1} : \overline{EPS} = \frac{1}{3}(2) + \frac{1}{3}(3) + \frac{1}{3}(4) = \text{주당 3,000원}$$

$$SD = \sqrt{\frac{1}{3}(2-3)^2 + \frac{1}{3}(3-3)^2 + \frac{1}{3}(4-3)^2}$$

$$= \text{주당 1,150원}$$

$$\text{자본구조 2} : \overline{EPS} = \frac{1}{3}(1.50) + \frac{1}{3}(3.50) + \frac{1}{3}(5.50) = \text{주당 3,500원}$$

$$SD = \sqrt{\frac{1}{3}(1.50-3.50)^2 + \frac{1}{3}(3.50-3.50)^2 + \frac{1}{3}(5.50-3.50)^2}$$

$$= \text{주당 1,150원}$$

예 10.3 기업 A와 기업 B는 자금조달 차이 이외에는 다른 지표들은 동일하다.
자기자본만으로 자금 조달된 A 기업과 자기자본과 부채로 자금 조달된 기업 B가 있다.

(금액: 백만원)

	기업 A(100% 주식)		기업 B(50%주식, 50% 부채)	
확률	1/2	1/2	1/2	1/2
순영업이익	1,000	250	1,000	250
이자(5%)	---	---	250	250
순이익(NI)	1,000	250	750	0
자본(주식)	10,000	10,000	5,000	5,000
부채	---	---	5,000	5,000
계	10,000	10,000	10,000	10,000
주식수	1,000	1,000	500	500

EPS	1.0	0.25	1.5	0
EPS 기대치	0.625	0.75		
EPS분산	0.14	0.56		

EPS 기대치는 기업 B가 0.75로, 기업 A 0.625보다 크다. 기업 B의 EPS 분산(위험)은 0.56으로 기업 A의 EPS 분산 0.14 보다 크다. 두 기업 EPS 분산의 차이 0.56 - 0.14 = 0.42는 재무위험을 나타낸다.

(예 10.2), (예 10.3)에서 보여주듯이 부채 비율이 높은 자본구조 2는 자본구조 1에 비해서 주당 기대이익이 증가하나 위험을 나타내는 주당이익의 표준편차(SD) 혹은 분산도 증가하게 된다.

2) 파산 가능성 효과

부채사용 증가에 따른 원리금의 미상환 위험이 증가하여 기업 위험을 증가시킨다.

3) 지급이자의 세금 절감 효과

타인자본사용에 따른 지급이자는 절세효과가 발생하여 기대EPS를 증가시킨다.

3 자본구조이론

자본구조 이론은 부채를 통한 자금 조달로 발생하는 수익-위험 상충관계가 주가에 미치는 영향을 분석하는 이론이다. 자본구조를 결정할 경우 (예 10.2), (예 10.3)에서 설명한 것처럼 기업의 EPS 수익과 위험의 상충관계(trade off)에 직면하게 된다. 즉 기업이 재무레버리지를 사용하여 기대 EPS(주주의 부)를 증가시키려 한다면, 위험도 증가한다. 기대 수익(EPS)이 위험보다 더 증가하면 주가는 상승할 것이며, 반대의 경우 주가는 하락할 것이다.

자본구조 이론은 수익과 위험의 상충관계를 어떻게 해석하느냐에 따라서 주가를 극대화시키는 최적 자본구조(가중평균자본비용)가 존재한다는 견해와 자본구조와 주가가 관계가 없다는 견해가 있다.

1) MM이전의 자본구조 이론(법인세, 개인소득세가 없는 경우)

자본조달은 자기자본(S)과 부채(B)로만 구성되고, 파산위험은 없고, 이익은 배당과 이자로 지급된다고 가정하자.

k_0: 가중평균자본비용

k_e: 자기자본비용

k_i: 타인자본비용

이라 하면 다음과 같다.

(1) 전통이론

〈그림 10-3〉은 k_0, k_e, k_i와 재무레버리지(=부채비율)관계를 보여준다. 전통 자본구조 이론에 의하면 부채가 증가되면, k_i는 처음에 영향을 받지 않고, k_e만 상승하기 시작한다. 그러나 k_e는 부채사용에 따른 효과(혜택)를 완전히 상쇄할 수 있을 만큼 빨리 증가하지는 않아서 k_0는 감소한다. 그러나, 부채가 일정 수준에 도달하면 파산의 위험 때문에 k_e는 더욱 급상승하고 k_0는 증가하기 시작한다. 또한 대출자도 과도한 부채에 따른 위험을 인식하여 새로운 대출에 대하여 더 많은 대가를 요구하여 k_i도 상승한다. 이와 같이 전통자본 구조 이론은 k_0가 최소 값을 가지는 부채수준이 존재하고, 이 부채수준이 최적 자본구조가 된다는 것이다.

k_0곡선의 형태에 대해서 여러 가지 의견이 존재하지만 모든 전통 이론들이 공통적으로 갖는 견해는 세금이 없더라도 최적 자본 구조가 존재한다는 것이다.

그림 10-3 전통적 자본 구조 이론(세금이 없는 경우)

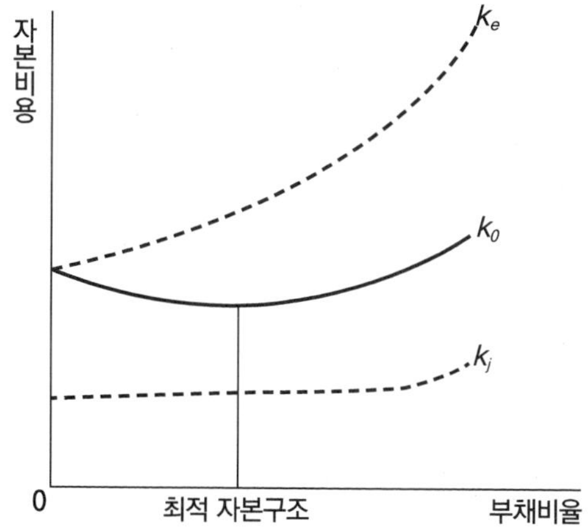

(2) 순 영업 이익(NOI: Net Operating Income)이론

순 영업 이익이론은 세전영업이익(EBIT)과 k_0는 부채 규모와 관계없이 일정하므로 기업 가치는 불변이라는 이론이다.

이 이론에 의하면 세금이 없는 경우 k_0는 재무레버리지와 관련이 없게 된다. 〈그림 10-4〉는 이 견해를 묘사하고 있나. 자기 자본으로 조달된 기업이 재무 레버리지를 증가시키면 k_i는 영향을 받지 않고, k_e는 부채사용의 혜택을 정확히 상쇄할 만큼 증가한다. 따라서 k_0는 모든 자본구조에 대해서 일정하고 최적 자본구조가 존재하지 않게 된다.

그림 10-4 순 영업이익이론

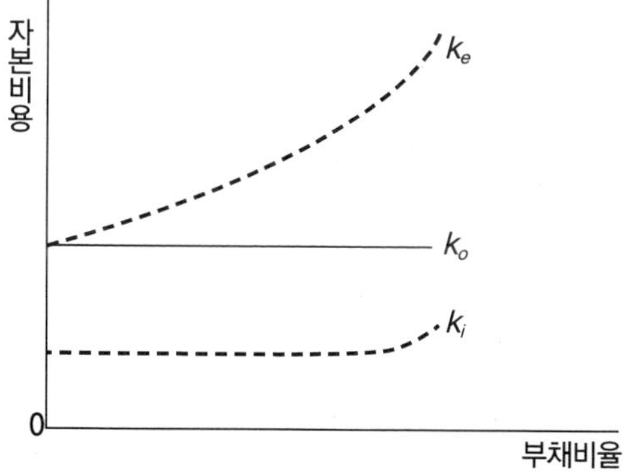

이 이론은 몇 가지 함축된 의미를 갖고 있다.

첫째, 세금이 없는 경우에는 명시적(explicit) 자기자본비용(k_e)이 명시적 타인자본비용(k_i)보다 큰 경우에도 암묵적(implicit) 타인자본비용을 고려하면 실질 타인자본과 실질 자기자본비용은 같게 된다는 것을 의미한다. 암묵적 자본비용은 특정 자금원의 조달로 인해서 다른 자금원의 자본비용의 증가로 발생하는 비용을 말한다. 따라서 순 영업 이익 이론에서는 타인 자본비용은 명시적 타인 자본비용에 암묵적 타인 자본비용을 합한 값이 되어야 하고, 암묵적 타인 자본비용이 적절히 평가되면 세금이 없을 경우, 실질 타인 자본비용과 실질 자기자본비용은 부채 수준에 관계없이 같게 된다고 주장한다.

둘째, 세금이 없는 경우, 장기적으로는 기업이 투자를 위해서 어떤 자금원을 사용했는지는 의미가 없게 된다. 예를 들어 단기적으로는 주식시장이 침체되는 경우 기업이 주식 발행 대신 새로운 부채발행을 선호하거나, 채권시장이 공급 과잉인 경우 새로운 주식발행을 선호할 수 있지만, 장기적으로는 기업이 특정 자본 조달 형태를 선호할 이유가 없다고 주장한다.

(3) 순이익(NI: Net Income)접근법

순이익접근법은 타인자본비용(k_i)은 자기자본비용(k_e)보다 작고, 두 자본비용은 불변이기 때문에 부채가 증가하면 k_0는 감소하고 기업 가치는 증가하게 된다고 주장한다.

$$\text{기업가치}(V) = \text{자기자본가치}(S) + \text{타인자본가치}(B)$$
$$= (EBIT - I)/ke + I/k_i \qquad (10.2)$$

I: 이자

식 (10.2)의 I 대신에 $B \cdot K_i$를 대입하면 기업 가치는 다음과 같게 된다.

$$V = EBIT/k_e + (1-k_i/k_e) * \text{B} \qquad (10.3)$$

따라서 EBIT, k_i, k_e가 일정할 경우 k_i가 k_e보다 작으므로, B 가 증가하면 기업가치(V)가 증대된다.

예 10.4 **NI 법과 NOI 법의 비교**

A 기업의 부채비율, 자본비용 그리고 시장가치의 관계를 분석하고자 한다. 다음의 자료에 근거하여 물음에 답하시오.

1) 법인세 지급은 없다.
2) 모든 이익은 배당으로 지급된다.
3) 부채는 무위험증권으로 구성된다(즉 $k_i = R_f$)
4) A기업의 타인자본비용(k_i) = 7.5%, $EBIT$ = 900,000원, 자기자본비용(k_e) = 10%이다.

NI법에 의해서 (1). (2), (3)을 답하시오.

(1) 타인자본을 전혀 쓰지 않을 경우 이 기업의 기업 가치를 구하시오.

(2) 4,00,000원의 타인자본을 이용한다면 기업 가치와 자본비용을 구하시오.

(3) 1,000,000원의 부채를 추가적으로 조달하여 이 자금으로 보통주 상환에 사용할 경우 기업 가치와 자본비용을 구하시오.

(4) (k_i) = 7.5%, $EBIT$ = 900,000원, 타인자본(B) = 4,000,000원이고 k_0 = 10% 일 경우 NOI 접근법에 의해서 기업가치, 주식가치, 자기자본비용을 구하시오.

풀이

(1) NI법에 의하면 기업 가치는 타인 자본가치와 자기자본가치의 합으로 구해진다. I=0이므로 $V = \frac{I}{k_i} + \frac{EBIT-I}{k_e} = 0 + \frac{900,000-0}{0.1}$ = 9,000,000(원)이 된다.

(2) $V = \frac{0.075(4,000,000)}{0.075} = 0 + \frac{900,000-300,000}{0.10} = 10,000,000$(원)

$k_0 = (\frac{4,000,000}{10,000,000})7.5\% + (\frac{6,000,000}{10,000,000})10\% = 9\%$

타인자본비용 4,000,000원으로 인하여 기업 가치는 증가하고 가중평균자본비용은 감소한다.

(3) V = 타인자본+자기자본=$(4,000,000+1,000,000)+\frac{900,000-(5,000,000\times 0.075)}{0.1}$
= 5,000,000+5,250,000=10,250,000(원)
$k_0 = (\frac{5,000,000}{10,250,000})7.5\% + (\frac{5,250,000}{10,250,000})10\% = 8.78\%$가 된다.

타인자본비용이 증가할수록 기업가치 증가, 가중평균자본비용 감소효과는 더욱 커진다.

(4) NOI법에 의하면 가중평균 자본비용이 일정하기 때문에 기업가치는 영업이익에 의해서 결

정된다.

따라서 타인자본과 관계없이 가중평균자본비용은 일정하므로 영업이익이 같으면 기업가치는 같게 된다.

---

2) MM(Modigliani and Miller)의 자본구조 무 관련 이론(법인세가 없는 경우)

1958년 Modigliani 와 Miller는 최적 자본구조에 대한 새로운 시사점을 제시함으로써 자본구조 이론의 중요한 기초를 수립하였다. MM은 순 영업이익 이론에 근거하여 완전 자본 시장하에서 기업 가치와 자본 구조는 독립적이라고 주장한다. MM에 의하면, 자본구조가 기업 현금흐름의 확률 분포(즉 기대현금흐름과 현금흐름의 변동성(위험))에 영향을 주지 않으면 자본구조는 기업 가치에 영향을 주지 않게 되므로 기업의 투자 정책이 결정되고 세금과 계약비용이 없다면 자본구조는 기업 가치에 영향을 주지 않는다고 주장하고 있다.

구체적인 명제들은 다음과 같다.

명제 I : 기업 가치는 기대영업이익(EBIT)을 자본구조의 영향을 받지 않는 가중평균자본비용으로 할인하여 구해진다.

$$V = \frac{E(EBIT)}{k_0} \tag{10.4}$$

이 명제에 의하면 부채사용으로 인한 세금절감효과는 부채사용으로 인한 자기자본비용 증가로 인해서 정확히 상쇄되므로 가중평균 자본비용(k_0)은 항상 같게 된다. MM은 동일한 영업 위험에 속하고 기대영업 이익도 동일하지만 다른 자본구조를 갖는 기업들이 다른 기업가치를 가질 경우, 투자자들은 Homemade Leverage에 의한 차익거래(고평가 주식을 매도하고 저평가 주식을 매입 하는 거래)를 통해서 무위험 이익을 얻을 수 있고, 이러한 차익거래는 두기업의 가치가 같아질 때까지 계속된다고 주장한다. Homemade Leverage는 투자자가 개인적으로 부채를 사용하여 개인의 재무 레버리지를 변경시키는 것을 말한다. M&M은 자신들의 이론에 근거하여 주주(투자자)들은 차입과 대출을 통해서 개인적인 재무 레버리지 크기를 변경할 수 있다는 가정 하에 특정 자본구조를 선호하는 주주들은 개인적으로 차입 및 대출을 통한 homemade leverage를 이용하여 자신들의 재무 레버리지를 변화시켜서 개인적 부의 변화 없이 자신들이 선호하는 특정 자본구조를 창출할 수 있게 된다. 만약 homemade leverage를 이용한 부와 homemade leverage와 같은 부채비율을 갖는 회사 주식을 소유함에 따른 부가 차이가 나면 두 부가 같아질 때까지 차익거래가 이루어져서 자본구조만 다른 기업들은 기업가치가 같아지게 된다는 것이다.

예 10.5 homemade leverage

자기자본 80억 원으로만 이루어진 (주)홍익이 있다. 이 회사가 40억 원을 차입한 후 이 자금으로 자사주를 매입하여 부채 자본구조로 변화시켰을 때 자본구조별 EPS는 다음과 같다.

(주)홍익

〈자본구조〉

	무부채 자본구조	부채 자본구조
자산	80억 원	80억 원
부채	0 원	40억 원
자본	80억 원	40억 원
부채비율	0	1
주가	20,000원	20,000원
발행주식수	400,000	200,000
이자율		10%

〈자본구조에 따른 EPS〉

(무 부채 자본구조)

	불황	보통	호황
EBIT	5억 원	10억 원	15억 원
이자	0	0	0
순이익	5억 원	10억 원	15억 원
ROE	6.25%	12.50%	18.75%
EPS	1250원	2500원	3750원

(부채 자본구조)

EBIT	5억 원	10억 원	15억 원
이자	4억 원	4억 원	4억 원
순이익	1억 원	6억 원	11억 원
ROE	2.5%	15.00%	27.50%
EPS	500원	3000원	5500원

투자자들은 Homemade Leverage를 통하여 부채 자본구조를 갖는 ㈜홍익의 주식에 200만원을 투자했을 때(100주 구입) 얻을 수 있는 투자수익과 동일한 투자수익을 투자자금 200만원과 차입금 200만원을 합한 400만원으로 자기자본만으로 조달된 ㈜홍익의 주식 200주를 구입(homemade leverage)하여 얻을 수 있다. 두 경우 투자비와 수익은 다음과 같이 동일하게 된다.

〈부채 자본구조〉

	불황	평균	호황
EPS (부채 자본구조)	500원	3000원	5500원
100주의 이익	5만 원	30만 원	55만 원

순비용 (투자비) = 100 주(주가 2000원) = 200만 원

〈100% 자기자본과 Homemade Leverage 이용〉

	불황	평균	호황
EPS(무부채 자본구조)	1250원	2500원	3750원
200주의 이익	25만원	50만원	75만원
(-)200만원에 대한 이자(10%)	20만원	20만원	20만원
순이익	5만원	30만원	55만원

순 비용(투자비) = 200주(주가 2000원) - 차입금
= 400만 원 - 200만 원 = 200만 원

만약에 부채 자본구조를 갖는 ㈜홍익의 주식 100주를 갖고 있는 투자자가 100% 자기자본으로 조달된 자본구조를 갖는 ㈜홍익의 주식을 원할 경우 자신이 보유한 주식 중 50주를 100만원으로 매도한 후 이 금액을 10%로 대출하면, 자기자본만으로 이루어진 ㈜홍익의 주식 100주의 수익과 같은 수익(payoff)을 창출할 수 있다.

	불황	평균	호황
EPS(부채 자본구조)	500원	3000원	5500원
50주의 이익	25,000원	150,000원	275,000원
(+) 100만원에 대한 이익(10%)	10만원	10만원	10만원
총 수익	12,5000원	250,000원	375,000원

만약 두 자본구조에 따른 주가가 다르다면 주가가 같게 될 때까지 차익거래가 계속된다.

(예 10.5)에서 보듯이 투자가들은 항상 자신들이 원하는 자본구조를 갖는 기업의

주식으로부터 발생하는 순이익과 동일한 순이익을 개인 부채/자본 비율 조정으로 자신들이 현재 보유한 주식을 매입 혹은 매도하여 창출할 수 있다.

현재 보유한 주식의 기업 부채비율보다 낮은 부채비율의 자본구조를 갖는 기업주식을 원하는 경우는 보유한 주식 일부를 매도하여 그 자금을 대출하고, 현재 보유한 주식의 기업 부채비율보다 높은 부채비율을 갖는 자본구조를 갖는 기업의 주식을 원하는 경우는 자금을 차입하여 그 자금으로 주식을 추가 매입하면 동일한 순이익을 창출할 수 있다.

명제 II : 자기자본의 체계적 위험이 반영된 자기자본비용(k_e)은 영업위험에 의해서 영향을 받는 k_0와 재무위험에 의해서 영향을 받는 $(k_0 - ki)(D/E)$의 합으로 표시된다.

$$k_e = k_0 + (k_0 - ki)(D/E) \tag{10.5}$$

B: 부채, E: 자기자본

기업자산과 운영에 따라 달라지는 영업위험은 자본구조에 의해서 영향을 받지 않고, 기업자산의 체계적 위험과 관련이 있으며 다른 조건들이 동일하다면 영업위험이 클수록 k_0 가 커진다. 부채 차입은 재무정책(D/E)에 의해서 결정되는 재무위험을 증가시켜서 자기자본비용을 증가시킨다.

그림 10-5 M&M 명제 I, II (세금이 없는 경우)

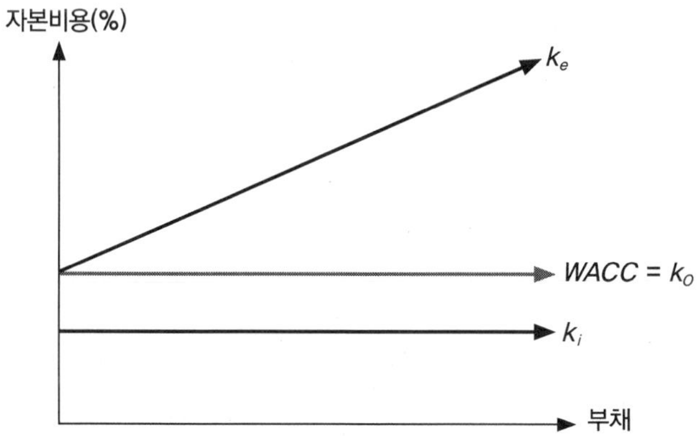

$k_e = k_o + (k_o + k_i)(B/E)$

$k_o + WACC = (\frac{E}{V}) \times k_e + (\frac{B}{V}) \times k_i$

$V = B + E$

예 10.6 **자기자본비용**

(주)고려는 12%의 가중평균자본비용(법인세는 없는 것으로 가정)을, 차입이율은 8%, 목표자본구조는 자기자본 80%, 부채 20%이다.

다음을 구하시오.

(1) 자기자본 비용과 가중평균 자본비용

(2) 목표 자본구조가 자기자본 50%, 부채 50%일 경우 자기자본 비용과 가중평균자본비용

풀이

(1) 부채비율(B/E)은 0.2/0.8 = 0.25이다. 따라서 자기자본비용은 $k_e = 12\% + (12\% - 8\%) \times (0.25)$ =13%이 된다. 자기자본비율(E/B+E)이 80%, 자기자본비용이 13%, 법인세율이 0%이므로 가중평균자본 비용은 WACC(k_0) = (E/V) × k_e + (B/V) × k_i = 0.8 × 13% + 0.2 × 8% = 12%이 된다.

(2) 부채비율이 1.0이므로 자기자본비용은 16 %가 된다.
따라서 가중평균자본비용 WACC = (E/V) × k_e + (B/V) × k_i = 0.50 × 16% + 0.5 × 8% = 12%이 된다.

3) MM의 자본구조(법인세가 있는 경우)

법인세가 존재하는 경우 전통이론과 마찬가지로 M&M이론도 최적 자본구조를 인정하고 있다. MM은 기업 가치는 법인세가 존재하는 경우 부채규모가 증가할수록 커지고 증가 규모는 부채 사용에 따른 이자의 세금 절세효과(Interest Tax Shield)의 현재가치 합(= 법인세율 × 부채가치)만큼 된다고 주장한다.

$$\text{명제 I} : V_L^T : V_U^T + (\text{법인세율})(\text{부채가치}) \quad (10.6)$$

V_L^T : 무부채기업의 가치, $V_{UT} = \dfrac{EBIT(1-t)}{\rho}$: 무부채기업의 가치

ρ : 무부채기업의 자본비용, t : 법인세율

부채와 주식으로만 자금조달 된 기업이 있다고 가정하자.

기업의 시설투자에 의해서 결정되는 EBIT는 자본구조에 따른 채권자, 정부, 주주의 세 집단에 분배된다.

예 10.7 (주)한국의 법인세는 40%, EBIT는 년간 1,000만원이다. 자산규모는 동일하지만 자본구조 A는 자기자본만으로 조달, 자본구조 B는 이자가 연 200만원이 되는 부채 자본구조로 구성된다고 하자. 이러한 자본구조 A, B하에서 세전영업이익(EBIT)과 순이익은 다음과 같다.

	자본구조 A	자본구조 B
EBIT	1,000만원	1,000만원
이자	0	200만원
세전이익	1,000만원	800만원
세금(.4)	400만원	320만원
순이익	600만원	480만원

순이익 전부를 배당으로 지급한다면 EBIT 1,000만원은 세 집단들에게 다음과 같이 배분된다.

	자본구조 A	자본구조 B
주주(배당)	600만원	480만원
채권자(이자)	0	200만원
정부(세금)	400만원	320만원
EBIT	1,000만원	1,000만원

자본구조 B는 자본구조 A에 비해 채권자의 부는 증가하나 주주 부는 하락하고, 세금도 줄어든다. 자본구조 B에서의 기업가치는 주주 부 480만원과 채권자의 청구권 200만원의 합인 680만원으로 자본구조 A에서의 기업가치인 주주 부 600만원보다 80만원만큼 기업가치가 증가하며 이 금액은 이자의 세금절세효과의 현재가치 합이 된다.

이자의 세금절감효과(Interest Tax Shield)가 영원히 지속된다고 가정하자.

T : 법인세율, B : 부채시장가치, rd : 타인자본 비용이라 하면
연도별 절세효과는 이자를 비용으로 분류함에 따라 발생되므로 연도별 세금절감액은 $T * B * rd$가 된다. 영속기업을 가정했으므로 세금절감효과의 현재가치의 합은 부채와 같은 위험을 갖는 부채 자본 비용을 적절한 할인율로 선택하면 다음과 같이 법인세율에 부채의 시장가치를 곱한 식과 같게 된다.

$$(T \times B \times rd)/rd = T \times B$$

그림 10-6 MM명제 I (법인세 있는 경우)

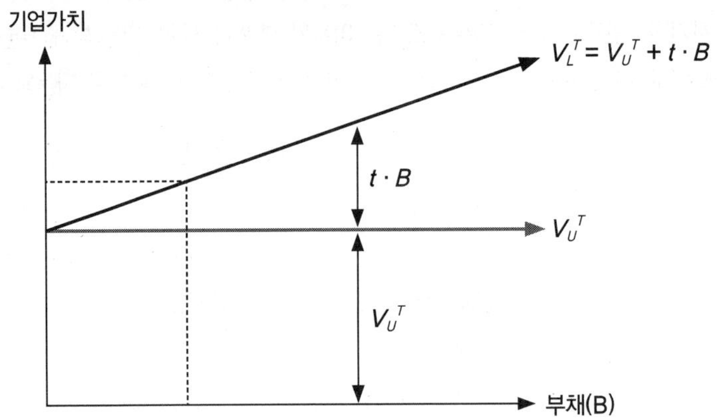

예 10.8 기업 A는 100% 자기자본조달, 기업 B는 자기자본과 년 8% 이자를 지급하는 만기가 없는 액면가 100만원인 채권을 발행하여 자금조달을 하였다. EBIT는 두 회사가 모두 년 100만원이다.

기업 A와 기업 B의 재무정보는 다음과 같다.

	기업 A	기업 B
EBIT	100만원	100만원
이자	0	8
세전이익	100	92
법인세(30%)	30	27.6
순이익	70	64.4
세후영업이익	70만원	72.4만원

기업 B의 세후영업이익은 기업 A보다 24,000원이 더 많다. 이 금액은 이자 8만원에 법인세(30%)를 곱한 값인 24,000원만큼의 절세효과로 인해서 발생된다. 이 절세효과를 이자의 세금절세효과(Interest Tax Shield)라 부른다. 기업수명이 영원하고 부채는 만기가 없다고 가정하면 연도별 절세효과 24,000원의 현재가치의 합은 PV = 24,000/0.08 = (0.3×100만원×0.08)/0.08 = 0.3×100만원(=법인세율×부채) =30만원이 되고 이 금액만큼 기업가치가 증가된다.

명제Ⅱ:

법인세(tc)가 존재하는 경우 부채를 사용하는 기업의 자기자본비용은 부채증가에 따라 증가한다.

$$k_e^T = \rho + (\rho - \mathrm{ki})(\frac{B}{S_L^T})(1-t_c) \equiv \frac{(EBIT-I)(1-t_c)}{V_L^T - B} \qquad (10.7)$$

$$V_L^T = B + S_L^T$$

V_L^T: 세금이 있는 경우 부채사용 기업가치, S_L^T : 세금이 있는 경우 부채사용기업의 자기자본가치, B: 타인자본가치, K_e^T : 세금이 있는 경우 부채사용기업의 자기자본비용, K_i : 세금이 없는 경우의 타인자본비용, tc : 법인세율, ρ : 무 부채기업의 자본비용, I : 이자, $EBIT$: 세전영업이익, V_L, V_u : 세금이 없는 경우의 기업가치, $k_i^T = k_i(1-tc)$: 세금이 있는 경우 타인자본비용, S: 세금이 없는 경우의 자기자본, S^T: 세금이 있는 경우의 무 부채기업의 자기자본이라 하면, 타인자본을 증가시킴에 따라 재무위험이 증가하지만 타인자본 사용으로 인한 절세효과를 상쇄할 만큼 증가하지는 않는다. 따라서 세금이 있는 경우 부채기업의 가중평균자본비용은 무부채기업의 자본비용보다 작게 된다.

$$\rho = \frac{k_0^T}{1 - t_c \cdot \frac{B}{V_L^T}}$$

$$k_0^T = k_i(1-t_c)(\frac{B}{V_L^T}) + k_e^T(\frac{S_L^T}{V_L^T}) = \rho(1 - t_c \cdot \frac{B}{V_L^T}) < \rho \qquad (10.8)$$

$$V_L = V_U > V_L^T = \frac{EBIT(1-t_c)}{k_0^T},\ S > S^T > S_L^T,\ k_e^T < k_e,\ k_i^T < k_i$$

그림 10-7 MM 명제 II (법인세 있는 경우)

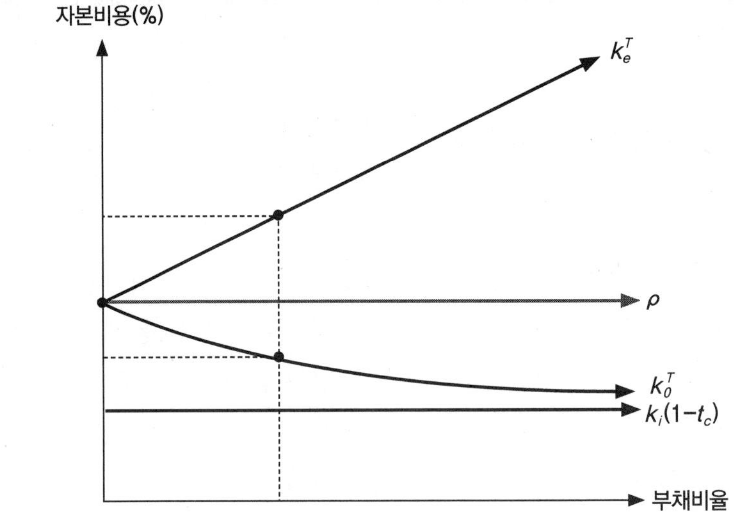

예 10.9 법인세를 고려한 자본구조이론

K기업에 대한 다음 자료를 보고 물음에 답하시오.

> 총자산 : 5,400,000원, 납세전 총자본영업이익률 : 16.67%
> *EBIT* : 900,000원, 법인세율 : 40%
> 자기자본만을 이용하는 경우의 자본비용(ρ) : 10%

(1) 타인자본을 사용하지 않는다면 K기업의 가치는 얼마인가?

(2) 7.5% 이자를 지급하는 타인자본 2,000,000원을 이용하여 보통주를 재매입할 경우 K기업의 가치, 자기자본비용과 가중평균자본비용을 계산하시오.

풀이

(1) $V_U = \dfrac{EBIT(1-t)}{\rho} = \dfrac{900,000(1-0.4)}{0.1} = 5,400,000(\text{원})$

(2) ① $V_L^T = V_U^T + t_c \cdot B = 5,400,000+(0.4)2,000,000 = 6,200,000(\text{원})$

② $k_e^T = \dfrac{(EBIT-1)(1-t_c)}{V_L-B} = \dfrac{[900,000-(2,000,000)(0.075)](0.6)}{0.1} = 10.71\%$

$$= \rho + (\rho - k_i)(1-t_c)\frac{B}{S_L^T} = 0.1+(0.1-0.075)(1-0.4)(\frac{2,000}{4,200}) = 10.71\%$$

③ $$k_0^T = (\frac{2,000,000}{6,200,000})(7.5\%)(0.6) + (\frac{4,200,000}{6,200,000})(10.71\%) = 8.71\%$$

$$= \rho[1-t_c \cdot \frac{B}{V_L^T}] = 10\%[1-0.4(\frac{2,000,000}{6,200,000})] = 8.71\%$$

MM이론은 다음과 같은 가정들이 비현실적이라는 한계가 있다.

첫째, 개인 차입과 기업 차입은 완전 대체재이다.

둘째, 거래비용이 없다.

셋째, 무한대 차입이 가능하다.

넷째, 개인 소득세, 파산비용, 대리인 비용 등이 없다.

4) 밀러의 균형 부채이론(법인세, 개인소득세 모두 고려)

Miller(1977)와 Black(1973)은 부채로 인한 세금절세효과는 투자자의 주식 소득세율보다 높은 이자 소득세에 대한 개인세율로 상쇄되어 자본구조가 개별 기업 가치에 영향을 주지 않는다고 주장한다.

$$V_L^T = V_U^T + \left[1 - \frac{(1-t_c)(1-t_s)}{(1-t_d)}\right]B \qquad (10.9)$$

단 t_d : 개인소득세구조에서의 타인자본의 이자소득에 대한 세율
t_s : 주식투자에서 얻는 소득에 대한 세율
t_c : 법인세율

t_s = 0를 가정하자.

(1) 개별기업

식(10.8)에서 t_s=0이므로 $(1-t_c)(1-t_s)<1-t_d$ 일 때, 즉 $t_c > t_d$ 이면 타인자본이 클수록 기업 가치는 커지므로 개별기업은 타인자본 조달을 선호한다. 이러한 자금조달은 $t_c=t_d$ 가 되어 균형상태가 될 때까지 지속된다. 균형 상태에서는 $t_c=t_d$이므로 식(10.8)에서 $V_L^T = V_U^T$가 되어 최적 자본 구조가 존재하지 않는다.

(2) 시장 전체

$t_c = t_d$ 일 때 개별기업은 최적 자본구조가 존재하지 않지만 부채시장 전체는 균형이 되고 기업부채 수요곡선($\frac{i}{1-t_d}$)과 공급 곡선($\frac{i}{1-t_c}$)이 일치하는 부채수준이 시장 전체의 최적 부채규모가 된다. (i: 면세 채권 이자율)

그림 10-8 부채시장의 균형

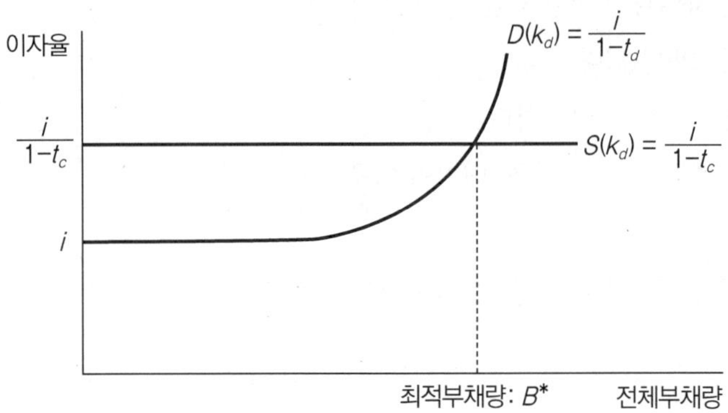

5) 법인세와 파산비용 고려시(Static Theory)

Kraus/Litzenberger(1973)는 부채증가에 따른 기업의 세금절세효과(corporate tax shield)는 기대 파산비용(financial distress costs)의 증가로 감소되기 때문에 최적 자본구조가 존재한다고 주장한다. 그들은 법인세가 존재하는 경우 파산비용문제를 야기하기 때문에 MM이론이 주장하는 것처럼 99.9% 부채 자본구조가 최적 자본구조가 아니라는 것이다.

파산비용은 파산 절차에 따른 법적비용과 관리비용과 같은 직접파산비용과 재무적으로 지급불능인 회사가 파산신청을 회피함에 따른 비용인 간접파산비용의 합으로 구성된다.

재무 레버리지가 증가하면, 이자의 세금공제효과 때문에 가중평균자본비용(k_o)이 감소하여 기업 가치와 주가를 증가시킨다. 그러나 일정 시점에서 부채비율이 더 증가되면, 기대 파산비용이 세금 절세 효과를 초과하게 되어서 (k_o)는 증가하고 기업가치와 주가는 감소하기 시작한다. 이러한 이자의 세금절세효과와 기대 파산비용을 모두 고려하면 전통이론과 비슷한 모양의 최적자본 구조를 갖게 한다. 최적자본구조는 자산 및 기업 자산 운영이 일정하다고 할 때 부채 한 단위 증가로부터의 세금절세효과가 파산(financial distress)확률 증가로 인한 파산 비용과 일치하는 수준에서 다음과 같이 결정된다.

$$V_L^T = V_U^T + t \cdot B - PV(C) \tag{10.10}$$

$PV(C)$: 파산비용의 현재가치

그림 10-9 세금과 파산비용을 고려한 최적 자본구조이론

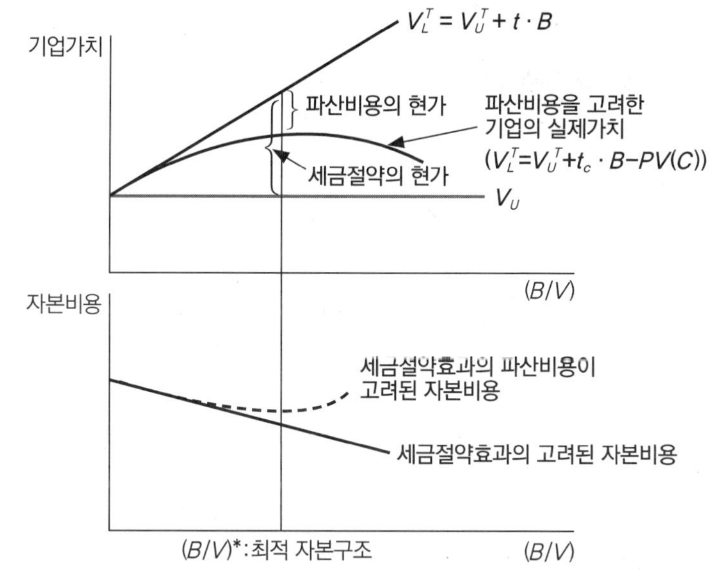

6) 법인세, 파산비용, 대리인 비용 모두 고려시

Jensen/Meckling(1976)은 주주, 채권자, 경영자간의 이해 상충이 투자와 자본조달 결정에 미치는 영향을 대리인 구조(agency framework)를 이용하여 실증분석(positive analysis) 하였고 자본구조 문제를 부채와 자본의 최적 비율을 결정하는 것의 하나로 간주하는 것은 너무 좁은 시각이라고 주장한다. 즉, 자본 구조 문제는 주주, 채권자, 경영자뿐만 아니라 고객, 종업원 등도 포함하는 대리인 비용을 최소화하는 최적 계약을 결정하는 문제라고 주장한다. 구체적인 식은 다음과 같다.

$$V_L = V_u + t * B - PV(C) - A(S) \tag{10.11}$$

$A(S)$: 대리인 비용

대리인 비용은 감시비용, 제약비용과 잔여손실로 구성된다.

감시비용(monitoring cost)은 대리인의 의사결정이 위임자의 이익으로부터 벗어나는지 확인하는 비용, 제약비용(bonding cost)은 위임자가 받게 될지도 모르는 불이익을 회피하기 위해서 추가적인 사채발행 제한 등 까다로운 계약조건 첨가에 따른 비용, 잔여손실(residual loss)은 위임자와 대리인 사이에 발생할 수 있는 의사결정상의 괴리로 인하여 감시비용, 제약비용 외에 추가로 발생하는 기업가치의 감소분을 말한다.

〈그림 10-10〉은 최적 자본구조 이론을 요약한 것이다.

그림 10-10 최적 자본구조 이론 요약

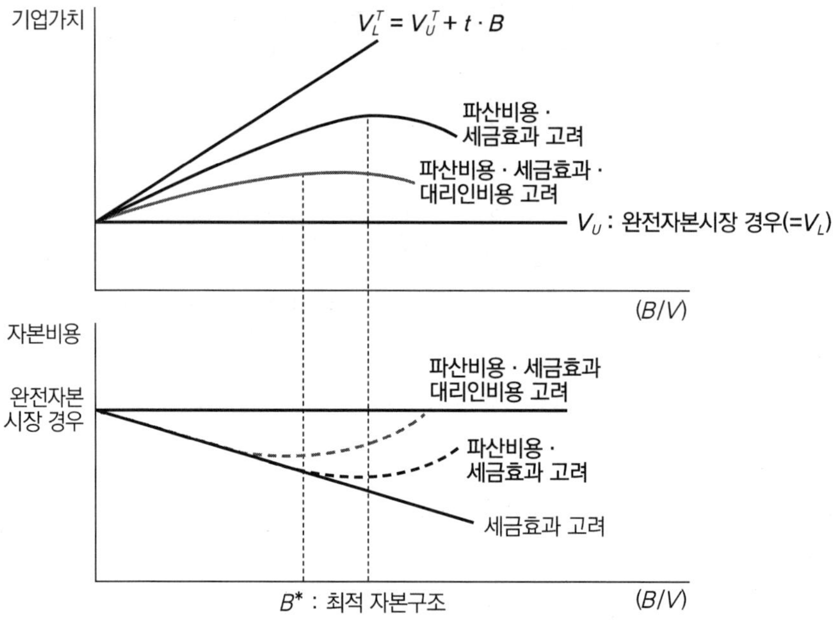

7) 확장 파이모델(The extended Pie Model)

기업의 현금흐름은 주주, 채권자, 정부, 파산비용과 기타(대리인 비용등)으로 배분된다.

따라서 기업의 현금흐름으로부터 창출되는 모든 청구권의 가치는 다음과 같이 표시할 수 있다.

$$V_T = V_m + V_n \tag{10.12}$$

V_T : 현금흐름에 대한 모든 청구권의 가치

V_m : 주주에게 배분되는 현금흐름(E)과 채권자에게 배분되는 현금흐름(D)에 의한 시장가치 청구권(market claim)이며, 금융시장에서 거래가 가능하다.

V_n : 세금, 파산비용등과 같은 비 시장가치 청구권(nonmarket claim)으로 금융시장에서 거래가 불가능하다.

V_T는 자산으로부터 발생되는 총 현금흐름에 의해서만 영향을 받고 자본구조에 의해서는 영향을 받지 않으나 V_m과 V_n은 서로 영향을 준다.

즉, $V_T = V_m + V_n$이 변하지 않으므로 자본구조에 의해서 V_m이 변하면 V_n도 변해야 한다. 따라서 V_m을 최대화 하는 최적자본구조는 금융시장에서 거래 가능한 주식과 채권과 같은 시장가치 청구권(market claim)의 가치(V_m)를 최대화하거나, 세금이나 파산비용 같은 비 시장가치 청구권(nonmarket claim) 가치(V_n)를 최소화하는 자본구조가 된다.

4 자본구조 결정시 고려사항

지금까지 자본구조 결정이론에 대해서 살펴보았다. 그러나 실제로 자본구조 결정시 다음과 같은 사항들을 고려해야 한다.

1) 법인세율

이자지급 비용은 비용으로 처리되기 때문에 세금공제 대상이 된다.
따라서 법인세율이 증가되면 부채를 사용하는 혜택은 증가된다.

2) 매출액 안정성

매출액 안정성이 높으면 보다 많은 부채를 부담 없이 사용할 수 있다.

3) 자산구조

부동산등 담보 가능한 자산을 많이 소유한 경우 부채를 많이 사용한다.

4) 영업레버리지

영업 레버리지가 낮을수록 높은 재무 레버리지를 선택한다.

5) 성장률

고도성장기업이 저성장기업보다 부채를 많이 사용한다.

6) 수익성

수익성 등이 좋은 기업은 내부자금의 이용이 상대적으로 쉽기 때문에 부채를 적게 사용한다.

7) 경영권

지배권의 분산을 원하지 않는 기업은 될 수 있는 한 부채를 선호한다.

8) 기타

경영자태도, 시장상황, 기업의 내부사정 등이 자본구조에 영향을 미친다.

5 응용: 국가의 적정 부채수준 결정

기업의 최적 자본구조 이론 중 하나인 상충이론(trade-off theory)에 의하면 부채 사용에 따른 편익과 비용 간에는 상충관계가 존재하며, 최적 자본구조는 부채 사용의 한계편익과 한계비용이 일치하는 부채 수준에서 즉, 부채 사용의 한계편익인 법인세 절세효과의 한계 수익과 한계비용인 재무적 곤경에 처할 가능성에 따른 한계파산비용이 일치되는 부채 수준에서 결정된다는 이론이다. 최적 국가부채 수준도 상충 이론을 적용하면 국가 부채 사용에 따른 한계편익과 한계비용이 일치하는 적정 국가부채가 존재하고 이 부채 수준에서 사회후생이 극대화가 된다. 국가부채의 편익은 부채로 인한 정부지출 증가에 따른 총수요 확대, 채권시장 규모 확대 등이 있으며, 비용은 부채 사용에 따라 민간수요를 위축시키고 민간투자를 구축하여(구축효과) 자본축적이 둔화되고 총생산이 감소하는 것, 특히 국가 부채의 급격한 증가에 의한 국가신인도 하락과 해외자본의 유출로 국가 부도 위험을 초래하는 것 등이 있다.

연습문제

1. 순이익접근법에 대한 설명으로 옳지 않은 것은?

(1) 레버리지의 증감에 관계없이 부채자본비용과 자기자본비용은 일정하다.

(2) 레버리지의 증가에 따라 가중 평균 자본비용은 자기자본비용과 타인자본비용의 차이만큼 선형적으로 감소한다.

(3) 레버리지 증감에 관계없이 자기자본비용은 타인자본비용보다 크다.

(4) 부채비중이 100%일 때 가중평균자본비용은 타인자본비용과 같게 되며 최적 자본구조가 달성된다.

(5) 타인자본 사용에 따른 재무위험에 대해서 주주들은 추가적인 보상을 요구하지 않는다.

2. 순영업이익 접근법에 대한 설명으로 옳지 않은 것은?

(1) 기업의 가치는 레버리지에 관계없이 일정하다.

(2) 기업의 기대영업이익과 가중평균 자본비용은 부채사용과 무관하다.

(3) 레버리지의 증가에 따라 자기자본 비용은 선형적으로 증가한다.

(4) 기업의 경영위험이 불변인 한 자기자본비용은 일정하다.

(5) 기업의 가치는 기대영업이익을 가중평균자본비용으로 나눈 것이다.

3. MM의 자본구조이론에 대한 설명으로 옳은 것은?

(1) 위험 영구부채를 통하여 자금을 조달하는 경우에도 가중평균자본비용은 일정하다.

(2) 기업의 신규 투자안에 대한 요구 수익률은 항상 가중평균자본비용이다.

(3) 차익거래의 기본 가정은 home-made leverage이다.

(4) 다 맞음

4. 다음의 관계식은 MM의 제 2 명제를 나타내는 것이다. 이에 대한 설명으로 옳지 않은 것은?

$k_e = \rho + (\rho - k_d)B/S$

(1) 가중평균자본비용은 자본구조와 관계없이 일정하다.

(2) $(\rho - k_d)B/S$는 재무위험에 대한 risk premium이다.

(3) 부채비용 k_d가 일정한 한 자기자본비용은 레버리지의 선형함수이다.

(4) 기업이 수용 가능한 부채 수준을 초과해도 가중평균 자본비용은 일정하다.

(5) 기업의 신규프로젝트에 대한 요구수익률은 자기자본비용이다.

5. 다음의 자본구조 이론 중 레버리지의 증가로 인한 재무위험에 대해 주주들이 보상을 요구하지 않는다고 가정하는 이론은?

(1) 순이익 접근법

(2) 순영업이익 접근법

(3) 전통적 접근법

(4) MM이론(법인세 없는 경우)

(5) MM이론(법인세 있는 경우)

6. 재무위험에 대한 설명중 틀린 것은?

(1) 기업의 자본조달 결과 나타난 자본구조와 관련된 위험이다.

(2) 타인자본의 사용에 따른 미래 주주이익의 변동가능성이다.

(3) 재무레버리지가 높을수록 재무위험이 증가한다.

(4) 기업의 원가구성상 영업비용의 고정화 정도에 따른 위험이다.

(5) 재무위험은 영업위험의 변화에 의해서 영향을 받는다.

7. 다음은 (주)한국의 재무상태표이다. 법인세를 고려한 MM의 주장이 맞는다면 연리 10%의 영구부채 40억을 발행하여 주식을 재매입할 경우 주주부의 변화의 크기는? 지급이자에 대한 비용공제 혜택을 받을 수 없다고 할 경우 주주 부의 변화의 크기는?

재무상태표

순운전자본	40억원	장기부채	80억원
고정자산	280억원	자기자본	240억원
	320억원		320억원

8. A기업이 자기자본, B기업이 자기자본과 연 6%의 사채 100만원으로 자본구조가 구성되어 있고, 순 영업이익 30만원, 자기 자본비용 10%로 두 기업이 동일하다. 순이익 접근법에 의한 양사의 기업가치는?

9. A기업은 1,000만 원의 시설투자 자산을 가지고 있고 500만 원을 추가로 투자하려고 한다. 현재 연간 EBIT는 140만원, 추가 투자 후 연간 EBIT는 200만 원이 예상된다. 법인세율이 50%, 현재 보통주식수 20만주이고 자본조달 방법은 다음과 같다.

방법 1 주당 50원으로 보통주로 조달

방법 2 연이자율 9%의 부채로 조달

자본조달 분기점에서의 EBIT와 EPS를 구하시오.

10. A기업의 부채비율($\frac{B}{S}$)은 50%이고, 이 기업의 주식베타는 1.5이며, 법인세율은 30%이다. 무위험이자율이 5%이고, 시장의 기대수익률이 10%라고 할 때, A 기업의 가중평균자본비용(K_0)은 얼마인가?

11. 문 10에서 이 기업이 부채비율을 30%로 변경시키면 새 가중평균자본비용은?

12. (주)한국의 기대영업이익은 500만 원이고 연 8%의 영구부채 3,000만 원이 있다. 이 기업의 레버리지가 0일 때 자기자본비용이 10%라고 하면 순이익접근법을 적용하면 이 기업의 가치와 가중평균자본비용은?

13. 문 12에서 순영업이익접근법을 적용하면 자기자본(s)의 가치와 자기자본비용(K_e)은?

14. A기업은 영업이익이 영구적으로 1,000만원이 예상된다. 현재 이 기업은 부채를 사용하지 않으며 법인세 납부 후 현금흐름에 대해서 할인율은 15%이다. 이 기업이 10%의 이자율로 2,000만원을 차입하여 자사 주식을 매입하여 자본구조를 변경하려고 한다. 법인세율은 40%이고, 주식 개인소득세율(t_{pS}) 및 사채에 대한 개인소득세율(t_{pB})이 다음과 같을 때 이 기업의 가치는?

(1) $t_{pS} = t_{pB} = 10\%$

(2) $t_{pS} = 10\%$, $t_{pB} = 20\%$

(3) $t_{pS} = 10\%$, $t_{pB} = 46\%$

(4) $t_{pS} = 10\%$, $t_{pB} = 50\%$

15. 서울전자는 500억 원의 부채를 사용하고 있다. 이 기업의 현재 세율에 관한 자료는 다음과 같다.

$t_c = 40\%$, $t_{pB} = 25\%$, $t_{pS} = 0\%$

(1) 이 기업의 부채사용에 따른 법인세 절감액의 현가를 구하라.

(2) 사채시장이 균형상태에 도달한 후, 이 기업은 새로운 사채를 발행하여 자본을 조달하려고 한다. 이 경우 서울전자는 새로운 사채사용에 따른 법인세 절감효과를 얻을 수 있는가?

제11장

배당정책

1 배당정책의 의의와 최적 배당정책

1) 의의

배당정책(dividend policy)은 기간별 이익 중에서 주주에게 지급되는 배당크기를 결정하는 정책으로 배당수준과 배당안정성으로 표현된다.

(1) 배당수준

배당수준은 배당성향으로 표현된다.

배당성향 = 주당 배당/ 주당이익

예 11.1

(주)갑을과 (주)병정은 연간 배당으로 주당 200원과 3,000원을 지불하고 있다. 그러나 이 정보만을 가지고 두 회사의 배당수준을 비교하는 것은 불가능하다. 만약 (주)갑을과 (주)병정의 주당이익이 400원과 6,000원이라면, 두 회사는 배당수준이 모두 0.5의 배당 성향을 가지고 있으므로 배당수준은 같게 되고 이익의 절반을 주주들에게 지불한다는 것을 의미한다.

(2) 배당안정성(Dividend Stability)

배당안정성은 연도별 배당의 크기가 고정되거나 변동성이 적은 경우를 말한다. 배당안정성을 측정하는 일관된 척도는 없지만 일반적으로 주당 배당이 감소하지 않는 것을 의미한다.

2) 최적 배당정책

최적 배당정책은 배당금과 유보이익을 적절히 조화시켜서 주가를 최대화하는 정책이다.

배당의 증가는 다른 조건이 일정하다면 주가를 증대시키는 요인이 되나 동시에 기업의 미래 성장에 필요한 재투자를 위한 기업 내의 유보이익을 감소시켜서 미래 성장을 둔화시킨다는 측면에서 주가를 하락시키는 요인도 된다. 따라서 최적 배당정책을 결정하는데 있어서 중요한 점은 현금배당(cash dividend)과 유보이익에 따른 자본이득(capital gains)에 대한 시장 평가를 정확히 인식하는 것이다. 최적 배당정책은 투자결정이 기업 가치에 미치는 영향을 배제하기 위하여 미래현금흐름의 현가는 일정하다는 가정 하에 분석이 이루어 져야 한다. 예를 들어 어떤 기업이 다른 기업에 비해 지속적으로 고 배당을 지급할 수 있다는 것은 배당정책보다는 투자결정의 차이로 인해서 해당 기업의 현금흐름의 현가가 다른 기업의 현금흐름의 현가에 비해 지속적으로 클 경우에만, 즉 투자결정이 다를 경우에만 가능하다. 따라서 지속적으로 고 배당을 하는 기업주가가 지속적으로 저 배당을 하는 기업 주가보다 높다고 해서 고 배당정책이 주가를 높인다는 결론을 함부로 내려서는 안 된다.

2 배당이론

배당이론이란 배당정책이 기업 가치(주가)에 영향을 미치는 정도를 설명하는 이론이다.

배당정책이 주가에 미치는 영향에 대해서는 학자 간, 실무자 간에도 여러 가지 견해가 있으며 현재까지도 논란이 지속되고 있다.

다음과 같은 배당평가 모델을 생각해 보자.

$$P_0 = \sum_{t=1}^{\infty} D_t/(1+k_e)^t \quad (11.1)$$

P_0 = 현재주가, D_t = 기간 t에 주당배당, k_e = 자본요구수익률(자기자본비용)

배당 정책은 식(11.1)에 의하면 두 가지 면에서 영향을 줄 수 있다.

첫째, 배당흐름의 재조정(rearrangement)을 통한 경우이다.

배당흐름의 재조정은 특정 배당 성향을 선택함으로써 배당의 형태(pattern)를 변경시켜 주가가 최대가 될 수 있도록 하는 것을 말한다.

식(11.1)에 의하면 배당이 클수록 투자가들이 해당주식을 선호하게 되고 주가가 상승하게 된다. 그러면 배당흐름을 증가시키는 것은 무엇일까? 배당이 기업가치에 영향을 주지 않는다는 배당 무 관련 옹호자들은 오직 성공적인 투자만이 배당을 증가시키고, 주어진 투자정책 하에서는 배당흐름의 재조정을 통한 배당정책은 배당흐름만을 재조정하고 P_0에 영향을 주지 않는다. 즉 특정시점의 배당증가는 다른 시점의 배당감소로 인해 주가에 대한 순효과는 0이 된다고 주장한다.

예 11.2 (주)금융은 부채 없이 발행 주식수가 100,000주인 주식만으로 이루어진 회사이다. 이 회사는 매년 약 1억 원 이익을 예상하고 있고 만약 이익을 모두 배당으로 지급하면 연간기대 배당은 주당 1,000원이 된다. 이 기업은 주가가 만원, 자기자본비용(k_e)은 10%이며, 매년 1,000만원 이익을 얻을 수 있는 투자를 위해서 내년에 1억 원이 필요하고 자기자본으로 투자금액을 조달하기로 했다. (투자 후 (주)금융의 이익은 연 1억 1,000만원이 된다.)

가능한 투자 자금 조달 및 배당 정책들은 다음과 같다.
정책 1: 주당 배당 1,000원을 유지하고 증자를 통해 1억 원을 조달한다.
정책 2: 내년은 무배당으로 하고 내부유보자금으로 1억 원을 조달한다.

정책 1, 2에 따른 주가(P_0)는 아래와 같다.

정책 1: 신규발행 주식의 발행가가 현재 주가와 같은 만원이면 신규발행 주식 수 = 1억 원/만원 = 10,000주가 되고, 첫연도 배당(D_1)은 주당 1,000원, D_2 이후 배당은 투자후이익/총주식수 = 1억 1,000만원/11만주 = 1,000원이므로

$$P_0 = \sum_{t=1}^{\infty}\frac{1{,}000\text{원}}{(1.10)^t} = (1{,}100\text{원})(PVIFA_{0.1,\infty})\cdot(PVIFA_{0.1,1})$$

= 10,000원이 된다.

정책 2 : $D_1 = 0$, $(D_2, \cdots, D_\infty)$ 1억 1,000만원/10만주 = 연 1,100원이므로

$$P_0 = \sum_{t=1}^{\infty}\frac{1{,}100\text{원}}{(1.10)^t} = (1{,}100\text{원})(PVIFA_{0.1,\infty})\cdot(PVIFA_{0.1,1})$$

= (1,100원)(10)(0.909) = 10,000원이 된다.

따라서 투자자금 조달 방법과 배당 정책과 관계없이 이론적 주가는 만원이 된다.

예 11.3 2년 후 청산하는 아래와 같은 기업이 있다.

연도별 현금흐름은 1,000만원, 발행주식수 100주, 할인율(R) 10%이다.

다음과 같은 두 가지 배당정책에 대한 주가를 분석해보자.

배당정책 1: 배당이 현금흐름과 같은 경우

배당정책 2: 1차 연도 배당(D_1)이 1차 연도 현금흐름보다 많은 경우

풀이

배당정책 1: 연도별 배당은 10만원이 되므로

D_1 : 10만, D_2 : 10만이 된다. 따라서

$$P_0 = \frac{D_1}{(1+R)} + \frac{D_2}{(1+R)^2} = \frac{10\text{만원}}{1.10} = 17\text{만 } 3{,}550\text{원이 된다.}$$

배당정책 2:

1차 연도 총 배당을 1,100만원으로 하며 배당 재원을 조달하기 위해서 증자 100만원을 하고 신주주에게는 2차 연도에 10% 수익률을 지급한다고 하면

$t = 1$:

D_1 : 11만원이 된다.

$t = 2$: 신주주에게 100만원과 10% 수익률 100만원×1.1=110만원을 지불하면, 구주주에게는 1,000만원 – 110만원 = 890만원이 배당되어서 주당 배당(D_2)은 89,000원이 된다.

$$\text{따라서 } P_0 = \frac{11\text{만원}}{1.10} + \frac{89{,}000\text{원}}{1.10^2} = 17\text{만 } 3{,}550\text{원}$$

따라서 두 배당정책 모두 주가가 17만 3,550원이 된다.
이와 같이 연도별 배당지급 흐름을 재조정해서 특정연도에 고 배당을 선택해도 주가는 영향을 받지 않는다.

둘째, 요구 수익률(할인율)(=자기자본비용) 변경을 통해서이다.

배당 무 관련 이론은 자기자본비용(k_e)과 배당성향이 관계가 없다고 주장하나, 배당 선호 이론은 미래 배당의 불확실성으로 인해서 저 배당 성향은 위험을 증가시키기 때문에 자기자본비용(k_e)을 증가시킨다고 주장한다. 즉 배당선호이론은 k_e 와 배당 성향은 역관계를 갖는다고 주장한다. 이 주장을 이해하기 위해서 (주)금융의 정책1과 정책2의 배당흐름을 분석해 보자.

예 11.4 (예11.2)에서 배당정책(D_t)에 따른 순 배당 흐름을 계산해 보자.

	D_1	D_2	D_3	D_∞
정책 2	0	1,100	1,100	1,100
정책 1	1,000	1,000	1,000	1,000
정책 2 - 정책 1	-1,000원	100원	100원	100원

두 정책은 확실하게 차이를 보이고 있다.
(정책 2-정책 1)는 내부유보로 1차 연도에 투자자금 조달을 하고 D_1 1,000원을 포기하는 대신, 2 차년도부터 주당 100원 만큼 기대 미래 배당을 증가시킨다는 것을 의미한다. 배당 선호이론은 불확실한 미래로 배당이 연기되기 때문에 증가된 미래 배당 100원은 원래 배당 1,000원 보다 위험하고, 즉 정책 2는 정책 1보다 더 위험하기 때문에 정책 2에서는 할인율(k_e)이 더 크게 되어 주가가 하락하게 된다고 주장한다. 예를 들어 정책 1에서는 10%, 정책 2에서는 12%라고 하면

$$\text{정책 1: } P_0 = \sum_{t=1}^{\infty}\frac{1{,}000\text{원}}{(1.10)^t} = \text{만원}$$

$$\text{정책 2: } P_0 = 0 + \sum_{t=2}^{\infty}\frac{1{,}100\text{원}}{(1.12)^t} = (1{,}100\text{원})(PVIFA_{0.12,\infty})\cdot(PVIFA_{0.12,1}) = 8{,}190\text{원이 되어}$$

정책 2가 정책 1보다 주가가 하락한다.
따라서 배당이론은 배당정책에 따른 할인율을 어떻게 정의하는가에 따라 배당 무 관련 이론, 배당 선호이론 등으로 구분된다.

1) 배당 무관련 이론(The irrelevance Proposition)

(1) MM이론

Miller/Modigliani(1961)는 자본구조 무 관련 명제를 배당에 적용하여 아래와 같은 가정 하에서 배당수준이 주가에 영향을 미치지 않게 된다. 즉, 주가는 그 기업의 투자 활동 결과로 벌어들이는 이익흐름에 전적으로 좌우되고 이익을 배당과 유보이익으로 구분하는 것은 단지 기술적인 분류에 지나지 않는다고 주장한다.

첫째, 세금과 거래비용이 없는 완전자본시장이다.
둘째, 배당과 자본이득에 대해서 동일한 선호도를 갖는다.
셋째, 미래이익과 배당은 예측가능하다.
넷째, 배당과 자본이득 세율은 동일하다.
다섯째, 미래 수익이 일정하다.
여섯째, 외부금융(증자, 차입)이 가능하다.

그들은 현금흐름의 확률분포가 고정되고 세금이 없으면, 배당 정책은 기업가치에 영향을 미치지 않는다고 하였다. 그들은 배당증가로 인한 필요 자금은 신주 발행으로 조달된다는 가정 하에 기업의 가치가 일정하면, 신주 발행으로 인한 구주주의 주당 가격 하락은 신주 발행으로 지불된 배당 증가와 동일하다고 하였다. 이것은 구주주에게는 증가된 기대 배당과 감소된 기대 자본이득 간에는 1대1 상충관계에 있다는 것을 의미한다.(〈그림 11-1〉 참조) 따라서, 현금흐름의 확률분포가 고정되면, 배당정책은 기업 가치에 무관하다고 주장한다.

그림 11-1 증자를 통한 배당과 주주 가치

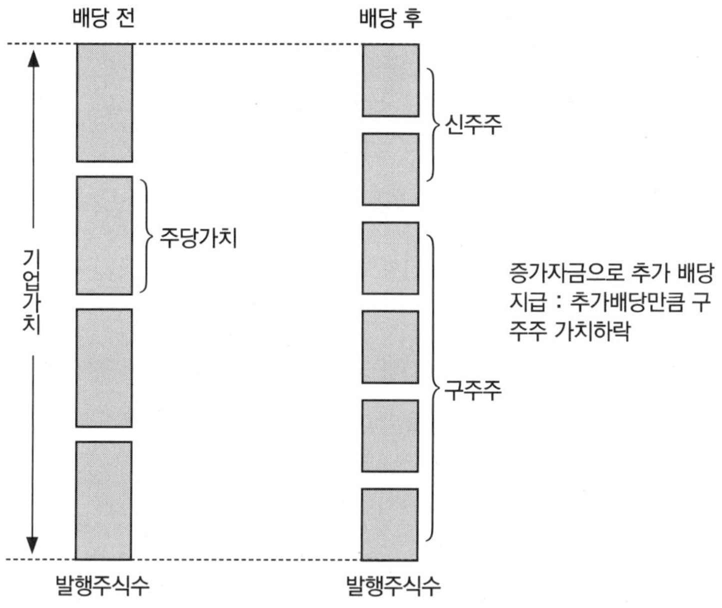

MM의 배당 무관련 이론을 수식으로 증명해 보자.

〈증명〉

$\rho_t = \dfrac{d_{t+1}+P_{t+1}-P_t}{P_t}$ 로부터 다음 식이 유도된다.

단 ρ_t : t기간의 주식요구수익률
d_{t+1}: t기 말에 지급되는 주당 배당금
P_{t+1}: t기 말의 주가
P_t : t기 초의 주가

$$P_t = \frac{d_{t+1}+P_{t+1}}{1+\rho_t} \tag{11.2}$$

식(11.2)의 양변에 n_t를 곱하면 다음 식이 유도된다.

$$P_t \cdot n_t = \frac{d_{t+1} \cdot n_t + P_{t+1} \cdot n_t}{1+\rho_t} \tag{11.3}$$

S_t : t기초 주식가치(=$P_t \cdot n_t$) , $Dt+1$: t기말 총 배당금(=$d_{t+1} \cdot n_t$),

m_t : t기 신규발행주식수, n_t : t기초 주식 수, n_{t+1} : t기말 주식 수

라고 하면 식(11.3)으로부터 식(11.4)가 유도된다.

$$S_t = \frac{1}{1+\rho_t}[D_{t+1}+P_{t+1}(n_t+m_t)-P_{t+1}\cdot m_t] \tag{11.4}$$

t기말 시점 주식 시장가치는 다음과 같이 표시된다.

$$S_{t+1} = P_{t+1}(n_t+m_t) = P_{t+1}\cdot n_{t+1} = V_{t+1} \tag{11.5}$$

$It+1$를 t기말 총 투자액, $Xt+1$를 t기말 총이익이라 하면 증자 주식 t기말 시장가치는 다음과 같다.

$$P_{t+1}\cdot m_t = I_{t+1} - (X_{t+1}-D_{t+1}) \tag{11.6}$$

식(11.5), (11.6)을 식(11.4)에 대입하면 S_t는 다음과 같이 표현된다.

$$\begin{aligned} S_t &= \frac{1}{1+\rho_t}[D_{t+1}+S_{t+1}-I_{t+1}+(X_{t+1}-D_{t+1})] \\ &= \frac{1}{1+\rho_t}[S_{t+1}-I_{t+1}+X_{t+1}] \end{aligned}$$

따라서 t기초 주식 시장가치(S_t)는 투자로 인한 미래 현금흐름에 좌우되고 배당에는 영향을 받지 않는다는 것을 알 수 있다.

예 11.5 M&M의 배당 무관련 이론

(주)한국의 2014년 순이익 1억원, 주당이익 100원이었다. (주)한국의 과거 순이익 추세를 보면 매년 1억 원, 배당성향 100%, 자기자본비용은 10%이다. 주가는 배당 후 1,000원, 배당 지급 직전의 주가는 1,100원이었다. (주)한국의 경영진은 연간 세후순이익 1천만 원이 기대되고, 1억 원이 소요되는 투자 사업에 필요한 자금을 어떻게 조달할 것인가를 검토 중에 있다. 첫째 방법은 배당금을 평년처럼 100% 지급하고 필요자금은 유상증자로 충당하는 것이고, 둘째 방법은 배당금을 전액 지급하지 않고 배당금을 새로운 투자 사업에 투자하는 것이다. 완전자본시장 가정 하에서 다음 질문에 답하시오.

(1) 신 투자 사업의 현가와 순 현가

(2) 신 투자 사업 집행 후 (주)한국의 주당가치

(3) 1억 원의 자금을 배당으로 지급하고 투자자금을 유상증자로 조달할 경우 발행 주식수, 주당가치, 1주를 가진 투자자의 부

(4) 배당을 지급하지 않고 배당으로 투자자금을 조달할 경우 주당가치, 1주를 가진 투자자의 부

(5) 투자자의 입장에서 보면 어떤 배당정책이 유리한가?

풀이

(1) $PV = \frac{\text{예상기대이익}}{\text{자기자본비용}} = \frac{10,000,000}{0.1} = 100,000,000$(원)

$NPV = 100,000,000 - 100,000,000 = 0$

(2) $NPV = 0$이므로 주당가치에는 변화가 없다.

(3) 식(11.2)로부터

배당직전의 주가 $S_0 = 1,100$원($P_1 = P_0(1+p) - d_1 = 1,000(1+0.1) = 1,100$원)

배당직후의 주가 $S_0 = 1,000$원(∵100원의 배당을 하였으므로)이 된다.

1) ① 외부금융소요액($m_0 \cdot P_1$) = 투자소요액-(순이익-총배당금)

= 100,000,000-(100,000,000-100,000,000)=100,000,000원

$P_1 = 1,000$원이므로

필요한 주식발행수(m) = 투자소요액/주가

= 100,000,000/1,000 = 100,000주

② 기존주식수 $= \frac{\text{순이익}}{\text{주당이익}} = 1,000,000$주

2) 주당가치

S_0 = (기존 순이익 + 추가 순이익)/할인율/ 총 발행 주식수

= 1,000원

3) 투자자 부 = 1,000(주가) +100(배당) = 1,100원

(4)

1) 새로운 기업의 주당가치 S_0 = (11,000,000/0.1)/1,000,000주 = 1,100원

2) 투자자 부 = 1,100(주가) + 0(배당) = 1,100원

(5) 투자자 부는 투자소요자금을 순이익 유보로 조달하든, 주식 발행으로 조달하든 동일하다.

- **고객효과(Clientele Effect(Theory))**

고객효과이론은 MM의 배당 무 관련 이론의 하나로 투자자들이 특정 배당을 선호

하는 이유가 존재한다고 주장하고 있다. 배당 소득세가 면제되는 기관 투자가와 많은 수의 소액 투자가들, 배당으로 생활해야 하는 사람들, 거래비용과 기타 이유로 주식을 매도하기를 원하지 않는 사람들은 높은 배당 성향을 선호하고, 소득세율이 높아서 배당보다는 자본이득을 선호하거나, 기업이 증자하기를 원하지 않는 사람들은 낮은 배당 성향을 선호한다. 고객이론에 의하면 고배당을 원하는 투자자들은 높은 배당 성향을 갖는 기업을 선호하고, 저배당을 원하는 투자자들은 낮은 배당을 갖는 기업을 선호하므로 높은 배당성향기업이나, 낮은 배당성향 기업들 모두 주가 프리미엄이 존재하지 않고 시장 전체로 투자가의 선호도가 근본적으로 변할 때만 배당정책이 주가에 영향을 주게 된다. 따라서 기업은 자신들이 원하는 배당정책을 선택하고, 이 정책을 선호하는 고객들은 해당 기업의 주식을 원하나 만약에 해당기업이 목표 배당을 급격히 변화시키면 주가에 좋지 않은 결과를 초래한다고 주장한다. 예를 들어 상대적으로 낮은 배당 성향을 갖는 기업이 높은 배당 성향으로 변경할 때, 기존 고객들은 해당 기업 주식을 매도하고 낮은 배당 기업 주식을 찾을 것이다. 이 기업은 높은 배당을 원하는 새로운 고객을 확보할 수 있지만 이 과정에서 거래비용이 발생하여 주가에 부정적 영향을 미치게 된다고 주장한다.

- **자가 배당(homemade dividend) 조정**

MM의 배당 무 관련이론을 뒷받침하는 자가 배당 조정은 기업의 투자정책이 변화가 없다고 할 때 투자가들은 주식투자수익을 결정하는 배당금과 자본이득(시세차익)을 동일하게 선호하므로 기업의 배당 성향이 투자가에게 너무 낮으면, 그들이 갖고 있는 주식의 일부를 매각하여 현재 수입을 증대시키고, 기업의 배당성향이 투자가에게 너무 높아서 배당을 통한 현재수입이 그들이 원하는 것보다 많으면, 초과 배당을 주식에 투자함으로써 투자가들이 원하는 배당수준을 얻을 수 있는 것을 말한다. 따라서 투자자들은 자가 배당조정으로 인해서 기업은 높은 배당성향을 갖든 낮은 배당 성향을 갖든 신경을 쓰지 않는다고 설명하고 있다.

예 11.6 투자가 A는 주가가 1만 원인 (주)대한 주식 100주를 보유하고 있다. 이 회사의 이익은 주당 500원이고, 200원을 배당으로 지불한다. 따라서 이 투자가는 년 2만원의 배당을 받게 된다. 투자자 A는 주식 투자로부터의 연간 총수입 3만원을 목표로 하고 있다. 자본시장은 완전하

고 투자가는 합리적이라고 가정하자. 완전시장은 거래비용, 주식발행비용, 세금과 같은 마찰 비용(friction costs)이 존재하지 않는 시장을 말하며, 투자가가 합리적이라는 가정은 투자가는 적은 것보다 많은 것을 선호하나, 수입원이 배당소득과 자본이득에 차이가 없다는 것을 의미한다. 투자자 A가 원하는 주식투자수입 3만원은 배당 수익 2만원과 주가 만원인 주식 1주를 매도함으로써 달성된다. 만약 투자가가 총수입 만원만을 원할 경우 배당으로 받은 2만원 중 만원으로 1주를 매입함으로써 달성된다.

이 예는 투자가가 주식 일부를 매도 혹은 매입함으로써 실질적으로 배당정책을 조정할 수 있다는 것을 보여주고, 기업이 선택할 최적의 배당 정책은 존재하지 않는다는 것을 의미한다. 그러나 이러한 완전 자본시장, 합리적 투자자에 대한 가정은 증권 거래에 따른 거래비용, 주식발행비용, 세금 등의 마찰비용이 존재하기 때문에 자본시장에서 완전히 실현가능한 조건들은 아니다. 그러나 이 이론 옹호자들은 이러한 마찰 비용의 존재를 감안한다고 해도 투자가들이 반드시 높은 배당성향을 갖고 있지는 않는다고 주장한다.

(2) 밀러와 숄즈(Miller & Scholes)

밀러와 숄즈는 배당소득세율이 자본이득세율보다 높은 차별적인 세율 구조 하에서도 고객효과가 존재할 수 있고 자본시장에서는 높은 배당 소득세를 회피 할 수 있는 방법이 존재하므로 투자자들은 배당소득과 자본이득에 대해서 무차별하게 되어서 배당정책은 기업 가치와 무관하다고 주장한다.

2) 배당선호이론(Dividend Preference Theory)

배당선호 이론은 투자가들은 높은 배당 성향을 선호하며, 다른 조건들이 동일하다면, 높은 배당성향을 갖는 기업은 상대적으로 높은 주가를 갖고, 낮은 배당 성향을 갖는 기업은 상대적으로 낮은 주가를 갖는다고 주장한다. 이 이론은 투자환경이 불확실하다는 데 근거를 두고 있다. 불확실성은 시간의 흐름에 따라 증가하므로 기업이 투자를 할 경우 나중에 투자를 하는 것보다 초기에 투자하는 것이 현금흐름이 더 확실해진다. 이러한 현상은 투자로 인한 현금흐름에 의해서 결정되는 배당도 미래로 연기 될

수록 불확실성이 더 커진다는 것을 의미한다. 투자가는 위험회피자이기 때문에 위험을 가지는 미래 배당보다는 확실한 현재배당을 선호한다. 즉 투자가는 숲속의 두 마리 새들보다 손안의 한 마리 새를 선호한다는 것이다. 이러한 근거에 의하여 배당선호 이론은 투자가들이 현재배당을 선호한다고 주장한다. 이 주장에 의하면 투자가들은 높은 배당성향을 선호하고, 기업은 이 성향을 유지해야만 주가를 극대화하게 된다.

3) 배당 유 관련이론

투자기회에 따라 배당정책이 달라진다는 이론이다.

(1) 고든(Gordon)

고든의 일정 배당 성장 모형(식(7.15))은 다음과 같이 표현 가능하다.

$$S_0 = \frac{d_0(1+g)}{k-g} = \frac{d_1}{k-g} = \frac{e_1(1-f)}{k-f \cdot r} \tag{11.7}$$

단, S_0: 현재시점 주가, g: 성장률, f: 사내유보율, e_1: 1시점의 이익,
k: 요구수익률(=r), d_0, d_1: 0시점, 1시점의 배당, r: 재투자수익률

식(11.7)에서 $r < k$ 이면 배당이, $r > k$이면 내부유보가 주가를 상승시킨다.

(2) 월터(J. Walter)

월터도 주가 평가 모형을 배당과 유보이익으로 구분하여 다음과 같이 설명하고 있다.

$$S_0 = \frac{d}{k} + \frac{r(e-d)/k}{k} \tag{11.8}$$

d: 주당배당, k: 요구수익률, r: 재투자수익률, e: 이익

이라고 하면 d/k는 영구히 지속적인 배당의 현가, $r(e-d)/k/k$는 내부유보금의 재투자수익의 현가를 의미하므로, $r < k$ 이면 배당이, $r > k$이면 내부유보가 주가를 상승시킨다.

(3) 그래함-도드(Graham& Dodd)

투자기회가 적어 성장률이 낮은 기업에 적용되는 모형으로 이 모형에 의하면 배당이 주가에 미치는 영향이 이익보다 3배나 되므로 배당(d)이 커지면 주식가치(S_0)가 커진다.

$$S_0 = M(d + \frac{1}{3}e) \tag{11.9}$$

단, S_0: 주식의 가치, M: 이익승수(PER), d: 주당배당, e: 주당이익

4) 각 이론에 대한 비판

배당정책에 대한 비판의 대부분은 배당 무 관련 이론 가정의 현실성에 집중되어 있다.

(1) 배당선호 이론 옹호자의 배당 무관련 이론 비판

배당선호이론 옹호자들은 배당 무 관련 이론의 두 가지 가정에 대해서 의문을 제기한다.

첫째, 미래 배당은 현재배당보다 더 위험하지 않다.

배당선호 이론에 의하면 불확실성은 시간이 경과함에 따라 증가함으로 현재 배당은 연기된 배당보다 위험이 적게 된다. 결과적으로 투자가들은 상대적으로 높은 배당성향을 갖는 기업들을 선호한다고 주장한다.

둘째, 투자가가 자신의 배당을 재조정함에 따른 거래비용은 매우 작다.

배당선호이론 옹호자들은 배당 무 관련이론이 거래비용 존재를 무시하는 것을 비판하고 있다. (예 11.6)에서 기업은 주당 200원의 배당을 지불했다. 배당 무 관련 이론에 의하면 만약 투자가가 이 배당이 충분히 많다고 생각하지 않으면 그는 언제나 주식의 일부를 매도하여 자신이 원하는 배당을 만든다. 마찬가지로 투자가가 배당이 너무 많다고 느끼면 그는 배당의 일부를 재투자한다. 배당 선호이론은 이러한 행위는 거래비용이 존재하지 않을 때만 적용되나 투자가는 브로커에게 수수료를 지불하기 때문에 자신들이 원하는 배당을 만들기 위한 증권 매매로 자본의 일부를 잃는다고 주장한다.

(2) 배당 무 관련이론 옹호자의 배당 유 관련 이론 비판

배당 무 관련 이론의 옹호자들은 그들의 가정들이 완전히 현실적이지 않지만 이 이론의 가정들에 대한 현실성 여부는 이 이론의 유효성에 대한 적절한 검증이 아니라고 주장한다. 배당 무 관련 이론의 옹호자는 이론은 현실로부터의 추출물(abstraction)이기 때문에 이론이 절대로 현실을 묘사하지 않으며 이론에 대한 적절한 검증은 실증분석을 통해서 이론에 의한 예측치가 관찰치와 일관성이 있는지를 검토하는 것이고 적절히 수행된 실증분석 결과들은 이 이론을 지지한다고 주장한다. 배당 무 관련 이론 옹호자들은 또한 가정의 현실성을 고려하여 이론을 검증하는 것은 잘못된 것이고 이자수입과 자본이득에 대해서 서로 다른 세율이 적용되고, 주식 발행비등이 존재할 경우에도 투자가들은 다음과 같은 이유로 인해서 오히려 낮은 배당 성향을 선호하게 된다고 주장한다.

첫째, 차별화된 세율(Differential taxation rates)
배당은 보통 이자소득세율로, 자본이득은 더 낮은 세율로 적용된다. 따라서 기업은 이익의 대부분을 내부유보로 하고 낮은 배당을 선호하게 된다.

둘째, 주식 발행비(Flotation costs)
주식 발행비가 존재할 경우 투자가들은 저 배당을 선호한다.

3 배당 선호 요인과 배당 비선호 요인

1) 배당 선호 요인

배당선호요인들은 배당 지급 정보가 주가에 긍정적인 영향을 주는 배당정보효과(information content), 배당 확정에 따른 미래 불확실성 제거 효과, 고정소득원 선호성향 등이 있다.

2) 배당 비선호 요인

배당을 지급하면 현금유출과 재투자기회 감소 등이 발생할 수 있다.

4 배당 결정시 고려 요인

1) 법률적 제약

우리나라 현행상법은 채권자 보호를 위하여 배당재원을 일정한도로 제한하고 있다. 즉, 배당재원은 순 재산액에서 자본금과 해당 결산기까지 적립된 자본준비금 및 이익준비금의 합계액과 해당 결산기에 적립해야 할 이익준비금을 공제한 나머지 금액 범위로 한정하고 있다. 증권관련법에서는 상장기업의 상장조건을 유지하기 위하여 일정한 배당수준을 유지하도록 하고 있고, 회사채를 발행하거나 금융기관에서 차입하는 경우 그 기업의 유동성을 유지하기 위해서 채무약정서에 배당제한조건을 삽입하는 경우가 있다.

2) 경영권

경영진이 경영권의 유지를 원하면 주식 발행을 통한 외부자금조달이 억제되고 내부유보가 많아지고 배당금 지급이 억제된다. 반면에 과다한 배당금 지급은 신주 발행 등 외부 자금 조달의 필요성을 높이고 기업을 지배하는 주주들이 신주 인수능력이 없으면 새로운 주주 증가로 인해서 기존 주주의 경영권이 위협을 받게 된다.

3) 투자 필요성, 이익의 안정성, 자본시장 접근성

기대수익률이 높은 투자기회가 많이 존재하면 기업의 이익을 배당으로 지급하는 대신에 기업에 유보하여 투자재원으로 충당하는 것이 좋다. 반면에 좋은 투자 기회가 적은 경우는 이익을 투자재원보다는 배당으로 지급하는 것이 좋다. 이익이 안정적인 기업일수록 배당을 안정적으로 지급할 수 있기 때문에 이익이 불안정한 기업보다 상대적으로 높은 배당을 지급한다. 신용이 높은 기업과 같이 외부로부터 자금을 조달할 여건이 좋은 기업은 신용이 낮은 기업에 비해서 현금배당을 지급 할 능력이 커져서 상대적으로 높은 배당을 줄 수 있다.

5 배당 형태

일반적으로 사용되는 배당 형태는 다음과 같다.

1) 주당안정배당정책(Stable Dividend/Share policy)

주당안정배당정책은 상대적으로 안정된 배당을 유지하는 정책이다. 이 정책은 이익이 상당 수준 증가할 경우에만 배당을 증가 시키고 현재 배당 수준을 더 이상 지원하지 못할 경우에만 배당을 감소시켜 일정한 배당을 갖게 한다. 따라서 이 정책 하에서는 이익이 일시적으로 변동되어도 배당은 장기 목표 배당성향과 연관하여 결정된다.

2) 고정배당성향정책(Constant Payout Ratio Policy)

고정배당성향정책은 이익의 일정 부분을 배당으로 지급하는 정책이다. 이 정책에 의하면 기업은 일정한 배당 성향을 유지하려고 하며, 이에 따라 주당 배당은 주당이익에 따라서 변동하게 되어 주당이익이 증가하면 주당 배당도 증가하고 주당이익이 감소하면 주당 배당도 감소할 것이다.

3) 잔여배당정책(Residual Dividend Policy)

잔여배당정책은 배당 무 관련 이론에 근거한 배당정책으로 투자소요 자금이상으로 이익이 존재할 때만 배당을 지급하는 정책이다. 이 정책 하에서는 대규모 자금을 필요로 하는 성장기업의 경우 무배당 혹은 극히 적은 배당을 지급한다. 성장기회가 거의 없는 성숙된 기업은 많은 배당을 지급하게 된다. 만약 기업이 이 정책을 채택하면 목표 배당성향은 존재하지 않고 배당성향은 이익과 투자에 의해서 변동하게 된다.

6 특수 배당

1) 주식 배당(Stock Dividend)과 주식 분할(Stock Splits)

주식 배당은 주주들에게 주식 형태로 배당을 지불하는 것을, 주식분할은 주주 부의 변화 없이 발행주식수를 증가시키는 것을 말한다. 주식배당과 주식분할 모두 회계목적상 다르게 취급되고 사용 동기가 다르나 실제에 있어서 재무적인 차이는 없다. 주식배당은 일반적으로 배당 지급의 중요성은 인식하지만 투자자금이 필요하고 배당을 지급하기 위해서 외부자금조달을 원하지 않을 때 사용하고, 주식 분할은 주가의 유동성을 유지하기 위하여 행해진다. 일반적으로 주식 배당은 기존주주들에게 소량의 주식을 지급하고, 주식 분할은 기존주주에게 대량의 주식을 지급하는 형태를 취한다.

예 11.7 다음과 같은 자본을 가지는 (주)홍익이 있다.

보통주(액면가 만원, 발행주식수 1,000,000주) 납입자본금	100억 원
주식 발행 초과금	100억 원
유보이익	300억 원
자기자본	500억 원
주가 = 주당 10만원	

주식 배당과 주식 분할의 영향을 분석해 보자.

풀이

(1) 주식 배당

(주)홍익이 2% 주식배당을 하였을 경우 자기 자본은 다음과 같이 변경된다.

신주 발행주수 =(0.02)(1,000,000 주) = 20,000주

주식배당의 시장가치 = (20,000주)(10만원) = 20억 원

주식 배당은 자기자본 계정의 재배열이고 총 자기자본은 500억 원으로 변함이 없게 되며 주식배당의 시장가치 20억 원은 유보이익에서 차감되며 차감 액은 보통주와 주식 발행 초과금에 할당된다.

보통주계정증가 =(20,000주)(만원) = 2억 원

주식발행초과금 계정 증가 =20억 원 – 2억 원 = 18억 원

유보이익 감소 = 주식배당시장가치 = 20억 원

새로운 자기자본 포지션	
보통주 (액면 만원, 1,020,000주)	102억 원
주식발행 초과금	118억 원
유보이익	280억 원
자기자본	500억 원

(2) 주식 분할

주식 분할이 4:1일 때의 자기자본 계정	
보통주 (액면 2,500원, 4,000,000주)	100억 원
주식발행초과금	100억 원
유보이익	300억 원
자기자본	500억 원

주식배당과 주식분할 모두 자기자본 500억 원으로 동일하다.

---

(3) 주주 부에 대한 영향

이론적으로 주식 분할 혹은 주식 배당 그 자체는 기업 가치에 영향을 미치지 않는다. 즉, 기업의 수익 능력 혹은 주식 배당 혹은 주식 분할에 따른 위험 특성에 변화가 없다면, 주주 부에는 변화가 없어야 한다. 예를 들어 주가가 5만원, 발행 주식 수가 100만 주인 기업이 2:1의 주식 분할을 했다고 가정하자. 주식 분할 전의 주주 전체 부는 500억 원이다. 만약 기업의 수익 혹은 위험에 변화가 없다면 분할 후에 2백만 주를 갖는 기업 주가는 25,000원이 되어야만 하고 결과적으로 주주의 전체 부는 500억 원이 된다. 그러나 만약 기업의 수익성 혹은 위험이 변화하거나 변화가 인식되면 기업 주식의 총 시장가치는 변화할 것이다. 주식 분할시 가장 면밀히 관찰되는 변수들의 하나는 배당률이다. 만약 (예 11.7)에서 주식 분할 전에 현금배당이 주당 2,000원이었고 주식 분할 후 주당 1,100원으로 증가했다면 주식 분할 후 주가는 25,000원 이상이 될 것이다. 주식분할(주식배당) 그 자체는 투자가들에게 가치가 없는 것으로 인식되나 시장은 보통 주식 분할 후에 현금배당이 증가하면 주가에 호의적으로 반응하고 반대의 경우는 비호의적으로 반응한다. 이러한 주가의 변화는 현금 배당 변화로 인한 정보효과에 기인한다. 현금 배당 증가는 일반적으로 주가에 긍정적으로 해석되고 현금 배당 감소는 반대로 해석된다.

2) 주식 재매입(Stock Repurchases)

주식 재매입은 기업이 자신의 주식을 매입하는 것을 의미하며 재 매입된 주식은 자사주(treasury stock)라 불린다. 주식 재매입은 일반적으로 주가가 저평가된 불황기 때 이루어진다.

주식 재매입 방법들은 다음과 같다.

첫째, 공개매수(tender offer)

현재주가보다 높게 명시된 가격으로 명시된 수량을 구입하겠다고 의사를 표시하는 것을 말한다.

둘째, 주식 시장 매입

일반 투자가가 주식시장에서 구입하듯이 주식시장에서 자사주를 매입한다.

셋째, 기관 투자가로부터 대량 구입

뮤츄얼 펀드 혹은 보험회사와 같은 기관투자가로부터 대량으로 구입하는 것이다.

주식 재매입은 경영진이 주가를 높이는 원인이 되는 공개정보에 근거한 경우 이외에는 주주 부에 영향을 미치지 않는다.

예 11.8 다음과 같은 기업이 있다.

발행주식수	2,000,000주
년간 순이익	50억 원
배당성향	1.0
자기자본비용 k_e	0.10

이 기업이 배당을 1년 단위로 지급한다면,

주당 배당 = 주당이익 = 50억 원/2,000,000 = 2,500원이 되며 적정주가는 다음과 같이 된다.

$$P_0 = \sum_{t=1}^{\infty} \frac{2,500}{(1.10)^t} = (2,500\text{원})(PVIFA_{0.1,\infty}) = (2,500)(10) = 25,000\text{원}$$

이 기업이 공개매수를 통해 주당 27500원에 50억원의 자사주 매입을 하였다고 하자.

재매입주수 = 50억원/27500원 = 181,818주

남은 주수 = 2,000,000 - 181,818 = 1,818,182주

주당 미래 배당 = 50억원/1,818,182 = 2750원이 되고, k_e 10%를 적용하면

자사주 매입후 주가는

$P_0 = 0 + \sum_{t=2}^{\infty}\frac{2,750}{(1.10)^t}$ = (2,750원)($PVIFA_{0.1,\infty}$) · ($PVIF_{0.1,1}$) = (2,750)(10)(0.909) = 25,000원이 되어 주식 재매입 전과 같게 된다.

주식 재매입 동기로는 투자로서의 재매입, EPS개선, 주가 유지, 소액 주주 퇴출, 주식 옵션과 퇴직 계획, 재무 합병 활동, 부분청산, 자본구조 변경 등이 있다.

주식 재매입에 대한 여러 가지 긍정적인 이유들이 있지만 비판들도 존재한다. 가장 빈번한 비판 중의 하나는 이해 상충문제(conflicts of interest)이다. 예를 들어 공개매수 시 해당 기업의 경영진이 보유한 주식들을 매입하는 경우가 발생하는데, 특히 공개 매수 후 주가가 대폭 하락할 경우 공개매수에 참여하지 않은 일반 투자가들은 경영진을 의심하게 되는 이해 상충 문제가 발생한다.

연습문제

1. MM의 배당 정책 무 관련 이론의 기본 가정에 해당되지 않는 것은?

(1) 세금과 거래비용이 없는 완전자본시장을 전제로 한다.

(2) 배당소득과 자본 이득은 동질적이다.

(3) 신규투자와 배당지급은 내부 유보된 자기자본으로만 조달한다.

(4) 기업은 부채를 사용하지 않으며 미래 현금흐름에 대한 할인율은 동일하다.

(5) 투자자들은 미래 이익과 배당을 확실하게 예측할 수 있다.

2. A기업은 현재 1,000원에 거래되는 주식 10,000주로만 구성되었고, 자기자본비용(K_e)이 10%인 위험집단에 속하는 기업이다. 이 기업이 금년 말에 주당 100원의 배당(d_{t+1})을 지급하려고 한다. MM이론에 의하면 배당이 실시된 경우와 실시하지 않는 경우 이 기업의 주가(P_{t+1})는?

3. 문 2에서 A기업의 순이익(X_{t+1})이 100만원, 배당(D_{t+1}) 100원을 지급하고, 200만원의 신규투자(I_t)를 고려중이다. 신규투자를 위해서 발행해야 하는 주식 수(m_t)는?

4. 10,000주의 주식으로 구성된 기업의 주당이익은 20,000원이다. 이 회사가 주식을 10:1로 분할할 경우 주가가 주당이익의 10배가 된다고 할 때 주식 분할 후 주가는?

5. 자기자본만으로 조달된 A기업의 기 발행 주식 수는 110,000주이고 배당부 주가는 22,000원이고 세후 순이익은 440백만 원이며 이 중 50%를 배당으로 지급할 예정이다. 완전시장을 가정하면 현금배당 후 이 기업의 EPS와 주가는?

6. 문 5에서 배당을 지급하는 대신 해당 자금으로 자사 주식을 매입한다면 매입 후 이 기업의 EPS와 주가는?

7. A기업의 주식 발행수는 100만 주이며 자본금은 5억 원이다. 이 기업의 주식은 현재 주당 2,000원에 거래되고 있으며, 이익잉여금은 2억 원이다. A기업이 20% 주식배당을 하면 주가는?

참고 문헌

김대식, 노영기, 안국신, 현대경제학 원론, 박영사, 2006

김영규, 감형규, 재무관리, 박영사, 1996

김정훈, 금융리스크의 이해, 한국은행, 2007

니얼 퍼거슨 지음, 김선영 옮김, 금융의 지배, 민음사, 2008

리처드 던컨 지음, 김석중, 조윤남 옮김, 신용천국의 몰락, 2013

세일러, 불편한 경제학, 위즈덤 하우스, 2010

쌍용경제연구소, 파생금융상품의 이해, 1996

아나톨 칼레스키 지음, 위선주 옮김, 자본주의 4.0, 컬처맨 스토리, 2010

오세경, 김진호, 이건호, 위험관리론, 경문사, 1999

원종석, 금융자산 운용에 따른 리스크의 측정 및 관라, 한국은행, 2008

윤채현, 화폐 전쟁 3.0, ㈜ 다산북스, 2010

이영환, 위험의 경제학, 율곡프레스, 2006

이필상 외, 재무관리 연습, 박영사, 1989

이찬근, 금융경제학 사용설명서, 도서출판 부키, 2011

EBS 〈자본주의〉 제작팀, EBS 다큐 프라임 자본주의, 가나출판사, 2013

장영광, 재무관리 연습, 신영사, 1998

정운찬, 김홍범, 화폐와 금융 시장, 율곡출판사, 2003

정종락, 기업 재무의 지식, EM문고, 1987

조지쿠퍼 지음, 김영배 옮김, 민스키의 눈으로 본 금융위기의 기원, 리더스 하우스, 2008

주상룡, 금융위기-역사, 원인, 시사점-, 2014 명지대 특강 자료

주상룡, 투자론과 파생금융상품, 율곡출판사, 2012

주상룡, 최선호, 투자은행업과 한국자본시장, 신론사, 2011

증권거래소, 선물 옵션거래의 이해, 2002

증권금융사전, 법문사, 1992

킨들버거, 알리버 지음, 김홍식 옮김, 광기, 패닉, 붕괴, 금융위기의 역사, 굿모닝 북스, 2006

한국금융연수원, Future&Option, Swap, 한국금융연수원, 1992

한국거래소, 증권 파생상품 시장 지표 해설, 한국거래소, 2010

한국거래소, 증권과 투자교실, 한국거래소, 2009
한국은행, 한국의 통화정책, 한국은행, 2012
한국은행, 한국의 금융시장, 한국은행, 2012
한국은행 금융경제원, 주식과 옵션의 이해, 2006
한국은행 조사국, 대공황이후 주요 금융위기 비교, 한국은행, 2009
현대경제사회 연구원, 주가 지수 선물 및 옵션거래, 1990
황동섭, 알기 쉬운 재무관리, 한울 출판사, 2004
홍은주, 그림으로 이해하는 경제사상, 개마고원, 2006
Aswath Damodaran, Investment Valuation, John Wiley&Sons, 2002
Aswath Damodaran, Corporate Finance Theory and Practice, John Wiley$Sons, Inc, 1997
Copeland and Weston, Financial Theory And Corporate Policy, Addison - Wesley, 1983
Bodie, Kane and Marcus, Essentials of Investments, McgrawHill, 2001
Elton, Gruber, Modern Portfolio Theiry and Investment Analysis, John Wiley&Sons, 1984
John Hull, Introduction to Futures and Options Markets, Prentice Hall, 2008
O. Maurice Joy, Richard D. Introduction to Financial Management, Irwin, Inc
R. Brealey and S. Myers, Principles of Corporate Finance, McGraw-Hill, 1984
Ross, Westerfield, Jordan, Corporate Finance Irwin, 1988
Schall and Haley, Introduction to Financial Management, McGraw-Hill, 1980
Stiglitz, Joseph E, The Stiglitz Report, The New Press, 2010
Van Horne, Financial Management And Policy, Prentice Hall, 1983

부록

현재 · 미래 가치계산표

1. 단일금액 1원의 미래가치
2. 단일금액 1원의 현재가치
3. 정상연금 1원의 미래가치
4. 정상연금 1원의 현재가치

표준정규분포표

현재·미래 가치계산표

〈표 A-1〉 단일금액 1원의 미래가치 $(CV/F_{r,n})$ 기간이자율(r)

기간	1%	2%	3%	4%	5%	6%	7%	8%	9%	10%
1	1.0100	1.0200	1.0300	1.0400	1.0500	1.0600	1.0700	1.0800	1.0900	1.1000
2	1.0201	1.0404	1.0609	1.0816	1.1025	1.1236	1.1449	1.1664	1.1881	1.2100
3	1.0303	1.0612	1.0927	1.1249	1.1576	1.1910	1.2250	1.2597	1.2950	1.3310
4	1.0406	1.0824	1.1255	1.1699	1.2155	1.2625	1.3108	1.3605	1.4116	1.4641
5	1.0510	1.1041	1.1593	1.2167	1.2763	1.3382	1.4026	1.4693	1.5386	1.6105
6	1.0615	1.1262	1.1941	1.2653	1.3401	1.4185	1.5007	1.5869	1.6771	1.7716
7	1.0721	1.1487	1.2299	1.3159	1.4071	1.5036	1.6058	1.7138	1.8280	1.9487
8	1.0829	1.1717	1.2668	1.3686	1.4775	1.5938	1.7182	1.8509	1.9926	2.1436
9	1.0937	1.1951	1.3048	1.4233	1.5513	1.6895	1.8385	1.9990	2.1719	2.3579
10	1.1046	1.2190	1.3439	1.4802	1.6289	1.7908	1.9672	2.1589	2.3674	2.5937
11	1.1157	1.2434	1.3842	1.5395	1.7103	1.8983	2.1049	2.3316	2.5804	2.8531
12	1.1268	1.2682	1.4258	1.6010	1.7959	2.0122	2.2522	2.5182	2.8127	3.1384
13	1.1381	1.2936	1.4685	1.6651	1.8856	2.1329	2.4098	2.7196	3.0658	3.4523
14	1.1495	1.3195	1.5126	1.7317	1.9799	2.2609	2.5785	2.9372	3.3417	3.7975
15	1.1610	1.3459	1.5580	1.8009	2.0789	2.3966	2.7590	3.1722	3.6425	4.1772
16	1.1726	1.3728	1.6047	1.8730	2.1829	2.5404	2.9522	3.4259	3.9703	4.5950
17	1.1843	1.4002	1.6528	1.9479	2.2920	2.6928	3.1588	3.7000	4.3276	5.0545
18	1.1961	1.4282	1.7024	2.0258	2.4066	2.8543	3.3799	3.9960	4.7171	5.5599
19	1.2081	1.4568	1.7535	2.1068	2.5270	3.0256	3.6165	4.3157	5.1417	6.1159
20	1.2202	1.4859	1.8061	2.1911	2.6533	3.2071	3.8697	4.6610	5.6044	6.7275
21	1.2324	1.5157	1.8603	2.2788	2.7860	3.3996	4.1406	5.0338	6.1088	7.4002
22	1.2447	1.5460	1.9161	2.3699	2.9253	3.6035	4.4304	5.4365	6.6586	8.1403
23	1.2572	1.5769	1.9736	2.4647	3.0715	3.8197	4.7405	5.8715	7.2579	8.9543
24	1.2697	1.6084	2.0328	2.5633	3.2251	4.0489	5.0724	6.3412	7.9111	9.8497
25	1.2824	1.6406	2.0938	2.6658	3.3864	4.2919	5.4274	6.8485	8.6231	10.835
26	1.2953	1.6734	2.1566	2.7725	3.5557	4.5494	5.8074	7.3964	9.3992	11.918
27	1.3082	1.7069	2.2213	2.8834	3.7335	4.8223	6.2139	7.9881	10.245	13.110
28	1.3213	1.7410	2.2879	2.9987	3.9201	5.1117	6.6488	8.6271	11.167	14.421
29	1.3345	1.7758	2.3566	3.1187	4.1161	5.4184	7.1143	9.3173	12.172	15.863
30	1.3478	1.8114	2.4273	3.2434	4.3219	5.7435	7.6123	10.063	13.268	17.449
35	1.4166	1.9999	2.8139	3.9461	5.5160	7.6861	10.676	14.785	20.414	28.102
40	1.4889	2.2080	3.2620	4.8010	7.0400	10.286	14.974	21.725	31.409	45.259
45	1.5648	2.4379	3.7816	5.8412	8.9850	13.765	21.002	31.920	48.327	72.891
50	1.6446	2.6916	4.3839	7.1067	11.467	18.420	29.457	46.902	74.358	117.39
60	1.8167	3.2810	5.8916	10.520	18.679	32.988	57.946	101.26	176.03	304.48

기간이자율(r)

기간	11%	12%	13%	14%	15%	16%	17%	18%	19%	20%
1	1.1100	1.1200	1.1300	1.1400	1.1500	1.1600	1.1700	1.1800	1.1900	1.2000
2	1.2321	1.2544	1.2769	1.2996	1.3225	1.3456	1.3689	1.3924	1.4161	1.4400
3	1.3676	1.4049	1.4429	1.4815	1.5209	1.5609	1.6016	1.6430	1.6852	1.7280
4	1.5180	1.5735	1.6305	1.6890	1.7490	1.8106	1.8739	1.9388	2.0053	2.0736
5	1.6851	1.7623	1.8424	1.9254	2.0114	2.1003	2.1924	2.2878	2.3864	2.4883
6	1.8704	1.9738	2.0820	2.1950	2.3131	2.4364	2.5652	2.6996	2.8398	2.9860
7	2.0762	2.2107	2.3526	2.5023	2.6600	2.8262	3.0012	3.1855	3.3793	3.5832
8	2.3045	2.4760	2.6584	2.8526	3.0590	3.2784	3.5115	3.7589	4.0214	4.2998
9	2.5580	2.7731	3.0040	3.2519	3.5179	3.8030	4.1084	4.4355	4.7854	5.1598
10	2.8394	3.1058	3.3946	3.7072	4.0456	4.4114	4.8068	5.2338	5.6947	6.1917
11	3.1518	3.4785	3.8359	4.2262	4.6524	5.1173	5.6240	6.1759	6.7767	7.4301
12	3.4985	3.8960	4.3345	4.8179	5.3503	5.9360	6.5801	7.2876	8.0642	8.9161
13	3.8833	4.3635	4.8980	5.4924	6.1528	6.8858	7.6987	8.5994	9.5964	10.699
14	4.3104	4.8871	5.5348	6.2613	7.0757	7.9875	9.0075	10.147	11.420	12.839
15	4.7846	5.4736	6.2543	7.1379	8.1371	9.2655	10.539	11.974	13.589	15.407
16	5.3109	6.1304	7.0673	8.1372	9.3576	10.748	12.330	14.129	16.172	18.488
17	5.8951	6.8660	7.9861	9.2765	10.761	12.468	14.427	16.672	19.244	22.186
18	6.5436	7.6900	9.0243	10.575	12.375	14.463	16.879	19.673	22.901	26.623
19	7.2633	8.6128	10.197	12.056	14.232	16.777	19.748	23.214	27.252	31.948
20	8.0623	9.6463	11.523	13.743	16.367	19.461	23.106	27.393	32.429	38.338
21	8.9492	10.804	13.021	15.668	18.822	22.574	27.034	32.324	38.591	46.005
22	9.9336	12.100	14.714	17.861	21.645	26.186	31.629	38.142	45.923	55.206
23	11.026	13.552	16.626	20.362	24.891	30.376	37.006	45.008	54.648	66.247
24	12.239	15.179	18.788	23.212	28.625	35.236	43.297	53.109	65.032	79.497
25	13.586	17.000	21.231	26.462	32.919	40.874	50.658	62.669	77.388	95.396
26	15.080	19.040	23.991	30.167	37.857	47.414	59.270	73.949	92.092	114.48
27	16.738	21.325	27.109	34.390	34.535	55.000	69.345	87.260	109.56	137.37
28	18.580	23.884	30.634	39.204	50.066	63.800	81.134	102.97	130.41	164.84
29	20.624	26.750	34.617	44.693	57.575	74.009	94.927	121.50	155.19	197.81
30	22.892	29.960	39.116	50.950	66.212	85.850	111.06	143.37	184.67	237.38
35	38.575	52.800	72.068	98.100	133.18	180.31	243.56	327.99	440.70	590.67
40	65.001	930.51	132.78	188.88	267.86	378.72	533.86	750.38	1051.6	1469.8
45	109.53	163.99	244.64	363.68	538.77	795.44	1170.5	1716.7	2509.6	3657.3
50	184.56	289.00	450.74	700.23	1083.7	1670.7	2566.2	3927.4	5988.9	9100.4
60	524.06	897.60	1530.1	2595.9	4384.0	7370.2	12335.	20555.	34105.	56347.

〈표 A-2〉 단일금액 1원의 현재가치 ($PV/F_{r,n}$) 기간이자율(r)

기간	1%	2%	3%	4%	5%	6%	7%	8%	9%	10%
1	0.9901	0.9804	0.9709	0.9615	0.9524	0.9434	0.9346	0.9259	0.9174	0.9091
2	0.9803	0.9612	0.9426	0.9246	0.9070	0.8900	0.8734	0.8573	0.8417	0.8264
3	0.9706	0.9423	0.9151	0.8890	0.8638	0.8396	0.8163	0.7938	0.7722	0.7513
4	0.9610	0.9238	0.8885	0.8548	0.8227	0.7921	0.7629	0.7350	0.7084	0.6830
5	0.9515	0.9057	0.8626	0.8219	0.7835	0.7473	0.7130	0.6806	0.6499	0.6209
6	0.9420	0.8880	0.8375	0.7903	0.7462	0.7050	0.6663	0.6302	0.5963	0.5645
7	0.9327	0.8706	0.8131	0.7599	0.7107	0.6651	0.6227	0.5835	0.5470	0.5132
8	0.9235	0.8535	0.7894	0.7307	0.6768	0.6274	0.5820	0.5403	0.5019	0.4665
9	0.9143	0.8368	0.7664	0.7026	0.6446	0.5919	0.5439	0.5002	0.4604	0.4241
10	0.9053	0.8203	0.7441	0.6756	0.6139	0.5584	0.5083	0.4632	0.4224	0.3855
11	0.8963	0.8043	0.7224	0.6496	0.5847	0.5268	0.4751	0.4289	0.3875	0.3505
12	0.8874	0.7885	0.7014	0.6246	0.5568	0.4970	0.4440	0.3971	0.3555	0.3186
13	0.8787	0.7730	0.6810	0.6006	0.5303	0.4688	0.4150	0.3677	0.3262	0.2897
14	0.8700	0.7579	0.6611	0.5775	0.5051	0.4423	0.3878	0.3405	0.2992	0.2633
15	0.8613	0.7430	0.6419	0.5553	0.4810	0.4173	0.3624	0.3152	0.2745	0.2394
16	0.8528	0.7284	0.6232	0.5339	0.4581	0.3936	0.3387	0.2919	0.2519	0.2176
17	0.8444	0.7142	0.6050	0.5134	0.4363	0.3714	0.3166	0.2703	0.2311	0.1978
18	0.8360	0.7002	0.5874	0.4936	0.4155	0.3503	0.2959	0.2502	0.2120	0.1799
19	0.8277	0.6864	0.5703	0.4746	0.3957	0.3305	0.2765	0.2317	0.1945	0.1635
20	0.8195	0.6730	0.5537	0.4564	0.3769	0.3118	0.2584	0.2145	0.1784	0.1486
21	0.8114	0.6598	0.5375	0.4388	0.3589	0.2942	0.2415	0.1987	0.1637	0.1351
22	0.8034	0.6468	0.5219	0.4220	0.3418	0.2775	0.2257	0.1839	0.1502	0.1228
23	0.7954	0.6342	0.5067	0.4057	0.3256	0.2618	0.2109	0.1703	0.1378	0.1117
24	0.7876	0.6217	0.4919	0.3901	0.3101	0.2470	0.1971	0.1577	0.1264	0.1015
25	0.7798	0.6095	0.4776	0.3751	0.2953	0.2330	0.1842	0.1460	0.1160	0.0923
26	0.7720	0.5976	0.4637	0.3604	0.2812	0.2198	0.1722	0.1352	0.1064	0.0839
27	0.7644	0.5859	0.4502	0.3468	0.2678	0.2074	0.1609	0.1252	0.0976	0.0763
28	0.7568	0.5744	0.4371	0.3335	0.2551	0.1956	0.1504	0.1159	0.0895	0.0693
29	0.7493	0.5631	0.4243	0.3207	0.2429	0.1846	0.1406	0.1073	0.0822	0.0630
30	0.7419	0.5521	0.4120	0.3083	0.2314	0.1741	0.1314	0.0994	0.0754	0.0573
35	0.7059	0.5000	0.3554	0.2534	0.1813	0.1301	0.0937	0.0676	0.0490	0.0356
40	0.6717	0.4529	0.3066	0.2083	0.1420	0.0972	0.0668	0.0460	0.0318	0.0221
45	0.6391	0.4102	0.2644	0.1712	0.1113	0.0727	0.0476	0.0313	0.0207	0.0137
50	0.6080	0.3715	0.2281	0.1407	0.0872	0.0543	0.0339	0.0213	0.0134	0.0085
60	0.5504	0.3047	0.1697	0.0951	0.0535	0.0303	0.0173	0.0099	0.0057	0.0033

기간이자율(*r*)

기간	11%	12%	13%	14%	15%	16%	17%	18%	19%	20%
1	0.9009	0.8929	0.8850	0.8772	0.8696	0.8621	.8547	0.8475	.8403	0.8333
2	0.8116	0.7972	0.7831	0.7695	0.7561	0.7432	.7305	0.7182	.7062	0.6944
3	0.7312	0.7118	0.6931	0.6750	0.6575	0.6407	.6244	0.6086	.5934	0.5787
4	0.6587	0.6355	0.6133	0.5921	0.5718	0.5523	.5337	0.5158	.4987	0.4823
5	0.5935	0.5674	0.5428	0.5194	0.4972	0.4761	.4561	0.4371	.4190	0.4019
6	0.5346	0.5066	0.4803	0.4556	0.4323	0.4104	.3898	0.3704	.3521	0.3349
7	0.4817	0.4523	0.4251	0.3996	0.3759	0.3538	.3332	0.3139	.2959	0.2791
8	0.4339	0.4039	0.3762	0.3506	0.3269	0.3050	2848	0.2660	.2487	0.2326
9	0.3909	0.3606	0.3329	0.3075	0.2843	0.2630	2434	0.2255	.2090	0.1938
10	0.3522	0.3220	0.2946	0.2697	0.2472	0.2267	2080	0.1911	.1756	0.1615
11	0.3173	0.2875	0.2607	0.2366	0.2149	0.1954	.1773	0.1619	.1476	0.1346
12	0.2858	0.2567	0.2307	0.2076	0.1869	0.1685	.1520	0.1372	.1240	0.1122
13	0.2575	0.2292	0.2042	0.1821	0.1625	0.1452	.1299	0.1163	.1042	0.0935
14	0.2320	0.2046	0.1807	0.1597	0.1413	0.1252	.1110	0.0985	.0876	0.0779
15	0.2090	0.1827	0.1599	0.1401	0.1229	0.1079	.0949	0.0835	.0736	0.0649
16	0.1883	0.1631	0.1415	0.1229	0.1069	0.0930	.0811	0.0708	.0618	0.0541
17	0.1696	0.1456	0.1252	0.1078	0.0929	0.0802	.0693	0.0600	.0520	0.0451
18	0.1523	0.1300	0.1103	0.0946	0.0808	0.0691	.0592	0.0508	.0437	0.0376
19	0.1377	0.1161	0.0981	0.0829	0.0703	0.0596	.0506	0.0431	.0367	0.0313
20	0.1240	0.1037	0.0863	0.0728	0.0611	0.0514	.0433	0.0365	.0303	0.0261
21	0.1117	0.0926	0.0768	0.0638	0.0531	0.0443	.0370	0.0309	.0259	0.0217
22	0.1007	0.0826	0.0680	0.0560	0.0462	0.0382	.0316	0.0262	.0218	0.0181
23	0.0907	0.0738	0.0601	0.0491	0.0402	0.0329	.0270	0.0222	.0183	0.0151
24	0.0817	0.0659	0.0532	0.0431	0.0349	0.0284	.0231	0.0188	.0154	0.0126
25	0.0736	0.0588	0.0471	0.0378	0.0304	0.0245	.0197	0.0160	.0129	0.0105
26	0.0663	0.0525	0.0417	0.0331	0.0264	0.0211	.0169	.0135	.0109	.0087
27	0.0597	0.0469	0.0369	0.0291	0.0230	0.0182	.0144	.0115	0091	.0073
28	0.0538	0.0419	0.0325	0.0255	0.0200	0.0157	.0123	.0097	.0077	.0061
29	0.0485	0.0374	0.0289	0.0224	0.0174	0.0135	.0105	.0082	.0064	.0051
30	0.0437	0.0334	0.0256	0.0196	0.0151	0.0116	.0090	.0070	.0054	.0042
35	0.0259	0.0189	0.0139	0.0102	0.0075	0.0055	.0041	.0030	.0023	.0017
40	0.0154	0.0107	0.0075	0.0053	0.0037	0.0026	.0019	.0013	.0010	.0007
45	0.0091	0.0061	0.0041	0.0027	0.0019	0.0013	.0009	.0006	.0004	.0003
50	0.0054	0.0035	0.0022	0.0014	0.0009	0.0006	.0004	.0003	.0002	.0001
60	0.0019	0.0011	0.0007	0.0004	0.0002	0.0001	0.00008	.00005	.00003	.00002

〈표 A-3〉 정상연금 1원의 미래가치 $(CV/FA_{r,n})$ 기간이자율(r)

기간	1%	2%	3%	4%	5%	6%	7%	8%	9%	10%
1	1.0000	1.0000	1.0000	1.0000	1.0000	1.0000	1.0000	1.0000	1.0000	1.0000
2	2.0100	2.0200	2.0300	2.0400	2.0500	2.0600	2.0700	2.0800	2.0900	2.1000
3	3.0301	3.0604	3.0909	3.1216	3.1525	3.1836	3.2149	3.2464	3.2781	3.3100
4	4.0604	4.1216	4.1836	4.2465	4.3101	4.3746	4.4399	4.5061	4.5731	4.6410
5	5.1010	5.2040	5.3091	5.4163	5.5256	5.6371	5.7507	5.8666	5.9847	6.1051
6	6.1520	6.3081	6.4684	6.6330	6.8019	6.9753	7.1533	7.3359	7.5233	7.7156
7	7.2135	7.4343	7.6625	7.8983	8.1420	8.3938	8.6540	8.9228	9.2004	9.4872
8	8.2857	8.5830	8.8932	9.2142	9.5491	9.8975	10.260	10.637	11.028	11.436
9	9.3685	9.7546	10.159	10.583	11.027	11.491	11.978	12.488	13.021	13.579
10	10.462	10.950	11.464	12.006	12.578	13.181	13.816	14.487	15.193	15.937
11	11.567	12.169	12.808	13.486	14.207	14.972	15.784	16.645	17.560	18.531
12	12.683	13.412	14.192	15.026	15.917	16.870	17.888	18.977	20.141	21.384
13	13.809	14.680	15.618	16.627	17.713	18.882	20.141	21.495	22.953	24.523
14	14.947	15.974	17.086	18.292	19.599	21.015	22.550	24.215	26.019	27.975
15	16.097	17.293	18.599	20.024	21.579	23.276	25.129	27.152	29.361	31.772
16	17.258	18.639	20.157	21.825	23.657	25.673	27.888	30.324	33.003	35.950
17	18.430	20.012	21.762	23.698	25.840	28.213	30.840	33.750	36.974	40.545
18	19.615	21.412	23.414	25.645	28.132	30.906	33.999	37.450	41.301	45.599
19	20.811	22.841	25.117	27.671	30.539	33.760	37.379	41.446	46.018	51.159
20	22.019	24.297	26.870	29.778	33.066	36.786	40.995	45.762	51.160	57.275
21	23.239	25.783	28.676	31.969	35.719	39.993	44.865	50.423	56.765	64.002
22	24.472	27.299	30.537	34.248	38.505	43.392	49.006	55.457	62.873	71.403
23	25.716	28.845	32.453	36.618	41.430	46.996	53.436	60.893	69.532	79.543
24	26.973	30.422	34.426	39.083	44.502	50.816	58.177	66.765	76.790	88.497
25	28.243	32.030	36.459	41.646	47.727	54.865	63.249	73.106	84.701	98.347
26	29.526	33.671	38.553	44.312	51.113	59.156	68.676	79.954	93.324	109.18
27	30.821	35.344	40.710	47.084	54.669	63.706	74.484	87.351	102.72	121.10
28	32.129	37.051	42.931	49.968	58.403	68.528	80.698	95.339	112.97	134.21
29	33.450	38.792	45.219	52.966	62.323	73.640	87.347	103.97	124.14	148.63
30	34.785	40.568	47.575	56.085	66.439	79.058	94.461	113.28	136.31	164.49
35	41.660	49.994	60.462	73.652	90.320	111.43	138.24	172.32	215.71	271.02
40	48.886	60.402	75.401	95.026	120.80	154.76	199.64	269.06	337.88	442.59
45	56.481	71.893	92.720	121.03	159.70	212.74	285.75	386.51	525.86	718.90
50	64.463	84.579	112.80	152.67	209.35	290.34	406.53	573.77	815.08	1163.9
60	81.671	114.05	163.05	237.99	353.58	533.13	813.52	1253.2	1944.8	3034.8

기간이자율(r)

기간	11%	12%	13%	14%	15%	16%	17%	18%	19%	20%
1	1.0000	1.0000	1.0000	1.0000	1.0000	1.0000	1.0000	1.0000	1.0000	1.0000
2	2.1100	2.1200	2.1300	2.1400	2.1500	2.1600	2.1700	2.1800	2.1900	2.2000
3	3.3421	3.3744	3.4069	3.4396	3.4725	3.5056	3.5389	3.5724	3.6061	3.6400
4	4.7097	4.7793	4.8498	4.9211	4.9934	5.0665	5.1405	5.2154	5.2913	5.3680
5	6.2278	6.3528	6.4803	6.6101	6.7424	6.8771	7.0144	7.1542	7.2966	7.4416
6	7.9130	8.1152	8.3230	8.5355	8.7537	8.9775	9.2068	9.4420	9.6830	9.9299
7	9.7830	10.089	10.405	10.730	11.067	11.414	11.772	12.142	12.523	12.916
8	11.859	12.300	12.757	13.233	13.727	14.240	14.773	15.327	15.902	16.499
9	14.163	14.776	15.416	16.085	16.786	17.519	18.285	19.086	19.923	20.799
10	16.722	17.549	18.419	19.337	20.304	21.321	22.393	23.521	24.709	25.959
11	19.561	20.655	21.814	23.045	24.349	25.733	27.199	28.755	30.404	32.150
12	22.713	24.133	25.650	27.271	29.002	30.850	32.823	34.931	37.180	39.581
13	26.211	28.029	29.984	32.089	34.352	36.786	39.404	42.219	45.244	48.497
14	30.095	32.393	34.883	37.581	40.505	43.672	47.103	50.818	54.844	59.196
15	34.405	37.280	40.418	43.842	47.580	51.660	56.110	60.965	66.261	72.035
16	39.199	42.753	46.672	50.980	55.717	60.925	66.649	72.939	79.850	87.442
17	44.501	48.884	53.739	59.118	65.075	71.673	78.979	87.068	96.022	105.93
18	50.396	55.750	61.725	68.394	75.836	84.141	93.406	103.74	115.26	128.12
19	56.939	64.440	70.749	78.969	88.212	98.603	110.29	123.41	138.16	154.74
20	64.203	72.052	80.947	91.025	102.44	115.38	130.03	146.63	165.42	186.69
21	72.265	81.699	92.469	104.77	118.81	134.84	153.14	174.02	197.85	225.03
22	81.214	92.503	105.49	120.44	137.63	157.41	180.17	206.34	236.44	271.03
23	91.148	104.60	120.20	138.30	159.28	183.60	211.80	244.49	282.36	326.24
24	102.17	118.16	136.83	158.66	184.17	213.98	248.81	289.49	337.01	392.48
25	114.41	133.33	155.62	181.87	212.79	249.21	292.10	342.60	402.04	471.98
26	127.99	150.33	176.85	208.33	245.71	290.09	342.76	405.27	497.43	567.38
27	143.08	169.37	200.84	238.50	283.57	377.50	402.03	479.22	571.52	681.85
28	159.82	190.70	227.95	359.79	327.10	392.50	417.38	566.48	681.11	819.22
29	178.39	214.58	258.58	312.09	377.17	456.30	552.51	669.45	811.52	984.07
30	199.02	241.33	293.19	356.79	434.75	530.31	647.44	790.95	966.71	1181.9
35	341.59	431.66	546.68	693.57	881.17	1120.7	1426.4	1816.7	2314.2	2948.3
40	581.83	767.09	1013.7	1342.0	1779.1	2360.8	3134.5	4163.2	5529.8	7343.9
45	986.64	1358.3	1874.2	2590.6	3585.1	4965.3	6879.2	9531.6	13203.	18281.
50	1668.7	2400.0	3459.5	4994.5	7217.7	10436.	15089.	21813.	31515.	45497.
60	4755.1	7471.6	11762.	18535.	29220.	46057.	72555.	114189.	179494.	281737.

〈표 A-4〉 정상연금 1원의 현재가치 $(PV/FA_{r,n})$ 기간이자율(r)

기간	1%	2%	3%	4%	5%	6%	7%	8%	9%	10%
1	0.9901	0.9804	0.9709	0.9615	0.9524	0.9434	0.9346	0.9259	0.9174	0.9091
2	1.9704	1.9416	1.9135	1.8861	1.8594	1.8334	1.8080	1.7833	1.7591	1.7355
3	2.9410	2.8839	2.8286	2.7751	2.7232	2.6730	2.6243	2.5771	2.5313	2.4869
4	3.9020	3.8077	3.7171	3.6299	3.5460	3.4651	3.3872	3.3121	3.2397	3.1699
5	4.8534	4.7135	4.5797	4.4518	4.3295	4.2124	4.1002	3.9927	3.8897	3.7908
6	5.7955	5.6014	5.4172	5.2421	5.0757	4.9173	4.7665	4.6229	4.4859	4.3553
7	6.7282	6.4720	6.2303	6.0021	5.7864	5.5824	5.3893	5.2064	5.0330	4.8684
8	7.6517	7.3255	7.0197	6.7327	6.4632	6.2098	5.9713	5.7466	5.5348	5.3349
9	8.5660	8.1622	7.7861	7.4353	7.1078	6.8017	6.5152	6.2469	5.9952	5.7590
10	9.4713	8.9826	8.5302	8.1109	7.7217	7.3601	7.0236	6.7101	6.4177	6.1446
11	10.368	9.7868	9.2526	8.7605	8.3064	7.8869	7.4987	7.1390	6.8052	6.4951
12	11.255	10.575	9.9540	9.3851	8.8633	8.3838	7.9427	7.5361	7.1607	6.8137
13	12.134	11.348	10.635	9.9856	9.3936	8.8527	8.3577	7.9038	7.4869	7.1034
14	13.004	12.106	11.296	10.563	9.8986	9.2950	8.7455	8.2442	7.7862	7.3667
15	13.865	12.849	11.938	11.118	10.370	9.7122	9.1079	8.5595	8.0607	7.6061
16	14.718	13.578	12.561	11.652	10.838	10.106	9.4455	8.8514	8.3126	7.8237
17	15.562	14.292	13.166	12.166	11.274	10.477	9.7632	9.1216	8.5436	8.0216
18	16.398	14.992	13.756	12.659	11.690	10.828	10.059	9.3719	8.7556	8.2014
19	17.226	15.679	14.324	13.134	12.085	11.158	10.336	9.6036	8.9501	8.3649
20	18.046	16.351	14.877	13.590	12.462	11.470	10.594	9.8181	9.1285	8.5136
21	18.857	17.011	15.415	14.029	12.821	11.764	10.835	10.0168	9.2922	8.6487
22	19.660	17.658	15.937	14.451	13.163	12.042	11.061	10.2007	9.4424	8.7715
23	20.456	18.292	16.444	14.857	13.489	12.303	11.272	10.3741	9.5802	8.8832
24	21.243	18.914	16.935	15.247	13.799	12.550	11.469	10.5288	9.7066	8.9847
25	22.023	19.524	17.413	15.622	14.094	12.783	11.654	10.6748	9.8226	9.0770
26	22.795	21.121	17.877	15.983	14.375	13.003	11.826	10.810	909290	9.1609
27	23.560	20.707	18.327	16.330	14.643	13.210	11.987	10.935	10.027	9.2372
28	24.316	21.281	18.764	16.663	14.898	13.406	12.137	11.051	10.116	9.3066
29	25.066	21.844	19.188	16.984	15.141	13.591	12.278	11.158	10.198	9.3696
30	25.808	22.397	19.600	17.292	15.373	13.765	12.409	11.258	10.274	9.4269
35	20.409	24.999	21.487	18.665	16.374	14.498	12.948	11.655	10.567	9.6442
40	32.835	27.356	23.115	19.793	17.159	15.046	13.332	11.925	10.757	9.7791
45	36.095	29.490	24.519	20.720	17.774	15.456	13.605	12.108	10.881	9.8628
50	39.196	31.424	25.730	21.482	18.256	15.762	13.801	12.233	10.962	9.9148
60	44.955	34.761	27.676	22.623	18.929	16.161	14.039	12.376	11.047	9.9671

기간이자율(r)

기간	11%	12%	13%	14%	15%	16%	17%	18%	19%	20%
1	0.9009	0.8929	0.8850	0.8772	0.8696	0.8621	0.8547	0.8475	0.8403	0.8333
2	1.7125	1.6901	1.6681	1.6467	1.6257	1.6052	1.5852	1.5656	1.5465	1.5278
3	2.4437	2.4018	2.3612	2.3216	2.2832	2.2459	2.2096	2.1743	2.1399	2.1065
4	3.1024	3.0373	2.9745	2.9137	2.8550	2.7982	2.7432	2.6901	2.6386	2.5887
5	3.6959	3.6048	3.5172	3.4331	3.3522	3.2743	3.1993	3.1272	3.0576	2.9906
6	4.2305	4.1114	3.9975	3.8887	3.7845	3.6847	3.5892	3.4976	3.4098	3.3255
7	4.7122	4.5638	4.4226	4.2883	4.1604	4.0386	3.9224	3.8115	3.7057	3.6046
8	5.1461	4.9676	4.7988	4.6389	4.4873	4.3436	4.2072	4.0776	3.9544	3.8372
9	5.5370	5.3282	5.1317	4.9464	4.7716	4.6065	4.4506	4.3030	4.1633	4.0310
10	5.8892	5.6502	5.4262	5.2161	5.0188	4.8332	4.6586	4.4941	4.3389	4.1925
11	6.2065	5.9377	5.6869	5.4527	5.2337	5.0286	4.8364	4.6560	4.4865	4.3271
12	6.4924	6.1944	5.9176	5.6603	5.4206	5.1971	4.9884	4.7932	4.6105	4.4392
13	6.7499	6.4235	6.1218	5.8424	5.5831	5.3423	5.1183	4.9095	4.7147	4.5327
14	6.9819	6.6282	6.3025	6.0021	5.7245	5.4675	5.2293	5.0081	4.8023	4.6106
15	7.1909	6.8109	6.4624	6.1422	5.8474	5.5755	5.3242	5.0916	4.8759	4.6755
16	7.3792	6.9740	6.6039	6.2651	5.9542	5.6685	5.4053	5.1624	4.9377	4.7296
17	7.5488	7.1196	6.7291	6.3729	6.0472	5.7487	5.4746	5.2223	4.9897	4.7746
18	7.7016	7.2497	3.8399	6.4674	6.1280	5.8178	5.5339	5.2732	5.0333	4.8122
19	7.8393	7.3658	6.9380	6.5504	6.1982	5.8775	5.5845	5.3162	5.0700	4.8435
20	7.9633	7.4694	7.0248	6.6231	6.2593	5.9288	5.6278	5.3527	5.1009	4.8696
21	8.0751	7.5620	7.1015	6.6870	6.3125	5.9731	5.6648	5.3837	5.1263	4.8913
22	8.1757	7.6446	7.1695	6.7429	6.3587	6.0113	5.6964	5.4099	5.1486	4.9094
23	8.2664	7.7184	7.2297	6.7921	6.3988	6.0442	5.7234	5.4321	5.1668	4.9245
24	9.3481	7.7843	7.2829	6.8351	6.4338	6.0726	6.7465	5.4509	5.1822	4.9371
25	8.4217	7.8431	7.3300	6.8729	6.4641	6.0971	5.7662	5.4669	5.1951	4.9476
26	8.4881	7.8957	7.3717	6.9061	6.4906	6.1182	5.7831	5.4804	5.2060	4.9563
27	8.5478	7.9426	7.4086	6.9352	6.5135	6.1364	5.7975	5.4919	5.2151	4.9636
28	8.6016	7.9844	7.4412	6.9607	6.5335	6.1520	5.8099	5.5016	5.2223	4.9697
29	8.6501	8.0218	7.4701	6.9830	6.5509	6.1656	5.8024	5.5093	5.2292	4.9747
30	8.6938	8.0552	7.4957	7.0027	6.5660	6.1772	5.8294	5.5168	5.2347	4.9789
35	8.8552	8.1755	7.5856	7.0700	6.6166	6.2153	5.8582	5.5386	5.2512	4.9915
40	8.9511	8.2433	7.6344	7.1050	6.6418	6.2235	5.8713	5.5482	5.2582	4.9966
45	9.0079	8.2825	7.6609	7.1232	6.6543	6.2421	5.8773	5.5523	5.2611	4.9986
50	9.0417	8.3045	7.6572	7.1327	6.6605	6.2463	5.8801	5.5541	5.2623	4.9995
60	9.0736	8.3240	7.6873	7.1401	6.6651	6.2491	5.8819	5.5553	5.2630	4.9999

표준정규분포표

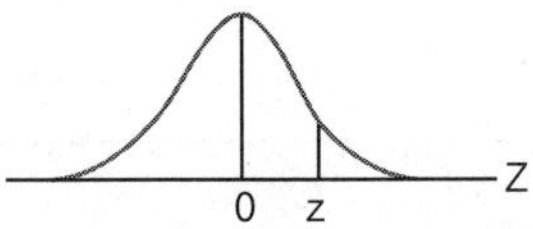

z	.00	.01	.02	.03	.04	.05	.06	.07	.08	.09
0.0	.0000	.0040	.0080	.0120	.0160	.0199	0239	.0279	.0319	.0359
0.1	.0398	.0438	.0478	.0517	.0557	.0596	0636	.0675	.0714	.0753
0.2	.0793	.0832	.0871	.0910	.0948	.0987	1026	.1064	.1103	.1141
0.3	.1179	.1217	.1255	.1293	.1331	.1368	1406	.1443	.1480	.1517
0.4	.1554	.1591	.1628	.1664	.1700	.1736	1772	.1808	.1844	.1879
0.5	.1915	.1950	.1985	.2019	.2054	.2088	2123	.2157	.2190	.2224
0.6	.2257	.2291	.2324	.2357	.2389	.2422	2454	.2486	.2517	.2549
0.7	.2580	.2611	.2642	.2673	.2704	.2734	2764	.2794	.2823	.2852
0.8	.2881	.2910	.2939	.2967	.2995	.3023	3051	.3078	.3106	.3133
0.9	.3159	.3186	.3212	.3238	.3264	.3289	3315	.3340	.3365	.3389
1.0	.3413	.3438	.3461	.3485	.3508	.3531	3554	.3577	.3599	.3621
1.1	.3643	.3665	.3686	.3708	.3279	.3749	.3770	.3790	.3810	.3830
1.2	.3849	.3869	.3888	.3907	.3925	.3944	.3962	.3980	.3997	.4015
1.3	.4032	.4049	.4066	.4082	.4099	.4115	.4131	.4147	.4162	.4177
1.4	.4192	.4207	.4222	.4236	.4251	.4265	.4279	.4292	.4306	.4319
1.5	.4332	.4345	.4357	.4370	.4382	.4394	.4406	.4418	.4429	.4441
1.6	.4452	.4463	.4474	.4484	.4495	.4505	.4515	.4525	.4535	.4545
1.7	.4554	.4564	.4573	.4582	.4591	.4599	.4608	.4616	.4625	.4633
1.8	.4641	.4649	.4656	.4664	.4671	.4678	.4686	.4693	.4699	.4706
1.9	.4713	.4719	.4726	.4732	.4738	.4744	.4750	.4756	.4761	.4767
2.0	.4772	.4778	.4783	.4788	.4793	.4798	.4803	.4808	.4812	.4817
2.1	.4821	.4826	.4830	.4834	.4838	.4842	.4846	.4850	.4854	.4857
2.2	.4861	.4864	.4868	.4871	.4875	.4878	.4881	.4884	.4887	.4890
2.3	.4893	.4896	.4898	.4901	.4904	.4906	.4909	.4911	.4913	.4916
2.4	.4918	.4920	.4922	.4925	.4927	.4929	.4931	.4932	.4934	.4936
2.5	.4938	.4940	.4941	.4943	.4945	.4946	.4948	.4949	.4951	.4952
2.6	.4953	.4955	.4956	.4957	.4959	.4960	.4961	.4962	.4963	.4964
2.7	.4965	.4966	.4967	.4968	.4969	.4970	.4971	.4972	.4973	.4974
2.8	.4974	.4975	.4976	.4977	.4977	.4978	.4979	.4979	.4980	.4981
2.9	.4981	.4982	.4982	.4983	.4984	.4984	.4985	.4985	.4986	.4986
3.0	.4987	.4987	.4987	.4988	.4988	.4989	.4989	.4989	.4990	.4990

연습문제 해답

제4장 수익률과 위험

1. (1) $E(r) = \sum_{i=1}^{n} p_i \cdot r_i$에서

$E(r_A) = 0.1(25\%) + 0.2(5\%) + 0.4(15\%) + 0.2(30\%) + 0.1(45\%) = 15\%$

$E(r_B) = 0.1(-40\%) + 0.2(0\%) + 0.4(16\%) + 0.2(40\%) + 0.1(66\%) = 17\%$

(2) $\sigma^2 = \sqrt{\sum_{i=1}^{n} (r_i - E(r))^2 p_i}$에서

$\sigma_A^2 = (-25\%-15\%)^2(0.1)+(5\%-15\%)^2(0.2)+(15\%-15\%)^2\times(0.4)0+(30\%-15\%)^2(0.2)+(45\%-15\%)^2(0.1) = 3.15\%$

$\sigma_A = 17.75\%$

$\sigma_B^2 = (-40\%-17\%)^2(0.1) + (0-17\%)^2 + (16\%-17\%)^2\times(0.4) + (40\%-17\%)^2(0.2) + (66\%-17\%)^2(0.1) = 7.29\%$

$\sigma_B^2 = 27.0\%$

만약 B주식수익률이 A주식수익률보다 시장수익률과의 관계가 작다고 하면 B주식의 체계적 위험이 A주식의 체계적 위험보다 낮으므로 덜 위험하다고 할 수 있다. 일반적으로 투자가들이 보상을 요구하게 되는 위험은 그 자산의 총위험(표준편차에 의해 측정)이 아니라시장수익률과 개별주식수익률의 상관수계수에 의해 결정되는 체계적 위험이다.

2. (1) $DGAP_K = D_A - w \cdot D_L$

$$= 2.5 - \frac{900,000}{1,100,000} \times 1.77$$
$$= 1.05$$

(2) 이자율이 2% 상승 :

(금액단위 : 1,000원)

자산	시장가치	이자율	듀레이션	부채및자본	시장가치	이자율	듀레이션
현금	100,000			정기예금	490,909	10%	1년
상업대출	580,977*	17%	1.87년	CD	380,785**	12%	2.73년
재정증권	376,204	13%	3.43년	자본	185,487		
	1,057,181		2.25년		1,057,181		1.76년

$$* \ 580{,}977 = \frac{600{,}000 \times 0.15}{1.17} + \frac{600{,}000 \times 0.15 + 600{,}000}{(1.17)^2}$$

$$* \ 380{,}785 = \frac{400{,}000 \times 0.1}{1.12} + \frac{40{,}000}{(1.12)^2} + \frac{440{,}000}{(1.12)^2}$$

(3) $4K = 200{,}000 - 185{,}487$

$= 14{,}513$

14,513천원 하락

(4) 자산가치의 하락을 방지하기 위한 방법은 $DGAP_K$을 0으로 해야 한다. 위의 문제에서 $DGAP_K$가 +이므로 ① D_A(자산의 듀레이션)을 줄이거나 ② D_L(부채의 듀레이션)을 늘려서 자본가치의 변동을 방지한다.

(5) DL을 늘리기 위해서 5년 만기 CD를 발행할 경우 발행액은

$D\,GAP_K = 0$

$D_{A\text{-}w} \cdot D_L = 0$

$2.5 - \frac{9}{11} \times D_L = 0$

$D_L = 3.06$년으로 만들어야 한다.

5년 만기 CD의 듀레이션은 5년(∵순할인부채이므로)

$D_L = \frac{4}{9} \times 2.74 + \frac{x}{9} \times 5 + \frac{5-x}{9} \times 1$

$= 3.06$

$\frac{5}{9}x - \frac{1}{9}x + \frac{4 \times 2.74}{9} + \frac{5}{9} = 3.06$

$x = 2.8950$

∴ CD발행액은 289,500천원

제5장 포트폴리오 이론

1. (1) 위험 자산 투자금액

갑: 100만원×0.5 = 50만 원

을: 40만원×0.8 = 32만 원

병: 10만원×1.3 =13만 원

(2) A, B, C 주식투자비율

A 주식 시가총액: 10,000×600만원 = 600 억원

B 주식 시가총액: 12,000×1,000만원 = 1,200억원

C 주식 시가총액: 8,000×250만원 = 200억원

시장 전체 시가총액: 600억 + 1,200억 +200억=2,000억원

시장 포트폴리오에서 각 주식이 차지하는 비율은 다음과 같다.

x_A = 600/2,000 = 0.3

x_B = 1,200/2,000 = 0.6

x_C = 200/2,000 = 0.1

따라서 각 투자자의 A, B, C 주식 투자금액과 비율은 다음과 같다.

갑(50만원)			을(32만원)			병(13만원)		
주식	투자비율	투자금액	주식	투자비율	투자금액	주식	투자비율	투자금액
A	0.3	15만	A	0.3	9.6 만	A	0.3	3.9만
B	0.6	30만	B	0.6	19.2만	B	0.6	7.8만
C	0.1	5만	C	0.1	3.2만	C	0.1	1.3만

2. (1) $Cov(R_K, R_m) = \frac{1}{29}(R_K - E(R_K))(R_m - E(R_m)) = 0.0026$

$Var(R_m) = \frac{1}{29}\sum(R_m - E(R_m))^2 = 0.004$

$Var(R_K) = \frac{1}{29}\sum(R_K - E(R_K))^2 = 0.0035$

$\beta_K = \frac{Cov(R_K, R_m)}{Var(R_m)} = \frac{0.0026}{0.004} = 0.65$

(2) 총위험: $Var(R_k) = 0.0035$

체계적 위험: $\beta^2_K Var(R_m) = 0.00169$

비체계적 위험: 0.0035 − 0.00169 = 0.00181(총위험의 51.7%)

3. (1) $E(R_t) = R_f + [E(R_m) - R_f]\beta_i$

$= 0.08+[0.2-0.08]\beta_i$

$\therefore E(R_t) = 0.08+0.12\beta_i$

(2) ① 사업 A의 경우 : $\beta_A = \rho_{AM} \cdot \frac{\sigma_A}{\sigma_M} = -0.5 \times \left(\frac{0.2}{0.1}\right) = -1.0$

사업의 위험수준에 상응하는 요구수익률 :

$E(R_A^e) = 0.08+0.12\times(-1.0)$

$= -0.04 < 0.05$(기대수익률)

∴ 채택

② 사업 B의 경우 :

$\beta_B = \rho_{BM} \cdot \frac{\sigma_B}{\sigma_M} = 0.8 \times \left(\frac{0.3}{0.1}\right) = 2.4$

$E(R_B^e) = 0.08+0.12\times 2.4 = 0.368 > 0.2$

∴ 기각

③ 사업 C의 경우 :

$\beta_C = \rho_{BM} \cdot \frac{\sigma_C}{\sigma_M} = 0.5 \times \left(\frac{0.1}{0.1}\right) = 0.5$

$E(R_C^c) = 0.08 + 0.12\times 0.5 = 0.14 > 01$

∴ 기각

4. (주)한국이 배당을 지급하지 않는다고 가정할 때 단일기간 수익률은 다음과 같다.

$$E(R_j) = \frac{E(P_1)-P_0}{P_0}$$

단, $E(P_1) = 100$

CAPM을 이용하는 경우 $E(R_j)$ 관계식은 다음과 같다.

$$E(R_j) = \frac{E(P_1)-P_0}{P_0} = R_f + [E(R_m)-R_f]\beta_j$$

따라서

$$\frac{100-P_0}{P_0} = 0.08+[0.18-0.08]2.0$$

$1.28P_0 = 100$

$\therefore P_0 = 78,125$원

즉 현재 주당가격이 78,125원 이하이면 (주)한국의 주식을 산다.

5. $\beta_A = \frac{Cov(R_A, R_m)}{\sigma_m^2} = \frac{0.007}{0.10} = 0.7$

6. (1) $E(R_P) = \frac{1}{N}\times N\times 0.01 = 0.01$

$$Var(R_P) = \frac{1}{N}\Sigma\left(\frac{\sigma_i^2}{N}\right) + \frac{N-1}{N}\Sigma\Sigma\frac{\sigma_{ij}}{N(N-1)}$$
$$= \frac{1}{N}\times 0.02 + \frac{N-1}{N}\times 0.005$$
$$= 0.005 + 0.015\times\frac{1}{N}$$

(2) $\lim_{n\to\infty}(0.005 + 0.015\frac{1}{N}) = 0.005$

7. (1) $E(R_m) = (20+15-5)/3 = 10\%$

$E(R_A) = (25+20-10)/3 = 11.67\%$

$\sigma_m^2 = [(0.2-0.1)^2+(0.15-0.1)^2+(-0.05-0.1)^2]/3 = 0.01167$

$\sigma_m = 0.108$

$\sigma_A^2 = 1.02389$

$\sigma_A = 0.1546$

$$Cov(R_A, R_m) = \frac{1}{3}[(0.2-0.1)(0.25-0.1167)+(0.15-0.1)(0.2-0.1167)$$
$$+(-0.05-0.1)(-0.1-0.1167)] = 0.01667$$

CML의 식 :

$$E(R_p) = R_f + \left[\frac{E(R_m)-R_f}{\sigma_m}\right]\sigma_p$$
$$= 0.07 + \left[\frac{0.1-0.07}{0.1080}\right]\sigma_p$$
$$= 0.07 + 0.278\sigma_p$$

(2) $E(R_p) = x_f R_f + x_m E(R_m)$
$$= (0.5)(0.07)+(0.5)(0.1)$$
$$= 0.085(8.5\%)$$

$Var(R_p) = x_m^2 Var(R_m)$
$$= (0.5)^2(0.01167)$$
$$= 0.2917\%$$

$\therefore \sigma_p = 5.4\%$

(3) SML의 식 :

$$E(R_i) = R_f + [E(R_m) - R_f]\beta_i$$
$$= 0.07+[0.1-0.07]\beta_i$$
$$= 0.07+0.03\beta_i$$

(4) $\beta_A = \frac{Cov(R_A, R_m)}{\sigma_m^2} = \frac{0.01667}{0.01167} = 1.428$

$\beta_A > 1$이므로 공격적 자산, 즉 시장수익률의 변동보다 더 큰 폭으로 변화하는 자산이다.

(5) $E(R_A) = 0.07 + 0.03\beta_A$

$= 0.07 + 0.03(1.428)$

$= 0.11284 < 0.1167$

증권 A는 가격이 과소평가되어 균형수익률보다 높은 수익률을 얻고 있다. 따라서 가격이 향후 상승하여 수익률이 하락하게 될 것이다.

8. (1) $E(R_A) = 0.1\times0.5+0.5\times0.5 = 0.3$

$E(R_B) = 0.2\times0.5+0.4\times0.5 = 0.3$

$Var(R_A) = (0.5)(0.1-0.3)^2+(0.5)(0.5-0.3)^2 = 0.04$

$\therefore \sigma_A = 0.2$

$Var(R_B) = (0.5)(0.2-0.3)^2+(0.5)(0.4-0.3)^2 = 0.01$

$\therefore \sigma_B = 0.1$

$Cov(R_A, R_B) = (0.5)(0.1-0.3)(0.2-0.3)+(0.5)(0.5-0.3)(0.4-0.3) = 0.02$

$\therefore \rho_{AB} = \dfrac{Cov(R_A, R_B)}{\sigma_A \cdot \sigma_B} = \dfrac{0.02}{0.2\times0.1} = 1$

(2) $Var(R_p) = x_A^2\sigma_A^2 + x_B^2\sigma_B^2+2x_Ax_B\sigma_{AB}$

$x_B = 1-x_A$

$0.04x_A^2 + 0.01(1-x_A)^2+2x_A(1-x_A)(0.02) = 0.05$

$0.01x_A^2 - 0.02x_A + 0.01 = 0.05$

$x_A^2 + 2x_A - 4 = 0$

$x_A = \sqrt{5} -1 = 1.236$

즉, A증권에 123.6%, B증권에 −23.6%를 투자하면 된다. 그러나 이는 B증권의 공매(short selling)를 전제로 하고 있다. 만약 공매가 허용되지 않는다면 이 포트폴리오의 구성은 불가능하다.

(3) 포트폴리오의 위험은

$\sigma_p = \sqrt{x_A^2\sigma_A^2 + x_B^2\sigma_B^2 + 2x_Ax_B\rho_{AB}\sigma_A\sigma_B}$ 이다. 여기서 $-1 \leq \rho_{AB} \leq 1$이므로

$|x_A\sigma_A - x_B\sigma_B| \leq \sigma_p \leq |x_A\sigma_A + x_B\sigma_B|$의 범위를 갖는다. 즉 $\rho_{AB}=1$일 경우

$\sigma_p = x_A\sigma_A + x_B\sigma_B$ 가 되어 위험의 감소가 불가능하다.

그러나 ρ_{AB}가 1보다 작을 경우 $\sigma_p < x_A\sigma_A + x_B\sigma_B$ 가 되어 위험의 감소가 가능하다.

9. (1) $E(R_j) = R_f + [E(R_m)-R_f]\beta_j$

$= 0.08+(0.16-0.08)\times0.25$

$$\beta_j = \frac{Cov(R_j, R_m)}{\sigma_m^2} = \frac{0.01}{(0.2)^2} = 0.25$$

기대수익률(0.12)이 요구수익률(0.1)보다 크기 때문에 이 증권은 과소평가되었다.

(2) 이 증권은 과소평가되었으므로 수요가 증가하여 가격은 상승하려 결과적으로 기대수익률은 하락한다. 즉, 12%가 아니라 10% 수익률을 가져올 증권가격의 변화율을 구하면 된다.

P_0: 현재주가, P^*: 균형주가라고 하면

$P_0(1.12) = P^*(1.1)$

$$\frac{P^*}{P_0} = \frac{1.12}{1.1} = 1.01818$$

∴ 증권가격이 1.82% 상승해야 한다.

10. (1) 단위위험당 가장 큰 기대수익을 얻을 수 있는 포트폴리오 3을 선택한다.

포트폴리오	$[E(R_p)-r_f]/\sigma_p$
1	(8−6)/3=0.67
2	(10−6)/6=0.67
3	(13−6)/8=0.875(최적포트폴리오)
4	(17−6)/13=0.846
5	(20−6)/18=0.778

(2) 불가능하다. 위에서 보았듯이 위험 1단위당 얻을 수 있는 최선의 수익은 0.875이다. 따라서 $E(R_p)=r_f + \left[\frac{E(R_3)-r_f}{\sigma_3}\right]\cdot\sigma_p$에서 9.5%=6%+4%(0.875)이므로 4%의 표준편차를 갖는 포트폴리오에서는 9.5%의 수익을 초과할 수는 없다.

(3) $E(R_p)$ = 6% + 12%(0.875) = 16.5%

무위험자산에 투자비율을 X라 하면 $\sigma_c=(1-X)\sigma_p$이므로 12%=(1−X) 8%에서 X =−0.5가 되어 투자금액 1원당 0.5원을 무위험이자율 6%로 차입하여 이 금액을 모두 포트폴리오 3에 투자한다.

예를 들어 100원을 투자한다고 가정하면 50원을 6%에 차입하여 150원을 포트폴리오 3에 투자한다. 이 투자에서의 기대수익은 150원×0.13=19.5원이고 이자비용 3원(0.06×50원)을 차감하면 16.5원의 순수익을 얻는다.

11. (1) $E(R_K)$ = 9% $E(R_S)$=5%

$Var(R_K)$ = 0.0028 $Var(R_s)$=0.00508

$Cov(R_K, R_S) = -0.00012$

(2) 포트폴리오의 기대수익률과 위험은 다음 식에 의해 계산된다.

$E(R_p) = x_K \cdot E(R_K) + x_S \cdot E(R_S)$

$Var(R_p) = x_K^2 \cdot Var(R_K) + x_S^2 \cdot Var(R_S) + 2x_K \cdot x_S \cdot Cov(R_K, R_S)$

K증권에의 투자비율	125	100	75	50	25	0	-25
S증권에의 투자비율	-25	0	25	50	75	100	125
$E(R_p)$	10%	9%	8%	7%	6%	5%	4%
$Var(R_p)$	0.0048	0.0028	0.0018	0.0019	0.0030	0.00508	0.0082

(3) 최소분산포트폴리오는 증권에 다음 비율로 투자함으로써 얻을 수 있다.

$$\alpha^* = \frac{\sigma_s^2 - r_{KS}\sigma_K\sigma_S}{\sigma_K^2 + \sigma_S^2 - 2r_{KS}\sigma_K\sigma_S}$$

$\sigma_K = 0.0529,\ \sigma_s = 0.0713,\ r_{KS} = \dfrac{Cov(R_S, R_K)}{\sigma_K \cdot \sigma_S} = -0.0318$

$\therefore \alpha^* = 0.64$

K증권에 64%, S증권에 36% 투자하면 최소분산포트폴리오를 얻는다. R_v를 최소분산포트폴리오의 수익률이라 하면

$E(R_v) = 0.64E(R_K) + 0.36E(R_S)$

$= 7.56\%$

$Var(R_v) = 0.64^2 Var(R_K) + 0.36^2 Var(R_S) + 2(0.64)(0.36)Cov(R_S, R_K)$

$= 0.00175$

$\sigma_v = 4.183$

(4) $R_A = 0.75R_K + 0.25R_S$

$R_B = 0.25R_K + 0.75R_S$

$Cov(R_A, R_B) = Cov(0.75R_K + 0.25R_s,\ 0.25R_K + 0.75R_s)$

$= (0.75)(0.25)Var(R_K) + (0.25)(0.75)Var(R_s) + (0.25)^2 Cov(R_K, R_s) + (0.75)^2 Cov(R_K, R_s)$

$= 0.0014025$

(5) $R_v = 0.64R_K + 0.36R_s$

$Cov(R_A, R_v) = Cov(0.75R_K + 0.25R_S,\ 0.64R_K + 0.36R_S)$

$= 0.0017496$

$Cov(R_B, R_v) = Cov(0.25R_K + 0.75R_S,\ 0.64R_K + 0.36R_S)$

$= 0.0017512$

제6장 파생금융상품

1. u = 1+상승률 = 1.15, d=1+하락률 = 0.8

(1) $C_u = max[0, uS-K]$

$= max[0, 30{,}000(1.15)-25{,}000]$

$= 9{,}500$

$C_d = max[0, dS-K]$

$= \max[0, 30{,}000(0.8)-25{,}000]$

$= 0$

(2) $h = \dfrac{Cu-C_d}{uS-dS}$

$= \dfrac{9{,}500-0}{34{,}500-25{,}000}$

$= 0.9048$

(3) $C = \dfrac{pC_u+(1-p)C_d}{r}$

단, $p = \dfrac{r-d}{u-d} = \dfrac{1.1-(-0.8)}{1.15-(-0.8)} = 0.857$ $(r=1.1)$

$= \dfrac{0.857\times 9.500+0.143\cdot 0}{1+0.1} = 7401.36$

(4) 풋옵션 균형식에 의하면

$P = C-S+K/(1+r)$

$= 7401.36-30{,}000+25{,}000/1.1 = 128.63$

2. (1) ① 만기시 주가:

$u^2S = 60(1.15)^2 = 79.35$

$udS = 60(1.15)(.80) = 55.2$

$d^2S = 60(.80)^2 = 38.4$

② 만기시 콜옵션의 가격:

$C_{uu} = max[0, u^2S-K] = max(0, 79.35-50) = 29.35$

$C_{ud} = max[0, udS-K] = max(0, 55.2-50) = 5.2$

$C_{ud} = max[0, d^2S-K] = max(0, 38.4-50) = 0$

③ 1기간 후의 콜옵션의 가치:

$C_u = \dfrac{(0.857)(29.35)+(0.143)(5.2)}{1.10} = 23.54$

$C_d = \dfrac{(0.857)(5.2)+(0.143)(0)}{1.10} = 4.05$

* 헷지할 수 있는 확률 $(p) = \frac{r-d}{u-d} = \frac{1.10-(-0.80)}{1.15-(-0.80)} = 0.857$

④ 현재의 콜옵션의 가치는 두 가지 가능한 1기간 후의 콜옵션의 가중평균이므로, 다음과 같이 산출된다.

$$C = \frac{(.857)(23.54)+(0.143)(4.05)}{1.10} = 18.87\text{원}$$

(2) $h = \frac{Cu-Cd}{S(u-d)} = \frac{23.54-4.05}{69-48} = 0.928$

928주의 주식을 매입하고 1,000콜을 발행하여 무위험헷지포트폴리오를 구성할 수 있다.

이때 투자금액 :

주식매입으로 인한 지출(928×60)	= 55,680
콜발행으로 인한 수취액(1,000×18.87)	=-18,870
순 투자액	= 36,810

3. (1) 행사가격이 50,000원, 60,000원, 70,000원인 옵션을 각각 C_1, C_2, C_3로 표시하면 버터플라이 스프레드 C_1-C_2+C_3로 표시된다.

만기에 있어 주식가격의 변화에 따른 스프레드의 가치는 다음과 같다.

(금액단위 : 천원)

콜옵션 \ 주식가격	$S^* < 50$	$50 \le S^* < 60$	$60 \le S^* < 70$	$70 \le S^*$
C_1	0	$S^* - 50$	$S^* - 50$	$S^* - 50$
$-2C_2$	0	0	$-2(S^* - 60)$	$-2(S^* - 60)$
C_3	0	0	0	$S^* - 70$
$C_1-2C_2+C_3$	0	$S^* - 50$	$70 - S^*$	0

(2) 이 스프레드를 구성하는 데 드는 비용 :

$C_1 - 2C_2 + C_3 = 7.5-2\times3 + 1.5 = 3{,}000$원

(3) 이와 같은 스프레드를 구성할 경우 그 이득은 +이거나 또는 0이므로 이 스프레드를 구성하는 데 드는 비용도 +이어야 한다. 즉, 행사가격 60,000원 콜옵션을 매도함으로써 받게 되는 금액이 행사가격 50,000원 콜과 행사가격 70,000원 콜을 매입하는 데 드는 비용보다 적어야 한다.

따라서 행사가격 60,000원 콜옵션의 가격(C_2)은 다음과 같다.

$2C_2 < (7{,}500 + 1{,}500)$

$C_2 < 4{,}500$원

4. ① 계약 당일의 손익 : (10계약×5,000온스) × (5,000-4,950)
= 250만 원(손실)

증거금(초기증거금) : 2,000만 원(10계약×200만 원)-250만 원(손실액) = 1,750만 원

250만 원의 손실을 보았지만 증거금이 1,750만 원이 남아 있어 유지증거금 1,500만 원에는 미치지 않았으므로 증거금을 추가로 납입할 필요가 없다.

② 다음날의 손익 : (10계약×5,000온스)×(4,950-4,850)
= 500만 원(손실)

다음날의 손실로 인해 증거금잔고는 1,250만 원이 되어서 유지증거금 1,500만 원 이하가 되어 중개회사로부터 증거금청구(margin call)가 이루어져 초기증거금 2,000만 원 수준까지 증거금을 납입해야 한다.
따라서 2,000만 원-1,250만 원=750만 원을 익일 아침에 납입해야 한다.

5. (1) 계약수 = 35억 원÷(700포인트×500) = 10,000계약

(2) 헷징결과 : 현물시장손실 + 선물시장이익 = 0

	현물시장	선물시장
현 재	주식보유: 35억원	선물지수 700포인트에 매도
3개월후	주가 10% 하락으로 보유주식 : 31억 5천	선물지수 630포인트이므로 70포인트×500×1,000계약=3억 5천 이익
결 과	35억-31억5천=3억 5천 손실	3억 5천 이익

6. (1) 선물매입의 경우
[3월말]
선물 20계약 매입 :
2억원/10%=20억원
20억원÷(1,000×10만원)-20계약

(2) 투자결과는
[6월말]

① 주가가 10% 상승할 경우의 손익 :
선물지수상승 : 100포인트(10%)
선물전매이익 : 2억원
100포인트×10만원×20계약=2억원 이익

② 주가가 10% 하락할 경우의 손익 :
선물지수상승 : 100포인트(10%)
선물전매손실 : 2억원

100포인트×10만원×20계약=2억원 손실

※ 참고 : 현물 투자시

[3월말]

2억원 주식 매입

[6월말]

주가가 10% 상승할 경우 : 0.2억원 이익

2억원×10%=0.2억원

주가가 10% 하락할 경우 : 0.2억원 손실

2억원×10%=0.2억원

선물은 증거금율만 투자하므로 주가 변동시 현물에 투자하는 경우보다 선물 투자가 훨씬 위험이 커진다.

7. (1) 주식매입 및 선물매도 포지션을 취한 경우(2월 10일)

현물시장 : 27억5천만원으로 주식을 매입

550포인트×10만원×50계약=27억 5천만원

선물시장 : 선물 50계약을 600포인트에 매도

(2) 투자결과(3월10일)

① 주가가 500포인트로 하락한 경우

i) 현물시장 : 주가매도 : 25억원

$$27.5억\times\frac{500}{550} = 25억$$

손익 = (27.5-25)+보유비용(=금융비용-배당수입)

= 2.5억+27.5억×(0.12-0.05)

= 4.425억 원 손실

ii) 선물시장 : 선물 50계약을 500포인트에 환매

손익 = 100포인트(600-500)×10만원×50계약

= 5억 원 이익

iii) 결 과 : 현물시장에서 4.425억원 손실

선물시장에서 5억원 이익

0.575억원 이익

② 주가가 630포인트로 상승한 경우

i) 현물시장 : 주식매도 : 31.5억원

$$27.5\times\frac{630}{550} = 31.5$$

손익 = (31.5-27.5)-보유비용(=금융비용-배당수입)

= 4억-27.5억×(0.12-0.05)

= 2.075억 원 이익

ii) 선물시장 : 선물 50계약을 630포인트에 환매

손익 = 30포인트(=630-600) × 10만원 × 50계약

= 1.5억 원 손실

iii) 결 과 : 현물시장에서 2.075억원 이익

선물시장에서 1.5억원 손실

0.575억원 이익

제7장 기업가치 평가

1. $P_0 = \dfrac{D_1+P_1}{1+k_e} = \dfrac{1{,}000+21{,}000}{1+0.1} = 20{,}000\text{원}$

2. $P_0 = \dfrac{D_1}{k_e-g} = \dfrac{1{,}000\text{원}}{0.12-0.04} = 12{,}500\text{원}$

3. $k_e = E(R_i) = R_f + [E(R_m-R_f)] \cdot \beta_i$

$= 0.08+(0.15-0.08)\times 1.5=18.5\%$

$P_0 = \dfrac{D_1}{k_e-g}$ 을 적용하면

$50{,}000 = \dfrac{2{,}000}{0.185-g}$ 으로부터 g=14.5%

4. i) SML

$k_e = E(R_i) = R_f + [E(R_m)-R_f] \cdot \beta i = 0.08 + (0.15-0.08)\times 1.5 = 18.5\%$

ii) Gordon평가모형

$P_0 = \dfrac{D_1}{k_e-g} = \dfrac{3{,}400\times 0.5}{0.185-0.5\times 0.2} = 20{,}000\text{원}$

5. Gordon 평가모형을 적용하면 $\dfrac{D_1}{k_e-g} = \dfrac{E\text{-}BIT(1-t)(1-\text{유보율})(1+g)}{K_e-g}$ 로부터

i) A기업의 주가 = $\dfrac{EBIT(1-t)(1-\text{유보율})(1+g)}{K_e-g} = 6{,}480$

ii) B기업의 주가 = $\dfrac{EBIT(1-t)(1-\text{유보율})(1+g)}{K_e-g} = 8{,}320$

6. 매출액이 1% 증가시 영업손실이 2% 감소한다.

7. (5)

8. (1)

9. (1) 손익계산서(단위: 천원)

	60,000병	90,000병
매 출 액	2,100,000	3,150,000
변 동 비	900,000	1,350,000
고 정 비	160,000	160,000
총 비 용	1,060,000	1,510,000
영업이익	1,040,000	1,640,000

(2) $Q^* = \dfrac{F}{P-V} = \dfrac{160,000,000}{35,000-15,000} = 8,000$병

$S^* = 8,000 \times 35,000 = 280,000,000$원

(3) $DOL = \dfrac{\Delta EBIT/EBIT}{\Delta Q/Q} = \dfrac{Q(P-V)}{Q(P-V)-FC}$

60,000병: $DOL = \dfrac{60,000(35,000-15,000)}{60,000(35,000-15,000)-160,000,000} = 1.15$

90,000병: $DOL = \dfrac{90,000(35,000-15,000)}{90,000(35,000-15,000)-160,000,000} = 1.10$

(4) $Q^* = \dfrac{160,000,000}{40,000-15,000} = 6,400$병

$S^* = 6,400 \times 40,000 = 256,000,000$원

(5) $Q^* = \dfrac{160,000,000}{40,000-20,000} = 8,000$병

$S^* = 8,000 \times 40,000 = 320,000,000$원

10. (1) A) OK 보통주로 5억원을 조달하는 경우의 EPS :

EBIT	200,000,000원
법인세(t=0.5)	100,000,000
세후순이익	100,000,000

$EPS = \dfrac{\text{세후순이익}}{\text{발행주식수}} = \dfrac{100,000,000}{120,000} = 833$원

B) 부채로 5억원을 조달하는 경우의 EPS :

EBIT	200,000,000원
지급이자*	45,000,000
EBT	155,000,000
법인세(t=0.5)	77,500,000
세후순이익	77,500,000

$EPS = \dfrac{\text{세후순이익}}{\text{발행주식수}} = \dfrac{77,500,000}{20,000} = 3,875$원

* 500,000,000 × 0.09=45,000,000

(2) $DFL = \dfrac{EBIT}{EBIT-I}$

$$= \frac{200,000,000}{200,000,000-45,000,000} = 1.29$$

11. (1) 영업레버리지도$(DOL) = \frac{Q(P-V)}{Q(P-V)-FC}$

$$= \frac{50,000(20,000-8,000)}{50,000(20,000-8,000)-200,000,000}$$

$$= 1.5$$

재무레버리지도$(DFL) = \frac{EBIT}{EBIT-I}$

$$= \frac{400}{400-125} = 1.45$$

결합레버리지도$(DCL) = DOL \times DFL = 2.18$

(2) A) 새로운 투자에 필요한 자금을 사채로 조달하는 경우 :

매 출 액		1,000
변동비	200[1]	
고정비	400	600
EBIT		400
지급이자		195[2]
EBT		205
법인세(t-0.4)		82
세후순이익		123

$$EPS = \frac{세후순이익}{발행주식수} = \frac{123,000,000}{100,000} = 1,230원$$

주석 1) 50,000×4,000=200,000,000

2) 125,000,000+70,000,000=195,000,000

$$DOL = \frac{Q(P-V)}{Q(P-V)-FC}$$

$$= \frac{50,000(20,000-4,000)}{50,000(20,000-4,000)-200,000,000}$$

$$= 1.33$$

$$DFL = \frac{EBIT}{EBIT-I}$$

$$= \frac{400}{400-195} = 1.95$$

$DCL = 1.33 \times 1.95 = 2.59$

B) 새로운 투자에 필요한 자금을 보통주로 조달하는 경우 :

매 출 액		1,000	
변동비	200		
고정비	400	600	
EBIT		400	
지급이자		125	
EBT		275	
법인세(t-0.4)		110	
세후순이익		165	

$$EPS = \frac{\text{세후순이익}}{\text{발행주식수}} = \frac{165,000,000}{120,000} = 1,375\text{원}$$

$$DOL = \frac{Q(P-V)}{Q(P-V)-FC}$$

$$= \frac{50,000(20,000-4,000)}{50,000(20,000-4,000)-200,000,000}$$

$$= 1.33$$

$$DFL = \frac{EBIT}{EBIT-I}$$

$$= \frac{400}{400-125} = 1.45$$

$$DCL = 1.33 \times 1.45 = 1.93$$

12. $P_0 = \frac{D_1}{K_e} = \frac{EPS_1}{K_e} = \frac{5,000}{0.1} = 50,000$

13. $(PVIFA_{0.02,\ 10}) = 8.98259$ 이므로

A제안의 현재가치=2,000만원+500만원(8.98259)=64,912,950원

B제안의 현재가치=2,500만원+450만원(8.98259)=65,421,655원

∴ A제안의 비용이 B제안보다 적으므로 A제안이 유리하다.

14. (1) $PV = 500,000 + 225,000(PVIFA_{0.01,\ 20}) = 4,561,250$원

(2) $PV = 5,000,000 - 300,000 = 4,700,000$원

(3) $PV = 2,300,000 + (500,000 \cdot (PVIFA_{0.01,\ 5}) = 4,725,000$원

(1) 번을 선택한다.

15. i) 시점 10에서의 보험료 불입액(연금의 미래가치) P_0은

$$P_{10} = 10,000[\frac{(1+i)^{10}-1}{i}]$$

ii) 시점 10에서의 연구연금의 현가

$$A_0 = \frac{10,000}{i}$$

iii) i)과 ii)는 같으므로

$$10,000[\frac{(1+i)^{10}-1}{i}] = \frac{10,000}{i}$$

$$(1+i)^{10} = 2$$

따라서 $i = 7.18\%$

16. (1) $(p \cdot Q - v \cdot Q - F)(1-t) = NI$(세후 순이익) $Q = \frac{400,000,000}{20,000} = 20,000$으로부터

$(400,000,000-15,000\times 20,000-F)(1-0.3) = 21,000,000$

$100,000,000 - F = 30,000,000$

$\therefore F = 70,000,000$원

(2) BEF:

① 수량: $Q^* = \frac{F}{p-v} = \frac{70,000,000}{20,000-15,000} = 14,000$단위

② 금액: $S^* = \frac{F}{1-\frac{v}{p}} = \frac{70,000,000}{1-0.75} = 280,000,000$원

(3) 현재의 가격과 비용조건이 불변이라고 하면 $(p \cdot Q - v \cdot Q - F)(1-t) = NI$(목표이익)가 되는 판매수량은 다음과 같다.

$$Q^* = \frac{F + \text{목표이익}/(1-t)}{p-v}$$

$$= \frac{70,000,000+40,000,000/(1-0.3)}{20,000-15,000} = 25,428.5$$

따라서 25,429단위 이상 판매하면 된다.

17. 영업자산회전율 $= \frac{\text{매출액}}{\text{영업자산}} = \frac{S}{3,000,000} = 5$의 관계에서

$S = 15,000,000$원

$S = p \cdot Q = p \times 1,600,000 = 15,000,000$

$\therefore p = 9,375$

영업자산수익률 $= \frac{(p-v)Q-F}{\text{영업자산}} = 0.15$ 으로부터

$$(p-v)Q-F = 0.15\times 3,000,000$$
$$= 450,000$$

$$DOL = \frac{(p-v)Q}{(p-v)Q-F} = 8$$

$\therefore \dfrac{(p-v)Q}{450,000} = 8$에서

$(p-v)Q = 3,600,000$

$p-v = \dfrac{3,600,000}{1,600,000} = 2.25$

$\therefore v = 9.375 - 2.25 = 7.125$

그리고 $(p-v)Q - F = 450,000$

$3,600,000-F = 450,000$에서

$F = 3,150,000$단위

BEF는 $Q^* = \dfrac{F}{p-v} = \dfrac{3,150,000}{9.375-7.125} = 1,400,000$ 단위

18. (1) ① 손익분기판매량은 $EBIT = pQ - vQ - F_0 = 0$를 만족시키는 생산량 Q^*를 말한다.

$Q^* = F_0/(p-v) = 100,000/(650-450) = 500$

$\left(v = \dfrac{\text{총변동비}}{\text{총생산량}} = \dfrac{900,000}{2,000} = 450\right)$

② $DOL = \dfrac{(p-v)Q}{(p-v)Q-F_0} = \dfrac{(650-450)2,000}{(650-450)2,000-100,000} = \dfrac{400,000}{300,000}$

$= 1.33$

$DOL = 1.33$의 의미는 매출액이 1% 변하면 EBIT는 1.33%로 확대되어 변화한다는 것을 의미한다.

(2) ① 신주에 대한 주가도 5,000원으로 유지된다고 가정하고

$EPS = [(EBIT-1)(1-t)-D_p]/n$의 관계로부터

$EPS_A = \dfrac{(2,000,000-480,000)(1-0.5)}{1,000+800} = 422.22$(원)

$EPS_B = \dfrac{[2,000,000-(480,000+4,000,000\times 0.10)](1-0.5)}{1,000}$

$= 560$(원)

② $DFL_A = EBIT/(EBIT-F_f)$의 관계로부터

$DFL_A(EBIT = 2,000$천$)$

$= 2,000,000/(2,000,000-480,000)$

$= 1.32$

$DFL_B(EBIT = 2,000$천$)$

$= 2,000,000/[2,000,000-(480,000+400,000)$

$= 1.79$

$EBIT = 2,000$천일 때 DFL_A보다 DFL_B가 더 크므로 자금조달 B안이 $EBIT$의 변화에 따른 EPS의 확대효과가 더 크다.

(3) 각각의 자금조달방법에 따른 EPS · EBIT 관계를 식으로 표시하면

EPS_A = [($EBIT$ − 480,000)(1−0.5)]/(1,000+800)

EPS_B = [($EBIT$ − 880,000)(1−0.5)/1,000]가 된다.

① A안의 재무손익분기점 :

$$1+D_p/(1-t) = 480,000+0/(1-0.5)$$
$$= 480,000(원)$$

② B안의 재무손익분기점 :

$$880,000+0.1/(1-0.5) = 880,000(원)$$

자본조달 무차별점에서의 $EBIT$ 수준 X^* :

$$EPS_A = \frac{(X^*-480,000)(1-0.5)}{1,000+800} = \frac{(X^*-800,000)(1-0.5)}{1,000}$$
$$= EPS_B$$
$$\therefore X^* = 1,380,000$$

$EBIT$ − EPS도로부터 $EBIT$ < 1,380,000 : A안

$EBIT$ = 1,380,000 : A안 또는 B안

(4) $DCL = DOL \times DFL$이므로 각각의 자본조달 방법에 따른 DCL은 다음과 같다.

$$DCL_A = DOL \times DFL_A$$
$$= 1.33 \times 1.32 = 1.7556$$
$$DCL_B = DOL \times DFL_B$$
$$= 1.33 \times 1.79 = 2.3807$$

19. (1) ① 영업레버리지도(DOL) : 영업위험의 정도를 측정하는 척도

$$DOL = \frac{(p-v)Q}{(p-v)Q-F_0}$$
$$= \frac{(45-25)\times 5,000}{(45-25)\times 5,000-50,000} = 2$$

② 재무레버리지도(DFL) : 재무위험의 정도를 측정하는 척도

$$DFL = \frac{(p-v)Q-F_0}{(p-v)Q-F_0-F_f}$$
$$= \frac{(45-25)\times 5,000-50,000}{(45-25)\times 5,000-50,000-(6,000+2,400/1-0.4)} = 1.25$$

③ 결합레버리지도(DCL) : 총위험의 척도

$$DCL = DOL \times DFL = 2 \times 1.25 = 2.5$$

(2) ① $DOL = \frac{(45-25)\times 7,500}{(45-25)\times 7,500-50,000} = 1.5$

② $DFL = \frac{100,000}{100,000-10,000} = 1.11$

③ $DCL = DOL \times DFL = 1.5 \times 1.11 = 1.665$

(3) 손익분기점 $= \frac{F}{p-v}$

$= \frac{50,000}{45-25} = 2,500$

기업의 생산활동수준이 손익분기점에서 멀리 위치할수록 영업레버리지도(영업위험)는 감소하며 영업레버리지뿐 아니라 재무레버리지의 추가적 이용은 매출변화에 따른 1주당 이익액의 변동성을 더욱 확대시키게 되어 기업소유자인 주주들의 위험을 크게 증가시키게 된다.

제9장 자본예산

1. (1) ① 감가상각비 $= \frac{1,000\text{만}-100\text{만}}{5} = 180\text{만 원}$

② 감세효과 = 180만 원×0.4 = 72만 원

③ 감세액의 총현재가치(PV) :

$$PV = \frac{72}{(1+0.1)} + \frac{72}{(1+0.1)^2} + \frac{72}{(1+0.1)^3} + \frac{72}{(1+0.1)^4} + \frac{72}{(1+0.1)^5}$$

= 273만 원

(2) ① 감가상각비 $= \frac{1,000\text{만}-500\text{만}}{5} = 100\text{만 원}$

② 감세효과 = 100만×0.4 = 40만 원

③ 감세액의 총현재가치(PV) :

$$PV = \frac{40}{(1+0.1)} + \frac{40}{(1+0.1)^2} + \frac{40}{(1+0.1)^3} + \frac{40}{(1+0.1)^4} + \frac{40}{(1+0.1)^5}$$

= 152만 원

(3) 장부상의 가치와 매각금액이 다를 때 현금흐름은 다음과 같이 계산된다.

$CE = S-(S-B) \cdot t$

단, S: 매각가격

B: 장부가격(잔존가치)

$(S-B) \cdot t$: 세금

CF = 500만-(500만-100만)(0.4)

= 340만 원

2. (1) 증분현금흐름 : (CF)

기간		C사 제품	B사 제품	증분흐름(C-B)
0	제품가격	-7,500	-5,000	-2,500
1~10	유지비용	-1,500	-2,000	500
1~10	감가상각	750	500	250

$CF_0 = -2{,}500$(만원)

$CF_{1\sim10} = (\Delta R - \Delta C)(1-t) + \Delta D \cdot t$

$= (500)(1-0.5)+(250)(0.5)=375$(만원)

(2) ① $NPV(C-B) = -2{,}500 + \sum_{t=1}^{10} \frac{375}{(1+0.1)^t} = -196$(만원)

② $IRR(C-B) = -2{,}500 + \sum_{t=1}^{10} \frac{375}{(1+R)^t} = 0$

$R = 8.14\%(IRR)$

③ $\text{PBP(C-B)} = \frac{2{,}500}{375} = 6\frac{2}{3}$(년)

④ 순이익 = 현금흐름 – 감가상각

= 375-250=125(만원)

$ARR(C-B) = \frac{125}{2{,}500/2} = 0.10(10\%)$

(3) ① 자본비용이 10%일 경우 :

$NPV(C-B) = -2{,}500 + \sum_{t=1}^{10} \frac{375}{(1+0.1)^t} = -196$(만원)

∴ B사 제품을 선택한다.

② 자본비용이 6%일 경우 :

$\text{NPV(C-B)} = -2{,}500 + \sum_{t=1}^{10} \frac{369}{(1+0.06)^t} = 260$(만원)

∴ C사 제품을 선택한다.

(4) 증분현금흐름 :

기간		C사 제품	B사 제품	증분흐름(C-B)
0	제품가격	-7,500	-5,000	-2,500
1~10	유지비용	-1,500	-2,000	500
1~10	감가상각	650	450	200
10	잔존가치	1,000	500	500

※ 감가상각비 계산 :

$D(C) = \frac{7{,}500-1{,}000}{10} = 650$(만원)

$D(B) = \frac{5{,}000-500}{10} = 450$(만원)

CF_0 = −2,500(만원)

$CF_{1\sim9}$ = (500)(1−0.5) + (200)(0.5) = 350(만원)

CF_{10} = (500)(1−0.5) + (200)(0.5) + 500 = 850(만원)

증분현금흐름의 NPV는 다음과 같다.

① 자본비용이 10%일 경우 :

$$NPV(C-B) = -2{,}500 + \sum_{t=1}^{9}\frac{350}{(1+0.1)^t} + \frac{850}{(1+0.1)^{10}} = -157$$

∴ B사 제품을 선택한다.

② 자본비용이 6%일 경우 :

$$NPV(C-B) = -2{,}500 + \sum_{t=1}^{9}\frac{350}{(1+0.06)^t} + \frac{850}{(1+0.06)^{10}} = 355$$

∴ C사 제품을 선택한다.

3. (1) ① 자기자본비용(k_e) : 0.06 + [0.18−0.06]·(0.5) = 12%

② 가중평균비용($WACC$) : 0.06(1−0.4)(0.5) + (0.12)(0.5) = 7.8%

(2) ① 투자안 A : P_A = 0.06+[0.18−0.06](0.75) = 15%

$$WACC = \rho(1-t\frac{B}{V}) = 0.15\left(1-0.4\cdot\frac{1}{2}\right) = 12\%$$ 식(10.8) 참조

② 투자안 B : P_B = 0.06+(0.18−0.06)(0.4375) = 11.25%

$$WACC = 0.1125\left(1-0.4\cdot\frac{1}{2}\right) = 9\%$$ 식(10.8) 참조

③ 결합투자안 : $WACC$ = (0.12)(0.5)+(0.09)(0.5) = 10.5%

(3) $$NPV = -10{,}000 + \sum_{t=1}^{6}\frac{4{,}000}{(1.105)^t} = 7{,}169 > 0$$

∴ $NPV > 0$ 이므로 투자안을 채택한다.

(4) 식(7.11)을 적용하면

투자안 A의 $\beta^L = 0.75\left[1+(1-t)\frac{B}{S}\right] = 1.2$

투자안 B의 $\beta^L = 0.4375\left[1+(1-t)\frac{B}{S}\right] = 0.7$

∴ 결합투자안의 β^L(leverage beta) : (1.2)(0.5)+(0.7)(0.5)=0.95

이 회사의 자기자본 β는 0.5이므로 이 회사의 새로운 β는

(0.95)(0.1)+(0.5)(0.9)=0.545

가 된다.

4. (1) $NPV_X = -100 + \frac{170}{(1+0.1)} = 55$

$NPV_Y = -10{,}000 + \frac{13{,}000}{(1+0.1)} = 1{,}818$

(2) IRR은 NPV를 0으로 하는 할인율이다.

투자안 X : $NPV_X = -100 + \frac{170}{(1+IRR_X)} = 0$에서

$IRR_X = 70\%$

투자안 Y : $NPV_Y = -10{,}000 + \frac{13{,}000}{(1+IRR_Y)} = 0$에서

$IRR_Y = 30\%$

(3) 수익성 지수(profitability index: PI) :

$$PI_X = \frac{PV_0 fCF_1(X)}{CF_0(X)} = \frac{170/1.1}{100} = 1.55$$

$$PI_Y = \frac{PV_0 fCF_1(Y)}{CF_0(Y)} = \frac{13{,}000/1.1}{100} = 1.18$$

(4) $NPV_Y > NPV_X$이므로 투자안 Y를 선택한다.

5. (1) 회계이익은 현금흐름에서 감가상각비를 차감한 것과 같다. 감가상각비는 $\frac{1{,}000{,}000-0}{5}$ = 200,000이므로 각 투자안의 연평균 회계이익은 다음과 같이 계산된다.

투자안 A : $\frac{0+100{,}000+100{,}000+200{,}000+200{,}000}{5} = 120{,}000$

투자안 B : $\frac{200{,}000+200{,}000+100{,}000+0+0}{5} = 100{,}000$

평균이익률(average rate of return; ARR)은

$$ARR(A) = \frac{120{,}000}{1{,}000{,}000/2} = 24\%$$

$$ARR(B) = \frac{100{,}000}{1{,}000{,}000/2} = 20\%$$

(2) 각 투자안에 투자된 자금은 1,000,000원이므로 자본회수기간(payback period; PBP)은

$PBP(A) = 3\frac{1}{2}$년

$PBP(B) = 2\frac{2}{3}$년

(3) 각 투자안의 순현재가치(net present value; NPV)는

$$NPV(A) = -1{,}000{,}000 + \frac{200{,}000}{(1+0.1)} + \frac{300{,}000}{(1+0.1)^2} + \frac{300{,}000}{(1+0.1)^3} + \frac{400{,}000}{(1+0.1)^4} + \frac{400{,}000}{(1+0.1)^5}$$

$= 176{,}690$원

$$NPV(B) = -1{,}000{,}000 + \frac{400{,}000}{(1+0.1)} + \frac{400{,}000}{(1+0.1)^2} + \frac{300{,}000}{(1+0.1)^3} + \frac{200{,}000}{(1+0.1)^4} + \frac{200{,}000}{(1+0.1)^5}$$
$$= 180{,}370\text{원}$$

(4) 위의 결과에서 보면 평균이익률에서는 투자안 A가 투자안 B보다 높은 반면, 자본회수기간이나 순현재가치에 있어서는 투자안 B가 투자안 A보다 유리한 것으로 나타나고 있다. 이와 같이 투자안이 평가방법에 따라 상이한 결과가 나타날 경우에는 NPV가 가장 큰 투자안을 선택하는 것이 바람직하다. 그 이유는 NPV가 곧 기업가치의 증가를 의미하며 이것은 곧 기업의 목표라고 할 수 있는 기업가치의 극대화와 일치하기 때문이다.

6. (1) $PBP(X) = 2\frac{1}{6}\text{년}(6{,}500+3{,}000+3{,}000\times\frac{1}{6}=10{,}000)$

$PBP(Y) = 2\frac{6}{7}\text{년}(3{,}500+3{,}500+3{,}500\times\frac{6}{7}=10{,}000)$

(2) $NPV(X) = -10{,}000 + \frac{6{,}500}{(1+0.1)} + \frac{3{,}000}{(1+0.1)^2} + \frac{3{,}000}{(1+0.1)^3} + \frac{1{,}000}{(1+0.1)^4} = 1{,}325(\text{천원})$

$NPV(Y) = -10{,}000 + \frac{3{,}500}{(1+0.1)} + \frac{3{,}500}{(1+0.1)^2} + \frac{3{,}500}{(1+0.1)^3} + \frac{3{,}500}{(1+0.1)^4} = 1{,}095(\text{천원})$

$NPV(X) = -10{,}000 + \frac{6{,}500}{(1+R)} + \frac{3{,}000}{(1+R)^2} + \frac{3{,}000}{(1+R)^3} + \frac{1{,}000}{(1+R)^4} = 0$

$R = 18\%(IRR_X)$

$NPV(Y) = -10{,}000 + \frac{3{,}500}{(1+R)} + \frac{3{,}500}{(1+R)^2} + \frac{3{,}500}{(1+R)^3} + \frac{3{,}500}{(1+R)^4} = 0$

$R = 15\%(IRR_Y)$

X지점설치에 따르는 *NPV* 및 *IRR*이 Y지점의 *NPV* 및 *IRR*보다 크므로 X지점을 설치하여야 한다.

(3) $NPV(X) = -10{,}000 + \frac{6{,}500}{(1+0.05)} + \frac{3{,}000}{(1+0.05)^2} + \frac{3{,}000}{(1+0.05)^3} + \frac{1{,}000}{(1+0.05)^4} = 2{,}326(\text{천원})$

$NPV(Y) = -10{,}000 + \frac{3{,}500}{(1+0.05)} + \frac{3{,}500}{(1+0.05)^2} + \frac{3{,}500}{(1+0.05)^3} + \frac{3{,}500}{(1+0.05)^4} = 2{,}411(\text{천원})$

투자안 Y를 선택한다.

(4) $NPV(Y-X) = -\frac{3{,}000}{(1+R_t)} + \frac{500}{(1+R_t)^2} + \frac{500}{(1+R_t)^3} + \frac{2{,}500}{(1+R_t)^4} = 0$

7. (1) 각 투자안의 NPV를 구하면

$NPV(X) = -12{,}000{,}000 + \frac{10{,}000{,}000}{(1+0.08)} + \frac{5{,}000{,}000}{(1+0.08)^2} + \frac{1{,}000{,}000}{(1+0.08)^3} = 2{,}339{,}800(\text{천원})$

$$NPV(Y) = -12{,}000{,}000 + \frac{10{,}000{,}000}{(1+0.08)} + \frac{6{,}000{,}000}{(1+0.08)^2} + \frac{11{,}000{,}000}{(1+0.08)^3} = 2{,}801{,}500\text{원}$$

*NPV*법에 의하면 투자안 Y를 선택한다.

투자안의 *IRR*을 구하면

$$NPV(X) = -12{,}000{,}000 + \frac{10{,}000{,}000}{(1+R)} + \frac{5{,}000{,}000}{(1+R)^2} + \frac{1{,}000{,}000}{(1+R)^3} = 0$$

$R = 41\%$

$$NPV(Y) = -12{,}000{,}000 + \frac{10{,}000{,}000}{(1+R)} + \frac{6{,}000{,}000}{(1+R)^2} + \frac{11{,}000{,}000}{(1+R)^3} = 0$$

$R = 24\%$

따라서 IRR법에 의하면 투자안 X를 선택한다.

(2) 이와 같이 *NPV*법과 *IRR*법에서 서로 다른 결과가 발생하는 이유는 현금흐름의 *NPV* 및 *IRR*을 계산하는 과정에서 투자로부터 발생하는 현금흐름의 재투자수익률에 대한 가정이 다르기 때문이다. *NPV*법과 *IRR*법에 차이가 발생할 경우에는 *NPV*법에 따라 투자안을 선택하는 것이 합리적이다.

8. 이 광산의 현금흐름은 다음과 같다.

(단위 : 만원)

年	현금흐름
0	-440
1	2,770
2	-2,500

위 현금흐름에서 내부수익률을 구해 보면 다음과 같다.

$$\frac{2{,}770}{(1+IRR)} + \frac{-2{,}550}{(1+IRR)^2} = 440$$

$2{,}770(1+IRR) - 2{,}550 = 440(1+IRR)^2$

$440(1+IRR)^2 - 2{,}770(1+IRR)+2{,}550 = 0$

$44(1+IRR)^2 - 277(1+IRR)+255 = 0$

$$(1+IRR) = \frac{277 \pm \sqrt{277^2-4\times44\times255}}{2\times44}$$

$1+IRR = 1.1197 \text{ or } 5.1757$

$IRR \quad = 0.1197 \text{ or } 4.1757$

내부수익률은 11.97%와 417.57%로 복수의 내부수익률이 존재하게 되어 투자안을 올바르게 평가할 수 없다. 올바른 내부수익률을 IRR'라 하면 이 기업은 현재 440만원을 빌려주어 1년 후에 얻는 수익은 [440만원(1+IRR')]이 된다.

이 기업은 1년 후 투자안으로부터 2,770만 원을 차입하므로 이 시점의 순차입금은 [2,700만원-440만 원(1+IRR')]이 된다. 따라서 이 기업이 2년 후에 갚아야 하는 금액은 이자율이 10%이므로 [2,700만원-440만 원(1+IRR'](1+0.1)이 된다. 이 금액은 2년 후 이 기업이 갚아야 할 2,500만 원과 동일한 금액이므로 다음 식이 성립된다.

[2,700만 원 - 440만 원(1+IRR')](1+0.1) = 2,500만 원

위 식에서 IRR′를 구하면 IRR′≒13%이다. 따라서 이는 이 기업의 연간 자본비용 10% 보다 크므로 투자의 경제성이 인정된다.

제10장 자본구조

1. (2) **2.** (4)

3. (4) **4.** (5)

5. (1) **6.** (4)

7. i) 법인세 절약액의 현가 $\sum_{t=1}^{\infty}\frac{t\cdot k_d\cdot B}{(1+k_d)^t} = t\cdot B$ = 0.4×40 = 16억

ii) 지급이자에 대한 비용공제 혜택이 없다면 재무레버리지에 대한 이득은 존재하지 않아 부의 변화는 없다.

8. A기업: $V_u = \frac{30만원}{0.1}$ = 300만원

B기업: $V_L = \frac{30만원-0.06\times 100만원}{0.1}$ + 100만원 = 340만원

9. 두 방법의 EPS가 같아지는 $EBIT$와 EPS는 식(10.1)을 적용하면 다음과 같다.

$$\frac{(EBIT-0)(1-0.5)}{300{,}000} = \frac{(EBIT-450{,}000)(1-0.5)}{200{,}000} \Rightarrow EBIT = 1{,}350{,}000,\ \ EPS = 2.25$$

10. $K_e = R_f + [E(R_m)-R_f]\cdot\beta_s = 12.5\%$

$K_d = 5\%$

$K_0 = \frac{S}{S+B}K_e + \frac{B}{S+B}\times K_d\times(1-t) = 9.5\%$

11. $\beta_{su} = \dfrac{\beta_s}{1+B/S(1-t)} = \dfrac{1.5}{1+0.5(1-0.3)} = 1.1111$

$\beta'_{SL} = B_{su}\left[1+\dfrac{B}{S}(1-t)\right] = 1.1111\times[1+0.3\times(1-0.3)] = 1.3444$

$K_e = R_f + [E(R_m)-R_f]\cdot\beta'_{SL} = 0.05+(0.1-0.05)\times1.3444 = 0.11722$

$K_0 = \dfrac{S}{S+B}K_e + \dfrac{B}{S+B}K_d(1-t) = 9.82\%$

12. $E(NI) = E(NOI) - K_d\cdot B = 500 - 0.08\times3{,}000 = 260$만원

$S = \dfrac{E(NI)}{K_e} = \dfrac{260}{0.1} = 2{,}600$만원

$V = S+B = 2{,}600 + 3{,}000 = 5{,}600$만원

$K_0 = \dfrac{E(NOI)}{V} = \dfrac{500\text{만원}}{5{,}600\text{만원}} = 8.9\%$

13. $V = \dfrac{E(NOI)}{K_0} = \dfrac{500}{0.1} = 5{,}000$만원

$S = V-B = 5{,}000-3{,}000 = 2{,}000$만원

$K_e = K_0 + (K_0-K_d)\dfrac{B}{S} = 0.1+(0.1-0.08)\times\dfrac{3{,}000}{2{,}000} = 13\%$

14. 부채를 발행하여 자본구조를 변경하기 전 부산공업사의 가치 V_U는 다음과 같다.

$$V_U = \frac{E(NOI)(1-\tau_c)(1-\tau_{pS})}{\rho} = \frac{1{,}000\text{만원}(1-0.4)(1-\tau_{pS})}{0.15(1-\tau_{pS})}$$

$$= \frac{1{,}000\text{만원}(1-0.4)}{0.15} = 4{,}000\text{만원}$$

부채를 발행하기 전 A 기업의 가치 V_U는 주식투자소득에 대한 개인소득세율에 관계없이 항상 4,000만원이 된다.

(1) $\tau_{pS} = \tau_{pB} = 10\%$일 때, 부채를 발행하여 자본구조를 변경한 후 A기업의 가치 V_L은 다음과 같다.

$$V_L = V_U + \left[1 - \frac{(1-\tau_c)(1-\tau_{pS})}{(1-\tau_{pB})}\right]B$$

$$= V_U + \tau_c B$$

$$= 4{,}000\text{만원} + (0.4)(2{,}000\text{만원})$$

$$= 4{,}800\text{만원}$$

$V_L > V_U$이므로 A기업은 자본구조를 변경하여야 한다. 레버리지로 인한 이득은 개인소득세가 존재하지 않을 경우와 동일한 800만원(0.4×2,000만원)이다.

(2) τ_{pS} = 10%, τ_{pB} = 20%일 때, 부채를 발행하여 자본구조를 변경한 후 A기업의 가치 V_L 은 다음과 같다.

$$V_L = V_U + \left[1 - \frac{(1-\tau_c)(1-\tau_{pS})}{(1-\tau_{pB})}\right]B$$

$$= 4{,}000\text{만원} + \left[1 - \frac{(1-0.4)(1-0.1)}{(1-0.2)}\right](2{,}000\text{만원})$$

$$= 4{,}000\text{만원} + (0.325)(2{,}000\text{만원})$$

$$= 4{,}650\text{만원}$$

$V_L > V_U$이므로 A 기업은 자본구조를 변경하여야 한다. 레버리지로 인한 이득은 개인소득세가 존재하지 않을 경우의 800만원보다 작은 650만원(0.325×2,000만원)이 된다. 즉 상대적으로 높은 사채투자 소득에 대한 개인소득세율에 의해서 레버리지로 인한 이득이 150만원만큼 감소됨을 알 수 있다.

(3) τ_{pS} = 10%, τ_{pB} = 46%일 때, 부채를 발행하여 자본구조를 변경한 후 A 기업의 가치 V_L 은 다음과 같다.

$$V_L = V_U + \left[1 - \frac{(1-\tau_c)(1-\tau_{pS})}{(1-\tau_{pB})}\right]B$$

$$= 4{,}000\text{만원} + \left[1 - \frac{(1-0.4)(1-0.1)}{(1-0.46)}\right](2{,}000\text{만원})$$

$$= 4{,}000\text{만원} + (0)(2{,}000\text{만원})$$

$$= 4{,}000\text{만원}$$

$V_L = V_U$이므로 A기업은 자본구조의 변경에 영향을 받지 않는다. 이와 같이 레버리지로 인한 이득이 사라지는 것은 부채를 사용하는 경우에 얻을 수 있는 기업의 법인세 절감액은 보다 높은 사채투자소득에 대한 개인소득세에 의해서 정확히 상쇄되기 때문이다.

(4) τ_{pS} = 10%, τ_{pB} = 50%일 때, 부채를 발행하여 자본구조를 변경한 후 A기업의 가치 V_L 은 다음과 같다.

$$V_L = V_U + \left[1 - \frac{(1-\tau_c)(1-\tau_{pS})}{(1-\tau_{pB})}\right]B$$

$$= 4{,}000\text{만원} + \left[1 - \frac{(1-0.4)(1-0.1)}{(1-0.5)}\right](2{,}000\text{만원})$$

$$= 4{,}000\text{만원} + (-0.08)(2{,}000\text{만원})$$

$$= 3{,}840\text{만원}$$

$V_L < V_U$이므로 A기업은 자본구조를 변경하지 않아야 한다. 이와 같이 레버리지로 인한 이득이 음(-)의 값을 가지는 이유는 사채투자소득에 대한 개인소득세율이 주식투자소득에 대한 개인소득세율에 비해 아주 높기 때문이다. 이 경우 레버리지에 의한 개인소득세의 증가액이 기업의 법인세 절감액보다 더 많아진다.

15. (1) 법인세 절감액의 현가 = $\left[1-\frac{(1-\tau_c)(1-\tau_{pS})}{(1-\tau_{pB})}\right]B$

$$= \left[1-\frac{(1-0.4)(1-0)}{(1-0.25)}\right](500\text{억원})$$

$$= 100\text{억원}$$

(2) 사채시장이 균형상태에 도달한 후에는 새로운 사채사용에 따른 법인세 절감효과를 얻을 수 없다.

제11장 배당정책

1. (3)

2. $P_t = \frac{d_{t+1}+P_{t+1}}{(1+K_e)}$ 에서 $P_{t+1}= P(1+k_e)-d_{t+1}$이므로

i) 배당이 실시된 경우의 P_{t+1} = 1,000(1+0.1)−100 = 1,000원

ii) 배당이 미 실시된 경우의 P_{t+1} = 1,000(1+0.1)−0 = 1,100원

3. 식(11.6) $P_{t+1} \cdot m_t = I_{t+1}-(X_{t+1}-D_{t+1})$으로부터

1,000원×m_t = 200만원−(100만원−10,000주×100원)에서

m_t = 2,000주

4. 분할 후의 총 주식수 = 10,000×10=100,000주

주당이익　20,000÷10=2,000원

주가　2,000×10=20,000원

5. 완전 자본 시장 하에서는 배당후 주가 = 배당전 주가−배당이 되므로

	배당지급 전	배당지급 후
발행주식수	110,000주	110,000주
세후순이익	440백만원	440백만원
배당지급액	−	220백만원
EPS	4,000원	−
DPS(주당배당)	−	2,000원
주가	22,000원	20,000원
PER	5.5배	5배

[현금배당 전 주가 22,000원
현금배당 후 주가 20,000+배당 2,000원] = 22,000원으로 주주의 부는 같다.

6.

	주식매입 전	주식매입 후
발행주식수	110,000주	100,000주
재매입주식수		10,000주*
세후순이익	440백만원	440백만원
EPS	4,000원	4,400원
PER	5.5배	5배
주가	22,000원	22,000원

* 재매입주식수: 220백만 원 ÷ 22,000원 = 10,000주

이 경우 주당 2,000원의 현금배당이 주당 2,000원의 자본차익으로 대체된다.

7. 배당부 주가 = 배당락 주가(1+주식배당비율)로부터

배당락 주가 = 2,000/(1+0.2)=1,667원

찾아보기

ㅈ

로마자

저자 소개

주상룡

서울대학교 공과대학 산업공학과 공학사
KAIST 산업공학과 공학석사
인디애나 주립대 경영대학원 경영학석사(MBA)
New York University 경영대학원 경영학박사(Finance)
(현) 홍익대 금융보험학과 교수, 수출입은행 출자회사관리위원회위원장, 현대인베스트먼트 자산운용 사외이사, 삼영화학 비상임 사내이사, 우정사업본부 예금자산운영위원장 외 다수
(역) 한국거래소 사외이사, 한국증권학회장, 금융발전심의회위원, 금융위원회 시장효율화위원회위원장, 믿음자산운용 사외이사, 쌍용양회공업주식회사 사외이사, 사학연금 자산운영위원, 고용산재보험 위험 관리 위원 외 다수

[저서 및 역서]

이자율 위험관리, 법경사, 1998.
투자은행업과 한국 자본시장, 신론사, 2011.
투자론과 파생금융상품, 율곡출판사, 2012.
옵션 · 금융 선물, 시그마프레스, 1999.
금융공학 · 금융혁신, 삼성경제연구소, 1999.

[논문]

- The persistence of Earnings and Market Reaction on the Components of Earnings under Firms' large Deferred Tax Liabilities and Assets Asia-pacific Journal of Financial Studies v.36 n 5(2007)
- Avoidance Powers and Incentives to File For Bankruptcy Asia-Pacific Journal of Financial Studies v.39(2010)
- ELW LP 평가제도에 변동성 활용방안, 한국증권학회시 세41권 1호(2012)

정문경

성균관대학교 산업심리학과 경영학사
서울대학교 경영학과 경영학석사
University of Illinois at Urbana-Champaign 재무학 박사
국민연금연구원 선임 연구위원, 다임인베스트먼트, 대우경제연구소 등
(현) 홍익대 금융보험학과 겸임교수, 에프앤가이드 고문

[논문]

- 경제상황에 따른 펀드의 성과평가 및 그 활용방안 연구, 증권학회지, 2015.
- 연기금의 주식위탁운용 인덱스화 분석을 통한 위탁운용 확대정책의 타당성연구, 증권학회지, 2014.
- 펀드내 개별종목의 베타를 이용한 공모펀드의 성과평가분석, 증권학회지, 2013.
- 국민연금 기타대체투자(사모투자)의 수익과 위험에 관한 연구, 국민연금연구원, 국민연금공단, 2015.

개정판 **금융학원론** 값22,000원

2015년 2월 25일 초판 인쇄
2015년 2월 27일 초판 발행
2016년 2월 27일 초판 2쇄
2019년 2월 27일 개정 1쇄

저 자 주상룡·정문경
발행인 김 혜 숙
발행처 **새문사**
등록번호 제2018-000259호(1977.9.19)

주소 : 서울시 서초구 강남대로 309 코리아비지니스센터 1715호
전화 : (02)715-7232(代) Fax : (02)715-7235
E-mail : sinlon@saemoon.co.kr
website : www.saemoonbook.com
ISBN : 978-89-7411-520-3 93320